毛旭 主编

台州市民讲堂

第一辑

國家圖書館出版社

图书在版编目（CIP）数据

台州市民讲堂（第一辑）/ 毛旭主编 .—北京：国家图书馆出版社，2014.4
ISBN 978-7-5013-5328-6

Ⅰ . ①台…　Ⅱ . ①毛…　Ⅲ . ①社会科学－文集
Ⅳ . ① G53

中国版本图书馆 CIP 数据核字（2014）第 024103 号

书　　名　台州市民讲堂（第一辑）
著　　者　毛　旭　主编
责任编辑　景　晶

出　　版　国家图书馆出版社（100034 北京市西城区文津街 7 号）
　　　　　（原书目文献出版社 北京图书馆出版社）
发　　行　010-66114536　66126153　66151313　66175620
　　　　　66121706（传真），66126156（门市部）
E-mail　btsfxb@nlc.gov.cn（邮购）
Website　www.nlcpress.com →投稿中心
经　　销　新华书店
印　　装　北京华艺斋古籍印务有限责任公司

开　　本　710 × 1000 毫米　1/16
印　　张　25
字　　数　430 千字
版　　次　2014 年 4 月第 1 版　2014 年 4 月第 1 次印刷

书　　号　ISBN 978-7-5013-5328-6
定　　价　58.00 元

编委会

序　言

“台州地阔海冥冥，云水长和岛屿青”，当年诗圣杜甫是这样描绘台州的。如果在“台州”一词前加上“古老而年轻”，我想应该也很合适。仙居下汤遗址见证了历代先民筚路蓝缕的文明创造，佛教天台宗相伴隋梅、古塔历经了千年的晨钟暮鼓；同时，台州又是一座年轻的城市，撤地设市至今只有短短的二十年。

二十年间，伴随着城市的快速发展，各种文化设施从无到有，一群粗犷而又硬气的台州人默默耕耘着“文化”这块土壤，洒下一路艰辛，结出累累硕果，这中间就有台州图书馆的“市民讲堂”——在过去两年多的时间里，一百余位来自全国各地的专家学者如约站在台图学术报告厅的三尺讲台上，用他们生动的语言与渊博的知识为广大市民听众带来一场场文化的盛宴，并与听众们一起伴着书香走进历史，感悟生活。

讲堂得到了社会各界的热烈响应，得到了台州市社科联、科协和银监分局等单位的大力支持，大家一起共享资源，共谋蓝图，齐心为市民和读者奉献出一道道精神文化大餐。“闻名之如露入心，共语似醍醐灌顶”，每一次讲座不仅听众受益，对市民讲堂本身也是一次洗礼，透过这样的洗礼，“台州市民讲堂”正在逐步形成自己的品牌和感召力，进而润物细无声地滋润着这座城市。

不曾经历耕读时代的书院盛况，但总忆起少时昏黄灯光下评书人的“下回分解”。数字时代，人们在嘈杂的生活之余，更加渴望有效的知识传授和人文熏陶，因此市民讲堂这样的公益讲座无疑有着旺盛的生命力与强大的影响力。它不仅是公共图书馆树立自身形象、深化读者服务的必然要求，更为普通民众在繁杂的都市生活中提供了一片清净之所，在这里，他们可以放飞心灵，去学习，去体悟。

一座城市的文化根基是历史的积淀，传承文化是每一个人的责任，而文化发展来源于形式的探索与内容的创新。此次欣闻《台州市民讲堂（第一辑）》付梓在即，感慨之余，也希望借此书的出版，能再次触动读者这些年有关讲堂的忠实记忆，引发更多探求知识、传递文化的热情和思考。

是为序。

郑楚森

2013 年 12 月

目　录

享受阅读时光

——读书的传统与当代阅读主张

袁　逸

主讲人简介：袁逸　中国图书馆学会学术委员、阅读文化研究委员会副主任、浙江省图书馆学会秘书长，《图书馆研究与工作》常务副主编。1982年毕业于北京大学信息管理系。著述或参与编著《书色斑斓——听袁逸讲那过去的书事》《中国藏书楼》《浙江省图书馆志》《浙江家谱总目》等。

今天外面下雨，这让我想起一首歌词，“不管迎着风，不管下着雨，我在风雨之中依然等你”。所以我看到在座的各位迎着风雨过来我真的有点感动，这说明我们台州这块土地上有着好学的气氛，总体素质较高。这是我第一次在“人文台州大讲堂”上开堂讲课，有点忐忑但又有点自豪，所以我希望在今天的讲座中能够和大家分享一些东西。分享什么呢？其实就是很简单的一件事，大家都知道读书很重要。我希望通过我们这个讲座来探讨交流读书的意义和价值。今天我们不讲鬼话、神话，就讲人话，我们就探讨读书的意义，读书的进行。在家里也好，在学校也好，闲暇时间也好，读书应该是怎么进行的，对读书是怎么评价的，怎么样的读书才算会读书，怎么样的读书才算是成功的。

我一直认为，在读书这件事上，没有什么人可以居高临下给别人指导或是忠告，我觉得就是一种交流，每个人都有每个人的想法，就像读书的方法一样。读书有没有方法？历代古今中外的专家介绍了成千上万种有效的读书方法，这就是说读书是有方法的。但回过头从另外一个角度看，读书其实是没有任何方法的，因为适合别人的未必适合你，只有适合你的方法才是好方法，所以读书没有一成不变，放诸四海皆准的方法。我今天的主题就是与此相关：第一，认识我们的读书传统，我们有哪些好的，有哪些不太好的，其实，这些不太好的传统一直影响到现在，几千年还一直影响着。第二，读书应该怎么进行。

我觉得，读书应该用一种享受的状态去读，假如你读书是痛苦的，你就读不好书。我始终有这种感觉，我们小的时候物质条件相当不充分，但是现在回忆小的时候，都是满满的甜蜜和温馨。现在的小孩子，却大多觉得上学痛苦不堪。这种状况到底是正常的还是不正常的，到底要不要矫正，如何矫正，这些都是应该探讨的，而且是近在眼前必须要解决的问题。也许从我们个人家庭来说，不能一下子解决，因为整个社会还有很多根深蒂固的习惯在，所以今天我们只是探讨一下，得到一点启发就可以了。如果我有讲得不太对的，讲座后欢迎大家与我交流。

我现在谈一下读书。读书是什么，说起来很简单，读书就是拿起一本书来看，我昨天还在报纸上看到一种讲法，读书就是拿眼睛去捡文字，把书里的文字反映到眼睛里，这种说法是对的，不过我认为读书还可以有很多解释。

现在我们看一下这个字“”，它是先秦的甲骨文，刻在龟甲或兽骨上。这是一个“册”字，手册的“册”，它是象形文字的典型，把竹子用绳子穿起来就是一本书。以前的书叫做简策，它就是用竹子做的，用绳子串起来展开来看。当时的绳子和现在不一样，一般用丝绳、麻绳、牛皮绳。有一个成语叫“韦编三绝”，它的意思就是说孔子读书非常用功，连接竹片的牛皮绳子断了以后还要再接上去，一共断了三次都还继续学习，也就是把书翻烂的意思。早期的书就是这个样子，这个“册”字完全是象形的。边上还有一个字，“”，它上面是象形的“册”，下面则是一双手，一双手捧着一本书。现在的“典”字没有了读书的解释，但是最初造字的意义里面，我认为一定是包含读书的意思的。一双手捧着一本书，所以这个典正确的含义就是这本书值得看，你应该看这个书，因此一般有相当权威的书就叫典。于是我们看一下现在的国学经典、马列经典、儒家经典，这个典就是好书，用双手捧着、应该看一下、值得看的书才是典。

我们回过头来再讲一下经，经是什么？这个经它是一个绞丝旁，早期中国的书主要有两种形态，一个是竹简，一个是丝绸做的丝织品，也叫做帛书。这个帛书跟竹子做的书同时在流行，但是竹子做的书——竹简，在更广泛的层面上流传。按照材质来看，帛书它更适合做书，轻便、可以折叠、可以携带、可以存放、使用方便，更重要的还有一点，我们没办法在竹简上画画，而帛书展开来就可以，所以早期的地图，像马王堆出土的图画大多数是画在丝织品上。当然画画还有一个办法，早期生态好大树多，可以把图画在木板上面，这个文化现象后来遗传了下来。我们现在的地图之所以叫版图，就是因为它画在木板上而得名的。虽然丝绸品质好，但是有一点，它的生产成本太贵，一般的贵族都用不起帛书，我们看到电视上皇帝的诏书，才是以帛书作为材质的，因为重要的文献都写在帛书上。“经”跟“典”连起来就是我们现在理解的“经典”，好书、重要的书、值得看的书、应该珍藏的书，这就是“经典”的来历。

这里解释一下，在竹简盛行的时代，也有精装本和简装本。我们现在的精装本是硬封皮的，有的时候烫金，简装本很简单，就是一般的书。而古代是按照竹简的长度来区分“精装”“简装”的，最高贵的书它有2尺4寸，差一点的有1尺2寸，再差一点的只有8寸。古人以尺寸的大小，就是用的材料多少，来区分这个书重要或不重要。这个也是跟中国读书现象有关的，我们看一个秦代的俑，这是秦代读书人的相——俑，叫做文官俑，或者叫史官俑，拿我们现在的话说就是秦代的公务员，秦代的白领，就是这样的相，他身上挂着两样东西，一把小刀，那时候叫做“削”，这个削是干什么用的？我这里特别强调一下，竹简上面的字不是刻的，是写的，千万不要以为竹简上面的字就是刻的，古代有刻的字，就是刚才讲过的在龟甲上刻字，到用竹简做书的时候，毛笔也已经有了，所以我们的字一定是用毛笔写在竹简上的。那这个小刀有什么用呢？其实，它是写错了字才用的，也就是相当于现在橡皮或者是修改液的作用。我们的祖先也是很环保的，写错了字就刮掉再写，竹简上面用刀刮一层是很简单的。作为秦代的公务员，每天都有大量的文书要写，他们必须要准备一把刀。而在刀旁边的那个其实是磨刀石，有了刀就必须要有磨刀石，为什么这么说，因为那个时候的公务员工作量相当大，大量的文书抄写都要用刀去刮，随身带着磨刀石说明这个刀很快就会钝了，一天要磨好几次，所以我一直觉得秦代的这把刀削和磨刀石它起的作用就像是我现在眼前的手提电脑，政府配备的，标准的装备。

再给大家讲一个常识性的东西，这幅对联是李鸿章晚年的时候写的，“读遍牙签三万轴，坐想蓬山二十秋”。句子中的“牙签”指的是图书，在古文献里面碰到“牙签”两个字，一般都指的是图书。那我们的祖先用不用剔牙的牙签呢？其实是有的，在春秋战国时期，我们的祖先就有刷牙的习惯，也有剔牙的习惯，但那个时候的牙签叫牙杖，因为这个牙签是用树枝做的，削掉了树叶。当然更多还有用铜做的，金银玉做的都有，老百姓一般用的是牙杖。古人也刷牙，唐宋时期牙刷是用猪毛做的，当然这是另外的话题。言归正传，那古代的图书为什么叫做牙签，因为那个时候的图书它是线装书，是一本一本叠起来放的，假如说某个读书人家藏书多一点，某一天想找某一本书就很难找到，因为它是叠起来的，不一本一本拿开就找不到，对此，古人就在书上面挂一个标签。经过考究，这个标签早期的时候叫象牙签，也就是用象牙做的标签，所以牙签就指图书。大概是在晚清和民国初年之交的时候，饭后用的牙签出现了，之后慢慢演变成现在的牙签之意。

“梨枣”也一样，也指图书，古文献里面，凡是合起来出现的“梨枣”，无一例外指的是图书。梨和枣两个字分开来，类似孔融让梨，囫囵吞枣，这才是我们吃的梨，吃的枣。为什么梨枣指图书，这还是跟我们的图书史有关，大家知道，唐代发明了世界上最早的印刷术，印刷术是先把字刻在木板上，再把这块刻板印在纸上。我们的祖先在长期的实践中发现了梨树或枣树子监街边口的石头上刻了七本书，刻成以后轰动全国，因为那个时候大家都没书可读，所以刻好以后，全国各地的人都到洛阳去，那个时候跟现在不一样，没有飞机、高铁可以很快到达，只能马车甚至走路。这么辛苦要做什么，去抄书，大家没地方获得图书，不知道哪里可以抄，朋友有但是不借，所以朝廷刻了七部经书在洛阳，全国各地的读书人纷纷赶很远的路到洛阳去抄，这是多么大的工程。而且大家可以想象一下，那时候的抄书是什么样的光景，第一，东汉时期还是竹简。第二，石碑是立在门口的，大家都站在那儿，人挤人，一般你抄个三行就有人挤得你没发继续抄，那时候想要抄书就是这么困难。这是发生在东汉，所以我把东汉的《熹平石经》作为中国最早的资源共享。到唐代发明了印刷，书慢慢多了起来，但到明清时候书的价格还是很贵，我举个例子，像《红楼梦》这么一本书，相当于现在的600块人民币左右，就是说一本《红楼梦》的价格相当于280斤大米的价格，所以说一般的人家买不起书，最多的就是抄书。那么到哪里抄呢，那时候的书店跟现在的新华书店差不多，有些书店允许你看书，当然也不是所有的书店。而且要有时间，穷人家每天打工干活都来不及，只能图个温饱，根本没有时间。古代的读书人，除了少量一边打工一边读书的，更多的是家里养着你，你不用工作，光读书就行了，家里吃的喝的全给你准备好，也就是说你得既有时间又有资本。所以说能读书是福气，这到新中国建立前民间都是这样认为的。

我本来想把讲座的题目定为“读书声里是吾家”，因为我觉得它真的很温暖。大家知道有一句知名度很高、传播很广的诗，“借问酒家何处有，牧童遥指杏花村”，这句诗跟它差不多是姐妹篇，但是它的意境、内涵更深刻。这句诗前面还有一句，“过客不须频问姓”，路过的客人不需要老是问，“读书声里是吾家”，这个小孩子对客人讲读书声里就是我家，那种骄傲、自豪、中气十足，那是怎么样的精神状态，就是无比的自豪。这句话体现的社会价值观就是读书光荣，读书自豪，而且这种价值观是深入人心的。所以说能读书它是一种福气。“读书声里是吾家”，这句话是万分的温暖，以后我就想把这句话作为我讲座的题目。

我们中国推崇的就是所谓的“耕读传家”，“书香门第、耕读传家”是最值得自豪的。一朝一代政权还有变更，只有读书人家是长久的，所以我们古代中国传统可持续发展的道路就是耕读传家。第一，你要劳动，你要有一份扎实的产业，不能靠祖先传下来的财产过日子。第二，你要读书。这块匾——“晴耕雨读”是我在桐乡，茅盾的老家乌镇街拍下来的，中国原来是农耕社会，天气好的时候去田野劳动，下雨了农活做不了怎么办，老老实实在家看书。所以以前又有一句话，叫“家纵贫寒，也须留读书种子”，家里再穷也要供养孩子上学，我们现在的父母也是这样，自己含辛茹苦、节衣缩食也要把孩子送到好的学校，甚至是出国留学。

我收来一个床上面的木雕，雕刻的内容也是中国农耕社会传统以来的“渔樵耕读”。一个渔民，有渔篓、鱼竿；一个樵夫，还有耕田的犁。我们的传统就是这样的，你可以做农民，也可以做渔民，就是说你一定要实际的劳动，有一份产业，同时你一定要读书。绍兴一个老宅里面的祠堂里有副老对联，“月高门第须为善”，读书人家要得到邻里街坊的尊重，要多做好事；“要好儿孙必读书”，我要让我的子孙有出息，一定要让他读书争气。这个是传统的“窦氏教子”，可能你不太理解，换句话讲你就理解了，“五子登科”，在北京那里有一个姓窦的窦氏，他教育有方，有五个孩子，都考上了进士，这就是所谓的五子登科。

我经常想起一件事情，想起一个念头，什么念头呢？民国时期读书的风气真的比现在好很多，我很感慨，为什么？民国大部分时期都是民不聊生，战乱不断，开始是军阀混战，唯一的好时光是1928年到1937年，1937年以后又开始乱了，因为抗战开始了。整个社会都放不下一张平静的书桌，但就在这么一个乱世，很多读书的现象让我很感慨，我们现在相当一部分的国学大师产生于那个时候，你无法想象，文科的理科的大师都是那个时候产生的。这个纸片原来是镶在床上的，江西景德镇那边很多地方都有这种床，这种床在浙江好像没发现过，这种床上有很多纸片镶在上面，这些纸片的内容有山有水，都不一样。我这几年把读书的纸片都搜过来，看着觉得画面很温馨。

我们现在读书的条件应该说比那个时候好，但是不正常，后来想想有几个环境因素在那里：第一，清代在光绪晚年取消了科举制度，就是说考试做官这条路塞住了；第二，那时候读书人很少，不存在像现在你死我活激烈的竞争，竞争没有了，读书人的心态就很平和；第三，民国时期还开了很多出国留学，一些有钱人家有条件的都出去了，成了学贯中西的古典大师。而我们现在不是这样，表面上看每个人都重视读书，但很少有很积极平和的心态。

明代那个时候的知县，相当于现在的区委书记，一个月的工资是900斤米。袁中郎这个人，学过文学史的都知道，明代著名的“公安三袁”之一，在苏州当官，中国江南最富裕的地方当官，当知县，还买不起书，所以在他的文籍里面有很多这种话，“穷官不必买书，是第一快活事情”，原因是真的买不起书。这里有一个《大诰三编》，明代朱元璋反腐力度很大，一方面是雷厉风行，大抓特抓；一方面是前赴后继，有的地方“国土厅”、“交通厅”，前任下马，后任跟着下马，贪官很多，为什么？明代官员收入是历代历朝最少的，皇帝给他们的工资太低，所以贪污盛行。朱元璋办的大案里面我选了一个案例，有个官员为什么被处理，就是因为偷了四本书，最大的罪名就是偷了四本书。现在讲来根本不敢相信，是匪夷所思的事情，当官的拿了四本书，就要“中纪委”来处理，这在现在是不可能发生的。这也说明那时候书确实贵。

再来讲一讲读书让人生更充实。我们经常要遇到这样一种情况，大人教育孩子，领导教育职工，同志们要好好读书。那么我问你，读书有什么好处，对我有什么好处，对家庭有什么好处，对社会有什么好处，或者反过来问，不读书有什么坏处？这是我们古人的回答：第一，他觉得读书让你的人生感到充实。假如你活到70岁，就等于活了140岁，因为你读书过一天等于过两天，过得充实，不无聊不空虚。谢肇淛是明代很有名的学者，他活一天感觉活了四天，那他就更充实。第二，读书让人长寿。你可以设想一下，假如人类不发明书，也没有类似书这样的东西，人类始终活在黑暗和愚昧中，那情况就完全不同了。古代的读书人总体上大致活到60岁以上，你不要以为这不高，其实是很高的，浙江省1949年解放以前，人均寿命只有40岁，因为那个时候医疗水平不高，更重要的是意外死亡率高，一下子就把人均寿命比例拉下来了。古代总体上更低，当时大唐帝国是多么富裕，我记得那时候的人均寿命也就 30 岁左右，所以说那时候读书人总体上寿命是很长的。读书让人充实，不读书我可以做别的事，当然很好。关于无聊不无聊我有一个想法，人不能太无聊但是不能不无聊，这是一个辩证的关系。我们不能要求自己每天很充实，就像废话一样，大家觉得废话太多很反感，但人的一生不能没有废话，有废话生活才有乐趣，我们才是正常人，如果讲出来的句句是真言，口吐莲花，都是很深刻的话，家里也好同事也好，你每次讲出来的都是高学问的，累都累死了。所以我们一生中每天都有很多废话，人就是需要无聊，有时候就是要这么过。可以放松一下，但是不能太无聊，太无聊就有点虚度光阴了。英国有一个统计，过得无聊对人的寿命影响很大，特别是诱发心脏病等等，我觉得解决无聊有一个办法，找本有意思的书看看。这是现代对读书人的寿命统计，美国在进入新世纪的时候做了一个统计，近 20 年来在美国各个阶层人群寿命没有明显的变化，没有提高也没有降低，唯一升高的就是本科以上，受过高等教育的，这 20 年大概提升了 6 到 7 年，这是美国给我们的一个参考数据。韩国女性的苗条程度跟教育程度呈反比，也就是学历越高体重越低，这也是仅供参考，是国外的参考数据。

传统来说，读书解决了两个问题，一个是提升身份，这不多讲，在古代始终是这样的，拿刚才“读书声里是吾家”为例，透露出一个信息，读书人的自豪宽容度，比任何阶层的人都高。另一个，读书提升你的气质，不说别的，乾隆有句话叫做“书生二字，尤可宝贵”，这是为什么？我们有的时候在社会上见到一些书生叫他书呆子，尤其是诗人，我认为诗人是最单纯的，难得在这个物质社会居然还有人在写诗，诗人给人感觉不食人间烟火，他们沉浸在自己的理想当中活得很纯粹。一般人走到社会以后到处碰壁，因为这个社会有黑暗有复杂，所以书生气就显得尤为可贵。书生比较单纯，人一旦单纯了就会有一种气质在，是一股清气，别人就愿意跟你接触。

这也是前不久看到的一个最新的调查，美国调查 35 岁以下的女士，在你心目中哪些男士最有魅力最性感，结果出来了，阅读传统书、纸质书的男士更有魅力。我始终也这么认为，我在收集读书的图片时，始终有这么一个感觉，这个社会有两种画面让我感受温暖，一种是妈妈拉着你的孩子，蹒跚走在街上，孩子无比可爱的样子；第二种就是在各种各样场所读书的声音，不管在车站还是码头，拿着一本书自得其乐地翻，我觉得这种声音很好，很打动我。所以我自己就想搞一个这样的展览，传出的声音也好，展示的背影也好，很打动人。英国著名作家培根有一句话，我跟大家分享一下，他讲得很精炼，“读书足以怡情”，可以陶冶情操；“足以博彩”，朋友之间谈吐，滔滔不绝，口吐莲花，知识面广，这样大家跟他谈话很愉悦，谈笑有鸿儒，往来无白丁；“足以长才”，在你的岗位上发展你的才干。我觉得现代社会里面读书还真是这样，第一，在忙碌的人生中多一份从容，就是说要淡定，不要太功利；第二，在忧郁的生活里面添一份雅致，就是说物质生活上去了，精神层面也要上去，让我们的男士女士更优雅；第三，在社会交往中间增一份自信，我们面对的是社会，要少一点自卑多一点自信。

这是从象山收来的一块匾，放在一个类似于学堂的进出口那里，“学优登仕”，学习成绩好就做官，就是这么简单，让同学们每天看到这个东西，好好学习，天天向上。这应该是晚清的，民国的时候没有这个匾。这个大家都熟悉的，“书中自有颜如玉，书中自有黄金屋”，读书可以给你各种各样的物质福利，你想要什么书中都有。

读书有得失。这是以前传统文化里面的两幅画，一个是衣锦还乡，考试中了进士或者是状元，就很光荣地回家了，画边上是“金榜题名时，洞房花烛夜”，以前家里穷，房子也买不起，变成大龄青年，现在考上了，很风光，传统说法也叫“大登科”、“小登科”。宋代时流传着一句话，人生四大喜事：“久旱逢甘霖”，长时期的干旱没雨，庄稼没收成，那时候农耕收成，完全靠天吃饭，来了雨可想而知有多兴奋；“他乡遇故知”，到外面遇到老乡了，古代交通不发达，很难在外面碰见一个老乡；“金榜题名时”，考上进士，相当于考上北大清华；再一个“洞房花烛夜”，找到了一个满意的对象。古代全国性的考试有三个，考秀才在本县，考举人在省城，考进士在首都，所以包括我们台州金华这一带，要到北京去考试，一个来回要半年以上，好多人考不上就不回来了，北京租一个旅馆，两三年以后继续考，一般三年一次，特殊情况额外加一次，比如皇帝40岁大寿加一次，皇帝生了儿子再加一次。所以这一幅，就是考生跟他的恋人分别了，到远方考试去了，千里之外，相会不知在何时。

我们做了一个调查，受教育程度越高，贡献收益越大。假如说你是大专毕业，跟没受过教育的相比，收入平均能提高40%，这是2009年发布的中国国家白皮书。这是最新发布的，去年一些富豪榜，名列前三的就是北大、清华、浙江大学毕业的，北大有79位亿万富翁名列第一，证明收入和读书也有一定的联系。

前面讲到了读书人受到社会普遍的尊重，这也必然影响他的婚姻。我始终觉得在传统社会，包括现在社会，你是读书人，你的文凭必然增加你在选择婚姻上的优势和自由度。但是现在由于形势变化太快，书中已经没有黄金屋了，书读得再多，房子还是买不起，女儿看重你，妈妈觉得你也不错，但一问你是农村来的，房子肯定买不起，那没办法，我女儿不能嫁给你，租的房子还在郊区，是吧？现在的大学生参加工作能有多少钱，除非是父母赞助你，可能还只够付首付。我举两个例子，李白有句诗："我悦子容艳，子倾我文章。美色谓之艳，美貌谓之娥，美照谓之飘，美心谓之窈，美状谓之窕，是为窈窕淑女。"我看中你的漂亮美貌，你欣赏我才华。现在的男孩也一样，喜欢女孩子长得漂亮一点，不过男人要有才华，窝囊废不行。王安石讲的也是这个意思："却忆金明池上路，红裙争看绿衣郎。"绿衣郎就是刚刚考上的新科进士，穿着绿衣服骑在马上游行。古代有这种传统，新录取的进士戴着大红花，穿着绿袍在指定的某天在街上游行，供大家瞻仰，他也是想起年轻时候的风光，把它记下来。那时候游行还有一个功能，京城大部分富裕人家还没有嫁的女子，就有这唯一的见面机会。古代的时候找对象都不见面的，新科进士什么条件都有了，只要考到进士，起步价就是"正处级"，县老爷就是"正处级"，好一点的还可以去类似"外交部"、"财政部"这样的地方，权力无限。这首诗“碧纱待月春调瑟”，在以前传统家族里面，特别鼓励年轻的夫妇，就是两个人在一起过日子，要有情调，弹弹琴，谈一些感兴趣的东西。“红袖添香夜读书”，男的读书，女的在旁边伺候，泡一些红枣汤之类的。这是唐代的一首诗，女的写给男的：“良人的的有奇才，何事年年被放回。如今妾面羞君面，君若来时近夜来。”这个男的叫杜羔，确实很了不起，很能读书，但每次去考试的时候都没考上，邻里乡亲都知道了，头二年没考上还好，再三年、四年，你不难为情，我还难为情。你今年回来，就不要从前门回来，半夜时分从后门回来，像鬼一样，偷偷进来。可后来丈夫竟然考上了，呆在长安城不回来了，赵氏就又写了一封信，表示很担忧，京城繁华地，灯红酒绿，你今天晚上又在哪里过了。古代的时候女的始终是牺牲品，丈夫考不上在家里活守寡，考上了又要担忧他在外面鬼混。

这是英国的一个调查，仅供参考，从男人的角度看，假如与知识女性结合，就有可能更长寿。为什么娶知识女性，你可以活得更长一些？他给出的理由就是因为有知识、有文化的老婆会更好地规范丈夫的生活，可以理性地进行劝说和教育。这又是一个调查，来自荷兰，这里的调查主张，妻子聪明年轻，婚姻幸福长久，对家庭和谐更加有力，这里有两个主张，第一，丈夫比妻子大五岁以上，分手的机率会大大的降低；第二，女的教育程度最好高过男的，也就是说女的博士，男子硕士够了，女的硕士，男的本科就够了。

我觉得读书对于现代人来说，一个是生活态度，也就是说你如果热爱生活，积极向上，要求进步，你肯定是要读书的。你如果无所谓，放弃、颓废，那你可以不读书。第二个，读书是一种责任，我们可以很自私地讲，你爱自己，爱家庭，你也得读书，你不读好书，你怎么在以后社会上有担当，对父母含辛茹苦的付出有所回报？现在的孩子欠缺的是回报、感恩，天真地以为大人对我好是天经地义，所以我们看到社会上种种丧尽天良的事情发生，这就是教育的失败。

简单讲一下知识跟文化。这是我的一个思考，现在的人有知识，却没文化。我们读书虽然读得多，比如说中学、大学的文凭都有了，有了知识，但没有文化。我觉得更重要的是要有文化，文化是引导的方向。关于有没有文化我觉得很难解释清楚，但我可以举一个最简单的例子，假如说你酒驾或者是醉驾，你就是没文化，你再有学历和地位，你也是没文化，没素质。你看上去读了本科甚至是博士学位的，一旦酒驾醉驾就是对人生命的漠视，对他人的漠视，还有对自己也漠视，对别人和社会来说是不负责的，你就是没文化的。

简单讲一下什么叫好书，好书就是适合自己的书。适合你的书，你喜欢的，读得进的，对你有益处的书就是好书，就这么简单。别人觉得好的，不要迷信，所谓的专家、教授，包括像我在这里讲座的人，我们认为的好书，也要你们自己去感受。对我自己有用的书，对你不一定有用，对他合适的书，对你不一定合适，所以只读最对的，不读最好的。

最后再举几个例子。读书到底有什么用，我不讲大道理，讲个小道理，反过来讲，这是在温州开会时的一个体会，有家电视台有个节目，叫我来做评委，他们现场录制一个家庭知识竞赛的节目，一个很帅气的少儿节目主持人，有一个题目和“女娲补天”有关，他念成女“锅”补天，他连续讲了两遍，当时我真为他着急。其实我们每个人都不是神，每个人都有失误的时候，但他是主持人，是工作人员，这种洋相是不应该出的。你不理财，财不理你；你不理书，书不理你。所以我觉得你平时不读书，关键时候会出洋相的。有个电视台在杭州拍完电视剧，临走之前，做了一个锦旗谢谢大家，上面写了“慷慨相助，罄竹难书”，这就是没文化，或者说是知识的贫乏。大家都知道“罄竹难书”是形容罪大恶极的，不是形容道德高尚的，所以说用反了。关于“罄竹难书”的错误使用还有两个著名的例子，邹韬奋说过一句话：“沦陷区的同胞在抗战上所表现的奇迹，真是所谓的罄竹难书。”邹韬奋和鲁迅是齐名的，解放前死了，他是红色的出版家，著名的记者，很有学问的人，他也用错了这个词。第二个，王洛宾大家都知道，他死后的墓志铭上写道，“洛宾之功兮罄竹难书”，唉，这种错误真是造孽。

最后我讲的就是会读书，什么算会读书？我觉得就是有总结进步，不要做书呆子，要出得来，你要转化为自己的东西。举几个清代的例子，徐桐，晚清最有学问的人，对国学知识无所不通，但是他有一个致命的毛病，就是拒绝西方文化。那个时候西方文化已经进来了，人家戴眼镜，他见到就骂，他说那是洋鬼子的东西。他还说："西班有牙，葡萄有牙，牙而成国，史所未闻，籍所未载，荒诞不经，无过于此！"祖先从来没有说过有西班牙、葡萄牙，牙会成为国家是荒诞不羁，天大的笑话。类似的言论很多，这是什么？这就是愚昧，不能与时俱进，接受新生事物。所以读书不能死读书，就是这个道理。

读书注意方法，给大家提供个建议，看电视、玩电脑、读书都是一样的道理，不能久坐，多站起来走走，站起来有好处。这我自己也有体会，也就是说就算你我平均一天坐的总时间是一样的，可能加起来坐 4 小时，但是我要是在中间间隔半小时之后，上一下厕所，出去转一转，好处多得多。特别是现在的小孩子，玩电脑很疯狂，在游戏里入迷，一坐就是两三个小时，有很多的不利。为了您和家人的健康，站起来。

在座的家长，我下面要讲的是，把分数看得轻一点。因为学习不光是靠智商，走上社会还要靠情商。你让孩子死读书的话，走到社会就一路碰壁，他会觉得我读书读得很好，怎么到社会上不行？还有一点，这是网上的新闻，孩子好不容易有休息，五一长假三天，但家长为了孩子的成绩，三天都上培训班去了，今天练琴，明天学语文，后天学什么东西去了，你说孩子的童年是什么，所以这孩子恨妈妈、恨暑假、恨上课。因此，家长不能过分逼孩子，让孩子保持一种天然的兴趣。现在有虎妈，我后来看了一下，古代也有虎妈，洪亮吉是清代的文学家，他有一首诗，"读勤母心喜，读倦母心悲"。母亲时刻陪伴着你，你在读书，她在边上纺纱，你读到 12 点，母亲就做到 12 点，什么话都没有讲。但是你打瞌睡了，醒来以后，就看到母亲满脸的忧伤。这个时候如果你是乖孩子，看母亲忧伤，就会赶紧看书，不想让母亲伤心，所以这就是古代的虎妈。

我还主张，我们要闲读。就是无聊的书，只要看到心里喜欢就行，不要太在意这个读书一定有多少现实的意义，多少伟大的作用。喜欢看对你就是一个好处，我觉得读书是最好的。五一长假我在家里读书，没开车去街上，因为少了我，交通拥堵减少了一分，汽油费也省下来了。

我们不要为读书而读书，太多的迫切性，越是迫切性强，读书越是痛苦，少一点功利，少一点迫切，我们读书会感受到更多的快乐和幸福。好，今天就到这里吧，谢谢大家！

（以上内容根据2011年4月17日的讲座录音整理，略有删改）

带着数字和玫瑰旅行

蔡天新

主讲人简介：蔡天新　浙江台州人，浙江大学数学系教授、博士生导师。诗人，随笔和游记作家。15岁考入山东大学，24岁获博士学位，31岁任教授，33岁成为“东方之子”。主要作品有《梦想活在世上》《漫游》《在耳朵的悬崖上》《难以企及的人物》《南方的博尔赫斯》《与伊丽莎白同行》《数字与玫瑰》等十多部。作品被翻译成20多种语言，2013年获得黎巴嫩“Naji Naaman”诗歌奖。

非常荣幸在“世界读书日”被我们的毛馆长邀请来，在这么漂亮的图书馆做讲座。今天是“世界读书日”，每年只有一次。早上新浪网给我发短信，说希望我在微博上讲讲读书日的话题，我就讲，我今天会在台州图书馆做讲座，被推荐到首页上了。

我先提了一个建议，今天“读书日”主要还是谈阅读。功利性的阅读我们不太谈，现在在“应试教育”的体制下，许多人的见识比较匮乏；另外一方面，我们旅行也比较匮乏。我微博上建议“既然世界读书日是在春天，是莎士比亚的忌日，也考虑在秋天找一个中国文豪的逝世日，作为一个秋天的读书日”。

我选择这个题目，可能把我所从事的三件事情都概括到一起了。因为我写过一本书叫《数字和玫瑰》，实际上数字就是我所说的专业，我是数学老师；玫瑰的话，因为我也是一个诗人，是一个作家，所以这里就有玫瑰；然后我又喜欢旅行，去了很多国家。所以我今天要谈的内容跟这三样都有关系。

我在台州的乡下长大，没有书店，也没有图书馆。这个村庄的位置靠近以前的江口中学，我在那儿读完高中。小学一年级是在西边的一个村庄里面读的，后来又转学到别的地方。我出生在院桥，母亲在院桥中学教书，她不断地换学校，有的是中学，有的时候是小学，我就一直跟着她。我进图书馆是上大学以后了，后来我发现图书馆真的很重要，比如说美国的大学里面，图书馆长是“第三把手”。我看到台州图书馆人气这么旺，这是一个非常好的现象，刚才许多朋友都知道今天（4 月 23 日）是“世界读书日”，它的来龙去脉，我再同大家说一下。1995 年确定了每年 4 月 23 日是“世界读书日”，今年是第 17 个读书日。为什么选择这一天，因为这一天是莎士比亚辞世的日子，也有说法是他的生日。莎士比亚是英语世界最伟大的作家，西班牙语世界最伟大的作家是西班牙塞万提斯，他辞世的日子一般也认为是 4 月 23 日，所以这一天和这两位伟大的作家是有一定渊源的。

我在 2008 年访问剑桥大学的时候，有一天专门坐火车去拜访莎士比亚的故居。他小的时候家庭比较富裕，有很大的房子。参观的人每个人只能在故居里待 5 分钟，因为参观的人实在太多了，而且我去的那天不是他的生日，如果是生日那天，我想每个人只能参观一分钟。他去世的时候，是在距离这个村庄 100 多米的地方。他长大以后自立门户，买了另外一套房子，门口写着“新的家”，最后他在“新的家”去世。去世之后，他所葬的教堂离“新的家”也只有 100 多米。

刚才是一个开场白。今天我要讲的内容分成三个部分：第一，介绍一下旅行的意义；第二，旅行对我个人的意义，怎么样选择自己的专业，怎么样成为一个诗人，都跟这些有关系；第三，讲讲我的见闻。

现在谈谈旅行的意义。

有句话叫“哪个女子不怀春”，我想补一句，“哪个少年不梦游”。旅行的意义，是通过旅行达到一些个人目的，或者是成就自己，但是在这之前我想讲几个不喜欢旅行的，但是同样取得很大成就的人。首先讲的是一个数学家帕斯卡尔，有人可能听说过帕斯卡尔三角形，这在数学里面非常有名，他同时也是个伟大的作家，写过一本书叫《思想录》，是法国文学的一个精品。这个人就不太喜欢出门，主要也是因为他身体不太好，所以他就没离开过法国，他有一句名言，"几乎所有灾难的发生，都是因为我们没有老老实实待在自己的屋子里"。所以他就待在家里面，他后来成为法国的一个大科学家、大文豪，同时也是一个大哲学家。佛陀，就是释迦牟尼，他一辈子也到很多地方传教，但是所有的游历是限制在两百公里的圆圈里。我们中国的孔圣人可以说是周游列国，但是实际上，在春秋战国时期的范围就相当于今大山东的西南部和河南的东北部，加在一块也就是浙江省大小。古代圣人虽然号称说周游列国，其实范围也是非常有限的。

当然我还是希望大家能够去更多的地方游历。我首先把旅行者和旅游者加以区分，一个叫 traveler，一个叫 tourists，这两个其实是不一样的。旅游者就是参加旅行社，按部就班地安排好，跟着团去就行了；旅行者通常独自行动，或者是跟朋友一起行动，他往往带有某种想法，或者是某种目的。所以这两个概念是不一样的。我们今天要讲的更多是旅行者，而不是旅游者。下面，先通过四个小说家的例子来说明，他们是怎样通过旅行来成就自己的。马克·吐温，他写过一本小说叫《汤姆·索亚历险记》，孩子大人都适合看。他是怎么写这个小说的呢？因为他不是富裕人家，没有钱去旅行，那么他就做水手，做水手的话就可以免费旅行，而且还有饭吃。然后他把这些游历写成了小说，就成了《汤姆·索亚历险记》。另外一个是麦尔维尔，他最有名的一本书叫《白鲸》。他是捕鲸船上的水手，他的足迹已经远远超过美国，到达太平洋。后来回到老家，他就在一个小镇上住下来，把他的经历通过艺术加工，写成了《白鲸》，成为美国历史上最伟大的长篇小说之一。这两个人都选择做水手，后来都成为伟大的作家。

还有海明威和加西亚·马尔克斯。海明威跟麦尔维尔仿佛有继承关系，因为《老人与海》中，男主人公是跟鲨鱼较劲，好像美国文学的一个传统。海明威做的是战地记者，他为了去欧洲，就报名到加拿大的一个报社里面当记者，要求到欧洲去采访第一次世界大战。当时西班牙在打仗，他在采访的时候中炮弹受伤了，住进了医院，跟护士谈恋爱，把恋爱故事写成了小说，叫做《永别了，武器》。这个“武器”的英文还有手臂的意思，实际上相当于拥抱告别的意思。海明威的小说里面有很多爱情故事，又有战争的题材，所以很适合拍成电影，很多作品都拍成了电影。加西亚·马尔克斯，他最被大家熟知的小说是《百年孤独》，大概上世纪50年代的时候，哥伦比亚国内报告有一个地方塌方了，死了很多人，但是矿主隐瞒事实，马尔克斯就把这个事情揭露出来，结果他出名了，然后报社就派他去欧洲日内瓦采访四国首脑会议，这是他第一次获得机会离开他的国家。采访完了以后，他留在了巴黎，不肯回国，辞掉他的记者职务，到处打工，住在阁楼上就开始写小说了，很多异国的经历给了他灵感。

这四个小说家出身都不富裕，而是通过自己的努力，找到一种方式。这是我要讲的四个小说家旅行的故事。

我自己也写过小说，我主要的文学创作是诗歌、随笔和游记。我提一些诗人的名字，这六位诗人都获得过诺贝尔文学奖，法国的圣琼·佩斯，希腊的塞菲里斯，智利的米斯特拉尔和聂鲁达，波兰的米沃什，墨西哥的帕斯。这六位诗人有一个共同的职业，就是外交官。我觉得对诗人来说，最好的职业是外交官，因为一方面你可以免费出国，另外一方面可以有机会与国外的同行交流，而且你的作品容易被翻译，被传播，所以这个职业是最好的。他们的故事我就不一一讲了，我只讲一下聂鲁达，聂鲁达在上世纪50年代的时候，到过中国两次，而且他是自立的共产党员。聂鲁达的故事，在我这本书（《与伊丽莎白同行》）里也有详细描述。聂鲁达的父亲是火车司机，母亲是家庭主妇，他没有什么机会出游，但是他有闯劲，有一天，他就闯到外交部的办公室里宣称自己是一个诗人，很想到外国去看看，有没有驻外国领事的职位可以让他去。当时他23岁，外交部的人对他的印象不错，就告诉他有一个地方不太有人去，因为距离太遥远了，在地球的另外一头，那里就是缅甸，所以他就到缅甸去做领事。本来想在新加坡坐船去缅甸的，等了半天船没到，钱又花光了，怎么办？他就发一个电报给外交部，叫外交部汇钱过来，当时智利无法把钱汇到新加坡，就把钱汇到东京，叫他到东京去领。他坐船，这个船在上海港停靠的时候，他的钱包和护照又被黄包车师傅给偷走了。后来他到了东京，东京领事馆给他办了一个护照，再给他钱，他再回到新加坡，在新加坡等到船去了缅甸。这一路上他走了多长时间，大家猜一猜？走了8个月，但是他很愿意，因为这一路上他就去了四个大洲，从美洲出发到达欧洲，后来又到非洲，因为他经过红海的时候，路过埃及又游玩了几天，然后到了亚洲。一路上去了几十个国家，这对诗人来说是很宝贵的经历。这是聂鲁达的故事。

诗人们为什么要出游？我想用一个美国女诗人的一句诗来表达，她是美国20世纪最有名的女诗人之一，生活非常传奇，叫伊丽莎白·毕晓普。她说“是因为缺乏想象力，才使我们离家远行，来到这个梦一样的地方”。那么我觉得，除了诗人、作家以外，如果你缺乏灵感，比如科学家，也可以用这个方式。我去了伊丽莎白·毕晓普去过的国家，然后分析我的游历，曾经写过一本书回忆她的一生，是她的传记也是我的游记，叫《与伊丽莎白同行》。

刚才讲的是一些伟大作家的例子，下面我想讲一下大众的例子。大众旅行的话，我们先从欧洲开始。欧洲什么时候开始有大众旅行的观念呢？是在17世纪的时候，比我们要早300年。在17世纪欧洲经济发展到一定阶段的时候，中等以上的家庭希望让子女在年轻的时候，可以多去游历，增长见识。那时的欧洲，如果不算俄罗斯，整个面积比中国还要小，所以当时的他们很可能相当于李白、杜甫在中国游历一样，他们在欧洲游历。

对欧洲人来说最理想的地方是哪里？就是意大利。意大利在南部，天气温和，颜色也非常漂亮。它的海滩很多，每个地方到海边都不会超过100公里，非常方便。这种传统一直延续到今天，也感染了中国的旅行者。在我90年代开始游历的时候，我已经看到日本人三三两两组团了，台湾人、香港人还有韩国人那个时候还是参加旅行社的比较多。进入21世纪以后，你可以看到韩国人组团的很少，都是单独出来或者两个人出来，台湾人、香港人也是这样子。我们中国目前更多的处于组团出去的状态，但是我想再过10年、或者20年的话会有很多人独立旅行。我可能是其中的先驱，我将近20年以前就开始一个人走了。

欧洲有许多优惠的政策。比如说26岁以下乘坐交通工具一律半票，不论你是学生还是工人，中国人还是欧洲人。在座的小朋友们记得，26岁以前去欧洲的话，那就可以便宜很多。住宿方面，比如青年旅店，它有几个特点：第一，价钱便宜，我在欧洲的时候，一开始都住青年旅店，差不多一晚10美元；第二，有公用的厨房，你可以在里面烧菜，不用到饭馆去吃了，很省钱；第三，有客厅，大家坐在客厅里可以相互交流，不认识的人也可以成为朋友，来自不同国家的，是一个开放性的。另外一种是家庭旅店，这个家庭旅店不是给全家住的，就是他们的城市居民家里有多余的房间，比如说小孩子上大学了，房间多出来了。那么他就在家门口做一个标记，就是说我们家有多余的房间，欢迎你们来投宿，也非常便宜。在意大利、西班牙一般15欧元差不多了，你会有一个单独的房间，但是不能用他家客厅的设施，只能用你自己的房间和卫生间。这种家庭旅店往往都在市中心，找起来很方便。

现在好多出国热，好多家长送小孩出去，有的是读大学，有的是读中学。据我所知，到英国留学的话，不说在伦敦，在其他的地方，比如说剑桥，一年要花费30万元人民币。大学生3年就本科毕业了，但是你要读两年语言班，适应他们的语言，再加上5年读一个本科学位，要150万人民币，非常昂贵，相当于我们一套房子的价钱。我发现，并不是所有的孩子都是富人家的，有的是工薪阶层的子女，甚至卖掉房子，或者节衣缩食送孩子出国。我的建议是，有经济条件的，没问题，送孩子出国吧；如果不是这样的话，我觉得一年30万，还是让孩子周游世界更加划算。如果有机会的话，在国内上大学的孩子，寒暑假回来或者休学半年一年出去，用30万周游世界，150万的话，全家都可以周游世界了。何必要花这个钱在一个学校里呆那么长的时间？很多在国外留学的学生，他们一放假就回国，比如在英国留学的可能好几年也没去过附近的法国、西班牙。而且在国外这么多年，如果将来还是要回国工作的话，可能跟国内的同龄人之间有隔阂，因为自己青春期的那段时间没有在国内度过。所以有些事情没有经历过的话，是一个损失，这是我的建议。

再来看我们中国，常言道“读万卷书，行万里路”。按古人的标准，因为古人许多书一本就有100多卷，比如宋代水利专家刘彝所著的《七经中义》有107卷,《明善集》、《居阳集》各30卷，按此计算，可见“读万卷书”也并非不可能完成的任务。“行万里路”更没问题，从杭州到北京来回就两千多公里，去两趟北京就五千多公里了。那么“读万卷书，行万里路”在今天的意义是什么？明代的著名书画家董其昌认为“读万卷书，行万里路”是一个事业成功的经验。因为读书获得很多知识，获得很多技能，那么旅行也是，可以学习到很多东西。所以这两个相当于事业成功的一条途径。他觉得这个更是人生的一个境界。人活一辈子达到什么样的境界会变得安逸呢？我想不是每个人都能成为作家、科学家的，但是每个人都可以阅读，读书，可以读一辈子，也可以自由旅行。我个人比较赞赏这个观点，这也是大家为什么要到图书馆的原因。

刚才从理论上说了一些旅行的意义，下面就从我个人的经历来和大家分享旅行。

人的第一次旅行就是他的出生，出生是人生旅行的第一站。我个人觉得取名字非常重要，名字会影响你的人生。我出生的那天是3月3日，由于我父亲读过杜甫的诗歌，其中有一首诗叫《丽人行》，第一句话就是“三月三日天气新”。他就给我取名叫蔡天新，非常简单。天新，每天都是新的，所以这也是促进我不断去寻找新的，不断努力让自己每天都有所收获的原因。

其实杜甫的这句诗本身意思不是每天都是新的，是什么意思呢？因为3月1日、3月2日都下雨，到了3月3日天气晴朗了，是这个意思，当然后来意思慢慢变了。早在公元前5世纪的时候，西方哲学家赫拉克利特有一句话叫“太阳每天都是新的”。孔夫子也有一句话，叫“日日新”，出处是当时商国的开国君主为了鼓励自己，就在澡盆上面刻了“苟日新、日日新、又日新”，意思是说，如果每天更新，就天天更新，每天可以不间断地更新。

刚才也谈到尼克松的旅行对我意义很大，我受到他旅行的激励，那个时候我才 8 岁。我觉得有两个人对中国的意义特别大，第一个是马可波罗到中国的旅行；另外一个就是尼克松，他不是来旅游的，但是他打开了中国通向外国世界的大门，开始让中国人了解、融入这个世界。

小时候我的好奇心很重。有一次，老师带我们到县城看电影，在看电影的路上我看到黄岩的劳动路在铺柏油马路，就抓了一块柏油，放到自己头发上去，看它到底黏不黏。结果非常黏，在头发上都拿不下来，回到家以后就悄悄用剪刀剪掉，然后拍了一张照片，可以看到头发是这个样子，这也是对我小时候好奇心的一个纪念吧。说到好奇心，我觉得小孩的教育最重要的就是好奇心和想象力。好奇心是小孩子从小出生就有的，因为随着人生经验、人生的磨砺，好奇心慢慢的就淡下去了。而这个想象力正好相反，小孩子是没有想象力的，你要通过学习、阅读，慢慢把想象力提高起来。所以不管作为家长也好，作为老师也好，最重要的就是呵护小孩的好奇心，同时培养他的想象力。我想读书、阅读都有这个功效。

我人生第二个事情也是跟诗人有关系。我选择数学专业也是跟诗人有关系。湖州有一个诗人叫徐迟，他最有名不是他的拿手诗，而是写的那篇报告文学，叫《哥德巴赫猜想》。那个时候我正好高中毕业，因为被这个故事所感染，后来就选择了数学为自己的专业。还有一个原因是我父亲的政治遭遇，他以前是北大毕业，后来做地下党，回到家乡闹革命，台州中学的党支部就是他创建的。后来被打成右派，他觉得学文科很危险，学理工科可能比较好一点。所以这两个因素就把我引上数学之路，一直到现在。上大学的时候，坐汽车到杭州，然后坐火车到济南。现在的高速公路很发达，3 个小时就到杭州了，那个时候要 14 个小时。到上虞的时候，我第一次看见从宁波开来的火车，现在我每次路过上虞都会想，当年在这儿第一次看到火车。

“假如一个人的童年形只影单、乏善可陈，可以通过回忆和写作，使之得以充实丰盈，并获得百感交集的温暖。”这是关于我的童年的那本书扉页里面的一句话，因为在村庄里长大，所以度过了非常孤独的童年和少年，我写了这本书《小回忆》。这本书有一半以上的内容是关于民俗的，比如台州在上世纪六、七十年代的乡村生活是什么样的，根据我的回忆写下来，包括大家比较熟悉的，但是已经消失的民俗等，我这本书里面保留的还是比较多。年长的读者可以感觉到这些东西，年轻的读者可以了解一下你们父辈的生活是什么样子的。

下面，我们谈一谈稍微轻松一点的。其实前面的部分还是相对严肃的，因为前面这两部分讲的都是旅行的事情。下面一部分，我们来谈一谈数学、文学、绘画的东西。

在旅途中你会预见什么？我随便罗列了一些词语——数字、玫瑰、影像、地图。我最初的出国旅行都是跟数学有关系，开会、访问等等；后来因为写诗歌，有了一定名气之后，作品被翻译比较多，人家邀请我去参加外国的诗歌活动，他们出机票让我去，所以最近几年，可能文学活动更多一点。这就是我从事的两个工作。

影像，因为我写游记需要配一些照片，我就慢慢地拍照片，或者给我做摄影展，可能以后也会有摄影集出来。所以影像部分是我对世界看法的第三种表达方式。

地图，我最早是通过画地图来表达我自已的梦想。我高中毕业的时候，我父亲已经准备了木匠工具了，准备让我做木工，以后可以谋生。但是后来说可以高考，就不做木工了。是地图保存了我最初的梦想。

在我的旅途中，我会先谈谈数学有关的一些事。文艺复兴时期，德国伟大的画家丢勒创作过一幅铜版画，叫《忧郁》。这幅画中，人的表情靠几何图形展现出一种忧郁的色彩。特别值得注意的是，他为了表现这个主题，在后面的一个方框上有 16 个阿拉伯数字，这些数字从 1 数到 16，没有重复的，而且每一行、每一列、对角线加起来都等于 34，中文叫幻方，魔幻的正方形。这个方框的最后一行，中间两个数字连在一起是 1514，正好是他画这副画的年份。从那以后，德国再也没有产生这么伟大的画家。德国人擅长抽象思维，所以有很多数学家、哲学家、音乐家，但是绘画方面不如法国、意大利、西班牙，因为那些地方阳光多，色彩比较丰富，容易产生伟大的画家。

五角星。五角星是所有几何图案里面最美的，因为它符合黄金分割率，这里面我就不详细解说了。我只想说，数学中的美是无所不在的。比如前苏联的国旗上有五角星，美国的五角大楼也是五角星形状。有一次我到国外研究所访问的时候，同行的当地人带我参观清真寺，我看到墙壁上画了很多这样的五角星。我不认识波斯语，就问这个写的是什么，他们告诉我这是他们先知穆罕默德的天语。穆罕默德是伊斯兰教的创始人，他的签名是以五角星形式出现的。数学的美是没有什么民族界限的。

再举一个绘画的例子，比利时的超现实主义画家玛格丽特的作品《欧几里得漫步处》。一般来说街道是长方形的，但当你站在高处去看的话，街道的远处慢慢地变成了一个点，所以这时街道在我们眼中变成了等腰三角形。这幅画中还有一个水塔，欧洲水塔的顶上是一个圆锥形，画到平面上以后也变成了一个等腰三角形。平常这两个东西是你们看到的，但是也没放在一起，放在一起以后就产生了奇妙的张力，把观众的视线吸引住，引发思考。为什么这幅画的名字叫《欧几里得漫步处》，欧几里得是一个数学家，几何学家，所以意思是说，欧几里得走到这个窗口就可以看出来的这样一幅画。

下面我再讲一个数学的例子。这个例子稍微有一点难度，是利用想象力非常典型的一个例子。刚才讲到欧几里得的是中学学的，那么到了大学以后要学的几何学叫非欧几里得几何学。欧几里得有五个公理，大家在中小学的时候都学过，有四个公理大家应该很熟悉，比如说一条直线不断延长等。第五个公理稍微有一点拗口，过直线外一点可以与已知直线做唯一的一条平行线。大家是不是觉得这个公理有点抽象，不像前面四个公理那么容易。所以后来有人就怀疑这个公理是不是对的，结果就出现了两个答案。罗巴切夫斯基，德国大数学家，他说过直线外一点可以做不只一条直线与已知直线平行，后来就产生了罗巴切夫斯基几何；还有一个是德国的黎曼，他说过直线外一点不能做一条直线与已知直线平行，后来就产生了黎曼几何。这两个几何就是大学几何研究的对象，非常有用，包括原子核、爆炸、太空的航行、爱因斯坦的相对论都用到。欧式几何是适用于我们的日常生活的，比如说手推车、开汽车、高速铁路等，这些都是属于欧式几何的范围内的。但是你要到太空去，或者到原子核里面去，就要用到非欧几里得几何学。

关于这两个非欧几何，大家能想到什么例子吗？比较难，我给大家讲两个例子来说明。

数学是需要假设的，是自由的。我们先假设，两条直线无穷延伸交于一点，要么相交于有限点，那么就是普通意义上的相交；要么相交于无穷远点，那就是平行线。所以所有的直线都有相交，相交于无穷远点就是平行。刚才这三个几何学，我把它翻译一下，翻译成三角形的语言，就是欧几里得几何三角形的内角和是 180 度，罗巴切夫斯基几何三角形的内角和小于 180 度，黎曼几何三角形内角和大于 180 度。

接下来我来举例子。

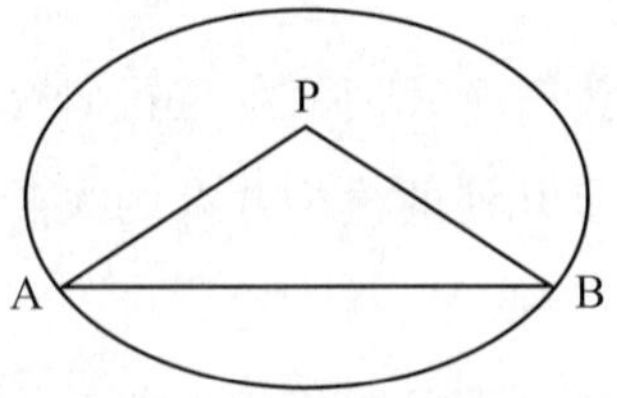

这是一个椭圆，椭圆上就是我们的研究对象，因为我们的欧氏几何有的是研究三维空间的，有的是研究二维空间的，有的是研究一条直线是一维空间的，你可以假设你的研究对象，这是数学里面第一要肯定的。罗巴切夫斯基几何研究的就是一个椭圆，我们有一定的思考能力都可以理解。椭圆是我的研究对象，因为椭圆是有限的几何，规定椭圆边界上的点是无穷远点，而椭圆内部的点是什么？是有限的。第二个假设是椭圆边界上的点是远点，内部的点是无限点。这样就可以了。

AB 这条线是几何上的一个极限，他从无穷远点 A 到无穷远点 B，这条直线。然后从椭圆内部，或者椭圆上再找一个点 P，你看看把 P 跟 A 连在一起，这两条直线跟 AB 交于 A 点，A 是在哪里？无穷远点，在椭圆上是无穷远点。

那么按照刚才讲的，两条直线相交于无穷远点是什么？是平行的。因此已经找到一条了。

然后你把 P 连到 B 上面来看看，它是不是同样相交于无穷远点 B 点，也就是说 AB 跟 PB 也平行，这样的话例子是不是就找出来了。过直线外一点可以找两条平行线。这个就是原子核爆炸里面所用到的几何学。例子还是比较简单，但是你要接受我刚才讲的两个假设。一个假设是相交于无穷远点是平行的。第二个是椭圆边界上的点是无穷远点。

这个例子是想象出来的，我下面要举一个现实中的例子。

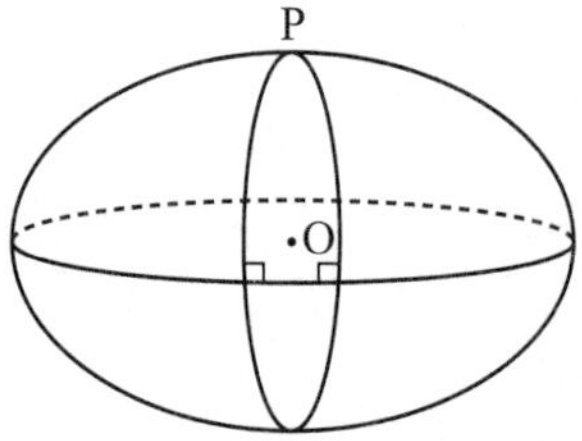

我们把地球的表面作为一个几何对象进行研究，就产生了黎曼几何，换句话说，地球表面就是黎曼几何的模型。有的人要问了，这个球面上好像没有直线，没关系，我们可以假定它有。比如自行车，用两个圆来代替一条直线，大大加快了前行的速度，而且很轻松。那么从这个例子里可以看出，圆也可以变成直线，在数学里面圆也就是直线。在这个几何里面，我们把这样的圆定义为直线，圆心正好在球心，就是说球的表面上的圆，圆心正好在球心，它就是直线。那么我这里要问问大家，地球仪上有很多纬度，哪一条纬度是直线（赤道），因为赤道的圆心就是球心。还有别的吗？纬度里面还有别的吗？没有了，只有赤道线的圆心是球心。所有的纬度只有一条线是直线。那么再来看看经线，哪些经线是直线？所有的，每一条经线，比如说杭州是东经 120 度，圆心就在球心上面。每一条经线都是直线，而纬线里面只有一条，那就是赤道线。

那么有了这个理解以后，我们先取赤道线为直线，直线外的一点取北极那一点或者取南极那一点（P 那一点），试图做一条直线，经过 P 点的直线有什么？能做一下吗？所有的经线都是经过 P 点的对吗？而且所有的直线也只有经线经过 P 点。能不能做一条直线跟赤道线平行？不能。因为每一条经过 P 点的直线都是经线，而经线跟纬线是垂直的。所以黎曼的假设是对的，就是说过 P 点不能做任何一条直线和赤道线平行，因为都是垂直的。那么大家看到没有，这个例子已经成功了，既然这两个角度垂直，90 度，加起来 180 度，那上面那个角，无论如何是大于零的。因此以 P 为一点，随便找两条经线组成的三角形内角和大于 180 度。

再来看看之前那个椭圆形，PAB 的三角形内角和是多少？角 A 是零度，角 B 也是零度，因为两条线平行的，那么角 P 肯定是小于 180 度的，所以三个角加起来也是小于 180 度。

接下去我们讲想象力。阅读不管是文学著作还是科学著作，都是需要想象力的，否则光有知识，意义不大。知识也是需要的，但是想象力更重要。所以我给大家讲一些启发性的东西。

我有一天想到，所有的科学同文学可以进行这样的类比：数学——诗歌，物理学——小说，天文学——戏剧，计算机——随笔，化学——报告文学，生物学——杂文。

经常有人问我，为什么你又能做数学又能写诗，本来它们两个的思维方式应该是不一样的，但是我觉得它们有相像的地方。为什么？因为他们都是简洁的，都需要很年轻的时候去做的，都是需要想象力的，而且都是广泛应用性的，万能的。比如说，如果一个科学论文里面没有一行数学公式的话，这个科学论文不叫论文，推导的时候，包括经济学、生物学都要用数学方式表达。同样一篇文章，如果最后能够引用莎士比亚的诗句，那就起到画龙点睛的效果。诗歌在文学里面的功能就相当于数学在科学里面的功能一样。

我们再来拿物理学跟小说进行比较。小说就是具体的描写，一个村庄里发生的事情，一个城市里发生的事情；物理学也是，物理学是具体来描绘三维空间里面发生的一些运动变化的事实。物理学跟小说有相似性，都是具体地描绘三维空间里所发生的事情，只不过描绘的内容不一样而已。但是数学和诗歌没有这么具体的描绘，它只是抓住本质的东西。你不可能说一首诗里面可以读出很多的故事，也不可能说从几行数学符号里面发现它应用的方程，只是一个数学表达，是抽象出来的，只是抓住本质的东西。

天文学跟戏剧又是一对。因为天文学跟数学一样古老，古希腊的数学家都是天文学家，古希腊的诗人也都是戏剧家，这是他们的相似之处。另外，它们有很大的场景，戏剧在舞台上表演，天文学研究天体运行。

计算机和随笔，应用得非常广泛。计算机，做讲座也用，家里也用，在单位上班要用，在学校上课要用；随笔也是，起草一个报告，或者说报纸上发一个文章，都需要随笔。所以这个用处是非常广泛的。

化学与生物学都需要做实验，报告文学、杂文里面你要进行调查研究，不能凭空去写。

知识看上去好像很庞杂，其实可以把它们归类，归类以后就变得简单明了。

刚才讲的是科学与文学的一个类比，下面我们讲艺术与数学的类比。空间艺术：绘画——几何；时间艺术：音乐——代数；综合艺术：电影——分析。

文艺复兴的时候，像达芬奇等许多画家同时也是几何学家，绘画就是把三维世界怎么样表现到二维图像上去，所以跟几何学有着密切的关系。

音乐跟代数的关系非常密切，从古希腊开始就是如此，比如琴弦的长短达到一定整数比例关系的时候，声音最和谐。

绘画是空间艺术的代表，音乐是时间艺术的代表，它们两个综合以后，在 19 世纪末 20 世纪初就产生了电影，电影里面既有画面又要空间感，同时又有时间，它被认为是一个综合艺术。数学里面也有对应的东西，就是分析。古典数学只有几何和代数两大部分，牛顿发明微积分以后，慢慢产生了分支，我们大学数学系称它为数学分析，就是用代数的方法研究几何，用几何的方法研究代数，把代数跟几何综合在一起，这就是分析。数学分析十分综合，很像综合的艺术形式——电影。

理论上的东西我就讲到这里，最后做一个小结。

也许并不是每一个人都有机会去巴黎、伦敦、纽约这样的大城市，其实我们也可以在平凡处发现美。对于我来说，地图上的每个小圆点，每个没去过的地方我都想去。

回到写作与旅行。我觉得写作对于我就像重游故地，因为你把你游历过的东西重新写一下。时代变了，社会分工越来越细，也许你不可能取得牛顿那样大的成绩，也不可能成为莎士比亚，但是我们还可以找到生活的乐趣的，我们应该去找到一种属于自己的生活，不要老是去模仿别人，否则的话，意义就不大了。

我在二十多岁的时候写过一首诗诗歌，叫《梦想活在世上》：

树枝从云层中长出
飞鸟向往我的眼睛
乡村和炊烟飘过屋顶
河流挽着我的胳膊出现
月亮如一枚蓝蓝的宝石
嵌入指环／我站在耳朵的悬崖上
梦想活在世上

这里面当然有一些形容和想象的东西，我给大家解释一下。“河流挽着我的胳膊出现”，就相当于两条直线相似形，不能说西湖挽着我的胳膊出现，因为西湖是圆润的，胳膊是长形的，就更接近于河流；“站在耳朵的悬崖上”，每个人都有两只耳朵，耳朵上面这个地方，我看的就是个悬崖，下面就是万丈深渊，一直到下面，这个地方是个悬崖，当然是站不到这个地方上，但是想象力可以到这个地方。《在耳朵的悬崖上》是我以前接受南方都市报整版访谈的题目，也是从我诗里出来的。

这个就是讲我在台州度过的童年，我的小学、中学，那时我是怎样梦想世界，讲小时候的事情。同时也是台州的上个世纪六七十年代的通俗生活。

然后带了两个数字，玫瑰旅行各带了两本，跟数学有关的是《数学与人类文明》，古代中国开始到现在，数学的发展跟当时文明的关系，这里面的数学都是非常简单的，跟当时文明的相互关系。这是其中的一本，另外一本是就个人有一些成就特别突出，特别是文理兼备的大数学家，我重新写了他们的人生，叫《难以企及的人物》。我刚才讲了有关数学的东西都在这两本书里面。

跟诗歌有关的我带了两本来，一个是中英文对照的，是在南非出版的，是个南非的诗人翻译的，叫《幽居之歌》。另外一个是我主编的，叫《现代汉诗 100 首》，有十位当代的著名诗人进行评估，也包括这个人的介绍。

最后谢谢大家。

（以上内容根据 2011 年 4 月 23 日的讲座录音整理，略有删改）

为孩子打开成功的大门

郭瑞立

主讲人简介：郭瑞立　中国超级学习法的创始人、教授，中国教育学会重点课题组组长，国家注册心理咨询师，中国高级心理教练，美国临床催眠治疗师，国际EAP培训师。著有《中国家庭成功教育》《亲子沟通的技巧》等。

各位家长，大家晚上好！非常高兴能够来到台州图书馆，与各位家长共同探讨父母如何教育孩子的问题。今天演讲的主题是“为孩子打开成功的大门”。在讲主要内容之前，首先了解一下听众情况。在座的没有结婚，或者结婚之后没有小孩的请举一下手，只有九位。有了小孩在上幼儿园的请举一下手，这个比较多一些。孩子在上小学的请举一下手，还有这么多。孩子上中学的，包括初中和高中的有多少，这个比较少一点。看来还是集中在幼儿和小学生阶段的家长比较多，那今天就比较偏重这个阶段的一些内容，孩子上中学的也可以补上这一课。

首先了解一下，在座的各位家长，你们在教育孩子过程中，通常都会遇到什么问题，存在什么困惑，比如孩子有逆反心理，不听话，有没有？

家长：有。

郭瑞立：孩子在学习上注意力不集中，有没有？

家长：有。

郭瑞立：孩子动作慢作业拖拉，有没有？

家长：有。

郭瑞立：孩子还有什么问题？作业粗心有没有？

家长：有。

郭瑞立：我听家长在下面谈了很多，父母教育孩子，都会看到很多问题。遇到问题是常态，没有问题才是很奇特的。关键是遇到这些问题的时候，我们怎么去解决。比如说孩子有逆反心理不听话，怎么办，怎么解决。首先要跟他讲道理，小孩子要好好听爸爸妈妈的话，这才是乖孩子。孩子还是不听怎么办？

我们先要了解孩子的心理特点，在幼儿这个阶段，孩子的心理特点是什么？我相信我们家长很多会了解孩子的心理特点，网络、报刊、杂志上，还有书籍上，这方面信息比较多。目前国际公认的是在幼儿阶段，通常是3–6岁这个阶段，他们在安全感上有比较重要的需求。父母在工作之余多陪陪孩子，他感觉你重视他，他会有一个心里面上的依靠，这个安全感对他今后一生的发展都非常重要。一个孩子在0–6岁的阶段，如果缺乏父母的陪伴，他就有一种被抛弃的感觉，心里面缺乏安全感，而且一生都会追求这个东西。就因为短短几年时间缺乏安全感，他会用一辈子去追求，这是一个很奇特的心理现象。所以说作为家长，经常陪陪孩子，经常和孩子聊聊天，陪孩子做做游戏，对孩子今后的成长会很好。

因为他缺乏安全感，会导致他今后花更多的时间精力去追求安全感。比如说孩子上小学，内心安全感不足，他会通过学习成绩的提高或者做一些让父母开心的事情，来博得家长的关注。但是通常来讲，父母很少关注孩子的优点，大多关注孩子不足之处。孩子总有做得不好的地方，最后孩子就会发现，我做得好，表现好的地方，都不一定得到关注，我搞点小破坏，或者是成绩差一点父母就会关注我。这时候他就会做一些破坏性的行为，成绩差一点或者做一个捣乱行为，这个时候父母就会关注他。当然这个关注是负面的关注，用批评训斥，有批评比没有批评好，比不关注好，比冷漠好，所以孩子就会出现更多的问题。在幼儿阶段，父母要多多陪伴孩子，关注孩子，花更多的时间陪他聊聊天做做游戏，让他知道他是有价值的，父母会非常关注他，这种安全感一旦得到，那以后会减少很多问题。因为我们做心理咨询的都知道，一个成年人的很多问题，大多都来自于从小安全感的不足。

再讲讲小学阶段孩子的心理特点，当然不光是小学，孩子幼儿阶段，他们都有一个共同的特点就是喜欢做游戏。孩子在游戏当中会体验到一种快乐，他会追求游戏的快乐体验。所以说，孩子上小学，当然学习是重要的，但我们如果能够把学习和游戏结合起来，让孩子学习像做游戏一样这么轻松，就成功了。我们知道有一些中学生喜欢上网打游戏，就是所谓的网瘾，学生自己也知道，老是这么打游戏不好，但他为什么总是忍不住去打？我接触过有网瘾的孩子，跟他们谈的时候，他们也知道打游戏不好，但是就是忍不住，原因到底在哪里，就是那种快乐的体验，那种愉悦的感觉，让他一遍又一遍的不断把时间耗费在电脑上。他就是追求那种体验、刺激，那种游戏的感觉，网瘾真正原因就是在游戏当中能够体验到一种愉悦感。所以说在孩子的幼儿、小学阶段，多和他做一些游戏，在游戏之中他能够感悟到、体验到成长，这是最好的。

如果在幼儿阶段父母不够关注孩子的话，在小学阶段他同样会追求被关注、被肯定，所以说父母在孩子小学阶段也经常陪伴一下孩子，陪孩子不一定是陪孩子做作业。有很多家长下班之后，吃过晚饭之后看着孩子做作业，这个不叫陪伴，叫监督，这让孩子有一种被监督被约束的感觉，孩子写累的时候想放笔休息下，妈妈在旁边看到了催促赶快做作业，这会让孩子感觉到很痛苦。陪伴应该是轻松、愉悦的，你关注孩子，孩子也在关注你，父母和孩子之间心是相通的。而不是你看你的书，孩子看他的书，这不叫陪伴。

孩子在小学阶段，心理已经开始变得敏感、脆弱，情绪慢慢变得不稳定。我们会发现孩子情绪比较急躁，容易发脾气。你看晚上天凉了，提醒他要多穿一件衣服，孩子会感到烦，你本来关心他，他为什么还这么烦。因为这个年龄阶段他开始变得敏感，会尝试着按照自己的意思去做，当他想按照自己意思去做的时候，心理被影响或者被干扰的时候，他就会感觉到自己被侵犯，这个时候他就会有抗拒的心态。

孩子到了小学依然像幼儿的阶段，差别不是太大，依然会靠形象思维进行思考。到 7 岁，一般的抽象思维，左脑的思维能力慢慢开始形成，有了数字的概念。这时候我们依然要注意，比如有的孩子他左脑思维能力相对来说发展得慢一点也没有关系。抽象思维能力慢会出现什么现象，数学比较差一点。有的孩子已经开始形成了，数学成绩比较好，小学一至三年级数学通常都考到 99 分，100 分，说明这个孩子左脑的抽象思维能力逐渐形成。这时候我们做家长的会刻意训练他左脑能力，比如练扑克牌加法，把一副扑克牌 11 以上的去掉，单算 1 到 10 慢慢的加，练孩子的思维能力。这对孩子的口算，特别是左脑思维能力形成非常有好处，练得时间长了，他的抽象思维能力得到训练之后会发展得很快，数学成绩提升得很快。

小学阶段，通常来讲绝大多数孩子自我控制能力和自我约束能力都比较差，一般到了高年级，尝试着自我约束的能力才会开始形成。所以说看到你的孩子回到家之后，他不做作业，或者做作业的时候磨磨蹭蹭的，管不住自己，这个很正常。因为他的年龄特点就决定他自我控制能力，不像我们成年人控制能力比较高，所以不要对他要求特别严格，作为父母只要提醒他一下就可以了。

注意力就是一个很大的问题，小学阶段孩子面临的三大问题：第一注意力不集中，第二粗心，第三多动。这是他们的年龄特点决定的。我们不把它当作问题，这个问题就不存在，如果我们把它当成问题，它才真的慢慢成为问题。孩子注意力集中的时间，一般是 10 分钟左右，好一点的大概是 15 分钟，特别好的也就是 20 分钟的样子。短的有 5、6 分钟，那是注意力不足。通常来讲小学阶段的孩子，大多都是 15 分钟左右，所以说看孩子做作业的时候，你不要要求他一口气做半个小时或者一个小时，做 20 分钟休息一下，这才是符合他的身心发育的特点。现在学校上课的时间通常是 40 分钟、45 分钟，这是国家统一的课程设置时间，但不符合小学一年级到六年级的情况，更不符合幼儿园的学生，不过现在老师已经渐渐注意，他们会不断地隔段时间调整一下班级氛围，这样能够调动孩子的学习注意力。这是我们了解的小学阶段孩子的心理特点。

世界上有一些心理专家对10万多名8—14岁的孩子的心理特点进行调查，让孩子写出父母应该怎样做和不该怎样做。排在最前面，重复率最高的10项是这样评价的。

第一，孩子在场，父母不要吵架。

第二，对每个孩子都要给予同样的爱。在中国这个现象不是特别重要，因为中国大多数家庭都只有一个孩子。

第三，任何时候都不要对孩了说谎。父母的真诚才能够影响到孩子的真诚。

第四，父母之间要相互谦让、相互谅解。

第五，父母与孩子之间要保持平等关系。这个平等不仅仅是蹲下来和孩子讲话，更重要的是心理上那种平等，生命上的那种尊重。什么叫尊重，尊重融化在与孩子的一言一行之中，尤其是沟通之中，你不用说孩子都能感觉得到。

第六，孩子的朋友来家做客时要表示欢迎。我相信大家对孩子的心理特点已经很清楚了。

第七，对孩子提出的问题要尽量全面答复。如果答不出来怎么办，就告诉他爸爸妈妈对这个不了解，我们看看从哪能找到答案，和孩子一同找问题的答案，也是对孩子的尊重。

第八，在孩子的朋友面前不要讲孩子的过错。中国有一句话叫“当面教子，背后教妻”，现在这个时代的孩子已经不同于以往了，他也有面子，也有尊严，所以特别注意在孩子面前要给他留点面子。

第九，注意观察可表扬孩子的优点，不要过分强调孩子的缺点。要优化孩子的优点，优点越说越多，缺点越说就会越少。

第十，对孩子的爱要稳定不要动不动就发脾气。

我们看中学阶段孩子的心理特点。中学阶段是青春期，大家知道中国孩子的青春期从什么时候开始？书上说孩子的青春期，男孩12到14岁，女孩

10 到 13 岁，书上是这么说的，不过据这两年调查发现，中国孩子青春期平均是 9.2 岁，想想有些孩子会提早到几岁了，有的六七岁，早熟现象比较严重。不管多少岁，孩子进入青春期，他有一个主要的通常性的心理特征，就是统一性对角色混乱。什么意思？就是说这个孩子，小时候会感觉我是最优秀的，最听话的孩子，到了青春期这个阶段，动摇了，不确定了，那我到底是一个什么样的人？所以说角色混乱了。有些人说我是粗心的，有人说我是不好的，有人说我是好的，有人说我是乖孩子，有人说我是逆反的，各种各样对他的评价。他自己都不知道自己是什么样的人，那怎么办？他会从对他来讲比较信任、尊重的、比较崇拜的人身上确认自己的身份。比如说有个权威人士说某个孩子他在写作文上会有出色的表现，而这个孩子本来写作一塌糊涂，但有了这句话，他心里面认同这句话，他加强了这种身份的认同，慢慢就会朝这方面发挥能量，就会发现作文写得越来越好，这就是暗示的效果。

接下来我会讲暗示会对孩子造成哪种影响。那么作为父母要怎么做？特别是孩子到了中学阶段，一定要给他一个正向的积极的身份上的认同。我发现你很善于思考，你将来在哲学或者政治方面一定会有自己的见解，这么一直讲，不断让他得到确认，有这样暗示的时候，他对自己的身份会慢慢的清晰，会慢慢朝这个身份的方面去发展。孩子到了中学阶段，父母对他的影响会越来越小，那怎么加大影响呢？和他关系越好，影响越大，和孩子关系越和谐亲密对他影响越大，越疏离对孩子影响越小。不论大和小，反反复复地在一个方面给他进行暗示，给他确认，一遍不行两遍，两遍不行就 10 遍、30 遍、50 遍、1000 遍，“弄假成真”，假话说一千遍他就慢慢地相信了，这就是正向身份的确认。

为了让孩子在身份上有一个明确的界定，一定要让他清楚自己的目标，将来我要成为什么样的人，让他自己去思考。其实孩子在小学阶段，就应该需要开始思考这方面了。家长说孩子小学阶段就思考目标，那他会不会变，你不用担心他变，他哪怕今天思考将来要当一个数学家，后天说要做一个律师，没有关系，他只要有梦想，就不断地去确认他，不断地让他把目标想清楚，对他是有帮助的，不要讽刺他，更不要打击他，要帮他进行身份确定，对他以后的帮助非常大。我们了解孩子的心理特点之后，如何让孩子在今后的学习和成长上更好的发展？今天的主题内容是如何为孩子打开成功的大门。

下面主要为大家介绍，如何为孩子打开四道成功的大门：

第一道大门就是培养好习惯。我们大家都知道习惯对孩子有多么重要，有一句话叫做“习惯决定性格，性格决定命运”。请大家想一下自己的孩子，有哪种不好的习惯，除了刚才讲到的粗心的习惯，磨蹭的习惯。还有什么？

家长：自以为是。

郭瑞立：我相信我们做父母的最容易发现的是孩子不好的习惯，发现不好的习惯怎么办，要改正，让孩子改掉不好的习惯。其实能改正吗？我给大家讲一个事例。前一段时间我在一个中学讲座，讲完之后一个家长来咨询，孩子上高三，马上面临高考，家长说郭教授我的孩子粗心怎么办？我说孩子上高三怎么还粗心呢，孩子从什么时候开始粗心的？他说从一年级就开始粗心，小学一年级。我说小学一年级到高三多少年了，12 年过去了，这个粗心都没有改掉。这个妈妈十几年来不断地让孩子改掉粗心的问题，都没有改掉，原因在哪里？

我这段时间给高三学生做考前心理训练调整讲座、心理讲座，好多学生都问我粗心怎么办，我说到高三了再讲粗心怎么办，我也不知道怎么办了，只有接受现实。因为粗心不是高三这个阶段解决的主要问题，你把主要问题带到这个阶段来，我都不知道怎么解决了。因为马上就面临高考了，再解决粗心，显然不是主要矛盾。但是他确实就认为这就是主要问题，为什么会十几年来都改不掉粗心的习惯，原因在哪里？这个习惯之所以不改原来是父母和孩子共同的“配合”，让这个不好的习惯根深蒂固在他的生命中。孩子学习的时候，做作业的时候，考试的时候，有信心的地方，父母从来都不关注，孩子稍有点粗心父母立刻就发现了，说看看你就是这么粗心。这样会给孩子心理暗示，他不断强化粗心的特点，孩子原本自己都不知道自己是粗心的。他在考试当中，无意之中这个潜意识力量非常大，无意中就表现了这个身份，他一定会有粗心的情况出现，不然就不符合他的特点。所以说孩子表现得粗心，而家长又不断的关注粗心，不断的在他生命之中在他脑门上贴标签，在相当长时间内都很难改变。

粗心，或者别的不好习惯，总是改不掉怎么办？作为家长，面对孩子的不好习惯，我们千万不要花很多的精力在这上面，因为你越要帮助他改掉不好的习惯，这个不好的习惯不仅改不掉，反而越来越牢固。那么怎么办？对一个孩子来讲有多少不好的习惯不重要，重要的是他有多少好习惯，对于一个孩子来讲，不论他今后学习还是成长，只有好习惯对他才有帮助，所以说我们应当花更多的时间和精力帮助孩子树立好习惯，这才是最重要的。而且我也发现帮助孩子树立好习惯，要比帮助孩子改掉不好的习惯，更简单，更容易做到。我们放着容易的事不去做，反而去做那些艰难的事情，没有效果的事情。所以作为家长，从现在开始我们做一个计划，帮助孩子树立好的习惯，好习惯越多，不好的习惯就越少。

我们怎么帮助孩子树立好习惯，下面介绍一个非常简单又容易做的事情。

第一，身教重于言传，示范重于说教。这个道理大家都懂，给大家做一个示范，看一看成年人是怎么学习的。下面大家根据我的口令做一个动作。把右手掌心朝上举起来，食指和大拇指碰在一块，然后移动一下，听我口令，拍下下巴。我发现现场绝大多数家长都在拍后脑勺，为什么拍后脑勺？拍下巴这个语言大家一般都听得懂，这个地方显然不是下巴，大家为什么要拍这个地方，看见我在这拍，对不对？这说明什么，说明语言是多么苍白无力，示范的效果多么有力。

我们一个成年人学习的时候，都是希望跟着示范动作来学习、来操练，何况一个小孩子呢。所以说作为父母，我们的一言一行都是对孩子的示范，都是对孩子的教育，孩子不是看父母怎么说，而是看父母怎么做。父母说，孩子学习很重要，学习对你将来很有帮助，很有好处，好好看书，好好写字，然后父母干什么去了，打麻将去了。孩子很困扰，到底是看书重要，还是打麻将更重要。如果是看书重要的话，那么爸爸妈妈为什么不看书，出去打麻将，显然是打麻将比较重要。所以说作为家长，我们的示范，我们的行为，对孩子影响是最大的。幼儿阶段是这样，小学也是这样，中学孩子有独立思考的能力，渐渐会好一点。所以我们要想让孩子有好习惯，作为家长我们要不断的调整自己，让自己有好习惯。我们经常说只要有孩子，父母也就重新开始成长。人的成长有三个方面：第一，在做事的过程中，经历过挫折来成长。第二，经历过专业的老师指点、辅导来成长。第三，就是结婚生孩子，经过教孩子来成长。我们要树立好习惯，这是一个开始。

第二，增强法。大家不要计较这个名字，这个名字比较古怪，什么叫增强法，我讲一个故事，大家有没有看到过海豚跳水表演，电视上或者公园里，看到海豚从水里跳出来落下去，大家知道海豚为什么跳水吗？

家长：训练的。

郭瑞立：其实海豚不是在表演，它在跳完这个动作之后，训练师一定会给它东西吃。怎么训练海豚跳水，这有一个过程，在水池子的下面拉一条红线，海豚在水池里面游的时候，在别的地方游没有东西吃，海豚穿过这条红线训练员立刻给它东西吃，不久之后海豚就发现这个规律，就不断的从这个红线上穿过去，训练师一看海豚已经掌握住这个规律，把这个红线再往上提一提，从水底提到水的中间。这个海豚从旁边游过去，从红线的底下穿过去都没有东西吃，只要从上面穿过去就有东西吃，不久之后海豚掌握住这个规律，不断从上面穿过去，训练师不断地给它东西吃，强化它穿过这条红线这样的行为。就这样这条红线不断提高，海豚就不断往上跳，后来训练师把这条红线抽掉了，海豚一跳没有红线，但它只要跳就有东西吃，所以海豚就形成一个习惯，要想得到东西吃就不断的这样跳，海豚是为了获得一点东西吃，无意之中形成了跳水表演的过程。

这是从行为训练上形成习惯的过程。家长要想让孩子形成好习惯，当孩子做一件事情让父母开心，让父母认可的时候，我们要不断地鼓励他，表扬他，甚至奖励他。天底下孩子都有一个共同的心理特征，就是他得到父母的肯定，这个行为就会不断的重复。如果他做了一件事情，比如说他做了一件让父母开心高兴的事情，你漠视他，忽略他，假装没看见，孩子第二次就不做了。

你可以做一个试验，比如有一天吃过晚饭，看到孩子拿着抹布开始无意之中擦一下桌子，你这个时候立刻就鼓励他，妈妈看到你吃过晚饭之后，能够主动的擦桌子我很开心，你看这个孩子眼睛一亮，他擦得更有劲，本来是无意一个动作，你一表扬他就认认真真的擦一遍了。第二天晚上吃过晚饭，你会发现他就拿抹布继续擦桌子，他希望获得父母的肯定认可，让父母开心高兴的过程，他很有成就感。如果本来有意擦一下桌子想受到表扬，父母假装没有看见，那第二天他再也不擦了，因为他知道做这件事得不到关注，没有认可，所以这个行为就不再重复了。如果吃饭的时候，孩子认认真真地吃，你不关注他，而他把饭倒在桌子上才关注他，那好，以后他什么时候需要你关注了就把饭倒出来，因为他知道一旦这样做你就立刻关注他，当然这是负面的关注，是批评、训斥，有批评有训斥比没有关注强，所以他就会做一些让你不可接受的事情。

鼓励、肯定孩子的方式有很多种，不一定总是说孩子你是最棒的，你是最优秀的，这是评价式的表扬，这个对孩子来讲不一定就是好事。表扬孩子可以含蓄一点，把自己的高兴之情告诉给孩子，就是对孩子的一种肯定，孩子们都有一个共同心理特征，只要做了一件事情让父母高兴开心，他就会有成就感会感觉很自豪，就不断重复这件事情。所以你看到孩子擦桌子的时候，就主动告诉他，爸爸看见你能够主动擦桌子，我感觉到很开心。把你的开心高兴之情告诉他就行了，我们不断的关注孩子行为，孩子行为不断的重复，好习惯就渐渐的形成了，这是增强法。

第三，每日计划法。这是一个学习上的好习惯，也是自我管理上的好习惯。我研究中学生学习方法，了解了 2001—2009 年十年间高考状元的学习方法，我发现很多人都有这样的特征，他们特别是在学习任务多的时候，更会做每日计划。怎么做的？非常简单，花上三五块钱买一个笔记本，每天晚上抽出三五分钟，把第二天要做的事情想清楚，白纸黑字写在笔记本上，写好放在家里面，或者放在自己最容易看得到的地方，一般写的时候，哪怕花 10 分钟也要写好，一般情况下写六件就行了，按照重要程度，最重要的排在第一位，次要的放在第二位，依照重要程度往下排。第二天早上打开笔记本看今天有哪几件事情要做，按照计划去做，做完一项划掉一项。大家知道吗，孩子做完一件事情，再划掉计划上那件事情的时候，那种内心的成就感，那种喜悦感是非常强烈的。这也是学习上的一个动力，学习上有时候没有多少深奥的东西，都是非常简单的事情，但是这些简单的事情对他今后的发展，会起到巨大的、不可估量的帮助作用。就是一个笔记本，每天晚上花几分钟写一下就可以。

如果孩子今天这六件事情全部做完了，父母一定要肯定、鼓励，哪怕是奖励都可以。没有做到，这个时候就考验父母的心态了，我们能不能不批评不抱怨，甚至不表示不高兴，能够坦然接受孩子没有完成这个计划的现象，我们能不能做得到。没有做到有很多原因，我们能不能帮助他分析一下，能不能给他提供一下支持。提供支持的方式就是，爸爸看到你今天列的计划没有做完，我想帮助你，我不知道怎么帮助你，你能不能告诉我，你需要我在哪些方面帮助你。孩子需要你帮助就会向你求助，他不需要你帮助，也会直接告诉你。这就是一份尊重，一份信任，一份平等。孩子不要你帮助的时候，尽量不要强迫帮助，孩子完成了之后他会很高兴，会很有成就感。没有完成，我们要知道孩子内心的失落感，那种挫折感，那种不舒服的感觉是非常强烈的。我们不说，孩子心里面已经很愧疚了，所以我们就不用再批评，再雪上加霜了。这是每日计划法。

良好习惯自我评价法是一个更好的方式，可以让孩子养成更多的良好习惯。这个方法非常简单，简单到我们都认为这么“小儿科”的东西能有效果吗，但是“小儿科”的东西确确实实能够帮助孩子培养好习惯。幼儿都可以用这个方法，良好习惯自我评价法怎么做？这里提供一个参考，孩子要树立哪些好习惯就写表格上就行了，不用写太多，一般六七个，最多不要超过七个，多的话会造成负担，一周一张表格，每天晚上登记。比如说你孩子现在有不好习惯，反面就是好习惯，粗心的反面就是细心，马虎反面是细心，孩子动作慢，反面就是动作快，孩子磨蹭、赖床，反面就是按时起床。把他要树立的好习惯都写在表格上，每天晚上抽出一分钟到三分钟的时间，回忆一下我要树立的好习惯今天有没有做。大家一定要注意，这个都是具体的事情，具体的事情容易形成好习惯。哪几件事情做了，做了在对应的那一天上画上一个红五星，没有做的画一个黑点，做一个记录，让孩子自己去做评价。今天忘了体育锻炼画一个黑点，今天晨读背诵做了画一个红五星，没有按时完成作业，说九点半完成，结果磨蹭到十点多才做完，这个画一个黑点，做好之后又没有细心检查，画一个黑点。

他自己检查的过程中，就知道哪些好习惯很重要。作为父母我们不要提醒他，这张表格都已经提醒了他。哪些好习惯他有没有做到，我们不用说，这张表格都已经告诉他，他自己在反思过程中，已经意识到了这个行为很重要。比如说他画了红五星了他会很自豪，他没有画的话他会有一种失落感，会感觉到不好意思，他心里面有一个暗暗的心理动力，明天我一定要好好做到，他内心中有一个声音在告诉他，我们都不用批评。这张表格他画黑点的时候，他自己都会很难堪，自己都会有一个心理动力应该要画红五星，我们要了解他的心理特征。

这张表格不论孩子上幼儿园、小学、初中、高中都一样，都可以利用。这个表格我们从 2003 年开始在学校里做试验，在江苏不少小学里做试验。我研究的“十一五”课题中有一个多元学习法与学生学习潜能开发，其中就有习惯研究。我在一所学校里发现，他们在做小学生习惯养成的课题，这个课题常做常新，年年在做。那我就给他们提供这张表格，他们一人有一个小册子，大概有十几面，让学生自己思考，写下来要树立哪些好习惯，写好之后天天自己检查，检查之后交给老师，下午老师再发给同学，每天晚上做一个检查，发现好多的结果超出想象。培养好习惯，这个方法一次能让孩子培养一批好习惯。

怎么树立好习惯，我们有一个活动叫拍卖好习惯。你认为哪些好习惯对你最重要，提出来，然后大家提出一些很好的好习惯进行拍卖。假设大家都有一万块钱，你买哪样好习惯，进行拍卖，一位学生购买信心的好习惯，培养与人讲话的好习惯，培养遵守纪律的好习惯，买了这些好习惯，有的人钱花光了还有好多好习惯没有买着，送一个送两个好习惯。有这么多好习惯已经买到手了，可以把要树立的好习惯，买的这些好习惯都在表格上写上去，写好之后，复印十几张，至少保证三个月够用。每天晚上自我检查，做到的画红五星，做不到画黑点。

我们相信调查的变化会越来越大，作为家长要知道好习惯就是这么树立起来的。这个良好习惯自我评价法，作为家长特别是幼儿或者小学家长，给孩子用一用，会发现孩子的变化越来越大。这个时候作为家长跟孩子配合一下，这一周看孩子这个表格上一个红五星都没有，也没关系。“孩子你真真诚，你非常真诚记录了你的过程，没关系妈妈相信你下周肯定会有红五星的”，对他充满期待，你就会发现这个孩子下周的确有红五星了。或者你这周一看，今天这张表格上有几个红五星了，“非常好，你是怎么做到的”，让他自己思考，回忆他怎么做到这个成功经验。他只要回忆自己成功经验的时候，因为成功经验可以复制，他是怎么做的，回想的过程就加深了，这样的过程他会不断重复。

我们看一看如何打开成功的第二道大门，就是培养自信心。自信心对一个孩子来讲怎样强调都不为过。每个孩子都承载着强大的自信心来到这个世界上，可是我们会发现随着孩子年龄成长自信心越来越低。在中国调查发现，幼儿园孩子比小学孩子更有自信心，小学比初中的学生更有自信心，初中比高中更有自信心。为什么出现这种情况，这个过程中，家长都做了什么。我们不能埋怨环境，也不能抱怨学校，更没办法抱怨教学制度，作为父母，我们能够做到什么？教育心理学上有一个非常关键的原理，叫罗森塔尔效应。罗森塔尔是一位著名的心理学家，据调查，在美国有超过30%的家长能够主动地运用罗森塔尔效应来培养孩子的自信心。我先讲一下这个原理的来历，罗森塔尔有一次到一所小学去考察，一进学校大门口就被一位老师看到了，这位老师认出了罗森塔尔，就跑过去叫住他说："专家先生，听说你对超常人才具有独到的研究，你能不能挑出我们班级中智力超常的学生，就是那些所谓的神童？"罗森塔尔说没问题，跟着老师来到教室，学生一听老师说今天专家来教室中，非常高兴，都看着罗森塔尔。罗森塔尔在学生中间就开始走来走去开始挑选，凡是被点到的这些孩子当时眼睛一亮，非常开心，兴奋之心溢于言表。放学之后这些孩子都发疯一样的朝家跑，回到家一看到自己的妈妈就喊妈妈我是神童。妈妈一听问谁说你是神童，孩子就说今天有一个专家说我是神童。做家长的一听感觉到非常奇妙，就跑到学校问老师，是不是有这么回事？老师说不错，今天的确有一个专家说你家那个孩子就是神童，这个做家长的一听更加开心，自己的孩子是神童。回到家之后看自己的孩子，怎么看怎么像神童。自己的孩子突然间成了神童，神童的教育方法就应该与众不同，从此之后再也不打他了，再也不骂他了，再也不修理他了。孩子是神童，这些孩子在学校里面受到老师的倍加关怀，可以说他们都是将来国家的栋梁之才。这几个孩子在同学之中受到小伙伴的羡慕，在放学之后，他们的书包都有人替他们背，感觉不一样，状态不同，这些孩子重新被信任、被认可，被寄予了积极的期待，他们自信心大增，学习成绩迅速朝上提升。大家千万注意，一个孩子在学习上，只要有了自信心，成绩一定会日益提升。一年之后罗森塔尔再一次来到这个学校，找到当初那个老师，就问那个老师，说老师我想问一下，我去年挑选的那几个学生，现在情况怎么样？这老师一看罗森塔尔又来了，"专家先生简直是太好了，这些学生进步之快超出想象。不过我有一个问题始终都不理解，这几个学生在你来前都是普普通通的孩子，为什么经过你当初这么一指点，好像都变了似的，你有什么诀窍，到底是怎么判断出来这些孩子是神童的，有什么秘诀吗？"罗森塔尔一听就笑了，说什么秘诀都没有，这些孩子都是他当初随便指的。老师一听大吃一惊，说简直不可思议。

罗森塔尔根据这个现象总结了一句话，这句话后来被记录在教育心理学上面，被称为罗森塔尔效应。这句话翻译成现代汉语很简单，只有几句大白话，但却包含着教育孩子的大智慧，包含培养孩子自信心的秘诀，或者说真谛——“一个人经常被看成什么样，经常被说成什么样，经常被怎样的对待，在不久的将来就会变成现实”。对一个孩子来讲，他是不是神童，是不是什么超常人都不重要，重要的是作为父母我们用一种什么样的态度、观念、心态去对待孩子，去看待孩子，如果我们经常去肯定他，经常认可他，经常给他正向的激励，就会发现这个孩子状态越来越好，自信心越来越强，这个孩子越来越优秀。相反的话，作为父母，我们如果经常挑剔他，批评他，讽刺他，打击他，挖苦他，否定他，会发现孩子状态越来越不好，越来越没有自信心。

有一次我在西安讲课，这个小学是西安非常好的一所学校。讲完课之后，一个妈妈来咨询，说孩子逆反心理特别强，总是和我对抗，一说孩子缺点之后哗啦哗啦讲了一大堆，我就听着。这个妈妈口才真的是非常好，讲孩子缺点非常流畅，都不用打草稿，我看她越讲越多就打断了她，说：“你孩子上几年级了？”她说我孩子上初三，我说“你孩子成绩怎么样啊？”她说每次考试最后五名之中一定有他。我问她能不能找到孩子的优点，哪怕一个优点也行。她就翻白眼翻了半天，足足愣了几十秒钟，突然冒出一句话，他说我孩子什么优点也没有。我说这就对了，你孩子成绩这么差，他一个优点也没有，他怎么可能考的好呢？这个孩子不是没有优点，你作为一个孩子的妈妈你都看不到孩子的优点，你的孩子真的一个优点都没有吗。你有没有在你孩子班级里面跟孩子的老师沟通过，有没有问过你的孩子有什么优点，你的孩子真的一点优点都没有么？作为家长，是孩子在这世上最亲密的人，你都没有发现你孩子有一个优点，你孩子内心世界是一个什么样的状态？他总是在批评、否定之中，他的心理能量都被你打击光了，他的自信心都没有了怎么取得好成绩，你老是这么否定他，那孩子他会干什么？他会报复父母，报复的方式是什么？用最差的成绩来报复父母，所以说你老打击他他就打击你，你用否定他的方式来打击他，他用最差的成绩来打击你，他知道你最关心他的成绩，所以和父母之间互相报复。因此，作为家长，我们要培养孩子的自信心，调整自己的心态，自己对待他的观念是非常重要的，那么我们怎么样调整自己的心态？家长说我就是看着孩子的缺点多，那没有关系，你既然能看到他的缺点那么一定能够发现孩子相反的一面，就是优点。

我们怎么看到孩子的优点？很简单，准备一个小笔记本，每天晚上抽十分钟时间静下心来好好想我孩子有哪些优点，无论如何打破脑袋都要想出十个来，用心在那想，一个一个下来你会发现，作为父母，会亲自体验到自己对待孩子态度转变的过程，当你把注意力转到孩子优点那方面，当你看到孩子的关键点转变了，你的心态也就变了，心态变了你对待孩子的态度和眼神都变了，你说话的声音都变了，说话的方式都变了，肢体语言都变了，孩子心里有一个很敏感的小雷达，他会准确地捕捉到父母对待他态度的变化，孩子跟你的关系就更近了。所以说你总是关注孩子的优点，给孩子传递过去的是他是一个好孩子的信息，他是值得肯定的孩子，他是一个不错的孩子，这个信息传递过来，孩子就认可这个身份，他会不断调整自己的身份，自信心就越来越强。作为家长我们能够帮助他树立孩子的信心，就等于为他打开了成功的第二道大门。

我们如何为他成功打开孩子的第三道大门？就是建立和谐的亲子关系。大家想一下孩子和自己关系上有哪些困扰，孩子逆反不听话有没有？有。你让孩子去做作业，孩子偏偏去看电视这就是逆反，你让他干什么他就不干什么。当一个孩子抗拒父母的时候，父母就没办法教育孩子，我们做家长再有智慧，再有人生经验，孩子心里的大门已经关闭了，你跟孩子说什么也没用，你能进入到他的生命，也进入不到他的心里，你就没有办法引导好他，父母教育孩子的功能就丧失了。所以良好的亲子关系是家庭教育的基础，能让父母发挥正常的教育职能。有一句话比较拗口，理解透彻才会知道关系是多么重要，“有了关系一切都没关系，没有关系一切都有关系”，也就是说关系和谐了以后，这个孩子就不会问题太多，也就不会有太大的关系，如果没有和谐的关系，所有问题都会出现。

我们如何与孩子建立良好的关系？良好的关系是通过沟通来建立的，所以说沟通创造和谐。沟通有很多技巧，沟通只有一个目的，那就是创造亲子关系的和谐。这特别容易激发孩子的自信心，让孩子找到成就感，让孩子感觉自己是有能力的。自信心、成就感、有能力这三个是非常关键的，这是对孩子正面的肯定，也是让孩子有身份上的认同，在沟通过程中如果能够达到这个目的就够了。那么怎么达到？举一个例子，南京有一位家长，在孩子刚上小学的时候，有一次看到孩子在那玩，这个家长就给他出了十道题目，家长出完题目这个孩子回到自己房间里做作业做了半天，做完之后出来拿出来说做完了。这位家长拿过来一看，结果发现一个奇怪的事情，10道题目错了9道。如果是你的孩子，不要说错9道，就说错5道，你会怎么对待他？可能一个巴掌就打过去了，错1道好说，错这么多就不可原谅。这位家长是一位爸爸，他看到孩子10道题目错了9道，错的9道题目没有打错，对的这一道题目用红笔打了一个大大的勾，然后非常真诚非常深情跟孩子说，“女儿啊，这么难的题目居然做对了”。这个孩子自己也不知道对和错，听到爸爸这么一说，感觉自己还是有能力的，信心一下子被激发出来，眼神一亮，有了自信心了。孩子都需要不断证明自己是有能力的。他问爸爸这么难的题目他小时候会不会做，这个爸爸很有智慧，爸爸说我像你这么小的时候，这么难的题目，不要说做连碰都不敢碰。孩子一听，胸口一仰眼神一亮，自信心找到了。找到了学好数学的感觉，找到了征服数学的感觉，对数学充满了信心。这个孩子在小学对学习兴趣、信心大增，小学别人上了六年，她上了四年，在小学里连跳两级。这个孩子是不是很聪明？恰恰相反，这个小孩子先天条件很差，一出生双耳只能听到一点点声音，一岁多的时候有一次感冒打了药过敏，彻底失去了听力，是一个双耳全聋的孩子。后来在全国千挑万选，配了很高级的助听器，才隐隐约约听到一点。这孩子在上学的时候，课堂上都是连听加猜，看着老师的口型来猜，学习就是这么建立的。这个女孩叫周婷婷，她后来考上东北师范大学，现在在美国读心理学博士。他的爸爸叫周洪，学历非常低，是一个老三届，也是一个初中生。但是这位家长他非常有耐心，非常有智慧，他知道自己孩子先天条件比别人差，他非常注重对孩子自信心的培养，非常注重正面肯定孩子。他把自己教育孩子的模式概括成了赏识教育模式。这个家长不断激发孩子的自信心，这个孩子变得非常优秀，作为家长，只要激发孩子的自信心，让孩子找到成就感，让他感觉到自己是有能力的就成功了。

还有一次，我在一个朋友家里，朋友和我关系不错，不过他不是搞教育的，是保险公司一个高级管理人员，他经常让我到他们保险公司系统里面给他们保险公司 VIP 客户讲家庭教育和心理方面的课程。有一次在家里面聊天，聊到兴头上，她儿子一蹦一跳出来说这道题不会做。这个妈妈当时也不知道怎么了，拿到题目一看当时脸一沉，“这么简单的题目都不会做，干什么吃的？上课不好好听，你看这么简单的题目也不会做，你看看这样不就做出来了吗？”这位妈妈三下五除二把这道题目答案都讲出来了，我在旁边看着很清楚，这个孩子本来是很兴奋的，一蹦一跳过来的，妈妈说了几句话脑袋搭拉下来了，回去的时候拿着作业本，拖着沉重的脚步回到房间去了。他回到房间之后，妈妈才突然反应过来。

所以说，作为家长在任何时候都要激发孩子的自信心和成就感。假设以后的某一天你的孩子有道题目不会做拿过来问你，怎么沟通才能让孩子找到成就感，让他有自信心，让他感觉到自己是有能力的。我们可以这样，拿过来作业本，然后认认真真看一看，说这道题目的确有些难，不过可以再思考思考。孩子拿回去一思考突然解出来了，他就有自信心有成就感，为什么呢？因为妈妈说，这道的确有点难，这么难我都做出来了我不是很厉害吗？退一步讲，这道题目没有做出来，他也不会受到打击，这么难的题目，妈妈都说很难，做不出来没什么大不了，至少给自己一点安慰，不会冲击到他的自信心。

父母爱孩子用心还不够，还需要用技巧，该怎么运用技巧？我们讲一些具体的沟通技巧，比如说孩子上三年级，回到家很气愤地说数学老师不公平，他和小明数学题都没做完，为什么老师只批评自己不批评小明。这时候作为家长听到孩子这么说，应该怎么回应，会不会这样说，老师批评你是对你关心，老师批评你，你要好好想想有没有道理，你作业没做完批评你是应该的。这些都有道理，但是这些会对孩子造成很大的伤害，为什么？这叫沟通的绊脚石，阻碍孩子和父母沟通，在沟通技巧中有一个积极倾听，我们一定要倾听孩子的话。积极倾听有两大步骤，第一个反馈孩子信息，孩子说了什么话你把他说的这个话简单扼要整理一下再说给他听，这一步重要的是从孩子的角度来看，妈妈听到我说了什么话，这就是一种尊重，因为我说的话妈妈听到了，这是对孩子的一种尊重。第二步，孩子说这些话的时候，他内心是一种什么样的情绪状态，这是问题的根本点。有时候问题不是问题，情绪才是最根本的问题。当你把情绪标明，你知道他在说这句话的时候是什么样的心理情绪，你说给他听的时候，这个孩子立刻就知道你理解他的情绪了，他的情绪一下子被标明被告诉他了他处在一种什么状态，他是被理解的感觉，他会得到一种安全感一种尊重感，所以说这两大步骤非常重要，体现了尊重，体现了理解。还是刚才的例子，“妈妈，我和小明做作业，我们作业都没有完成，老师为什么批评我没有批评他”，这时候我们怎么利用倾听技巧？第一步，孩子说什么话我们重复给他听，反馈孩子的信息，接着说他的感受，你觉得心里面委屈是吗？如果是的话，他立刻感觉到做父母的很理解他，这个情绪被表明之后，一下子就化掉了，所以我们理解孩子的时候，情绪得到了处理，孩子的问题基本上也就得到了解决。倾听技巧，就是这两大步骤。

沟通技巧第二个是“我信息”的技巧。我举个例子，今天大家来听讲座，听了不少内容，回到家之后想认认真真的回忆整理下笔记，而孩子正在看电视，声音开得很响，一边看一边兴奋地大叫，这时候你想静下心来整理笔记，能整理得下去吗？你被干扰，被影响得做不下去。显然是孩子的行为影响到了你，你不能接受孩子这种行为。你要改变孩子的行为怎么办？我们通常是走过去把电视关了让他做作业，这样很容易让孩子抗拒不满，因为几乎所有人都不愿意被别人强迫改变自己的行为，一旦自己的行为被别人强迫要改变的时候，本能就会抗拒，所以说孩子会抗拒不愿意配合，作为家长一定要让他改变，可他还是抗拒，我们应该怎么办？我们可以利用“我信息”的技巧，“我信息”有三大步骤，沟通可以按照方式来进行。第一，描述孩子行为，简称行为。我们看到孩子在做什么，那我们怎么说怎么描述？你在这看电视，是我们看到的是不是？电视声音开这么响，是我们听到的对不对？这是客观描述，没有任何批评的意思。第二步，说出这种行为对自己造成内心感受是什么？我心里面很烦燥，这是我的感受，我标明自己的感受。第三步，说明孩子这种行为对自己造成什么影响，我想静下心来整理点资料都没办法做下去，这是对自己造成的影响。完整的“我信息”技巧只有三句话，“你在这看电视声音开这么响我心里烦躁，我想静下心来整理一下笔记都没办法进行”，这就是“我信息”技巧。没有对孩子的指责，没有强迫孩子改变，只是把孩子的行为对自己造成的影响和感受全部告诉他，我们没有强迫他改变，这是建立在相互信任的基础上。

从心理学上来讲，所有的人际关系，包括夫妻关系都是亲子关系。学会亲子沟通技巧，跟任何对象沟通都有效果。给大家讲一个实例，我在南京开设亲子沟通技巧，这个课程设置很有意思，周一晚上开两小时，周三、周五晚上两小时，周日全天，一个星期的课程就是这样。讲完沟通技巧以后，有个家长有一天上课非常兴奋，她汇报了这样一件事情，她说孩子上幼儿园大班，她和她孩子关系倒是不错，但是她和老公关系很麻烦，什么原因？她老公经常应酬，应酬到夜里两三点钟才回家，晚上十点半不回来，妻子在家受不了，一看十点半还没回来就打电话。开始的时候这个老公会接电话说我马上回去，十分钟还没回去电话又打回来，开始老打电话老公还应付一下，后来电话也不接了，妻子一看不接电话就很生气不断的打，老公一看没完没了就把电话关掉，妻子也不睡觉，坐在家里等着，一两点钟不回来也不睡，一回来就吵架，一吵吵到天亮，吵到两人筋疲力尽就休息。然后两三天不说话，夫妻关系很紧张，这种情况好几年没办法解决，上周又发生这种事情，十点半还没回来又打电话，拿起电话马上要打。从心理上来讲，所有的关系，包括夫妻关系都和亲子关系有关，能不能用别的方式来沟通，调动“我信息”技巧。老公这种行为显然是“我”不能接受的，“我”要改变这种行为，调整一下情绪开始怎么样运用“我”的信息，不给老公打电话了，用手机发短信，编好信息。第一步描述老公行为，怎么描述？第一句是老公，现在十点半了都没有看到你回家，这是看到的行为；第二句，“我”的感受，“我”心里很难过；第三句，“我”一个人在家里面都没有办法睡觉，发这一条，出现什么结果呢，20分钟不到就听到老公回来了，老公打车跑回来的。回来之后，因为她坐在床上，老公就趴在床边，又是赔礼又是道歉又是赌咒发誓，说从此以后再不这么晚回来了。妻子在家里面很激动在那哭，老公说我都这样对你了怎么还没完没了的哭。他感到很奇怪，这个妻子就说，以前怎么样现在怎么样，她很激动，她说用这个办法没有发脾气也没有吵架，只是三句话有这么大的效果。她非常兴奋，第二天早上到单位里面跟人说，到课堂就兴奋跟大家讲了这个事。有时候改变行为不是靠强迫，就是一个简单的技巧就足够了，所以说沟通需要技巧。

作为家长，如果能够跟孩子注重说话技巧，体现出尊重、信任、平等、民主，那么孩子就会感受到父母对他的爱，当父母尊重孩子的时候，孩子也会尊重父母，尊重父母的时候也会尊重父母对待他的期待，会尝试让自己满足父母，这个时候亲子关系处于和谐之下，就等于我们父母能正常发挥教育职能，这些等于为孩子打开了第三道大门。

如何打开最后一道大门，就是激发孩子学习的兴趣。我们如何激发他的学习兴趣？兴趣可以开发出来的吗？完全可以。首先父母应该秉持这样的信念，自己孩子的头脑是足够聪明的，孩子成绩不好，千万不要说他头脑笨。我发现有些家长，孩子还没上学的时候，在幼儿阶段就说你这个小笨蛋，你这个猪脑袋你不开窍。虽然是开玩笑，但对孩子是不好的，我们不要跟孩子开这样的玩笑，孩子不会认为你是开玩笑，他会当真的。他会认为自己笨，这样就坏了，上学的时候成绩就不理想。其实孩子能够学好任何一门功课。有的家长说，我的孩子就是英语学不好，没有学语言的天分，还有的家长说，我孩子数学不好，从小没有逻辑思维能力，其实不是他没有，而是他没有到时候。一旦到时候他就能够学得很好，花早晚都会开放，只不过有早有迟而已，做父母要保持一个平静的心态，早开花当然会很开心，晚开花父母要有足够的耐心。

一定要有一些方法能够培养孩子学习兴趣，比如说孩子对数学不感兴趣，我们不要讲多少大道理。你跟孩子说，数学很重要你要好好学，学好数学将来才能考好中学，学好数学才能考上好大学，孩子听不懂你在说什么，不要讲那些大道理。我们要让他体验到，让孩子在体验中学习，在感受中体验，特别是游戏好玩，把快乐和学习联系起来，那孩子就能够体验到学习的快乐，培养学习兴趣。还有孩子的注意力时间短，一般只有 15 分钟，15 分钟要让孩子休息。假设孩子对哪一门功课不感兴趣怎么办？有一个非常好玩的办法，叫“弄假成真”法，戴尔·卡内基在一本书上这样说，“假如你假装对工作感兴趣，那么这种态度会让你兴趣变成真的，而且这种态度会减轻疲劳、紧张和忧虑”。2003 年有一次我在北京开会，有机会找了北京大学几个高考状元聊一聊，在学生会上认识了一个学生，他是 2001 年浙江省一个城市的高考状元。当时座谈会的时候我就问他，对哪一门功课最感兴趣，他说在考上大学之前在中学阶段，对英语最感兴趣。我问他对英语兴趣是怎么培养起来的？他说刚开始学英语的时候，英语成绩非常差，每次都考不好，成绩不理想，有时候甚至考到最后几名，有一次他看到一本书，这本书上面有这么一段话，他说看完这段话之后，头脑之中突然产生这种想法，他就假装对英语感兴趣，假装喜欢英语，然后他带着这种感觉最后发现他英语学得很快，受到老师表扬之后，他突然发现他真的喜欢英语了，然后英语就进步更快了。经过一个学期的努力，他就成为了全班英语第一名。一个学生他带着一种感觉进入学习，把他的这种快乐感觉和学习连接起来以后，他不断体验这种感觉，兴趣也就培养起来了，这是蛮好的方法。作为家长，在孩子学习前，讲一个故事也好，做一个游戏也好，让他在快乐开心中去学习，这样最容易激发他的兴趣，孩子不断假装直到他自己都分辨不出真假之后，这种兴趣就成了真的。

关于培养学习兴趣有这么几点需要提醒的：第一，不要过多的说教，更不要强迫孩子学习，他有时候是抗拒父母强迫他的这种态度，这样就抗拒了父母的意图了。第二，不要打击孩子，尤其是刚才我们提到的，培养孩子学习兴趣的时候，培养孩子自信心的时候，跟他沟通的时候，要激发他的自信心，要让孩子找到成就感，让他感受到自己有能力，最好不要说对孩子打击的语言，让孩子失去自信心的语言，让他有自己怎么都学不好的心态。第三，不要让他放弃希望，父母的希望是对孩子最大的支持，我们相信孩子终究会喜欢这门功课，喜欢上学习，因为学习是孩子的天性，心理本能的需求，我相信有更多的方法能够帮助孩子提高学习兴趣。

调整自己，改变方法，寻找方法来帮助孩子。假设我们能够找到这些方法帮助孩子，把孩子学习兴趣培养起来，孩子一旦提高学习兴趣，对学习充满兴趣的时候，学习就是一种享受，一种游戏，那么慢慢学习就会不断持续地提升，就走上了正规的轨道，这就是为孩子打开了第四道大门。

到目前为止，我们已经讲到了打开成功的四道大门，第一，培养好习惯；第二，激发自信心；第三，建立和谐的亲子关系；第四，激发他的学习兴趣。在孩子小学或者幼儿阶段，这是作为家长最重要的四大使命，在这方面尽可能做得好，孩子今后学习和发展就会更加顺利，问题就会减少更多。最后我祝愿家长与孩子携手走向成功，更多的家庭走向成功。

（以上内容根据 2011 年 5 月 17 日的讲座录音整理，略有删改）

儿童文学的艺术之光

方卫平

主讲人简介：方卫平　浙江师范大学教授，浙江师范大学儿童文化研究院院长、儿童文学研究所所长；中国作家协会儿童文学委员会委员、浙江省作家协会主席团委员、浙江省中国当代文学研究会副会长、大型学术丛刊《中国儿童文化》主编、《中国儿童文学》编委、意大利《教育史与儿童文学》（History of Education and Children's Literature）杂志国际学术委员、意大利阿尔曼多（Armando）出版社系列学术论丛“历史、文化与社会：现当代文化进程史与教育史”国际学术委员、马来西亚《孩子》杂志教育顾问；南京师范大学兼职教授。

我第一次来椒江是22年前，1989年的寒假，那时椒江蓬勃的发展势头，给我留下很深的印象。时隔22年第二次来，一进入这片城区，我的感受可以用“目瞪口呆、找不着北”来形容。我是浙江人，出生在温州，我会讲的唯一方言是温州话，在初二的时候，随父母工作调动到了宁波镇海。我认为，一座城市的品位和文明，是需要用文化的养分来培育的，所以，来到图书馆这样一座文化的殿堂，我的内心是很振奋的。

今天面对台州的读者朋友们，一起来谈论儿童文学，来谈论跟童年有关的点点滴滴，对我来说是一个把自己的专业积累与读者朋友们做更广泛交流的机会。下面我们先来看一看今天的人到底为儿童在做些什么。

我带来一些儿童读物的资料，这本书大家看一下，很小，是给三五岁的小朋友看的，书名叫做《Good luck》(《祝你好运》)。坐在前排的朋友们可以看到，这是一本立体书，一个乐队正在演奏，上面的指挥是立体的造型；再翻开来，大海中一个人在打鱼，这个鱼也是立体的；这一页，一个登山运动员在登山，运动员可以动；这是芭蕾舞，这是百米赛跑。这是给幼儿的一本掌中书，他们的手可以拿住。这是一本欧洲制作的书，但实际上这本书是有问题的，制作者们想到了要为儿童提供精美的手工阅读品，所以把它印成了一本硬壳的精装小书，整个书的封面外壳是非常坚硬的，可他们忘记了儿童还是非常幼小的，他们的身体还是很稚嫩很脆弱的。这样一个硬壳精装的幼儿掌中书，实际上对儿童来说可能会是一个杀手，一个潜在的危险物，这样的书我们是不能进口的，也不能这样制作。那我们该怎么做，制作者们想到了这一点，所以制作了这个，这是英文版的《我的彼得兔》，这是一本布书，看上去体积大了很多，可是实际上它很轻，很柔软，它不会对儿童造成潜在的伤害，孩子们哭了、流鼻涕了，还可以拿来当手绢用一下，用完了我们就洗一洗，不过这样的话这书肯定就起皱了。其实孩子们读书可以随时随地进行。洗澡的时候妈妈可以一边给他洗澡，一边和他玩游戏，一边给他讲故事。这是我们中国少年儿童出版社出版的《鲸鱼探险记》，它是用塑料做的，在书的封面上附带了一个鲸鱼的小玩具，我们可以把这个鲸鱼放在澡盆里，它会浮起来，孩子们一边玩，一边给他讲故事。故事很简单，一艘船在大海里旅行，船长对鲸鱼说，帮我们看看前面有什么危险。哦，下面有礁石，鲸鱼就引导这艘船向安全的地方开行。船长说谢谢你，鲸鱼。故事结束，很简单，但对孩子来说很有趣。

我们知道儿童的成长，尤其是幼儿，有一个特点，儿童感官的开发不仅是视觉、听觉、触觉等等，还是一个综合的感官开发过程，所以给儿童制作读物的时候就要考虑这些因素。这本书是我 1999 年在台湾买的，叫《有礼貌的胖胖猪》。农场里动物多，胖胖猪伙伴多，早上他起来碰到伙伴们就会说，大家好，我是胖胖猪。妈妈或者老师可以用讲故事的方法教孩子有礼貌，也能制造孩子们的阅读趣味。这本是台湾引进的叫做《圣诞节倒数计时》，它是一本魔术方块玩具书，打开来 10 个闪闪发亮的圣诞节吊灯，9 个欢乐的圣诞小精灵，8 个圣诞玩具，7 盏圣诞节的蜡烛，6 个圣诞歌手，5 个圣诞惊喜礼物，4 个圣诞雪人，3 座圣诞小屋，2 只驯鹿，最后当然是独一无二的圣诞老人。这本书实际上是把西方圣诞节的一些元素，用数数的形式、用打开发现的形式来跟儿童做早期的一个文化熏陶。我们也可以借鉴一下，比如过年的话，肯定也有我们独特的元素，如放炮仗，贴年画、春联，包饺子等等。当然人们还想办法制作了种种孩子们喜欢的立体书，这本书叫《恐龙再现》，10 年前，2001 年的时候，我参与主编《新语文读本》小学卷，我们在小学一年级的孩子中间做了调查，问他们最喜欢什么动物，孩子们说恐龙，我们就在新语文读本的第一册里面，专门设立了一个单元叫《恐龙出来了》。恐龙对孩子们来说是很神奇的，这本书打开来后，各种各样的恐龙，这是翼龙，这是剑龙，这是弯龙，它喜欢的是自己捡的树叶，这是始祖鸟龙，它是在高空飞翔的，这是三角龙，这是长颈龙，这是暴龙等等。

我介绍了这些读物，各位朋友注意一个问题，它们是不是儿童文学？严格说来它们不属于儿童文学的范畴，它们属于儿童读物。我们讲的文学作品，要有文学性，文学是语言的艺术，我刚才讲的这些识字读物，它跟语言有关，但它的文学性不强，它没有讲一个特别感动我们的故事。所以我们今天谈论的儿童文学，就是我们提供给儿童的语言类作品。

我今天要讲三个话题。第一个我们谈一谈，儿童文学在今天这个时代它有什么特殊的意义？

我们知道今天是一个经济蓬勃发展的时代，人们获得了更多的自由和幸福感，同时，它也是文化和制度上存在着很多缺陷的一个时代。这样一个时代所带给我们的焦虑、困惑、烦恼、纠结，是远远超过以前的。我的中小学时代是在文革时期度过的，那时候物质很匮乏，可是我们很快活，今天的孩子物质生活很幸福，可他们的烦恼可能超过我的童年时代。那么什么是幸福感，这是一个很复杂的问题。

现在的孩子普遍早熟，比如我在整个中小学时代，看到过的最“出位”

的文学作品，关于情感生活的描写是已故作家浩然先生的长篇小说《艳阳天》，这是我上初一时候读的一本小说，写到里面的男主人公萧长春和女主人公焦淑红的情感故事就一句话，他们恋爱了。这几乎是我童年时候看过的唯一的恋情描写。但看看现在的孩子，20年前、10年前到现在，真的变化很大。我儿子今年上初三，他小学二年级的时候我问他，你们上音乐课吗？他说有，我说音乐课里面教些什么歌曲呢？教儿童歌曲吗？他说有，不过他们都不喜欢。我问为什么？他说那些太幼稚了，不适合他们。二年级的小孩说儿童歌曲太幼稚了，我想到我上大学的时候还很喜欢听儿童歌曲，我真是无比幼稚了。中国上世纪90年代出现了一个很有名的写作比赛叫“新概念作文”，我长期跟踪过，发现“新概念作文”里面很多都是中学生们表达他们对学校、对老师、对成人、对社会的嘲讽、抱怨、不满、愤懑等等，看得我心里发毛。现在孩子的写作，没有青春期或者说青少年时代应该有的那种阳光的面貌，充满了瑟瑟的令人发冷的秋意。这样的现象我们在生活当中也肯定能感觉到，西方有学者将这种现象概括为“童年的消逝”。在西方中世纪以前，文艺复兴以前，是没有童年的，孩子跟大人是一样的，文艺复兴解放了人，从教会的统治、从传统世界统治当中，人的自由和幸福感开始被解放出来。为什么达·芬奇的《蒙娜·丽莎》这么有名？大家看这幅画，画了一个女性在微微地微笑，蒙娜·丽莎也不能说是有惊世的容貌，是那个时代的一个普通妇女的形象，为什么这幅作品在文化史上、美术史上、人类的文明史上会有那么高的地位？因为从整个世界范围来看，尤其是以欧洲为中心的欧美文化、欧洲文化的传统来看，中世纪人们是被教会禁锢的，个人的欲望、个人内心的自由、内心的快乐完全被漠视、被压制，你不能表露，个人完全是匍匐于教会、宗教威权力量下的一个弱小存在，你甚至不是一个独立的生命体。而达·芬奇的这幅画，就是把一个普通人的内心解放、内心欢愉，用那样一个神秘的微笑显露了出来，它在表达人类精神的自由和解放过程当中的象征性意义实在太大了，成为了文化史上的一部经典。近代以来人们发现了人的内心、人的自由、人的欲望、人的幸福以后，人们开始去发现童年，开始去发现妇女，因为人的问题深化以后就是妇女和儿童的问题。从 16 世纪到 18 世纪，夸美纽斯、卢梭等人开始用新的观念去想象、描述童年，那个时候人们把童年想象成天真的、纯洁的、美好的。这种想象到了电视时代、网络时代，儿童所接受的信息，所受到的文化的塑造，开始变得跟成人的差别越来越小，这就是所谓“童年的消逝”。这些年，越来越多的朋友们，父母们、老师们越来越重视儿童阅读和成人的儿童文学阅读，大家都认识到给孩子看一本书也跟自己有关系。那儿童文学有这个力量吗？

我们先来看一本图画书，书名叫《我等待》，它用一条红线来串起人生，也串联起这本书。我们看这本书的开本很有意思，它是窄长型的，这个开本是照应它的主题的，这一页叫做环衬，大红的环衬既是红线的象征，同时也是给我们读者一个温暖的暗示，尽管人生不如意，可是作者想传达给我们的，还是人生的温暖感觉。这是版权页和扉页，扉页的开头我们已经看到了，红线隐隐约约地出现，这是图画书的一种叙事策略，它会暗示下一页。图画很简单，文字也很简单，我们一起来欣赏一下。

“我等待，长大”，画在右边的是一个很简洁的小孩子的造型，对于童年来说都希望快快长大，我们年纪大一点的朋友们都觉得，到了一定年龄，时间过得真快，怎么 10 年一下子过去了，可是对一个孩子来说，每天都很漫长，作者用一个大的跨页，长长的跨页，来表现这种等待的漫长和不容易；“等待，睡前的晚安吻”，每天晚上睡前爸爸妈妈都会来道一声晚安，给一个温暖的吻，这是童年时代难以忘记的生命经历；“等待，蛋糕出炉”，家里烤着蛋糕，对大人来说可能就是一个食品，对孩子来说，这是非常让他期盼的时候，是很自然的儿童心理的一个呈现；“等待，天空不再下雨”，天空不再下雨，孩子就可以出去玩了，这都是童年的小小的、天然的愿望；“等待，圣诞节来临”，圣诞节有圣诞树，圣诞树上有美丽的吊饰；“我等待，爱情”，慢慢长大了，这个红线的造型让我们觉得，爱情的到来是这样的缠绕，这样的纠结，这样的漫长，这个红线的运用实在太巧妙了，这就是儿童文学的美妙之一，它用很简单的方式来传递一种丰富的意味；“等待，电影开演”，“等待，再一次相遇”，“我等待，列车长的哨声”，我要走了，她在这里送我；“等待，战争结束”，刚才踏上列车是要奔赴战场了；“等待，一封信”，“等待，她说我愿意”，我把她拉进教堂里了；“我等待，一个宝宝”，“等待知道是男孩还是女孩”，“等待，孩子们长大，”“等待，一起去渡假”，“等待，对方先说对不起”，生活当中有很多幸福和甜蜜，可是也会有摩擦和烦恼、冲撞；“我等待，孩子的电话”，这个年龄更长一些了；“等待，医生说别担心”，“等待，他不再痛苦”，这是人生的一个病痛，这里的省略号就是她已经走了，红线在这里变成了花圈或者花环。可是生命还要继续，活着的人们还要生活；“等待，春天”，“我等待，门铃响起”，人生到了最后的时候，很孤独的时候，每一次门铃的响起，都是一种巨大的幸福。它把生命的片段，那些特殊的体验，用这样的方式，非常智慧和有创造性地表现出来；“等待，孩子们来访”，“等待，即将来临的新生命”。这是后环衬和封底。封底这根红线的造型似乎意味着，虽然有那么多的难忘、感动、期盼、纠结、忧伤和痛苦，但人生的关键词是温暖和爱。

这本小小的图画书看起来很简单，可我们阅读它的时候，会在心灵的深处泛起一种对生命、对人生、对身边的人特别的回味和珍惜。这就是图画书的魅力，儿童文学的魅力。当然在座的朋友可能会提一个问题，这本书给很小的孩子看合适吗？会不会有问题？我认为，图画书既可以给孩子看，也可以给成人看，这是我的第一个想法。第二个想法是，儿童需要好玩的作品，也可以给他一些谈论人生的好作品。我相信如果是小学生的话，你给他稍稍地解释一下，他虽然可能不一定像我们大人感受得那么丰富和深刻，可是他一定也能够有所感觉。如果儿童文学作品当中永远在讲，你要听话，你要讲卫生，你要守时间，这样的儿童文学都变成了一个教育的工具，少了温暖，少了感动，少了沉思，大家想想看这个儿童文学还可爱吗？所以在今天，好的儿童文学作品，我认为是可以给儿童带来很多特别的精神和审美的营养，在这个时代，我们大家一起来了解儿童文学，认识儿童文学，享受儿童文学，就特别有意义了。

接下来我们来谈一谈儿童文学究竟是怎样一个面貌，我想从五个方面来谈，这就是我今天要讲的第二个话题——儿童文学的艺术光芒。

首先，很多人有这样一个误解，认为儿童文学就是讲小猫叫、小狗跳。其实，儿童文学远远不止这些，它巨大的人文情怀、独特深广的情感理念，远远不是小猫叫小狗跳所能概括的。我们来看几个作品，这也是一本图画书，名为《有色人种》。我们知道西方中心主义的文化地图上，把白人作为优等民族，而把黄种人、黑种人称为有色人种。我们可以看一下，这样一个白人中心主义的文化逻辑，在一本图画书当中它是怎样被解构的，或者说是怎样被颠覆和嘲讽的。书的扉页上有一句话，这本书的灵感来自一则非洲的口传故事，大家可以看到，书上每一页都画有一个小孩，这一页是黑人小孩，下一页就是白人小孩，轮流出现，画面的另一边都是黑人孩子的话，“我是黑人，出生的时候皮肤是黑色的，你是白人，出生的时候皮肤是粉红色，我长大以后皮肤是黑色，你长大以后皮肤变成白色。我晒太阳以后皮肤是黑色，你晒太阳以后皮肤变成红色。我冷的时候皮肤是黑色，你冷的时候皮肤变成蓝色。我害怕的时候皮肤是黑色，你害怕的时候皮肤变成绿色。我上天堂以后皮肤是黑色，你上天堂以后皮肤变成灰色。你居然说我是有色人种。”这个故事我们也许不能把它作为典型的儿童文学作品，可是它作为一个儿童图画书，的确表达了非洲那些黑人兄弟对白人中心主义这一文化逻辑的嘲讽。所以儿童文学有时候它有这样一种特殊的力量，天真却又动人的力量。

如果说这部作品当中更多的给我们的感觉是讽刺的话，那么我们看另外一首诗《刽子手》，这是二战的时候苏联诗人鲍罗杜林写的一首诗，非常震撼，他写的是在战争的背景下，一个孩子被活埋这样一个惨烈的画面，他是通过儿童的视角来写的，“刽子手，充满了绝望神情的眼睛，孩子在坑里恳求怜悯，叔叔啊，别埋得太深，要不妈妈会找不到我们。”读完这首诗，我们的心中是不是有种特别的伤痛，刽子手是残忍的、无情的，孩子是无辜的、令人牵挂的，可是这个无辜的孩子在这样一个惨烈的时候，他心中惦记的依然是他的妈妈。他称刽子手为叔叔，这是孩子无辜和善良的天性的表现，“别把我埋得太深”，妈妈会惦记我，妈妈要来找我，这一刻，他没有想到自己的生死，想到的是妈妈对他的牵挂。因为这份感动，这首诗成为了战争题材儿童文学作品的典范。

我们看到，儿童文学可以有温暖的情怀、动人的力量，这个力量一定要跟故事结合。我们想一想，如果今天讲的不是故事，而是一份文件、一份报告、一份作业，它有没有这样好的效果。我们再来看一本图画书，叫《鼠小弟的小背心》。有一天，鼠小弟穿着妈妈给他新织的背心来到了外面，它很高兴，来到伙伴们中间，炫耀道："妈妈给我织的小背心挺好看吧。"他的伙伴鸭子说："小背心真漂亮，让我穿穿好吗？嗯，有点紧，还挺好看吧。"然后，猴子来了："小背心真漂亮，让我穿好吗？嗯，有点紧，还挺好看吧。"就这样，企鹅、狮子、马、大象一一出现，动物的形体越来越大，小背心也越撑越大。到最后，小老鼠回来了，大家可以看到，小背心已经变成了当被单都可以了。这个故事讲到这里为止，我们会不会留下一点遗憾呢？儿童文学是给孩子看的，是大人跟孩子一起看的，所以它的底色应该是温暖的。我们可以看看它的封底，这个封底很巧妙：小背心就变成了一个秋千，鼠小弟在上面荡秋千，这就让我们感到了一缕温暖，这个结尾非常好。

我们再看一个故事，来自立陶宛的民间童话《两只小鸡》。鸡爸爸鸡妈妈家里有两只小鸡，一只是黄颜色的，一只是黑颜色的，鸡爸爸和鸡妈妈偏心眼，喜欢黑色的小鸡，不喜欢黄色的小鸡。给小鸡取名字的时候，他们给小黄鸡取的名字叫黄黄，很简单，没动脑筋。给小黑鸡取名字的时候，鸡爸爸和鸡妈妈商量，要取一个又长又美的名字，因为名字越长，小鸡的命据说也会越长。所以它们就给小黑鸡取了一个名字叫"我们的小娇娇蓝眼睛绿嘴壳红冠子飞毛腿机灵的脑袋乌黑的羽毛爸爸妈妈的小宝贝"。平时家里如果有了一点事情，鸡爸爸鸡妈妈一想小黑鸡的名字这么长，就算了，还是叫黄黄吧："黄黄，去弄点水来，黄黄，去挖点蚯蚓来。"日子一长，小黑鸡什么活都不用干，每天就是吃了睡，睡了吃，晒晒太阳，日子过得很快活。有一天，一只黄鼠狼鬼鬼祟祟、不怀好意来到了小鸡家，一眼就看到了那位正在干活的小黄鸡，黄鼠狼溜过去抓住小黄鸡就跑，这一幕正好被鸡爸爸看到了，鸡爸爸惊呼："哎呀，黄黄被黄鼠狼抓走了。”邻居的猪大叔、牛大嫂、狗大哥一听到纷纷赶过来，黄鼠狼一看不妙，只好赶紧放下小黄鸡溜之大吉。第二天黄鼠狼贼心不死，想到小鸡的美味，又来了，这一回他一眼看中了那个正在睡觉的小黑鸡，溜过去叼住就跑。这一幕正好被鸡妈妈看到了，鸡妈妈惊呼：“哎呀，我们的小娇娇蓝眼睛绿嘴壳红冠子飞毛腿机灵的脑袋乌黑的羽毛爸爸妈妈的小宝贝被黄鼠狼抓走了。”还没等她把这个又长又啰嗦的名字念完，黄鼠狼早就叼着小黑鸡跑远了。故事结束了，爸爸妈妈本来想取一个长名字让他长命百岁，结果反而送了它的命，这个故事是批评父母的偏心和溺爱，告诉大家，溺爱会害了孩子。通过这个有趣的故事来讲，是不是比讲道理本身要好得多？这就是构思的巧妙、故事的巧妙，所以说民间的智慧真的很厉害。

我们说故事是儿童文学作品的框架，但要让故事变得生动起来，变得有声有色起来，细节就很重要。我们也先来看一本图画书，这本图画书目前我们还没有出版，是国外的，叫《ZOOM》，是视点上升的意思。怎么理解视点上升呢？比如说我有一个摄影机，我如果对着这里一点，我就不知道是什么；但如果把这个视点提高一点，就看到了这是一本书；再提高一点，看到了桌面上有好几本书；再提高一点，这是一个会场、一个报告厅，有很多听众朋友、读者朋友；如果从窗外拉出去就看到了建筑，看到了椒江区，看到了台州市。视点上升就是这个意思。

我这里要跟在座朋友们分享一部特别好的儿童小说。它的作者王淑芬女士是台湾的一位小学老师。故事的主人公叫彭铁男，是一个不幸小男孩，他是一个智障儿童。我把这部作品介绍给江西的二十一世纪出版社，他们已经出版了。我们大家一起来欣赏一下。

我讲两个故事，第一个叫做《全部都写“1”》：

其实我并不怕挨骂，但是，如果人家骂我，而我不知道他在骂什么，就会怕。——这对弱智的描述很准确，对不对？骂我没关系，但是骂什么我不知道，因为我什么都不理解。

像现在，杨老师气呼呼的样子我就很害怕，全班的同学可能也在怕，因为每个人都低着头安安静静的，老师的声音非常高，跟平常不一样，他一面翻着讲桌上的考卷，一面大声喊着：“72、58、33、40……哼，月考考这种分数！”

她翻到了这最后一张了，她的声音也变得像在唱歌仔戏：“0分，鸭蛋，彭铁男，你为什么在我们班级？”——彭铁男就是被称为白痴的男孩，不幸的孩子。

“我也不知道为什么，是学校的人分的。”——他写得非常真实的，很准确。

老师又大声说了：“这次复习考，我们一年级2班总平均分排在最后一名，当然彭铁男贡献最大。”

她把那张考卷扔下讲台，好像要哭了：“被其他老师笑，我真倒霉。”

我虽然害怕，还是走上前去把考卷捡回来，这是数学考卷，上面除了写着我的名字，其他统统空白，本来我也想在上面写一些字，可是不知该写什么。想了很久，铃声一响，考卷就被收走了。

下课时间，杨老师好像不生气了，她喝下一大杯开水，挥手叫我去，她指着考卷告诉我：“彭铁男，明天是月考，老师教你一些绝招，肯定不会0分。方法非常简单，你要先找到括弧，在所有的括弧里统统都写1就行了。”

他笑了笑，老师是不择手段，每一张考卷总有选择题，而且这题总有几题答案是1，照这种方式总可以猜几分，并且好的话说不定更高呢？

我当然会写1，我答应老师会好好地写。隔天考试，我心情好极了，不会再像以前那么无聊，在每一个括弧中我都写一个直直的1，有几个歪掉了我还擦掉重写。

发考卷的时候杨老师不再那么生气了，她竟然笑眯眯的对全班说：“我真是天才老师，你们猜，彭铁男数学考几分？然后她大声宣布，12分，选择题、配合题各猜对3分，彭铁男，你真聪明。”

彭铁男第一次被表扬，他当然很高兴了，我也不好意思地笑了笑。最不好意思的是生物课，生物老师骂同学：“选择第三题全班都中了陷阱，只有彭铁男答对，你们都是白痴吗？”

丁同，班里很调皮的一个男生，不服气抗议：“彭铁男是猜的。”

生物老师更生气了："你有本事你也去猜啊？对就是对，错就是错，分数最实在。"

我很高兴有学上，有老师教我读书，教我考试，但是我不可以太骄傲。我知道骄傲是什么，就是自己说自己什么都懂，我不能骄傲，因为我知道，其实我什么都不懂。

跛脚说，跛脚是班里一个脚部有残疾的孩子，跟他相依为命的可怜的孩子。跛脚说，彭铁男，有人连这一点都不懂呢！

你看，像跛脚这句话我就不懂。

这故事好不好？我很高兴在座的朋友们都听懂了。谢谢大家的理解。

我们再讲第二个故事，《送给跛脚的》：

跛脚为什么会跛脚？我不会讲（台湾话，是我不懂的意思）。他曾经告诉过我，好像是一种病害他的，我只记得他说："我们都是倒霉人，你是天生倒霉，我是后天倒霉。"

我很高兴我跟他一样倒霉。我觉得跛脚像兄弟，他对我好，常常请我喝汽水，如果有人叫我白痴，他会狠狠瞪他。

可是跛脚很怕上体育课，如果是我的腿一条长一条短，我也会怕。因为跑起来一定比别人慢，而且样子也很怪。

最怪的是，体育老师如果讲："你不必跑、到树下休息。"跛脚会更气，他总是用很低很低的声音说："我可以跑。"

所以每次体育课，我就陪跛脚慢慢跑——你看一个智障的孩子，他用他自己善良的天性去帮助去陪伴他的好朋友。不幸的、弱势的、那些有残疾的孩子们，他们的人性是很美好的，他们的人性一点都不残缺。

我平时跑得很快，要慢慢跑有点困难，我就咬紧牙、闭紧呼吸，一步一步跳，这样就慢下来了。——我虽然是智障，但我的身体跑步很快。你看我不聪明，我甚至连跑得慢都很困难。可是我愿意帮他，陪伴他。

跛脚笑我："你这样跑很搞笑。"我也笑他："你跑起来很像跛脚。"跛脚笑一笑说："我本来就是跛脚。"——她写孩子的话准不准？太准了。对他来说，他的智商就到这里为止，只会说你跑起来像跛脚。

玩球的时候我都站在跛脚旁边，如果有球过来，我会替跛脚挡住，可是等了一节课都没有人传球给我们，我和跛脚只好一直讲话。——他们是被忽略的，其实我们正常孩子看这样的作品的话，你就会被打动，那些弱势的不幸的孩子是需要我们去关爱的。这就是儿童文学的力量，他让我们重新打量这个世界。

后来体育老师说要考试，他吹哨子告诉大家："每个人跑操场一圈，我要记时间。"全班同学就按号码开始跑，体育老师叫我和跛脚最后跑，才不会浪费时间。我觉得体育老师很好心。

轮到我和跛脚了，丁同一直说："老师，让我们先回教室吧，他们两个要跑到哪年？"——丁同他不知道去关心同学。

体育老师很凶的说："你的意见很多哦。"

跛脚站在起跑线上，轻声对我说，"彭铁男，这次考试要打分数的，你不用陪我了，要跑快一点。"他想了想，又说，"你其他科目成绩不好，不要连体育课都不及格。"

我点点头。老师哨子一吹，我就和跛脚开始跑，跛脚很用力地跑，屁股扭得很快，样子很好笑，不过我不会笑他，他是因为很认真跑，才那么好笑。

但是我听到同学们在笑，我看看跛脚，他嘴巴闭得紧紧的，汗从头顶滴下来，滴在他的睫毛上，不知道的人，一定以为他在哭。

"你快跑，不要等我，白痴。"跛脚突然骂我。

我就很快地向前冲，我冲过一年级的教室，冲过司令台，又冲过体育老师，一下子又冲过跛脚身边，他还在用力的扭着屁股。我听到体育老师在背后叫："跑一圈就好，回来，可以了。"我还是再次冲过一年级教室，冲过司令台，然后冲到老师面前。

"你这个白痴，我不是说跑一圈就好了，你跑两圈做什么？"老师骂我。

我喘着气回答老师："我多跑一圈是要送给跛脚的。"跛脚才刚刚跑到凤凰木那里。

老师忽然笑起来，摇摇头："你真是……"

他没有再骂我白痴。

这本书好不好？它选择了一个智障儿童自己的视角，来描述一个被蔑称为"白痴"的孩子眼中的世界。这个世界与所有普通人的世界一样，有阳光也有阴霾，有自己对于一切事物的认真执著的理解。作家完全隐身在小说主人公的背后，透过他的眼睛来看学校、家和身边的一切，来看一些属于普通人性的并不那么阳光的内容，让我们更加理解了一位特殊的孩子所拥有的特殊的快乐和烦恼，他的明朗而纯净的心灵，会让我们每一个人都生出深深的感动与自省。

儿童文学最重要的还有一点不能忘，就是情趣，它一定要有趣，要有儿童的情趣。就算语言的艺术很好，可是没有童年的天真和可爱，没有童年的想象和烂漫，儿童文学仍然很难成为好的文学作品。我们先来看一本图画书《好饿的小蛇》，这是一片森林，有一条很饿的小蛇扭来扭去在散步，他发现了一个圆圆的苹果，你猜猜，很饿了小蛇会怎么样？啊，咕嘟，真好吃；第二天它又在散步，发现了一个黄香蕉，你猜猜会怎么样？啊，咕嘟，真好吃；第三天，很饿的小蛇又在散步，它发现了一个三角饭团，你猜猜会怎么样？啊，咕嘟，真好吃；第四天他发现了一串葡萄，紫色的，你猜它会怎么样？啊，咕嘟，真好吃；第五天，它发现了带刺的菠萝，你猜它会怎么样？啊，咕嘟，真好吃。我们知道儿童文学当中有简单的重复，可是一直重复到这里就发生变化了。第六天很饿的小蛇扭来扭去又在散步，这回它发现了一棵结满红苹果的树，你猜猜很饿的小蛇会怎么样？这次不一样了，它扭来扭去爬上树，还是张开大嘴，啊，咕嘟。我们发现在这个森林里这个树已经没有了。儿童文学的趣味性在这个画面当中得到了充分的表现。

我们再来看两首诗。这首诗是台湾的老师写的，写的是一个姐姐上学了，她很喜欢学校，回到家里给五岁的小弟弟玩上课的游戏，边上还有一个一两岁的小妹妹，就这么一个情景。"小弟弟，我们来游戏，姐姐当老师，你当学生。""姐姐，那么小妹妹呢？""小妹妹太小了，她什么也不会做，我看让她当校长算了。”小朋友知道老师很能干，可不知道校长是干什么的，可能他什么也不会做。我儿子小时候就来问我，他说：“爸爸，老师大还是校长大？”我不知道该怎么回答，因为我不想告诉他校长大，也不想告诉他老师大，只好说一样大。这里校长做了一个符号，这首诗也讽刺了一些不学无术的官员。

我们再看一个台湾的小朋友写的诗，刘美惠是台湾中坜国民小学二年级的一个小同学，你看她写的一首诗叫《娶太太》：“爸爸问小明，以后娶太太要娶谁？小明说：要娶最疼我的。爸爸说：是谁？小明说：是祖母。爸爸说：她是我妈妈，你怎么可以娶她当太太？小明说：那我妈妈，你怎么娶她当太太呢？”孩子的天真，祖孙之间的情感，在孩子的诗句当中得到了表现。

我们最后再来看一本图画书《是谁嗯嗯在我的头上》，这是一本德国的图画书。有一天，小鼹鼠从地下伸出头来，开心地迎着阳光说：“啊，天气真好！”这时候事情发生了，一条长长的，好像香肠似的嗯嗯掉下来，糟糕的是，它正好掉在小鼹鼠的头上。小鼹鼠气得大叫“搞什么，是谁嗯嗯在我的头上？”有一个影子闪过去，但是小鼹鼠的视力不太好，看不清楚到底是谁，一只鸽子飞过来，小鼹鼠问它：“是不是你嗯嗯在我的头上？”鸽子要证明它怎么办？“不是我的，我的嗯嗯是这样的。”鸽子说完，一团又湿又黏的白色的嗯嗯就掉在小鼹鼠的脚边。这个嗯嗯和它头顶上一样不一样？不一样。那就证明不是鸽子了。小鼹鼠就只好再去问正好在吃草的马先生。“是不是你嗯嗯在我的头上？”“不是我，我的嗯嗯是这样的。”马先生屁股一扭，五坨又大又圆的嗯嗯像马铃薯一样咚咚掉下来。小鼹鼠失望地走开了。小鼹鼠问一只兔子：“是不是你嗯嗯在我的头上？”“不是我，我的嗯嗯是这样的。”野兔立刻转身，15 个像豆子一样的嗯嗯嗒嗒嗒掉下来，小鼹鼠立刻跑开了。小鼹鼠问刚睡醒的山羊：“是不是你嗯嗯在我的头上？”“不是我的，我的嗯嗯是这样的。”山羊的嗯嗯像一颗颗咖啡色的球掉在草地上，小鼹鼠看了看，默默的走开了。为了找到凶手，小鼹鼠头上的证据它有没有弄掉？没有，一直顶着，很狼狈。小鼹鼠问正在吃草的奶牛：“是不是你嗯嗯在我的头上？”“不是我，我的嗯嗯是这样的。”奶牛的嗯嗯好像一盘巧克力蛋糕，小鼹鼠一看就知道他头上的嗯嗯不是这样的。小鼹鼠又跑去问猪先生：“是不是你嗯嗯在我的头上？”“不是我的，我的嗯嗯是这样的。”猪先生立刻噗的一声掉下一砣软软的，小鼹鼠捂着鼻子跑开了。远远的小鼹鼠又见到两个小家伙：“是不是你们？”它一边说一边走近，原来是两只又肥又大的苍蝇，小鼹鼠想，我知道谁可以帮助我了。它兴奋地问苍蝇：“到底是谁嗯嗯在我的头上？”我们知道，在这个领域，在这个“专业”，苍蝇绝对是见多识广，阅历非同寻常。它很有经验，苍蝇说：“你快快坐好，我们试一试就知道了。”苍蝇搓了一下它头上的嗯嗯立刻说：“哈哈，太简单了，这是一砣狗大便。”头上嗯嗯终于没有了，因为小鼹鼠终于知道是谁嗯嗯在它的头上了。“好啊，原来是这只大狗。”大狗正在打瞌睡，小鼹鼠爬到它的屋顶上，噗嗤一声，一团小小的，黑黑的嗯嗯掉下来，正好掉在大狗的头上，然后小鼹鼠就钻到地下去了。你看这一天小鼹鼠迎着阳光很高兴地出来，就这么一个经历构成了这么一个故事。

在座的小朋友很开心，大人们可能会有疑问，为什么外国人画这个书，他们目的是什么？我们知道要对儿童进行知识教育，认识动物。而我们过去的儿童文学都停留在讲动物的外形、习性等等。而在这个故事中，它告诉孩子们，动物的不同表现在很多很多方面，甚至他们的嗯嗯也不一样，他们嗯嗯的数量、外形、气味、质地都是不一样的。它是把知识教育进行了拓展，变成了一本有趣的图画书。

最后，我们用几分钟的时间谈第三个话题。对我们大朋友来说，儿童文学跟我们有关吗？

作家宗璞说过一句话，儿童文学也是成年人的知己。我参与主编的《新语文读本》小学卷，这套书被认为是1949年以来出版的最好的一套课外语文读物，这是公众的评价。我在这里也不怕“王婆卖瓜”，我参与了这个工作，它的确是公认的最好的。这套书已经出版10多年了，2007年出版过一套修订本，这是初中卷，这是高中卷，初中卷和高中卷是由北京大学钱理群先生、浙江师范大学王尚文先生主编的，小学卷是王尚文先生和北京大学的曹文轩先生，还有我三个人合作主编的。

这就是我刚才提到的，我前几年编的一套《最佳儿童文学读本》，一共三本，这套也被认为国内儿童文学领域最受欢迎的一套。很多地方的老师都向孩子和家长推荐这套书，封面非常的漂亮。我在编这套书的时候花了很多心思，调动了我 20 多年的专业积累，今天讲的有趣的故事这里面都有。另外出版社也很用心，找了特别好的画家画封面和插图。这套书被认为是最精美、人文容量最大、审美眼光最独特的一套儿童文学选本。2008 年以后这套书反响很好，出版社约我，又编了一套给小学高年级和初中生看的叫《最佳少年文学读本》。我给每篇作品都写了导读和评论，供老师、父母和喜欢学习的孩子们参考。

儿童文学是我们文明当中特别的门类，有儿童文学相伴是我们的幸福，今天我跟在座的朋友们一起分享了一些有趣的儿童文学作品。我们能够感受到儿童文学的博大、深刻、细腻、趣味，我盼望着从此儿童文学会成为我们在座每一位小朋友、大朋友的好朋友，让我们一起享受儿童文学，享受童年的幸福时光，享受儿童文学带给我们的滋养，谢谢大家！

（以上内容根据 2011 年 5 月 21 日的讲座录音整理，略有删改）

传统文化的解读与误读

慕毅飞

主讲人简介： 慕毅飞　浙江台州人，杂文家、知名时评人、新闻评论员。现供职于温岭市委宣传部。主持过温岭的教育行政工作。2003 年被《杂文报》以“名家新作”的专版方式作过介绍。迄今已在全国各类报刊发过杂文、随笔、时评、书评等千余篇。常用笔名有莫心、易非、一飞等。

感谢尊敬的毛馆长，感谢诸位读者朋友，咱们是在图书馆，所以咱们都是读者。上午分享这么一个话题——传统文化的解读与误读。

我们先从传统文化的历史命运说起。其实并不是所有人都对传统文化感兴趣，但受影响是肯定的，影响有两个方面，正面的和负面的，积极的和消极的，接受的和抵御的。但是我们现在发现，主流意识形态表现出对传统文化前所未有的兴趣，这也就是为什么此前央视《百家讲坛》的于丹，成为一个“学术超女”。从人民大学开办第一个国学研究院开始，现在各大学都纷纷在国学研究方面开班，所以这是一个趋势，但是我们要讲它的历史命运，应该是放在一百年的时间尺度内。为什么是一百年？所谓传统文化这个概念也就相对于一百年前而言，我们现在讲的传统文化肯定会把它的下限定位在 1919 年的“五四”，“五四”以前的文化才叫传统文化，在这么一个一百年的尺度内考察传统文化的历史命运就会很有意思。

新文化运动一开始以“打倒孔家店”为口号，那个时候是把传统文化看成现代化的阻碍，是中国人从跪着状态到站起来状态一个摆脱不了的包袱，甚至像一直受着传统文化滋养长大的那些人，刘半农也好，鲁迅也好，更过激的钱玄同也好，无不如此。鲁迅当年在应邀回答“青年必读书”时，有一份当时的报纸给各大学者发了一张征询，让他们给青年开一个必读书，鲁迅是这么说的，“中国书虽有劝人入世的话，也多是僵尸的乐观，外国书即使是颓唐和厌世的，但却是活人的颓唐和厌世，我以为要少，或者竟不看中国书，多看外国书。”他讲你不要去看中国书，这么一个打倒的姿态、抛弃的绝断在那时是登峰造极。

所以我们现在有些人就会想，既有如今何必当初。比如说在今天这个日子里面，在这么一个场合，咱们谈传统文化，吸引那么多的人，在一百年前如果不去打倒，咱们今天写起文章来可能还是之乎者也，还是满肚子的古文观止、唐诗宋词，提笔可能写下来就是书法家水准的文字，百年前都这样的，这是为什么？这个问题是我们必须面对的，换句话说，经过一百年的变迁，我们今天处于什么状态？我们的传统文化是在什么样的语境当中讨论的？整个中国的现代化是从一百年前辛亥革命开始的，这个革命以后，就一个革命接一个革命，一直革到我们不再把“革命”当做褒义词。你们很少会讲我是革命群众，我是革命学生，我们已经有点羞于谈革命，那么这一百年革命的结果如何？我们党分析过十七届四中全会，分析过八千万党员，信仰、信念、信心都发生严重的变化。先进分子信仰、信念、信心都滑坡了，我们现在遭遇的什么问题？整个社会道德严重滑坡，我们的总理在呼吁企业家身上要留有道德的血液。

两个星期以前广东省长他就讲，我们的商人身上还有道德的血液吗？指什么问题，食品安全。全世界现在面临的安全问题都是三个：非传统安全，恐怖袭击；粮食安全，欠收造成的；能源安全，产出和消耗不对等造成。唯独中国，面临四个问题，再加上一个食品安全。有吃的吗？多得很；能吃吗？都不能。公安部最近的调查结果显示无物不毒，没有一种食品是绝对安全的，无地不毒，没有一个地方它的食品是绝对安全的。

这个问题的背后存在很简单的道理，就是人道德彻底垮掉，所有的生产者，养殖的、种植的、销售的、加工的，他都知道这个东西掺下去不能食用，但是为了卖相好，为了利润高，为了降低成本，他就干了。另外一方面我们可以看到社会的诚信严重缺失，严重到什么程度？把“不要跟陌生人说话”作为一个安全的忠告。不要跟陌生人说话就意味着我们有许多正常的交流、正常的需求都被扼杀了。

去年中国经济总量成为世界第二，国际影响增大，内外的矛盾增多，“第二”的苦恼越来越多，在这个时候出现了一个很严峻的问题，政府的公信力严重的缺失，老百姓越来越不相信政府。最典型的事情如曹操墓，社科院考古研究所带领一百多个专家去考证，考证完了告诉你是真的，但是第二天老百姓说不相信，以前从没有过这种情况，国家级鉴定怎么会不可信。在一定意义上，我们讲传统文化的时候，你会发现，现在两只脚落地的到底是人还是禽兽？这居然成了一个问题。

《人民日报》最近就发了一篇文章，什么叫人？孔夫子有过一个定义，人要具备四个心：恻隐之心，遇到可怜的人你心里会发颤的；羞辱之心，做了难为情的事情，脸上要发红的；敬仰之心，看见别人好你会羡慕的，好是品行好；是非之心，好坏分得清楚的。四个心具备，叫人，四个心不具备，孟子说只能叫禽兽。那样的话就不能不发现咱们每天都可以看到有大量禽兽的行为，每天都有，越来越多。药家鑫，禽兽吗？大学三年级，学钢琴，十级考过去，按理说应该是最善良的人，居然捅了别人八刀。最近，一个七岁小孩被撕票的案子，撕票完了以后把人放在绞肉机里面绞，然后销毁尸体，这是禽兽还是人？一个亲生父亲和养母把五六岁的小女孩关在阳台外面饿得皮包骨头，实在饿不下去，孩子跳出阳台逃生，这样的父母是人还是禽兽？台州电视台去年下半年报道过，临海的73岁的母亲住在医院里，子女五个，家境都不错，400多块的医疗费居然没人出！还有天台五个子女虐待91岁的老父亲等等。

所以我们不要说现在的年轻人不像话，年轻人不像人，不对，年轻人的老爸，年轻人的爷爷都不像话，已经好几代人不像话，我们要讲怎么回事呢？中国过去是人的社会，抗日战争的时候逃难，只要你能看见前面有一个房子，晚上亮着一盏灯的，你进去肯定会有你住的地方，只要他家还有一口粮，就不会饿着你。今天连这样的社会状态都没有了，前一段时间网上流传着民国时期一张报纸上男女征婚提的条件，男的希望理想的配偶怎么样，女的希望理想的配偶怎么样，随后就让人想到今天许多人的择偶条件，“宁在宝马车里哭，不愿坐在自行车后笑”。你有这样的人生价值没问题，毫不廉耻地去张扬那就是问题。

问题到底在哪里？我们不能不反思，从辛亥革命到现在一百年，社会怎么就成这样了？现在对当官的来说，他最头疼的是什么？稳定，从原来的稳定压倒一切，压了好几年，现在不敢压了，只会酿造越来越不稳定。我们现在这个社会越来越不稳定，哪一年开始的？2008年的贵州瓮安事件。一个初二女孩子落水而死，公安说自杀，家里不认可，于是就引起轩然大波，几万人上街把县委县政府、公安局、财政局，民政局大楼烧掉，1949年以来从来没有过，从那以后，中南海高度重视稳定，所有的县委书记，县公安局长，县纪委书记，县信访局长4拨人分批到北京培训，培训的内容只有一个：维护稳定。但维护到今天，依然高度不稳定。最近广州增城市出现的事件，我们的武警、特警已经是开着装甲车去处理了。

那我们就得探讨，几千年的稳定，一百年怎么就不稳定了。社会就像一只船，船要平稳的话，有点常识的都知道，船上要放很大的压舱石，有这个压着这个船就很稳，我们好像百年前把这个船上的压舱石给抛掉了，到底什么是压舱石，我觉得让中国稳定几千年的压舱石就是传统文化。这个传统文化是怎么扔掉的？大家如果对五四稍有一点了解的话，就会记得，五四宣传的两句口号，一句叫“反对旧道德”，另外一句是“提倡新道德”。反对的有没有效果？非常有效果，封建的东西被彻底地反掉了。

我们维护社会稳定，维护道德示范，古往今来最有用的东西，富豪人家走进大门挂着的就是诸子家训，“黎明即起，洒扫庭除”，共520个字，从早晨怎么做到晚上怎么做，对老爸老妈怎么做，对孩子怎么做，邻居、经商怎么做，都有，上下几代人怎么做人，520个字摆着。穷人家没有诸子家训，但是有《三字经》,1080个字,360句，几乎人人耳熟能详，怎么做人，很具体的，“人问谁，对以明。无与我，不分明”到别人家敲门，别人问谁呀？你不能说“我”，“我”别人不知道你是谁，连这样的东西都给你讲清楚了，你就知道怎么做人了，1080个字明明白白写着。

后来咱们都不要，不要以后就有一个问题，旧道德你反对了，下一句是提倡新道德，有吗？这就是严峻的问题，没有，到现在都没有，或者说有等于没有。为什么这么说呢？去年下半年，有人做了一个很有意思的比较，把中国的小学生守则十条和美国的小学生守则十一条做了一个比较。咱们看中国的小学生守则十条，一辈子都受用，这十条做好不仅是模范公民，做人一点瑕疵都没有，可每一句话应该怎么做？比如说孝敬父母，怎么孝敬？尊敬师长，怎么尊敬？礼貌待人怎么礼貌？也许他觉得我爬到你头上就最礼貌。来看看美国的小学生守则，总是称呼老师职位或者尊姓；按时或稍微提前到课堂；提问时举手，可以在你的座位上与老师讲话。就那么一条一条，每一条都写明了该怎么做。2004年中华人民共和国终于给十几亿人提了一个道德规范，20个字：爱国守法、明利诚信、团结友善、勤俭自强、敬业奉献。惜墨如金，我估计在座能背出20个字来的没几个，而20个字能让你明白怎么做的，我估计一个人都没有。所以这样的东西有跟没有，没什么区别。怎么做爷爷知道吗？做孙子知道吗？拿文本来，没有。这是最严重的问题，于是我们出现了一种追寻，对国学的追寻，但是又有问题，我们在倒脏水的时候，把澡盆里的孩子给倒掉了，现在要把这个倒掉的孩子捡回来，可你不能把那个脏水也拿回来。现在有的人在国学的追寻当中，有一种把脏水也拿回的举动，比如说汉服，那是搞热闹，说用这个东西来振兴中国的国学，我真不信，包括《弟子规》1080个字，统统拿来行不行？绝对不行。里面有很多根本不适用，比如说见到人以后，你要在路边站着，上前要问好，问完好以后，要等长辈走远，离开一百步以后你才可以走。那肯定不可行，所以我们今天探讨这个问题，解读与误读。

解读与误读是一个问题吗？从来就是一个问题，比如说我们的经典，“六经”到底该怎么解读？从来就有两种态度，一种叫“我注六经”，我给六经做注，我服从六经，我把六经的意思准确的说出来；但是还有第二个态度，叫“六经注我”，那就是说六经要为我做注解。而且经典误读不是现在有的，从有经典就有误读。经典是什么时候有的？是汉朝，西汉的时候把诗叫《诗经》，从一开始就误读，“关关雎鸠，在河之洲，窈窕淑女，君子好逑”，这显然是情诗，但是人家后来没法接受，为解释封建的道德，孔子是封建道德的首创者，《诗经》又是孔子编的，他编的时候怎么把《关雎》放在第一首，所以他的那些追随者怎么解释都觉得不通，因此就必须误读，然后说《关雎》不是情诗，讲的是王妃之德，怎么厚重，绝对的曲解误读。从有经就有误读，假若我们争取不误读的话，就要努力避免有意无意的曲解。所以现在讲第二个问题，传统文化的历史之谜。

汤因比，英国历史学家，也是当今世界最有影响的历史学家，他在他的《历史研究》里面讲到，人类无疑正在走向自我毁灭，除非我们能成功地形成天下如一家的状态。后面天下如一家的状态肯定能形成吗？不可能，因此前面走向毁灭的命运是不可能改变的。其实有人想改，比如说台湾的静空法师，他就努力的想用一种佛学的观点，内心的能量，去改变人类跟地球的整个厄运。文化有自己的谜团，比如说文明的起源，汤因比研究了一下，他说除已经消失的不算，全世界可以统计出 31 种起源不同的文明，这 31 种文明里面，显然有一些是对世界产生深刻影响的。我想说三个人：第一个是释迦牟尼。佛教和基督教不一样的，佛教的影响力显然没有基督教大，但你如果真正想信佛，没有高中文化不行，你不具备信佛的文化素养。第二个是孔子，第三个苏格拉底。三个人肯定是对当今世界文化产生深刻且长远影响的，奇怪的是，这三个人生存的地方，一个是古印度，一个是春秋战国的中国，一个是古希腊，那个时候这三块土地，绝对没有任何联系。他们生存的时间几乎同时，从最早的公元前 565 年到最晚的公元前 399 年。人类历史从猿人算起的话是一百万年，从智人算起的话十万年，从有文字记载的历史，至少是八千年到五千年，在五千年的时间尺度内，三个人在 150 年里面同时存在，这要有多大的缘分？而且彼此根本不认识。怎么会在世界三个地方，在这 150 年内，三个人同时出现了，人类三个文化的源流就出山了，你能给我解释吗？你能给一个科学的说法吗？老实说，无论你怎么解释，我都不相信，汤因比解释了，用种族的方式，最后用的是问号，用环境的方式，也是问号，什么意思？都无法解释。而且他们几个有相似之处，都是 70 几岁死的，自己生前都没有留下著作，《论语》是孔子的弟子和再传弟子编撰的，“论”就是轮转的意思。释迦牟尼也没有写过著作，他的所有佛经都是他的十大弟子之一阿难转述的，所以佛经的第一句永远都是“如是我闻”，“我”是谁？阿难。苏格拉底也没有写过，所有研究保留在《对话录》和《色诺芬》，两个弟子的著作里面。释迦牟尼自称“觉者”，梵文叫“佛徒”，简称佛。孔子被人称为圣人，这不是他自己愿意做的，他不承认自己是圣人，这是子贡等人抬举的结果。苏格拉底把自己称为精神的助产士，你自己有精神了，我帮助你让精神出生，这个想法你是有的，我帮助你形成。

我们先看苏格拉底，他的启蒙方式就是辩论，他的特点是崇尚理性，恪守法治。他是被雅典的长老团用举手表决的方式判处死刑的，之后给他一个求生的方案，只要你认错，他说我没错，我干吗要认，不认。进了死牢，弟子说我们有办法把你营救出来，只要你配合，他说既然是判决了，我们就服法，不需要你营救。最后还有一个越狱的方式，他都拒绝了。既然有法那就必须服从，虽然这个法不合理，但它在那儿了，我要守法，他就如此理性。苏格拉底和人交往，学生问他什么叫善行，他不直接告诉学生，他就问盗窃、欺骗、把人当奴隶卖，这是善行还是恶行？学生说是恶行。那好，欺骗敌人是恶行吗？把俘虏来的敌人当做奴隶是恶行吗？学生说这是善行。苏格拉底再问，照你说，盗窃对朋友是恶行，但是如果朋友要自杀，你盗窃了他准备用来自杀的工具，这是恶行吗？这又是善行，所以盗窃到底是善行还是恶行？苏格拉底说，你说对朋友行骗是恶行，可是在战争中，军队统帅为了鼓舞士气，对士兵说，援军就要到了，但是实际上并没有援军，这种欺骗是恶行吗？学生说是善行。你看他从来不告诉你答案，他就用这么论辩的方式，把你的思维启发出来。他永远服的就是理、规则，这就可以理解，为什么整个西方文化就是规则的文化，就是理性的文化。他理性到只要按理该死，那么就无须畏惧。莫泊桑的小说里写到两个朋友钓鱼的时候，被德军抓住了，要判处他们死刑，他们知道反正肯定死，既然死就没必要悲哀，两个人很幽默地面对死。这个我们做不到，我们没有这个文化，这是哪里来的？苏格拉底，他给整个西方文明灌输了一种理性。

再看释迦牟尼，他所倡导的修行方式，是悟彻。佛经汗牛充栋，大藏经要比儒家所有经典加在一起还多，可奇怪的是，真正的佛的修行不是说和听，而是悟。所以佛徒的意思就是悟，我们后来讲的传统文化，对中国有影响的佛教就是大乘佛教，大乘佛教讲的是明劣分别，就是人我私下没有区别，今生今世无需烦恼，他住别墅跟你住草棚没有区别。今世没有烦恼，然后超度彼岸，通过涅槃的方式，灭度的方式到彼岸去，这样的话你对来生就没有恐惧了。《金刚经》里面的两句话，一个叫“应云何住”，应该怎么样执着，你关注的，重视的，在乎的应该是什么？第二怎么样把这个心管住，叫“降伏其心”，我们所有的不痛快，不幸福，苦恼都是心，所以佛教研究的就是心，它有一部经就是叫《心经》。第一届佛教论坛在普陀开的时候，它的主题就叫“和谐从心开始”。这就是佛教解决所有问题的思路。

我们可以发现，苏格拉底更多的是向外解决人与人，人与自然的法则，倡导形成的理性；释迦牟尼向内，解决的是心。在这两点上，他们都实现了哲学意义的宗旨，为什么这么说？因为从释迦牟尼来讲，他就是解决我们通常讲的，我们在乎什么？世界对我们来说，什么是有价值的？我们怎么把自己的心管住，而不是别的，这是人生的一种终极意义。而古希腊的哲学里面，不光是苏格拉底，咱们都知道，古希腊哲人要回答的永远是三个问题：我是谁？我从哪里来？我到哪里去？这都是哲学，哲学就是解决本体问题：我们是以什么方式存在，我们是以什么形态活着，我们最终是要干嘛去。这些问题叫哲学，从这个角度，有人讲中国古代没有哲学，也不是没有道理。无论诸子百家哪一家他回答的都不是终极意义的东西，那我们看，我们的孔夫子，他生存的年代就在两个人中间，有趣的是他的观点还就把两个人的捏合了，为什么这么讲？孔子的学说如果从操作层面就是六个字：克己、复礼、为仁。克己就是把心管住，复礼就是要追寻理性。所以你看克己和释迦牟尼一样，复礼和苏格拉底一样，这两点做到了，就是最高境界——仁。也正是因为这一点，2002 年世界一百多个宗教组织在美国聚会，讨论一个能够被各个宗教所接受的道德原则，结果讨论来讨论去，从孔子那里拿了八个字“己所不欲、勿施于人”。什么道理？就是因为孔子的东西能够被东西南北各地的人，各种形态的人，各种信仰的人接受。当然，能够被人接受是不是就代表最好，不敢这么说，因为未必就是最好。我们来解读中国的传统文化，会发现里面有很多害了我们中国人几千年的东西，但是现状就是如此。释迦牟尼、孔子、苏格拉底是代表人物，绝对不是单单指这三个人，咱们都知道孔子是处于诸子百家之中，所以是一群人；释迦牟尼，普贤文殊，有各类人；苏格拉底也一样，雅典集聚了一批智者。三种文化在同一个时代出现，这可以说是一个巧合也可以说是一个谜。中国到目前为止有三大思想解放运动，第一是春秋战国时期，儒、道、墨、法等原典文化出现；第二是魏晋南北朝，中国人美的意识形成，简单的说，人已经意识到自己是一个人，人有人的需求，人有人的感受，人除了对是非的认识以外，还有对美丑的感觉；第三就是五四新文化运动，东西方文化撞击形成一种新思潮。如果把这个作为一个纵的线条来看的话，它们都是出现在动乱分裂的时期，为什么？没有禁锢。越是大一统的时代，这种思想越不可能活跃，秦汉、宋明，统一的力度最大，但是其人性相对最压抑，唐代是一个例外。在分裂动荡的时期，中国的思想是那么璀璨。

于是我们就发现，中国的传统文化最突出的成果形成了，就是儒释道三者合一。中国从汉代开始，自佛教传入之后，中国的文人几乎都受到儒释道的综合影响。中国的文化极具同化力，这个文化包含的是不是三个文化的融合呢？我们来看一下，释迦牟尼给我们带来什么？大乘佛教讲的就是众生平等，慈航普度，我们一起到幸福的彼岸去，所以这就决定它兼济天下，中国的文人都有一个情结，要把幸福带给别人，造福社会。四大菩萨：地藏、普贤、文殊、观世音，分别代表了愿、行、智、悲，这四个整合了中国文人高尚情操的合理的来源。孔子反复讲一个观点，“邦有道，不废”，当这个国家很清明的时候，那你的才华不要浪费了，你要为这个国家做贡献。邦如果无道，你要做什么，你要保护自己，你要免于刑戮，不要被杀掉，不要去反抗恶，他绝不会说要揭竿而起，带领大家反抗，推翻这个不合理的社会，孔子从来没有，因此他提出的 4 个字“用之则行”，你用我我干，你不用我，我躲藏起来。所以“天下有道则见，无道则隐”，这就是当中国的知识分子不走运的时候，他有个办法可以来收藏自己，就叫独善其身。老子也是这么讲的，“退其身而身先，外其身而身存，夫唯不争，故无忧”，“忧”就是过错、灾难，你不争就没灾难。功遂身退，天之道也。知其雄，守其雌。或者知其白，守其黑。把讲过的三个文化源流、资源整合一下就是这两句话——达则兼济天下，穷则独善其身。所以中国的文人他的精神资源，思想资源，人格资源哪里来的？儒释道。因此不了解儒释道，不可能了解中国的文化。

我们来看最后一个话题，传统文化的解读与误读。如果要讲道的话，老子是道的代表，我们图书馆前面的塑像就是老子，老子是中国历史第一个图书馆馆长。老子的学说，都凝结在五千多字的《道德经》里，它的主题用七个字可以概括——为无为，则无不为。我们来看一下“道德”两字的金文，你留意这两个字其实是一个意思，“道”十字街头，双人旁，左右两个小点、横就是行动的行，行动的行就是十字街头，把行动的行拆开，底下是一之，之是人留下的脚印，然后上面是流着长发的一个大大的眼睛，就是脑袋，脚、脑袋、大街上，所谓道就是两眼把路盯好了，好好走，就叫道。“德”，双人旁，注意和两个人没有关系，双人旁就是十字街头的一半照样是路，然后就是眼睛，眼睛上面加一个十，就是眼睛不要看别的地方，就死盯着这个路，下面是心，一心一意，心无旁骛。所以这两个字都是一个意思，就是看路，走路走好了，别走错了，别跌脚。老子五千字分两大部分：一是道经，一个是德经。前 37，我们讲的是一个通行的版本，1 到 37 是道经，38 到 81 是德经。道讲本来怎么样，德讲按照本来应该怎么样，你该怎么去做。这时候误读就出现了，它明明讲，为无为，则无不为。但是后来人们在讲老子的时候，都说老子是清净无为。什么叫清净，没别的欲望，什么叫无为，不争。这些对不对呢？是误解。它在无为的前面有一个什么字？“为”。“为”就是做，怎么做？按无为的要求去做，恰恰是告诉你去做的，而不是不做。处无为之事，用无为的方式来做事，就像教育，要不要教？要教，怎么教？行不言之教。你看“见素抱朴”，什么叫素，没染过的布；什么叫朴，没加工的木。朴素就是本来的样子，素前面有一个“见”，你要把你的素现出来，你要把这个朴抱起来，这都是做。“少私寡欲”，要让私少下去，让欲寡起来，不是做吗？包括“绝学”，老子确实是不赞同学习的，真奇怪他这个图书馆的馆长是怎么当的。绝就是断，因为他也知道，人学了以后就乱，不学就无忧。所以要把学割开，割开也是要做的。

佛教的精华集中在《金刚经》里，里面的主题18个字可以概括：凡所有相，皆是虚妄，若见诸相非相，则见如来。我们讲到经典的解读与误读难在哪里？难在人人都好像知道，《论语》《道德经》《金刚经》都有听过，但是你读过吗？所以要亲自去读，《金刚经》难吗？不难，《金刚经》也是一个谜，谁翻译的？鸠摩罗什，他是古印度人，妈妈是西域人，他在汉文化的圈子里生存的时间只有十几年，但是他翻译《金刚经》用的文言的古句，可以跟韩愈、柳宗元、苏东坡媲美，几乎无可挑剔。所以你无法想象，他能凭着十几年的修炼达到中国文言文应用最精粹的水平，能解释吗？无法解释。我很喜欢读《金刚经》，没事的话我就认真读下来，半个小时就够了。

我可以简单的给你们讲一讲。金刚就是因，切断一切；般若就是智慧，为什么用音译，不用意译，因为它的这个智慧是大智慧，不是一般的智慧；波罗蜜不是水果，意思是到彼岸。合起来就是切断一切思念，能够达到彼岸的最大的智慧。“如是我闻，一时”（在某一个时间），“佛在舍卫国祇树给孤独园”（佛在说经的地方），“与大比丘众千二百五十人俱”，到吃饭的时候了，“著衣持钵”（换上百衲衣，拿着钵），“入舍卫大城乞食”，（和尚必须要饭不能自食其力，要饭就是给你施舍的机会，所以是在普渡别人）。“次第乞已”（饭要好了，回到自己住的地方），饭吃完，收衣钵，把脚洗了，铺好座位坐下，这叫事法，用动作来说法。但是俗众看不懂，没办法，他的弟子，长老须菩提，就从座位上站起来，“偏袒右肩，右膝着地，合掌恭敬而白佛言”，佛，你给我们说说吧，“希有！世尊！”，如来就是世尊。你关怀我们这些菩萨，也很爱护，懂得教育我们这些菩萨，我们这些善男善女，如果要发“阿耨多罗三藐三菩提心”，简单说就是最高层次的修炼，如果发这个心要修炼成最高正本正觉，那么请问该怎么办？我们该执着什么？我们该怎么把自己的心挽住？佛就说“善哉善哉”，须菩提，就像你说的，我如来确实善护念诸菩萨，善付嘱诸菩萨，你现在好好地听，仔细地听，我说给你听。善男子，善女子，如果要发阿耨多罗三藐三菩提心的话，就应该这样执着，这样降伏其心。佛就告诉须菩提，诸菩萨，应该这样降伏你的心，怎么降伏呢？所有一切众生，有卵生、胎生、湿生、化生，若有色，若无色，若有想，若无想，若非有想，非无相，这就叫一切众生。我都让他入无余涅槃，没有一个剩下的超度到另一个世界。怎样灭度之，先灭再度，灭就好像把你弄没了，度就是把你引渡到另外一个彼岸去。我像这样灭度了无量无数无边的众生，而实际上是没有一个众生被我灭度的。这就是佛教的妙处，它从不执着，先给你树，然后把这个消掉，等你这个树进来了再消掉，这就是佛的魅力，为什么要这么做呢？他说须菩提，如果一个菩萨有四相，我相、人相、众生相、寿者相，这就叫我人四相，你把天地万物，给分成了这么形形色色，那么好，你就不是菩萨了，你不能分了。我再问你须菩提，菩萨对于法，应无所住，法在《金刚经》里面的概念，就是一切现象和事物。应该不要执着，然后你再去布施，就叫“不住色布施”。具体说色是什么呢？声香味触法这五个，你不执着于这个，你去布施。然后须菩提说，菩萨应“如是布施，不住于相”，为什么要这样？因为菩萨如果不住相布施的话，他的福德就会不可思量，就会多得不得了。他说你不相信吗？于是佛就跟须菩提讲，“于意云何”，你想想，东边的空，空到什么地步，你知道吗？他说“不可否也”，不可思量；再问，南比北方四维上下虚空可思量否？就是东南西北上下都是空的，到底有多空多大？边界在哪里，你能思量吗？“否也，世尊”。这一点我们古印度的哲人就很聪明，他告诉你，宇宙是无边无际的。所以他讲，你如果能不住相布施，你的佛也就像这样上下虚空，无边无际，所以菩萨应该像我所教的去执着。佛再问须菩提，“可以身相见如来否？”能不能根据如来的身体形状，见到如来呢？须菩提知道，不可，世尊，不可身相得见如来。因为如来的身一般来说有三个：法身，这是没有形象的；报身，就是任何地方他都可以进出；应身，是为了给熟人说法，他呈现出来让你看到的，有32应身。曾经出现过很有趣的一幕，台湾的静空法师到了新加坡的时候，进了一个耶稣教堂，静空法师对耶稣的像进行了礼拜，当时许多人都看不明白，你这个和尚怎么拜一个上帝呢？后来就问静空法师，他说佛，应身有32，他到什么地方，他就会化成什么像，所以在这儿，我们的佛就化成了耶稣的形象。所以他能够把新加坡九个宗教派别都联系起来，宗教和宗教没有冲突，真正的宗教是不拒绝，他们在这里是通的。因此得出了主题就是这句话“凡所一有相，皆是虚妄”。如果你能看到诸相都不是相的时候，你的境界就达到了，你就能见到如来了。在大乘佛教里面，佛祖是这么讲的，你即便什么经都不念，只念《金刚经》就够了，甚至不念《金刚经》，就念这四句就够了。佛还有一种说法，你只要念佛号，阿弥陀佛也就够了。而且成佛也很简单的，放下屠刀，立地成佛。这个立地不是一个空间的概念，不是说站在地上叫立地，立地是时间的概念，马上你就成佛了。他后面告诉你不能执着于有，我们一般的俗人都执着于有，明明坐在这里怎么会无呢？怎么会告诉我空呢？大乘佛教的《金刚经》尤其是《心经》就是两个字，色空。不过这个色不是好色的好色，它这个色和法是个意思，也就是事物的现象，一切事物的现象都是空的所以叫色，但是你如果执着了色空，你又执着了，他会破解你的空，你不能执着于空。最后我空也没了，执着也没了，我都不执着了，也不行，都不执着也是执着，那又要破。佛一辈子坐在那里打坐，为什么？就是不断地破执着。今天是有，要破，明天是无也要破，后天有无都没了，那还是执着，还是要破，这就是不断地修行，这个道理我们中国所谓信佛的人都没有搞明白。中国佛教综合化的结果就叫禅宗，16个字代表，“不立文字，教外别传，直指人心，见性成佛”。

再说到误解，误读。对老子最大的误解就是“为无为”，明明是为的，却被人说成不为。什么叫无为？就是不违背规律去干事，就叫无为。按照不违背规律的方式去干事，那就都能干得成，所以这一点是非常可惜的，咱们今天许多问题都是因为对老子不够尊重导致的。我们往往把佛看成空，不对的，你如果脑子里面什么都看空了，你又执着了，这不是佛要求的，把佛简单了看成是一个空，这是误读。对孔子的误读就更多了。我们了解得越多，越多的学问，我们的误读就越多，为什么？譬如前面讲的，己所不欲，勿施于人，你自已都不想要的，你别强加给别人，是不是意味着我们自己想要的，就能强加给别人了？这就是一个问题。所以我们往往会讲，孔子不是很认真地在教导别人吗？他肯定是把东西强加给别人的，其实孔子不是，“事君数，斯辱矣，朋友数，斯疏矣”，你对国君伺候得太殷勤，数就是屡次不断的，国君肯定会烦你，你肯定会自取其辱；如果你对朋友太殷勤，黏糊得没完没了，你终究会被朋友疏远的。他主张要有度，不是强加。我讲课，你听吗？听我就告诉你，你不听，我就走人。

在《论语》第一篇《学而》中，第四条开始到第八条，一共五条，条条讲信，与朋友交而不信乎；敬事而信，谨而信，言而有信，主忠信。一连五条，条条讲信，曾经有人说，这表明孔子的时代，人们是很重视诚信的，也是很讲诚信的，我后来写文章表达了相反的观点，我说恰恰说明孔子的时代，中国人已经不讲诚信。出什么问题，才老讲什么问题。一个班主任到班里面天天讲卫生很重要，地面要干净，因为这个班级卫生不好，地面不干净。孔夫子不就是班主任吗？天天来跟你们讲信。所以这一点我们就可以明白，很多引申开来的道理。关于信，孟德斯鸠在法的精神里面，曾经有一句话，让我们中国人颜面扫地，他说中国人是地球上最不讲信用的民族。有许多的依据，英国有一本书就拿《论语》里面的例子证明孔夫子就不是个讲信用的人，所以他带出来的弟子，熏陶出来的文化，不可能是有诚信的文化。我觉得很奇怪，孔子那么重视信，“言而无信，不知其可”，怎么会不讲信呢？原来我们对信存在误解。当时有一个叫微生高的人，别人说他很正直，孔子不同意，谁说他很正直的？曾经有个人向他讨要一点米醋，结果他自己家里没有，去向邻居要，要了以后再给这个人。孔子认为这就是虚伪，这就不是正直。这个微生高还留下了一个让中国人辨不明白的典故，叫抱柱信。微生高和女朋友约好在桥底下见面，结果这个女的没有按时到，人没来，水涨起来，他为守信，约好的地点不改动，就抱着那个桥柱，任水把自己淹死。中国人就拿这个东西叫做信，这恰恰反过来证明中国人找不到好的讲信用的例子。这个怎么能是信呢？哪有这种信，为见面把小命都弄没了，这能叫信吗？

另外有一个关于信的典故，叶公对孔子讲，他说我的同乡是很正直的，他的老伴如果偷了羊，他的儿子能够去作证。孔子说，我的老乡做法是相反的，老爸要为儿子隐瞒，儿子要替老爸隐瞒，正直就在这个当中了，所以隐瞒是正直的，不隐瞒是不正直的。我们现在的刑诉法都规定，直属的亲人是可以拒绝作证，拒绝回答的，但是不能做伪证。依据是儒教的一种伦理精神，家庭伦理制度比什么都高，其实也是对的，如果这点都摧毁了，那么我们的人生就没有港湾、绿洲了，尽管有可能给取证增加难度，但不能摧毁伦理。有这么一个故事，一个叫孺悲的人想要见孔子，孔子推辞了，理由是自己生了大病。他等到传话的人快要走出门了，孔子就拿出瑟还高唱一支歌，让来见他的孺悲听到。你来见我，我告诉我的门人说我生病了，我唱歌让你听到我这个病就是假的。干什么？不见你。所以就凭这个英国人说，孔子就是撒谎。他还教别人撒谎。因此这个文化教出来的民族能说真话吗？类似的故事也有，孟子见齐王，齐王跟他讲，我本来是应该来见你的，但是感冒了，不能吹风，明天上朝能不能让我见到你。结果孟子回答，非常不幸，我也生重病了，明天不能来上朝。这绝对是假的，孟子也说假话。第二天孟子还出门去给东郭氏吊丧，孟子的学生公孙丑就说，你昨天推辞说不见齐王，说生病，今天又去吊丧，合适吗？孟子说，昨天生病，我今天好了，我为什么不吊丧？孟子这个人有的时候也挺无赖的，常常不讲逻辑，强词夺理。结果大王就派人来慰问，孟子的堂弟也说谎，说昨天齐王邀请的时候，他身体不好，所以不能去上朝，今天早上病好了一点，所以他现在正紧赶慢赶到朝廷里去，我不知道他有没有到。孟子胡说八道，学生也胡说八道，而且赶紧叫了几个人在路上拦孟子，对孟子讲，千万不要回家，赶紧去朝廷里，我给你圆谎了。孟子没办法，躲到景丑氏家里去住了一宿。这个故事宋濂《王冕传》里面有，王冕，元代最大的学问家，《儒林外史》里面写的唯一一个好的正派的知识分子，住在小楼上，客人来要通报才能上楼，有一天中央的部委来了个使者，坐在马上要见王冕，王冕拒绝了，等这个人走开没有一百步，他靠着楼在那里高喊，就让那个人听到了。所以这个真是看不明白，当然孟子后来有一个解释，是因为我不屑教他，这种不屑也就是教他的一个手段。所以光一个“信”就有得思考。误解有的是来自文字，一个最典型的例子，“学而优则仕”，我们都拿这个来教育学生，好好读书，读了书好当官。孔子还有下半句，“仕而优则学”，什么意思呢？难道是说当好官再读书？其实是“优”字解释错了，不是优秀的“优”，是由悠游的“悠”，有空暇，学完了还有更多的精力让你去做官，做官了你还有精力做学问，所以这个“优”字应该这么解释。

最后总结一下中国传统文化的前提。这是一个很沉重的话，汤因比说，1911 年以后中国又一次改变，他认为中国的宿命就是在分裂和统一当中不断的轮回，他说这种局面在 1949 年随着一个新的由共产党领导的统一政权的建立而结束。今天就说这些，谢谢大家！

（以上内容根据 2011 年 7 月 23 日的讲座录音整理，略有删改）

刘阮天台山遇仙的文化阐释

胡正武

主讲人简介：胡正武　浙江台州人，杭州大学（浙江大学）中文系汉语言文学专业毕业，研究生。《台州学院学报》副主编。浙江省语言学会常务理事、中国训诂学会会员、天台山文化研究会常务理事。台州市重点学科“语言学与应用语言学”负责人。著有《训诂阐微集》《中国古典文献解读进阶》，校点《耿天台先生文集》等。

在我们古代文献里，关于这个传说的记载有很多种，最早的是在魏晋南北朝，这一时期是我们中国历史上一个相当特殊的时期，它的特殊性有很多，我们这里简单说一下。魏晋南北朝是一个动乱而短命的时期，每一个朝代立朝的时间都不长，特别是南北朝，南朝的四个朝代，它的历史都很短，所以整个国家，整个社会都处于一种动荡不安的，要逃避灾难的，寻求安逸的氛围当中。所以你看那时候的人，对人生，对自然，对社会，对思想等等，他们的探索是很多的，那个时期也产生了许多的文化名人，产生了流传到现在的宗教。中国的佛教就在这个时期开宗立派，一直影响到全国，并且发展到国外，道教在中国的普及和传播主要是在南北朝时期有了很大的发展。我们台州当时也是佛道两教的一个重要阵地，所以从这方面来看，“刘阮遇仙”是在这样的一个特殊时期被文人记载下来，并且形成了既有关系又有区别的几个不同版本，这些都有它的历史原因。

图片上展示的是在“刘阮遇仙”那个地方流传下来的一些实物。这个地方在历史上充满了神秘的气氛，是让人想去探寻追求、去了解真相的特殊的山区。一直到现在我们还是没有了解到这个地方的全貌，甚至作为天台县当地人，也不一定能了解到这一身边的文化史实。

从我们今天的地理位置上讲，“刘阮遇仙”的故事发生在天台山，具体是在天台山的十大名胜之一——桃源春晓。作为旅游景点，到这里游览的游客寥寥，可以称为人迹罕至之地，我特地找了一些学生到那里看了一下，那个地方没有成为热门的旅游景点，保持了相当朴素的原貌。所以要寻求一个故事的原貌，这倒是一个好地方，但是如果作为一个普通的旅游者，因为没有修好的路，所以游玩起来比较辛苦。

另外我们从文本的解读来看，今天流传下来的“刘阮遇仙”的故事，最初有三个版本，我先介绍目前最完整的一个版本：刘晨阮肇是剡县人，天台北面的两个县，其中一个叫嵊县，现在改名叫嵊州，还有一个叫新昌县，这两个县在宋朝以前就叫剡县。有一条溪叫剡溪，也就是曹娥江的上游，这条溪发源于我们台州的天台山，一直流到钱塘江。剡县有两个人——刘晨、阮肇，他们一起到天台山取穀皮，在山里面走了很多的路，经过了 13 天，转来转去迷路了，他们身上带的干粮吃完了，在他们感到绝望的时候，忽然发现前面一座山上有一棵桃树，长在悬崖峭壁之上，人急的时候，有无穷的潜力，这两个人就爬到了桃树上面，摘了桃子来吃，吃了一个桃子后就感到浑身充满了力量，因为这是仙桃。在吃桃子的时候，他们往下面一看，悬崖峭壁下面竟然有一条溪流，从悬崖的一个洞流下来，而且发现水流上面漂浮着一些新鲜的菜叶，既然有新鲜的菜叶流下来，那么上游肯定有人家。所以两个人很高兴，马上沿着水往上走，出了这个山洞以后，前面就豁然开朗，有一条大溪，水上不光有菜叶，还有漂下来的胡麻饭，胡麻饭可不是我们普通人吃的，是谁吃的？是仙人吃的。所以这两个人就把这两碗胡麻饭捞起来，然后继续往上走，发现溪边有两位绝色美女正在那里等着他们，一见面，这两个仙女就笑迎上来，而且直呼这两个陷入绝境人的名字，这二人听了以后，心中大惊：平生素未谋面，她们竟然能叫出我们的名字！两个美女就把他们带到山洞里面，那是仙洞。仙洞里面开阔，这两位仙女就吩咐其他的女子烧饭招待他们，有山羊脯等仙食，这两个人从来没有吃到过这么好吃的东西。当天晚上刘阮二人与两位美女在山洞里面成婚了，其他的仙女闻讯都来祝贺，参加他们的婚礼。这样过了一段时间以后，这两个凡夫俗子又思念起自己的家乡来，他们开始逃跑，两位仙女发现后便把他们追了回来，然后做思想工作，说这里好，我们有夙缘，你们不要回家，因而这两个人就留下来又住了半年，等到第二年的春天，万物更新，百花齐放，这个时候，两个凡夫俗子想家想得更厉害，结果这两位仙女苦劝不住，就给他们设了一个送别的宴会，并且指点了他们回家的路。这两个人回家以后，碰不到一个熟人，也看不到原来村庄的样子，就在村子里面打听寻找，找到一个七世以后的后代，他说曾经听上辈说过，他的七世祖很久前到山里面失踪了，后来就没有下落了。于是二人在村子里生活了许多年，等到了某一年，这个版本是到太元八年，这两个人又想念起山洞里面的仙女，所以在那一年又忽然失踪了，以后就不知所終。由于刘阮二人在入洞口的溪边寻找仙女时惆怅不已，这条溪就叫惆怅溪，在天台山里，还存在。就是这样的一个故事梗概。

这三个版本有详有略。《搜神记》里面的版本，故事始于入天台山取穀皮，结局等到刘阮两个人回到自己村子的时候，已经隔了十代；第二个版本，是一个比较详细的版本，发生时间是在永平五年，即公元 105 年，那一年是中国历史上一位文化名人的诞生之年，就是蔡伦。这个版本的结局点出了这两个凡夫俗子消失的明确年头是太元八年（383 年），结局写到“不知何所”。

第三个版本也是一个很重要的版本，这里没有写出具体的年份，只写了“汉明帝永平中”。前面两个版本是“采穀皮”，这里是“采药”。这样我们可以把这个故事分为两大类型，一类是采穀皮，一类是采药。下面就围绕这个故事的内容来谈谈我的理解。

第三个版本的结局是太康八年，不管是太元八年还是太康八年，都远远超越了现实的程度。准确来讲“刘阮遇仙”不能称为神话，它可以归类到仙话，或者叫仙话传说，我们对这些传说进行解读，因为它们有丰富的文化意义和文化内涵。像创世纪的神话，事物起源的神话，神圣人物起源的神话，这些都是我们经常提到的，它可以解释自然的、社会的、文化的、生物的种种现象，从这些传说、神话当中也可以看到有关宗教仪式的文化含义。超现实的神话传说也好，仙话也好，还有一些其他的民间故事也好，往往都以现实社会的一些东西作为它的基础，然后经过人类的想象，我们自己的理解，对它进行加工改编，流传在我们的民间。围绕刚才的故事梗概，下面就有几个问题要作必要的解释。

第一，这两个人在山里采取的究竟是什么东西？像刚才讲的一类是采穀皮，一类是采药，采药比较好理解，采穀皮到底是干什么？这两个人费了那么大劲去采到底是为什么？

第二个问题就是这个穀皮对于刘阮来讲，肯定有他们生活现实的重要意义，那么有什么样的意义呢？

第三，刘阮入天台山采药或者采穀皮，是神仙行为还是世俗行为？

我们看看“穀”这个字，与“五谷”的“谷”（穀）十分相似。所以不少人就认作简化字稻谷的“谷”。如果是稻谷的皮，那就是糠，这样一来刘阮的故事是绝对不会发生，因为这个违背基本的道理，我们如果说要买糠，要到哪里去买点糠或者是取点糠来，不可能到深山老林里去。所以把它理解为稻谷的“谷”显然是一个误解，正确的应该是“穀”的本义。那么这个穀皮是做什么用的呢？我们从历史的文献来看，它有很多的用处，和我们祖先的生活是息息相关的。第一，它是纺织的一种原料；第二，是造纸的原料；第三，它可以入药。当然穀最主要的用途是纺织和造纸，它是造纸的优良原料，《齐民要术》里面对它的经济价值、种植、收获都有比较详细的记载。造纸为什么会诞生在中国，而不是英国，实际上也是有很多的历史原因。我国的纺织业非常发达，纺织当中的漂洗是基本的程序，纸最初就是从纺织品当中下脚料来的。在纸发明以前，我们书写的材料，其中有一种很好的，就是丝绸，但是丝绸价格比较贵，我们普通的人用不起，因此就把纺织品当中漂洗的下脚料弄平、晒干，也适宜书写，所以最初的纸是从纺织业当中的副产品逐步发展演变而来的。到了蔡伦的时候，采用了更加容易得到、更加便宜的材料来替代原先的丝绸，一个是旧布，就是破衣裳，另一个是树皮，所以穀皮自然而然成了造纸的材料。在这里我想问一下，我们中国是发明造纸的国家，什么样的植物的皮造的纸最好，最方便书写？桑科植物的皮最好，是造纸的上等材料。所以大家如果要去追寻造纸的历史的话，可以发现我们的浙东地区的造纸业非常发达。

我们古代的造纸所用原料的不同，纸张名称也不同。《天工开物》中说“凡纸用楮树（一名穀树）皮与桑穰、芙蓉膜等诸物纸为皮纸，精者极其洁白，供书文、印文、柬、启用。粗者为火纸、包裹纸”，这些植物都属于桑科植物，所以桑科植物的皮是造纸的一种上等原料，用树皮造的纸叫皮纸，用竹、麻造的纸叫竹纸。纸如果比较洁白，这个纸等次就高，如果是黄、褐等次就不高，这些有不同的用处。它的皮是什么时候取最好，在《天工开物》里面都讲得很清楚。穀除了纺织、造纸，另外一种作用就是入药。《抱朴子》是晋朝的著名道士葛洪的道教经典著作，在这个里面就讲到了“柠实赤者，饵之一年，老者还少”，就是说这种树的籽，吃它一年就能够返老还童，所以它在养生上面具有重要的价值。前面讲了刘阮两个人在寻找东西的时候，在溪上吃胡麻饭，这个也是长生不老的一个食物，这样的穀籽，它也可以养生，它可以成为药，就像我们今天的桑树一样，桑叶可以养蚕，它的皮、籽（桑椹）都可以入药。苏东坡是一个全才，除了诗词文写得很好以外，他还是一个很好的医生，他在《宥老楮》里面写道“静言求其用，略数得五六。肤为蔡侯纸，子入桐君录”。这个穀的用途有五六种，它的树皮可以造纸，桐君是我们中国传说当中的药师。所以它的两大功用，皮造纸，籽入药。看了这么多，我们可以自然理解，刘阮二郎之所以不辞辛苦，入山十几天，花了那么大的代价，那么大的力气，去采这个穀皮，就是因为它是非常重要的经济作物，入山找穀皮是他们生活的一部分。这就是我们解读刘阮二郎能够遇仙的重要的社会背景，所以这个传说里面往往有历史的真实，或者是社会的基础支撑着，著名的历史学家范文澜在《中国通史》里讲过，神话传说中往往含有事实。

榖皮是一种价值很高的经济作物，它引得刘阮二郎不辞辛苦，甚至有点冒险入山区采集，所以这个故事必须建立在一种对这种作物的需求量很大的基础之上，这是一个前提，所以我们这里就要了解一下当时浙东是否具备这样一个社会生态背景。我们浙东这个地方，包括台州在古代有很好的造纸的产业，我们这个地方就用榖这种植物作为原料，它的形态介于木木和草本之间，相当于藤本的植物，所以我们当地人又把榖叫做藤。我们浙东用榖皮来造纸有悠久的历史，张华《博物志》说“剡溪古藤甚多，可造纸，故即名纸为剡藤”，就像我们今天把书写、绘画的纸都叫宣纸一样，宣纸今天成为我们书画用纸的代表，当时我国的文人就把好的纸张叫做“剡藤”。

宋朝时期，我们台州的老乡陈咏编了一个《全芳备祖》，里面也有记载，“剡溪古藤甚多，为纸工斩伐以造”。后来又一个文人叫舒元舆，他为浙东珍贵植物“剡藤”的即将灭绝感到很伤心，就写了一个《悲剡藤文》，可以看出这个植物经过长期大量采伐也容易灭绝。浙东造纸历史很悠久，晋朝王羲之做会稽的地方长官的时候，谢安到王羲之那里去讨纸，王羲之检校（检查到）库房中有“九万枚”，当时这个纸张很珍贵，看到库房里面有九万张纸，王羲之“悉以付之”，把这些纸一次性的全部奉送给谢公，后来有一个大将桓宣武（桓温）曰“逸少不节”，说王羲之这个人手头宽裕得很，不知道节省，一送就是九万张，这是一大笔的财富。由此可见当时浙东的造纸非常的发达。唐朝李肇的《国史补》里面讲到我们浙东“纸则有越之剡藤苔笺”，所以浙东的纸首先要“剡藤”，这个剡藤是良纸的代表和象征。“榖”，现代科学家在《中国高等植物图鉴》称为小构树，它又叫葡蟠，像葡萄一样，是一种藤本植物，又叫女谷（正确的应当写作“女榖”），实际上这里的“女”有“小”的意思，像我们以前的城墙，靠里面的墙会低一点，靠外面的墙会高一点，里面的墙又叫女墙，就是这样一个意思。今天科学技术发展了以后，榖的茎皮、纤维，都是优质纸和人造棉的优良原料。

“刘阮遇仙”中的“榖”在中国古代文学作品中，在中国古代社会生活中发挥了很重要的作用，很多著名的文人都歌颂、描写过它。比如说像韩愈的《毛颖传》写到“颖与绛人陈玄、弘农陶泓及会稽褚先生友善，相推致，其出处必偕。上召颖，三人者不待诏，辄俱往，上未尝怪焉”，玄是黑色，所以这个陈玄就是墨；颖是毛尖，指的是毛笔；泓是一点水，陶泓代指陶砚。我们写毛笔字时用的砚台，就是用陶泥做的。“及会稽褚先生”，会稽褚先生指会稽榖皮做的纸。文房四宝都在这里。这个褚是姓，在这里用了一个通假字，就是指纸。到了明朝有一个人叫闵文振写了一个《褚待制传》，又给它作传，也是以拟人的手法来写，具体的内容也多次讲到文房四宝，它们经常在一起。因为文房四宝如果不结合在一起的话，无法使用，有笔无纸不行，有笔无墨也不行，有墨无笔无纸无砚更不行，缺一不可。这些都是古代的文人对文房四宝的重视。古代诗词歌赋，戏曲小说里面也有很多提到榖的地方，文人如果在诗歌里面写到某一种事物的话，这种事物一定有非同一般的影响和身份。像顾况写的《剡纸歌》“剡溪剡纸生剡藤，喷水捣后为蕉叶。欲写金人金口经，寄与山阴山里僧”，文人都把这种纸作为赠送给别人的礼品，这种礼品是普通的东西吗？这个就值得我们思考了。还有像崔道融，他写的是人家送礼寄给他，一种是蜀茶，还有一个是剡纸。他写道“百幅轻明雪未融，薛家凡纸漫深红。不应点染闲言语，留记将军盖世功”。我们刚才讲了，古代的纸洁白如玉、如雪，是非常珍贵的上品。

唐宋时期，浙东地区，越州会稽郡上缴国家的贡品有纸和笔，温州台州也产好纸，台州产玉版纸，到宋朝的时候，纸张生产质量已经达到很高的水平。文人喜欢在文学创作中用典，“刘阮遇仙”的故事经常会被提到，越州刺史元稹、杭州刺史白居易，元白二人在文章中都曾用到过这个典故。唐朝诗人曹唐对“刘阮遇仙”这个故事用得最多并用得很完整，他的诗作虽然流传不多，但有一系列描写刘阮遇仙的组诗，详尽地展现了这个传说的风貌。清朝人吕青之在《惆怅溪》中也感叹，溪水仍在，人已不在，刘阮二郎不知仙洞之乐。

故事一再出现在文人笔下，引起他们的无限感叹和感动，这些文学作品的结局大都哀婉伤感，也符合了中国文学的风格，刘阮二人回家后对一切都感到很陌生，生活无趣，再去寻仙，已觅不到踪迹，这才符合文学的“完美”，留给大家无限的想象空间和悠悠的余韵。

（以上内容根据 2011 年 8 月 6 日的讲座录音整理，略有删改）

人生唯有读书好

徐　雁

主讲人简介：徐雁　南京大学信息管理系教授，毕业于北京大学图书馆学系。中国阅读学研究会会长，兼任国家教育部图书馆学教学指导委员会委员，中国图书馆学会学术委员暨阅读推广委员会副主任，江苏省图书馆学会阅读与用户专业委员会主任等。著有《秋禾书话》《中国旧书业百年》《秋禾行旅记》《雁斋书事录》等。主编或参编的著作有《中国读书大辞典》《中国历史藏书论著读本》《书林清话文库》《观澜文丛》《中国藏书通史》等。

很高兴今天来听讲座的小朋友和家长特别多。那大家一定都记得动画片《蓝精灵之歌》的开头一句："在山的那一边，海的那一边，有一群蓝精灵……"（瞿琮作词，郑秋枫谱曲）吧？很有意思，今天在"山的那一边"、"海的这一边"的台州市图书馆，来了你、我、他这一大群读书人。那么，大家到这里来做什么？自然是想要听听和说说把书读好有没有"秘诀"和"捷径"，还有阅读的心得和体会等等。那我先来讲，然后再听大家说，我们一起交流。

一、读书和"学习"

一般说来，读书的目的就是为了学习知识和文化，而学习则是一个人终生的任务，所谓"活到老，学到老"。在座的各位小朋友，如果能够好好读书，认真学习，将来就会跟徐老师一样，坐到这个地方。因为在未来，专家、学者、教授、科学家、各行各业的"明星"，都可能在各位小朋友中间产生。是什么力量和路径，让一个牙牙学语、懵懵懂懂的孩子，成长为一个知名的人才、杰出的人物？想来想去，只有学习这种人类最强大的能源所发生的知识力！因为古今中外无数人的经历都告诉我们，只有知识才能改变一个人的命运。也就是说，只有好好读书、刻苦学习，才会实现在成人的过程中成长，在成长的进程中成才这样一个目标。一个人只有“好好学习”，才能“天天向上”。

如果让你用一个名词来描写一下我们所处的这个社会、这个时代，大家可能会说这是一个“信息泛滥的时代”，也可能说这是一个“知识爆炸的时代”；是一个“市场经济的时代”，更是一个“知识经济的时代”等等。这些话都没错，但是更重要和更关键的一点，是要充分地认识到，我们生活在一个“发展中国家”的“发展中的时代”！也就是说，我们每一个人都必须要科学地发展自我，才能为这个时代做出自己最大的贡献，根据“多劳多得”的社会报酬分配原则，才能让自己有能力在报效国家的同时回报家庭，让自己的人生不仅有意义，而且很精彩。

“人无百年寿，常怀千年忧。”当一个人被父母赋予生命并呱呱落地来到人间的时候，他拥有的最大财富就是有效的生命时间和未来的活动空间。“有的人活着，他已经死了 / 有的人死了，他还活着 / 有的人 / 骑在人民头上：‘呵，我多伟大！’/ 有的人 / 俯下身子给人民当牛马 / 有的人 / 把名字刻入石头，想‘不朽’；有的人 / 情愿作野草，等着地下的火烧。/ 有的人 / 他活着别人就不能活；有的人 / 他活着为了多数人更好的活……”，这是著名诗人臧克家在北京为纪念鲁迅写下的抒情诗《有的人》中的名句，它也揭示了人生在世，应该充分发掘和利用自己的时间资本，以求有所作为、有所建树、有所奉献的基本价值观。

充分利用人生的时间资本，在起步阶段的第一使命就是学习。

我们经常说一个概念叫“学龄儿童”，现在我们已经进入了一个“终身学习”型的社会，因此，已不单有“学龄儿童”，还有“学龄少年”、“学龄中年”，而且“老年大学”办得也很多。所以学习是人生一个十分重要的命题。人类区别于低等动物的高等使命是什么？就是我们不仅要生存，而且要求发展，在人生发展的过程中，学习是最重要的使命。

让我们先来重温一下“學習”这两个字：这个“學”字，下面的“子”，象征的是广大的莘莘学子，好像正在一个大屋顶下听课的样子，这个大屋顶上有一些装饰品，就像我们看到的老的民居、古典建筑一样。这个“習”是什么意思呢？我们看到上面是羽毛的“羽”，在蓝天白云底下，小鸟在反复的拍动着它的翅膀练习飞翔。所以“習”和“學”，如果看它们的繁体字，就可以发现，原来“學”和“習”是不一样的。“學”表示我们在一个豪华、舒适、宽敞的房子底下听课堂知识，学习课本知识，在听老师所教授的客观经验；而“習”是要求每一个听课的学子要像小鸟一样，在社会生活中不断实践，反复练习。

所以被简化了的“學習”两个字，联系到一起来看，它就包含了课本知识和课外知识的统一，包含了主观知识和客观知识的统一，包含了理论与实践的统一，也包含了中华民族最高的哲学智慧，知与行的合一！因此，一个人必须要有“学”有“习”，好“学”爱“习”，能“学”善“习”，并且如同孔夫子所说的“学而时习之”，才能提升到“悦读”和“悦纳”的境界。

“學習”这两个字也让我们体会到另外一层意思：为什么要把学习的地方建得这么豪华？因为人其实天生是不爱学习的，所以必须要用一个很舒适的环境条件，从而奖助他的刻苦，鼓励他的勤奋，发扬他的聪明，倍增他的进取精神。我们现在有条件的地方，都把图书馆这样一个公益性的场所建得宽敞乃至豪华，提供优美舒适的环境，就是为了吸引大家来读书、学习、求知。这一方面固然是为了个人自身的发展，但在另一方面，也是为了让人们有智力、有能力去为国家为民族的发展做出更好的奉献。每一个人，都有一种通过学习以求自我发展的知识理性后，国家的发展也就有了一个源源不竭的动力，才会让我们在面向现代化、走向未来的过程中掌握先机和主动权。

所以，学习的意义，既有宏观方面的，对国家、民族、时代的影响，也有微观方面的，对个人的影响。

这个社会三百六十行，尽管我们说“行行出状元”，但是“状元”和“状元”是不一样的，因为他们对国家、社会所做的贡献是不一样的。何况我国是市场经济型的国家，在讲究知识经济的前提下，每个人将来所获得的社会报酬、份额总是跟你的贡献联系在一起。所以我们如果能够比较早地培养自己的学习能力，那么我们个人的发展，国家的发展才会顺畅，最终会形成一种合力。这也是我们对学习的一种认识，也是一种觉悟。

二、从聪明、聪慧到“聪悟”

我们可以看到这个“覺悟”的“覺”很有意思，上面的“大屋顶”和学习的“學”字是一样的，底下是一个“見”字，“见者，现也”，也就是说你在大屋顶底下要发现自我，同时也要提高自己的见识。

这个“悟”字，它和思想的“思”、想念的“想”不一样，后两个是中间端端正正的一颗“心”，而“悟”和感情的“情”一样，它这个“心”摆到左边停住，锁定了。由这个“悟”我们还可以想到另一个字，各位小朋友经常要上的一门课，叫“语文”，“语”是“吾之言”的意思。“言为心声”，当你进行语言表达和文字表述的时候，一定要把自己的心声讲出来、写下来。所以要学好语文、写好作文，你把握好这个关键，就是要把你的所见所闻、所思所想、所感所悟，用自己的笔记录下来。

像今年高考作文有一篇叫《拒绝平庸》，结果批卷的老师都反映，要求写的是“拒绝平庸”，但是我们遇到大量的作文都是平庸的选题、平庸的语言、平庸的结构、平庸的结尾……在《拒绝平庸》这个题目下，很多人得到了一个很平庸的分数。但如果你确实把自己的所见所闻、所思所想、所感所悟，提炼出来并且落实在文章中就不一样了。

我记得几年前有一篇高考作文题叫做《天空下》，题域很宽。为什么要出这个题目？因为它要让城里的和乡下的学生都能够写得出来。那“天空下”怎么写，怎样才能写好？很多人一定都会想到写蓝天白云，写绿色城乡，写环境质量，大谈一通如何保护环境，爱护每一滴水，爱护每一棵草木，由“天”想到了“地”。但大家知道，天底之下最重要的是什么？正如苍穹有日、月、星，天地之间最重要的是人，“人间”嘛，要以“人”为本。因此，这样一个题目，自然最佳的选择应该是写“人”，“人”谁最好写？当然是写自己——也就是

“我”最好写。

有一篇作文，大意是这样写的：放暑假了，“我”冒着高温酷暑急忙忙地走回自己在乡下的家。一路上想得美美的：房间有空调，冰箱里有冷饮，一学期学习太辛苦，到家后得好好地休它几天，轻松轻松，享受享受！没想到一到家后，他妈妈马上交给他一项出门下地的任务，要他给在地里干活的父亲把午饭给送去。这个学生满肚子委屈说不出来，寄宿在学校这么长时间没回家了，一进家门，老妈就让他干这出大汗的活。

结果到了地头，他父亲大老远的在地里面望到他，就跟他喊：“怎么你来了呢？赶紧把东西放下，你就回家休息。要好好睡一觉，起来就好好学习，把老师布置的作业和练习都给做得好好的！”他顿时既委屈又感动，不由得热泪盈眶。

看到父亲戴着一个草帽，胳臂上挽着一条汗透了的毛巾，早上带的水都喝光了，便下决心要帮他老爸干一点活，可是才干了一会儿就有了眩晕要休克的感觉。他的父亲匆匆忙忙把饭吃了以后，就把他赶走了。

之后回到家里，他听妈妈跟他说：“你父亲天一亮就出去了，不巧我的脚扭了，正急得没有办法，幸好你回来了，就派你代妈去送个饭。”原来如此！他想起老爸还在烈日下干活，眼见老妈一瘸一拐的样子，眼泪便哗哗地流了下来，这是愧疚的眼泪，更是感恩的眼泪！

最后，他在作文里写道，自己在学校时经常与要好的同学抱怨，怎么要做这么多的练习，做这么多的作业，不理解为什么要有这么大的学习任务。现在才知道，原来他的父母承担了比他更大的压力，一个是为了家庭生活，维持他上学费用的生活压力，还有一个是要天天面对庄稼地干活这种压力，他们承受着这双重的压力，就是为了一个愿望，盼望他好好学习，早日成才！

——我们可以想象，当这个同学把自己生活的经历和感悟，用如此讲究细节的文笔记录下来，表述得既合情，又合理，那最后感动的不仅仅是他自己，一定还有批卷的老师。最后，顺理成章地得到了一个很高的作文分数。

大家要知道，高分作文是要阅卷组所有的老师百分之百同意才有效。细节决定成败，他作文中有大量的细节描写，没有病句、没有错字，假如有那么一点点他就得不了高分了，你的审题再好，写得再漂亮，如果有错字，就不可能得高分。所以每一年高考结束的时候，家长最怕老师对他们说："你家孩子挺聪明的，就是不肯用功——这不，今年高考可惜啦！"

我们每个人从出生的那天起就是聪明的，为什么？大家来看看这个"明"字的结构组成。"明"的意思，就像白天有太阳，晚上有月亮一样，是地球的规律，聪明应该也是人生的基本。但如何把自己的聪明提升到聪慧的程度，天才出于勤奋，你必须努力，必须天天向上，必须白纸黑字，从认每一个字，读每一部书开始。所以聪慧就是把你心中的慧根，跟你学习的行动结合到一起。

我们在座有很多小朋友的名字都带有"慧"，慧是一双比聪明更聪明的眼睛，那英唱的一首歌：借我借我一双慧眼吧，让我把这个纷扰的世界看得清清楚楚、明明白白、真真切切。读书学习就能够增加你的聪慧，但是聪慧仅仅是 80 分，还有更高的成绩，聪悟。把你的心，跟学习的材料，跟你理解的世界发生一种化合的反应，在这个反应过程中间提高你对人生的见解，对人生的觉悟。悟是什么？是融会贯通，举一反三，见微知著。

看得明白，看得清楚，看得透彻，也就是透过所谓"现象"看清了事物的"本质"，那我们在当下的本质是什么？就像我一开始讲的，我们生活在发展中的中国，发展中的时代，我们每一个人必须要沿着科学发展的道路来发展自己，这样的发展才能取得成功。所以我们特别提倡在成人成长成才的过程中，一定要善于把别人的教训，当作自己的经验，把自己的经验上升成为人生的智慧，再把智慧转化成为实践的才干，如果你实现了这样一种良性循环，那么你的人生一定能把握住机遇取得成功。

三、《城南旧事》和《汪洋中的一条船》导读

接下来让我们来谈谈"文学阅读"这个问题。

文学阅读跟我们人生发展之间的关系，文学跟文化一样，文学者，人学

也；文化者，人化也。也就是说无论是在文学还是文化的语境中间，人始终是最重要的，所以文学是人类灵魂的表现，这是著名的文豪高尔基讲的。我们阅读一部文学作品，最先遇到的是什么，很多人会说，那里面有典型的语言，典型的人物，典型的情节……没错，最重要的是文学中间包含着典型的细节。著名的当代小说家陆文夫先生说过，小说小说，就是从小处说起。我们读小说，往往读得飞快，一个晚上把一部小说读完，读完了以后脑子里面只有一个梗概和情节。实际上小说也是要慢慢读、精读，因为小说都是作家慢慢地、细细地把它写出来的，其中充满了生活的细节，因为只有生活的细节才能感动人。

我在这里先推荐一部自传体小说，是台湾著名作家林海音女士写的《城南旧事》，小说描写了小女孩英子眼中的成人世界，在这个成人的世界中，大家一个一个都离开了她，不管是邻居家的疯阿姨，还是她的小妹妹，她无意中遇到的小偷，她家的保姆，甚至连她的父亲，最后没有一个不离开她的。读这样的小说，是要让我们的孩子知道，这个世界是一个“人来人往”的世界，生命是一个自然的过程。我们提倡，家长老师跟孩子一起看《城南旧事》的电影，看完以后，再把这部小说从台州图书馆借回去给他们读，让他们说说看，从小说到电影，在这个过程中，发生了什么样的变化？小说和电影，是两种不同的艺术，这两种不同的艺术，作家是怎么处理的，导演是怎么处理的，也许将来你这个孩子不是偏向于文学就是偏向于电影，也或者他在读小说，看电影的过程中，喜欢上里面的歌词——“长亭外，古道边，芳草碧连天”这样一种美的意境。也许他从此爱上了宋词，再进一步去爱上唐诗。所以这样的一种自传体的小说会给我们提供多方面的文学和心灵的滋养，也许你的孩子喜欢上了北京的风土人情，培养了对北京的向往，这种向往引导他要好好学习将来考到北京去，到北大、清华读书，到人大读书，去领略北京城南的文化。

让我们再来看一看，那个演“英子”的小童星沈洁怎么从此在影坛上失踪了？她都干什么去了？当她出演了这个电影以后，我想她肯定开阔了自己的视野，跟很多人交往，最后形成了一种最重要的感悟和见识，见识来自于她的父母、老师、家庭，感悟来自于她自己。她去了日本留学，所以后来林海音到日本访问的时候，她说我这次到日本来，最大的愿望就是要找我那小时候的“自己”。

第二本书叫《汪洋中的一条船》。小说主人公郑丰喜天生残障，当他出生的时候，他的妈妈想把他抛弃，郑丰喜的爷爷说：“怎么能够这样，这也是一条命，你们不要，我要”，是他的爷爷把他救回来的。这个小孩子，刻苦学习，自我要求严格，成为了台湾一个大学的法律系学生，成为了台湾十大杰出青年。他们家村的西头有一座小学，小的时候有一天他在村里“闲逛”，他的闲逛和我们两条腿走路的闲逛是不一样的，他绑了一块硬硬的橡胶在膝盖上爬行，远远地听到了很多小朋友的声音，原来那是小学，结果他就趴在门缝外听老师上课。

有一天他听到这个老师反复在提问一个简单的问题，比如说 1+1 等于几。结果在教室里那么好的环境下，没有一个学生主动起来回答，后来叫起几个人来都回答错了。这时门外传来一个声音说：“老师，1+1 是不是等于 2？”这个老师推门一看，是趴在地上的小郑丰喜。老师感动得不得了，他说：“你怎么会在门外？”郑丰喜说：“老师，我在门外已经趴了一个星期了，我天天在这儿听你的课。”老师激动地把他抱进教室，他说：“你就坐在我们教室的第一排，今后我叫我们班上的一些同学背着你来上学。”郑丰喜是很有志气的人，他说：“不，老师我已经算好了，我只要提前 40 分钟就能够和同学们一起听到学校上课的铃声。”这个老师也很聪明，他要给班上树立一个典型，让其他这些有条件的，四肢健全的同学自惭形秽，更加专心听讲。

这部小说可以让不爱学习，迷恋手机、网络的孩子知道，你人生的条件，家庭的条件，各种条件都比郑丰喜不知道好了多少倍，所以你应该比郑丰喜更努力，更有条件成才，更有发展的机遇。这位郑丰喜最后留下了这样一部自传体的小说——《汪洋中的一条船》。原来这部小说的名字上多了一个字，叫《汪洋中的一条破船》，我们都知道如果你驾驶着一条破船出海的话，你的人生，随时有被暴风雨打翻的危险。为什么是“汪洋中的一条破船”？

郑丰喜说：“在人生出发的那一刻，我和你们其他人是不一样的，因为我是残障人士，我不能用两条腿走路。”但是他最后对社会做出了很大的贡献，除了写了《汪洋中的一条船》这样一部名作，在四十年“感动台湾”40本书中排行第一，同时，他是台湾十大杰出青年。他还到处募捐，成立了一个义肢基金会，要让所有像他这样虽然残障但是热爱生活、热爱学习的小朋友，能够有条件装上义肢，能够站起来。而且他还在他的家乡办了一所图书馆，就叫郑丰喜图书馆。根据这部书改编的电视剧中，林凤娇扮演的角色，是郑丰喜在台北读书时候的大学同学，她顶住了家庭所有的压力，嫁给了他，后来就做了郑丰喜图书馆的馆长，他们的图书馆是私立的，相当于社区图书馆。他们生了两个女儿，后来也都考上了大学。他们办图书馆，给自己的家庭，自己的家乡营造了一个书香的环境，文化的气氛，这样的环境让他们自己的孩子和他们家乡的孩子共同得益。所以这个图书馆，台州图书馆，一定要让它成为你们家里的大客厅、大书房，成为儿童的乐园。

四、《围城》与《长恨歌》给予我们的启迪

接下来我们再来看看钱钟书先生创作的长篇小说《围城》。

很多评论家都说这是方鸿渐和五个女子之间的故事，写婚姻像一个城堡，得到婚姻的人想要冲出来，没有得到的人要冲进去，也有人说，爱情像一个金丝笼等等。实际上是吗？《围城》这部小说的一个重要看点是：一个勤奋的钱钟书为什么要塑造一个不好好读书学习的方鸿渐？他为什么要花心思来写这样一个青年求学失败的悲剧？

大家知道，当方鸿渐最后一次出现在小说中的时候，也就是《围城》的倒数第二段，钱先生是用这样犀利的笔墨来描写方鸿渐的，“方鸿渐睡着了，他的睡没有梦，没有感觉，是死的样板”。为什么花了20多万字的笔墨，两年多的时间创作了《围城》，最后要给方鸿渐这样一个评语？那是因为他对方鸿渐恨铁不成钢，方鸿渐有大好的学习机会，但是他偏偏没有把握，最后学业失败了，职业失败了，家庭失败了，事业就更惨了。方鸿渐投胎投得多好，

投的是无锡的绅士之家，不仅有钱、有房，而且还有书香、有文化，有社会地位。他人也聪明，清华大学一年只在全国招300个学生左右，他考进去了。但是方鸿渐在大学是怎么读书的？我们知道大学本科四年，他四年转了三个系。到了欧洲留学的时候，他在欧洲三个国家的首都留学，最后买了一张假文凭回国。

这样的人生，他的事业从哪里能够找到支柱啊！阿基米德说过“给我一个支点，我能够撬动地球”。我们至少应该给人生一个支点，玩转自己的人生，让人生变得精彩起来。但方鸿渐没有，所以他的人生失败了，他人生的失败，家庭的失败，职业的失败，事业的失败都是因为他学业的失败。你读小说，翻到第9页，就能够找到钱钟书先生对方鸿渐的评价：“方鸿渐这个人，随便听几门功课，兴趣颇广，生活尤其懒散。”他后来的好朋友赵辛楣也跟他说，“你是一个好人，但是全无用处”。我们看《围城》这部小说，不管是我们自己看，还是让孩子看，都要从中看到一个失败的方鸿渐对于他自己的人生惨败所应该承担的责任。

还有一部小说叫做《长恨歌》。这部小说有很多的看点，这些看点是什么？我们知道王安忆，是上海作家协会主席，中国作家协会副主席，为什么要写这部小说？为什么主人公王琦瑶是这样一个可怜可悲的结局？琦瑶，我们在座的各位一定也有不少人的名字中间带王字旁的，“王”代表我们古代的贵族老爷用的玉器，所有王字旁的字都是和玉器有关的。我们读书是为了明理，我们做事情要摆事实、讲道理，“理”就是玉器上面的纹理，天然的纹理，所以写文章要写得有条有理，脉络清晰，这个“理”就是客观的规律。琦瑶，说明了王安忆当初在创作这部小说的时候，是要塑造一个冰清玉洁的人物，最后结果是怎么样呢？王琦瑶在上海的小弄堂里面出来，亭亭玉立，那就是一个冰清玉洁的中学生，但是她贪恋浮华的生活，先做了封面女郎，后来又变成上海选美的季军，最后被包养了。她的人生有了一个拐点，最后走向了悲惨。我上学的时候，有一年的三八妇女节，我们北京大学化学系一位女教授，日本留学归来，给北大女生上了一课，最后说了十个字：男儿要立志，女儿要自强。王琦瑶没有走一条自强的成才之路，而是用自己的青春去赌明天，爱慕荣华、贪恋富贵，最后人生不仅走向了泡沫化，而且走向了一个可悲的结果。

《长恨歌》这部小说，让所有人，特别是女生感受到，在一个知识经济的社会，必须要用自己的一技之长作为人生的支点，支撑起一个美好的前程。所以我们认为，文学作品最为可贵的是它宣传了许多好的理念：仁义礼智、宽容博爱、慈善同情、仗义行侠、快意恩仇，这些东西都是我们所需要的。你拥有了这些元素以后，把它融化到自己的人生当中，你就能不断地引导和提升自己，让心走向一种真善美的境界。

五、文学名著与少儿阅读的启蒙

过去我们说“少不看《水浒》，老不看《三国》”，最近《水浒》又被改编成电视剧，可能不少小朋友都在看，我建议爱看《水浒》的小朋友，一定要把原著和电视剧同步来看。你可以用两种方式来看，一种是先看电视，看完电视以后，再来对照小说，看看改编中发生了什么变化；另外一种是先把小说看了，然后再看电视剧。比如看完“武松醉打蒋门神”以后，再看这个电视剧的导演会怎么改编后面的故事。在这样比较的阅读中来感受文学，感受电视艺术，获得的营养一定是双方面的。

文学带给我们的不仅仅是知识的增长，还在于精神的感化。我们比较小说和影视作品中的“鲁智深倒拔垂杨柳”，小说中充满细节描写，鲁智深豪侠的一面，粗放的一面，冲动的一面。他在喝酒的时候，听到隔壁包间有一个卖唱的小女孩哭哭啼啼，马上路见不平一声吼，三拳打死卖肉屠夫，这是小说中的描写。然后到了寺庙里面，又不守寺庙的规矩，偷偷喝酒，大闹寺院，最后老方丈没办法把他推荐到了开封大相国寺。

让我们来比较阅读一下这段典型的情节：在第一版电视剧中，它还是比较忠于原著的，但是到了现在最新版就变了，鲁智深要保护小动物，听到老鸦叫，太吵闹了，冲动起来把这棵树连根拔起来，转过身来说，让那些人把老鸦取下来，然后再跟其他人说，回头把这棵树种好，这就是我们的导演在这个改编中贯穿了保护环境这种时代理念，我们小朋友看了以后，知道要保护鸟类，保护树木。在这个中间，观念就有了变化，这个变化是我们时代文化的东西融入进去，所以我们在引导孩子读书的时候，作为家长最重要的一点，你一定要在百忙之中抽空自己看电视剧，不然你的孩子突然跑到边上来问你，鲁智深拔树跟书上写的不一样，如果你不看电视剧，就会说怎么可能不一样，一定是一样的，孩子的思想就混乱了，孩子会想，我看到的书和电视确实是不一样的，怎么我爸爸非说是一样的，这样小孩求知的积极性没有得到保护和引导，反而受到了挫伤。

我昨天晚上在准备今天的讲座时，看到了一篇文章，我想一定要跟台州的各位家长讲讲。我们江苏江阴有一位女作家，她同时又是我们江苏某个县级市图书馆的馆长，她自己家里有个小女儿。小女儿在暑假中，就跟她妈妈一起到图书馆。她妈妈说："你到少儿借阅室给自己挑几本书看"，女儿最后拿了一本书叫《魔法仙女》，作为作家、母亲、图书馆馆长，她想我女儿怎么看这种书，再拿来一看，很时尚，很先锋，也很好玩。一般的家长会说："女儿别看这个书，看这个书对你没什么帮助"，这位妈妈决定温情化处理，她说："女儿这个书先借给妈妈看看，我看完再借给你看，妈妈也喜欢"，女儿就觉得自己找来的书被妈妈认可，妈妈紧接着跟她讲："你喜欢吃冰激凌吗？"她说："喜欢。"妈妈说："冰激凌不能空腹吃，早晨起来也不能吃，必须是饭后才能吃，你现在暑假刚刚开始，要补充很多的营养，有冷盘、炒菜、主食、面条等，喝点饮料也没有关系，但是你现在找来的这本《魔法仙女》，就相当于一个冰激凌。"小朋友听后就明白了，这样就很好地引导了孩子。而小孩在这个过程中间，没有被拒绝，所以作为家长、老师，我们要以低调的姿态对待小孩子，一定要换位思考，温柔地保护孩子那颗求知的心，不要轻易给孩子贴上"多动症"这样一个病态的标签！

试想，我们哪一个人不是从"多动"开始的？所以我们要充分理解和保护孩子们的多动性，而不要轻易给他冠一个"多动症"。保持孩子的多动性，重视孩子的好奇心，仔细地引导孩子的求知欲，这是训育孩子成长、成人和成才的十分重要的因素——你让孩子保持了他多动的天性，又在多动中间引导到求知求学的道路上来，将来小孩从一年级到高年级再到中学大学，绝对是一个心智发达，头脑发达的孩子。

六、推荐书目

接下来，我给大家推荐一个引导孩子的书目。

在书林学海中健康成长，对一个家庭来说，应该有一个基础的少儿读物资源储备，在这个中间，我们推荐的是传统的“三、百、千”，每一个孩子都会遇到《三字经》《百家姓》《千字文》中所涉及到的东西，如果你在孩子求学的阶段，让他对这三部书有所了解，就使得他自己知识的储备比较到位，他在这个过程当中，会不断得到大家的夸奖，来激化自己的成功。保护一个孩子求学的兴趣，不断给自己孩子以读书、求学、为人处世方面的自信，这是最为重要的，所以中国的《三字经》《百家姓》《千字文》，把早期的师资教育，中国人文的内涵，和人的教育、修养、规范巧妙融为一体，言简意赅。每个人刚出生，知识学问都是零，不管生在什么样的家庭，刚开始都是一张白纸，在这个时候，如果你能够把《三字经》《百家姓》《千字文》中间的东西拷贝到孩子的大脑里意味着什么？这意味着孩子装上了知识的软件，这种知识的软件一旦开始就会不停运作，难道中国人就是一百个姓吗，远远不止。当《三字经》《百家姓》《千字文》这个知识软件装到孩子的头脑里后，随着他读书越来越多，见识越来越广，这些东西会不断被激活，会在他未来生活的道路上产生影响，影响这个孩子的智商和情商，使他向更美善的方向发展。

第二，《圣经故事》。《圣经故事》不是《圣经》，是有关《圣经》这部经典的人文历史。我们知道《圣经》是有史以来被人读的最多的一部书之一，在中国是《论语》，在西方是《圣经》。有很多作为父母难以启齿的，关于儿童性教育方面的话题，小孩子读了《圣经故事》以后，慢慢就会知道一点，如果再有问题来问你，你就好开口引导，所以一部流传了千百年，影响了亿万人的世界著作，我们应该对它有所了解。如果你想要小孩子以后出国留学，读了《圣经故事》，了解了《圣经》的背景，对他学好语言，掌握西方的文化，对他以后出国以后跟外国同学沟通，在一个陌生的环境中建立他自己的人缘和人脉都很有好处。

第三，《安徒生童话》。《安徒生童话》有不少选入了小学的课本，像《皇帝的新装》《卖火柴的小女孩》《丑小鸭》等，都是很有名的文学作品，如果你让自己的孩子比较多、比较早地接触安徒生的童话，那么书中许多智慧就会移植到你孩子的大脑里。

第四，《格林童话》。《格林童话》设计的很多东西都很好，像我今天讲座一开始的“蓝精灵”，小朋友都喜欢看，还有像现在的“喜羊羊”这样的片子很多小孩子都爱看。《格林童话》往往在创造一个环境，这个环境会让人充满想象力，这种想象力对于我们的孩子来说十分重要，为什么？我们知道中国的孩子在应试教育下，往往会被规范、被束缚，刚才说到“拒绝平庸”，为什么很多孩子想不到其他的，只想到李娜，一个因为他的知识阅读面窄，另外对他来说，李娜出镜率高。你如果看了《格林童话》，会培养你的想象力，让你更有创意，而且《格林童话》中间的男女主角，他们对命运的抗争，不屈服于坏人坏事，就像我们刚才讲到的郑丰喜，天生残障，但是他不认命，要抗争，最后让自己的人生取得成功。而且格林童话还有一个好的地方，英雄们往往都有光明的结局，都是苦尽甘来。《格林童话》告诉我们，要取得一个光辉灿烂的未来，都要经过艰苦努力，只有苦尽吃的下去才能甘来，我们求学过程也是这样。

第五，《冰心儿童文学集》。冰心是一个充满爱和仁义之心的作家，她的作品会让我们感到浓浓的爱，让我们用一种爱的眼光，仁义的眼光来看待这个世界。当你带着阳光的心态对待别人，你会觉得每个人都在对你微笑，大家知道微笑是人与人之间最近的距离，心的距离。人在长期进化过程中培养了笑，所以笑是人类进步的一种精神能量。我们看冰心的童话，我们在生活中就会出现更多更美的笑容。

第六，《纯真童话》，2001 年 4 月出版，这本书非常有意义。这本书是少年儿童出版社的资深编辑沈碧娟女士写的，是关于自己家里孙子和小外孙女的亲情笔记，其中“成长的爱”给人哲理的启迪。我们知道，有时候我们自己的文化水平有限，一个长期做少年儿童读物编辑所写的书，它一定能给我们提供很多有益的事情。

还有一份《儿童文学》杂志。如果你怕自己的孩子过于迷恋网络，你在家里订一份《儿童文学》杂志是非常必要的。

再有一个“中国儿童文学网”，上面有中、外童话故事等栏目，这些内容都是值得我们关注的。我们要知道，在这个网上，就有 10 个字的口号：“成长的快乐，知识作向导。”这正是我们要努力追求的一个目标，同时也是我们人生发展最重要的一方面。

有一首流行歌是这样唱的“你是光，你是电，你是我唯一……”，通过阅读来求知求学，最后成长成才，是我们始终追求的一个目标。“读书方恨知识浅，观海乃觉天地宽”，我们作为海滨城市的各位家长、老师、同学、小朋友，当你到海边去度假的时候，当你去观海欣赏的时候一定要想到，还有更广泛的一个海洋需要我们去遨游，那就是“书林学海”。“读书方恨知识浅，观海乃觉天地宽”，让我们把它作为自己的座右铭。

（以上内容根据 2011 年 8 月 21 日的讲座录音整理，略有删改）

台州元宵、中秋节俗考

卢如平

主讲人简介：卢如平　浙江台州人，临海市委常委、宣传部长。潜心研究本职业务和国学、地方文化，主编或参编的著作有《临海文化十讲》《古城记忆》《笔底湖山》等20余本书籍，在《人民日报》《光明日报》《台州学院学报》《文化交流》等刊物发表了100余篇文章。曾获"台州市藏书状元"、"浙江省学习型家庭"等20多项荣誉。

非常荣幸能够在这个场合和大家一起探讨台州的元宵和中秋节俗。中国有许多传统的节日，元宵、中秋是我们两个最典型的节日，我们来看一看这两个节日形成的过程：元宵，正月是农历元月开始，古代人将夜称宵，正月十五是第一个月月亮最圆的时候，所以将正月十五称为元宵。元宵的来历有这样几种传说，一种传说是汉朝初期的时候，当初周勃治内乱，平定"诸吕之乱"之后刚好是正月十五；还有一种说法是东汉的时候，汉明帝提倡佛教，他听说佛教有正月十五僧人观佛舍利，点灯敬佛的做法，所以他开始在皇宫的寺庙里面，每逢正月十五点灯敬佛，慢慢的这个传统在全国形成。

中秋的来历应该说更早了，"中秋"这个词最早见于《周礼》。过去将一年分为四季，农历的七、八、九月作为秋季，八月是中，所以是中秋，中秋节日真正的形成应该是在唐代，到宋代以后非常盛行，到了明清的时候与元旦齐名，这里讲的元旦，不是公历的一月一日，是农历正月初一，我们的春节。全国的中秋、元宵分别是农历的八月十五和正月十五，而在我们台州，元宵是正月十四，中秋是八月十六，为什么我们台州的两个节日与全国不一样呢？在我们台州以及周边地区有许多美好的传说，我进行了较长时间的调查搜集，关于台州元宵和中秋的来历，总共有 26 种传说。下面我将这些传说分类向大家展示。

与中秋节有关的传说

一、孝子改节说

第一类传说是“孝子改节说”。其中流传最广的是“秦鸣雷说”。台州历史上总共出过四个文科状元，分别是北宋的陈公辅，南宋的王会龙，元朝的泰不华，明朝的秦鸣雷。第一个状元陈公辅是有实无名，因为当初在北宋的时候，王安石实行变法，三舍考与进士考结合，陈公辅的上舍第一名，相当于状元，但在后来的状元录里没有他的名字，所以他是有实无名。而这里讲的秦鸣雷是有名无实，他是嘉靖二十三年，公元 1544 年中的状元，当初廷试对策，阁臣进呈拟第三，第一名是谁呢？第一名姓瞿，嘉靖皇帝非常迷信，“瞿”与“拒”音差不多，“他拒绝当状元”，不要；再看第二名，叫吴情，嘉靖说了一句“无情怎能为状元”；再看第三名秦鸣雷，那个时候恰逢干旱，嘉靖皇帝刚好在求雨，一看到“鸣雷”两字，大喜，说了那么一句话，“鸣雷好也，鸣雷大雨之前奏也”，一下子将他从第三名钦点为状元。这个故事在我们的《临海县志》等书里面有记录。

秦鸣雷的家庭在临海是一个旺族，两代有 5 个进士，他的父亲也是一个官员，但是在秦鸣雷出生的时候，就去世了，到鸣雷三岁的时候，他的母亲也去世了，是他的伯母把他养大的。他 27 岁中状元以后，开始担任小官员，最后的职位是南京礼部尚书，《永乐大典》就是秦鸣雷总校。饮水思源，伯母把他养大，把他培养成状元，秦鸣雷对伯母非常孝敬，他伯母是信佛的，佛教徒一般是初一、十五吃素，秦状元不忍让伯母空度佳节，特意将元宵提前一天，中秋推迟一天，这是在我们台州流传最广的传说。类似的还有三种。

第二个是明代的谢铎，他是温岭人，很有文采，最后的官职是国子监祭酒，这个职位就相当于现在的北大、清华校长。谢铎为孝敬母亲而改了我们台州的元宵、中秋风俗。

第三种说法是“方国珍说”，他在元末占领了台州、庆元（今宁波）、温州三路，传说他的母亲周氏信佛，所以他为使他的母亲享受到节日的快乐，将这个中秋和元宵改了。

第四种说法是清代台州有个知府叫刘璈，应该说这个人历史上是很有争议的，为什么？当初我们台州的农民起义，刘璈镇压得很厉害，但是他对台州的公共事业贡献非常大。他到了台州以后，大力创办教育，在台州许多县市区志的名校开创录里都能看到刘璈的名字。因为他办教育非常有功劳，所以我们台州人很怀念他，府衙前面的街也被命名为刘璈街，许多的地方都有他的传说，“孝子改节”也有他的传说。也是说由于他侍母至孝，而改元宵与中秋。

二、与戚继光有关

第二类传说同戚继光有关。戚继光在我们台州有非常多的传说，同样台州纪念历史先辈的庙宇也属戚继光最多，在椒江有一个戚公祠，临海城关有戚公祠，桃渚、白水洋有戚继光纪念馆，在温岭也有。他对我们台州的贡献非常大，明代的时候，特别是嘉靖年间，倭寇经常要骚扰中国的东南沿海，而我们台州是重灾区。有一次倭寇攻入桃渚，大开杀戒、血流成河；还有一次攻入黄岩县城，连续七天将县城所有东西洗劫一空；还占领过仙居县城，烧杀抢掠，最后将仙居县城所有的房屋除文庙外都焚之一炬。当初明朝非常衰弱、腐败，士兵同倭寇交战，数量是倭寇的八倍到十倍时，依旧打败仗。戚继光到了台州以后，培养了一支骁勇善战的军队，老百姓称他们为“戚家军”，在七年半的时间里，他的部队同倭寇交战，即使兵力少于倭寇，也能够打胜仗。最典型的是在嘉靖四十年，1561 年，戚继光用四千人的兵力通过九次战役消灭了总数达2万的倭寇，军事史上称为台州大捷，俗称“九战九捷”。从此以后，倭寇说，浙江有一个戚老虎，不敢再来浙江了，后来又骚扰福建，戚继光出兵福建，将福建的倭寇全部赶走了，倭寇再扰广东，他又带兵到广东，终于倭寇被他彻底打败，自此以后，不敢觊觎中国。

中秋、元宵的传说也与戚继光抗倭有关。一个传说叫“计谋说”，有一次戚继光作战的消息传出去，被倭寇知道了，当初说的是正月十五要过元宵，倭寇得到消息以后，打算正月十五来攻打台州，戚继光就将台州的元宵提前一天，大家正月十四元宵过了，正月十五充分做好准备，后来一举消灭倭寇。台州的老百姓为了纪念此事就自发将元宵提前一天。

第二个是“爱民说”，相传有一年正月十四，戚继光带兵进驻临海桃渚城。解粮官张里道将军来帐前禀报，说大批军粮第二天上午才能到，而库里的粮食当晚已不够用，请示能否向城里百姓借粮。戚继光说桃渚城里的百姓多次遭倭寇洗劫，而且为了支援戚家军已经省吃俭用了，怎好再给他们增加负担。让张里道回去再想办法。张里道想来想去，想出了一饭两吃的办法，他带领士兵把剩下的粮食磨成粉，兑水熬成糊状，再加入各种蔬菜、肉类、豆制品和调味品，制成味道不错的糟羹。当晚和第二天早上，全部将士都吃这种糟羹。消息传出，桃渚百姓非常感动，为纪念此事就把元宵改为正月十四，糟羹也成为元宵的传统食品。

第三种传说是“剿敌说”，有一年正月十四，戚继光率领戚家军在海边打垮了一股入侵的倭寇。倭寇无船出海，只得往内地逃窜。逃到黄岩时天色已晚，他们像丧家犬一样到处乱窜，有的躲进桔林，有的藏身民房。戚继光率军赶到，百姓纷纷点灯燃烛，帮助戚家军搜索残敌。一时间，城里城外，每间房屋，每片桔林，到处灯火通明。倭寇无处藏身，全部被消灭。为纪念这一事件，百姓把元宵节改到正月十四夜，并在房前屋后、桔林内外点灯燃烛，后来相沿成俗。

第四个是“庆功说”，当年抗倭形势吃紧，戚继光率军于中秋之夜扫荡倭寇，一举大获全胜。次日夜，军民同庆抗倭胜利，并补过中秋佳节。后来为了纪念这一事件，百姓过中秋总是推迟一天，相沿成俗。

类似的还有另一名将俞大猷因抗倭而改中秋节俗的传说。

三、史氏误期说

第三类传说叫“史氏误期说”。有一对父子，父亲叫史浩，儿子叫史弥远，是南宋明州鄞县人，就是现在的宁波，史浩是在隆兴元年（1163）当过右丞相，他的儿子当了两代皇帝的右丞相。当初南宋朝廷，右丞相最大，史弥远从嘉定元年到十七年，1208年到1224年担任丞相，皇帝死了以后，史弥远故意教唆，将另外一个皇子扶位，即宋宁宗。这个皇帝对他非常的尊重，封他为太师兼右丞相，朝廷的权力都由他掌控。宁波有许多八月十六的传说同史氏父子有关。

一个是“史浩孝母说”，史浩是孝宗时的丞相，侍母至孝，他母亲的生日是八月十六，而每年过中秋他只能向皇帝请一天假，若陪父母过中秋就不能再给母亲祝寿。于是史浩想了个办法，把明州的中秋推迟一天，这样，既陪皇帝过中秋，又能转天从临安（今杭州）返回老家孝敬父母，忠孝两全。明州百姓以出了丞相为荣，当然全力配合。从此，宁波八月十六过中秋的习俗就流传了下来。

第二个是“马祸说”，相传有一年，史弥远（一说为史浩）决定中秋回家团圆，明州百姓接到中秋要大庆的通知，便早早地做好了迎接史丞相的准备。但左等右等，直到十六才见到史弥远。原来史弥远十五早晨从临安出发，不凑巧碰上了暴雨，途中马失前蹄，不得已在绍兴过了一夜，直到十六日傍晚才赶回家乡。于是大家就在他到达的这天过中秋节，以后便相沿成俗。

第三个是“罢职返乡说”，史弥远被弹劾而罢相，史为官几十年，家室一直留在明州，逢年过节，不能共享天伦之乐。如今罢官回乡，恰逢中秋临近，于是急派家仆飞马寄书，报与老母妻儿，约期中秋，合家欢聚。谁知返回明州老家已是八月十六，全家老少已苦等了一昼夜。史弥远一下马就向老母赔罪：“儿误时了！”史母笑容满面地说：“不误，十五的中秋，咱们就十六过吧！”对门的邻里水沓先生接口说：“对！对！八月十五正团圆，十六中秋有情缘。”乡邻们也记挂着至期未归的史弥远，大家都自动把中秋节推迟了一天。

还有一个是同送月饼有关。每年中秋，南宋皇帝总要赏赐一些礼品给重臣及其家属。这一年八月十五，史浩收到皇上的御赐宫廷月饼后，马上派人快马加鞭送回鄞县老家，因路途崎岖，送到已是十六日，于是史府只得把所有庆祝活动都改到了八月十六。为了避免往后几年再出现这样的尴尬，百姓顺水推舟把十六过节的习俗延续下来。

总体上从史氏父子的传说都是因为杭州到宁波的路程比较远，当天无法到达，当地老百姓配合丞相将中秋推迟一天。

与元宵节有关的传说

一、同筑城墙有关

我们台州府城墙最早建于东晋的安帝元兴元年（402），扩建于唐高祖武德四年（621）。这有几种传说：

第一种是“开工说”。相传唐初大将尉迟恭（一说为刺史尉迟缭）征来大量民工修筑台州城。开工这天是正月十四，天寒地冻，大雪纷飞，滴水成冰，冻得民工双手麻木，连工具也拿不住。任凭筑城官催逼，工作效率依然很低。这时，有个民工心想：天气实在太冷，只有喝酒才能御寒。可是民工都是穷人，哪有钱买酒。于是他向筑城官建议，老酒糟里有余酒，去酒坊里弄些酒糟来，加上菜、米粉，煮几锅羹给大家喝，暖和了身子好干活。筑城官一听，觉得有理，当下就派了几个人，弄来几担酒糟，烧了大批“糟羹”给民工喝。民工喝了糟羹，果然周身发热，干活也有劲了，筑城进度很快。城造成后，人们为了纪念，就保留了正月十四吃糟羹的习俗。

第二种与海盗有关。唐初台州（临海）常遭海盗烧抢，当时刺史尉迟缭（又说大将尉迟恭）发动士兵筑城防盗。开工时，正值民间闹元宵，海盗趁机在台州湾登陆。尉迟刺史得知后，一面派兵剿盗，一面加紧筑城。当晚，风雪交加，造城进度很慢。百姓们聚在一起商议，烧些什么食物夜里送去慰劳筑城的将士呢？有人说送酒菜去，吃了可以御寒。可尉迟刺史规定，兵士不许饮酒。另一个人想出好办法：用带糟新酒当水，调进菜和粉，搅成糟羹，又好吃又御寒。果然，将士们喝了糟羹，周身发热，不怕严寒，干活更有劲，筑城进度大大加快。从此，每年正月十四吃糟羹的风俗，便在台州流传下来。

第三种是“竣工说”。唐初开国元勋尉迟恭组织大批民工筑台州城，正月十四竣工。民工回家，家人团聚，但过年已近半月，好吃的东西也差不多了。每户人家尽其余留年货合煮，团聚而食，谓糟羹，从此相沿成俗。

第四种是“尉迟恭说”。唐初开国元勋尉迟恭（又说刺史尉迟缭）坐镇台州筑城，时近年末，天寒地冻，材料又缺乏，开工不久连砌墙用的蛎灰浆都严重短缺，眼看工程进度慢了下来，一位老农献计说，用米粉加黄泥搅拌成浆，粘度效果很好，一试果然。筑城是重体力活，一民工因不堪饥寒，偷吃了筑城用的米粉糊，按律当处理。尉迟恭仁慈体民，遂将一部分米粉糊拌黄泥筑城，一部分掺菜、笋等烧成羹给民工当点心。民工的积极性得到了激发，筑城速度大增。因此事发生在正月十四，故台州的元宵改为十四，并吃糟羹。

第五种是“天寒以犒军，遂成习俗”。

二、方国珍改节说

还有一类传说同方国珍有关，即“方国珍改节说”。台州许多的方志都将方国珍定为起义，这个观点是错的，方国珍在中国历史上不能定义为“起义”，而是“起事”。他的母亲很漂亮，当时黄岩一把手的干儿子看中了方国珍的母亲，想抢她，方国珍的父母从黄岩逃到了现在的路桥。当初方国珍和一个姓陈的地主有矛盾，地主诬告方国珍私通海盗，官府来抓方国珍，他一怒之下将抓他的官员杀掉，再跑到邻村将姓陈的这个地主全家杀掉，然后就入海为盗。但是方国珍在历史上既投降又造反，反反复复，所以应该定义为起事。

第一种“起事说”。方国珍元末中秋节起义，农民在月饼里暗藏传单，分送亲邻，约定在十六日晚上一同举事。后为纪念把中秋改为十六，沿而成俗。

第二种是“防敌说”。因为方国珍起事以后，一面既要同元朝官兵对抗，又要防备其他的起义部队，比如朱元璋的部队，特地将元宵提前一天，中秋延迟一天。

还有一种传说同方国珍的夫人有关，“方妻说”。方国珍的夫人董氏生日是正月十四，所以把元宵提前一夜。

“方母说”。方国珍的母亲周氏生日是八月十六日，所以把中秋推迟一晚。

还有一个说法是同他本人有关的，“方国珍生日说”。方国珍是农历八月十六日出生，遂于得势后将所割据地区的中秋改为八月十六。

除了上述这几类说法，其他的说法还有“宋高宗避难说”。当初金兵迫近，宋高宗从杭州跑到了明州，又从明州跑到了我们这儿，在跑到慈溪的时候是八月十五，老百姓不敢在那个时候过中秋，到第二天才过。

还有一个是同朱元璋有关。朱元璋的故事同方国珍有些相似，朱元璋为了联合起义部队反元，把起义时间的小纸条放到月饼里面，来分头通知，让他们在八月十五起义，到了明州已经晚了一天，所以宁波将接到通知的那一天八月十六作为中秋。

还有一个说法同梁山伯有关。梁山伯向祝英台求亲不成以后，抑郁得了病，简文帝举孝廉，梁山伯因品学兼优被推荐担任当初的鄞县县令，在第二年的农历八月十六大潮汐的时候，梁山伯冒着瓢泼大雨，巡视大堤，最后积劳成疾而死。所以宁波的老百姓为了纪念他，将中秋改成八月十六。

根据我个人的统计，我们台州以及周边地区与中秋、元宵相关的传说有26种，其中同元宵有关的是14种，同中秋有关的是17种。到底这14种、17种，哪些是正确的？我们一起来探讨一下。

要了解中秋、元宵的世俗，首先要了解中秋、元宵流传的区域，我对台州周边区域进行了一次调查：台州各县市区除温岭、玉环两县市的闽南籍渔民后裔外，均以正月十四为元宵、八月十六为中秋。宁波地区的宁海、象山两县市以正月十四为元宵，其他县市区均以正月十五为元宵；而所有县市区均以八月十六为中秋。舟山地区的元宵均为正月十五，中秋均为八月十六。温州地区元宵均为正月十五；中秋在元末明初大部分地域为八月十六，现在基本上为八月十五。绍兴、金华、丽水三地均以正月十五为元宵，八月十五为中秋。

以正月十四为元宵的除了台州各县市区外，还有现宁海市和象山县。宁海市，自晋太康元年（280）立县起，一直属于台州（临海郡），直到1958年划属宁波专区；而象山县，系唐神龙元年（705）分宁海县和时属越州的鄮县置，立县时属台州，到广德二年（764）改属明州［开元二十六年（738）分越州置］，故元宵为正月十四的地域仅限于唐前期的台州地域，确切地说，局限于唐广德二年（764）前的台州地域范围之内。舟山地区原属宁波（明州、庆元），1953 年分宁波而置，故以（含曾以）八月十六为中秋应该是在历史上台州、宁波、温州三府相对形成一体之时的地域。

在明确习俗的区域后再来考证各种传说。关于“孝子改节说”，秦鸣雷、谢铎中状元、进士后，开始都担任翰林修撰、庶吉士等中低级文官，这样的职位要改变州级区域的习俗，似乎影响力尚嫌不足。到晚期，秦鸣雷曾担任南京礼部尚书，谢铎曾担任南京礼部右侍郎兼国子监祭酒，权力是大了，但这两人已分别是 54 岁、65 岁了，秦鸣雷的伯母已病故 20 余年了，而谢铎的母亲是否健在值得探讨。再则，传统的节日除了元宵、中秋外，还有七月半是七月十五日，春节是正月初一，若为母亲吃素而改，为何仅改前二者，而没改后二者？而方国珍起事后曾占领台州、庆元、温州三路，要改变节日时间的权力是有的，但若统一改变则为何形成习俗的区域不同？再则，方母周氏在方国珍起事不久尚未形成足够势力时即已病故。综上所述，“孝子改节说”似乎证据不足。

关于“戚继光抗倭改节说”。嘉靖年间，倭寇最活跃、最猖獗的时节，主要是每年清明节之后的农历三至五月间，以及重阳节之后的农历九、十月间。查明史、台州有关方志及戚继光的相关书籍，未发现有记载戚家军于元宵、中秋前后在台州抗倭的战事。所以因纪念抗倭而改节证据也不足。究其原因，可能是民族英雄戚继光平定了为患数百年的倭寇，台州百姓为感恩，因而产生了许多美丽的传说。

关于在宁波流传的“史氏误期改节说”。如果从史氏的权力和影响力等角度分析，在宁波有一定的说服力。舟山因历史上地属宁波，故而自然向宁波看齐。然而，从来不属宁波管辖，风俗民情与宁波相去甚远的台州、温州，又何至于受宁波影响如此之大？而原来长期与宁波同属一州郡、风俗民情相对接近的绍兴地区却又为何没有一点影响的痕迹呢？故史氏误期改节说依据也欠充足。

关于台州元宵节俗的形成，还有两个与方国珍有关的传说，一是防敌说，二是因夫人生日改节说。从方国珍割据的区域、开府庆元、元宵节俗的流传区域三个因素来分析也可予以排除。这样，元宵节俗的形成就留下了筑城说。台州原为临海郡，隋开皇九年（589）与永嘉郡合并为处州（后改括州），唐武德四年（621）十一月，江南一带进入唐版图，既而州县重新设置并命名，原临海郡的地域从括州分出设置为台州，并马上组织筑城。台州城始建于东晋末年，系郡守辛景为抵御孙恩义军依托龙顾山而筑，范围较小，唐初大规模扩建。筑城时间与民间传说和以正月十四为元宵习俗的流传区域都相吻合，从时空概念上解释，故事发生在唐初无疑，故笔者赞同筑城说。而围绕筑城说，又有几个传说，其中海盗说缺乏证据，方志也未有该时间段的战事记录；开工说时间又比史料晚了些；竣工说体现在个别家庭，其影响力似乎又小了些。本人愚见，故事发生在工程期间较为合理，犒军或者民工偷吃米粉糊引出的故事都比较可信。通过与徐三见等专家的探讨，糟羹的原材料是米粉，粘度稍差，因而筑城采用的是糯米粉和桐油等混合材料，故我个人倾向于犒军说。至于传说中的筑城主将尉迟恭历史上有无到过台州，仅有《台州吊古八咏》首篇曰“尉迟故城”，似乎可以据此作为尉迟恭造台州城的凭证，而衢州城相传亦为尉迟恭率兵所建，可从侧面引证尉迟恭于武德四年来过浙江，但又缺乏新旧《唐书》等文献的有力佐证；唐初台州刺史中有无尉迟缭其人，也缺相关史料。从传说角度，为追求名人效应，按上尉迟恭也未尝不可。

关于台州中秋节俗的形成，根据上面的分析，发生在方国珍以外的传说，均不具备合理性，排除了其他传说以后，留下的是有关方国珍的传说。元至正十四年（1354）九月，方国珍的军队攻占台州，十五年破庆元、温州，开府庆元，割据浙东三路。故方国珍有改变习俗的权力，而中秋节改为八月十六在台州、宁波流传最广的也是方国珍说，并且甬、台、温三地自古至今相对形成一体的也就是在元末方国珍割据时期，以方国珍的势力范围，印证习俗的流行地区，方氏改节说应该不是传说，而是实实在在的源头，故笔者赞同这个说法。而有关方国珍传说中的“起事说”，《台州地区志》等相关史料载，起事时间是农历十一月，故“起事说”是错误的；而“防敌说”也缺乏佐证。这样就留下因生日而改节之说，方国珍的生日在《明史》及相关史料中都没有记载，仅《黄岩县志》有“十六日为方母周氏生日”一语。因此，个人窃以为由此可认定方国珍因其母生日为八月十六，起事得势后在割据地域将中秋节改为八月十六。

综上所述，台州的元宵、中秋节俗传说可整理为：

元宵的传说：唐武德四年（621）十一月，唐将杜伏威战败李子通，七日，李子通投降，江南一带进入唐王朝版图，南北朝时的临海郡境域设置为台州，开国大将尉迟恭坐镇台州扩建城墙。因台州治所一面靠山，三面临水，地势复杂，修筑之始塌方滑坡时现。一天晚上，尉迟恭在苦恼中入睡，梦中见一梅花鹿反复跳入其床上用蹄推其身体，恼火中醒来发现晨曦初现，夜里下了一场大雪，雪地中有一行醒目的鹿蹄印。随着鹿的足迹追寻，发现刚好绕成一圈。尉迟恭很惊奇，也很高兴，忙命人按鹿的足迹筑城，工程非常顺利，故台州府城又名鹿城。为纪念梅花鹿指点，尉迟恭又令手下用面粉将鹿蹄印拓下来，烘烤成形。由于太阳照射，积雪有些融化，拓下来的蹄模已不像鹿蹄，与羊蹄倒很像，故府城留传下来一种风味特色小吃叫“羊脚蹄”。随着工程的进展，台州的父老乡亲看到士兵、民工在冰天雪地中筑城非常辛苦，家家户户纷纷捐献粮食、酒菜等前来慰劳。为图省事，正月十四那一天，尉迟恭采纳了一位老者的建议，将大米磨成粉，用酒水烧开，然后加入笋、肉、菜等，搅成糊状，味道十分鲜美，又好吃又御寒。筑城的士兵、民工们喝了糟羹，周身发热，干活更有劲，筑城的速度大大加快。台州民众为纪念此事，将元宵提前一天，改为正月十四，并家家户户制作糟羹，相沿成俗。

中秋的传说：方国珍（1319—1374），元台州路黄岩州人，其父为躲避恶霸对夫人周氏的调戏，举家迁移洋屿（今属路桥区），方国珍长大后以浮海贩盐为业。至正八年（1348）十一月，方国珍被仇家土豪陈氏指控私通海盗，遂组织亲友拒捕并杀死巡检及仇家而逃亡海上，借元末各地纷纷起义之势与其兄国璋、弟国瑛、国珉旬日聚众千人而起事，劫夺官府的海运糟粮。方国珍充分利用自己超群的航海技术和组织能力，数次大败元军与乡兵，连俘元帅扈海和江浙行省左丞孛罗贴木儿，在灵江一役中杀死台州路达鲁花赤泰不华（状元，曾任礼部尚书）；至正十二年（1352）六月，方国珍夺取黄岩，八月，攻占台州（临海）。其后数年，方国珍屡叛屡降，被元廷所封的职务也越来越高。十六年为海道运粮漕运万户兼防御海道运粮万户，十七年为江浙行省参知政事，方国珍控制着台州、庆元（宁波）、温州三路，成为元末江浙一支举足轻重的力量。方国珍对母亲周氏极为尊敬孝顺，而其母在其起事不久即病故。方国珍得势后为怀念母亲，在其割据地域将中秋节八月十五改为其母的生日八月十六，相沿成俗。

这就是我今天讲座的内容，在中秋节快到来的时候，也希望大家对传统佳节有一个新的认识，谢谢。

（以上内容根据2011年9月3日的讲座录音整理，略有删改）

教育的根本：让孩子成为自己

阎增耀

主讲人简介：阎增耀　爸妈在线生命教育导师学院专家，国家劳动部职业资质培训教材编委，南京师范大学心理学高级访问学者，EAP 高级讲师，心理导师高级讲师。

来之前就听说台州图书馆很好，市民热情高涨，学习劲头很足，所以今天带着这份期待走进讲堂跟大家一起交流和分享。

时代发展很快，在这 30 年内我们看到了很多祖辈们看不到的事情。想想看，生命的意义在于什么？就在于我们不断的经历、感觉、尝试。但不幸的是我们很多人在改革的浪潮中在急速的变化中迷茫，而且并不知道迷茫的原因是什么？父辈们说的话有道理，孩子们讲的话好像也是对的，而我们的道理又是什么？大家很迷茫，到底该怎么教育？该让我们的孩子走哪种人生路？另一方面，清楚什么样的人在这个世上活得好，对他自己好，对他周围人更好。这些好的依据是什么，尤其要知道我们的教育到底是为了什么？大家都知道教育正面临很大的问题——孩子普遍的厌倦。我们不知道孩子有这么好的条件，为什么还厌倦？这是很多大人搞不清楚的问题。

所以今天我很高兴来到这里，有这样一个交流的机会，希望今天的讲座会给大家带来一些收获，让大家不虚此行。

今天我们的话题围绕四个方面展开，一是分析教育现状，二是谈谈心灵成长的重要性（什么是心灵成长，我们只注重教孩子知识，但是孩子心灵成长了吗？有让孩子真正达到一种有血有肉有感觉通情达理的状态吗？这一切的依据标准是什么？）三是什么样的孩子才算健全的孩子？最后也想跟大家探讨一下这些问题的解决方法。这是今天大家所关注的话题，下面我们就从这四个方面入手。

先分析一下背景。我们以 90 年来计算人生，我的父辈，我的孩子辈，当然可能还有四代同堂的。经过农业文明教育的，我们的爷爷辈基本上都是这样一个生活态度，顺从、顺应地过完一辈子。谁都斗不过天，连皇帝都要到泰山上去祭祀天，中国传统文化当中对天敬爱有加，我们中国人不信神，不信鬼，但是信天，所以叫天意、天道。为什么？这么大一个农业国家，它早一天下雨，就能让你一地的麦子烂在地里，迟一天下雨就能让你的禾苗长不出庄稼来。所以中国人必须要顺应时间，顺应季节。上千年的文化使中国人处于一种非常顺应自然的人生状态中，这个时期中国最有名的学术流派之一——道家，提倡“道法自然”，顺应“道”，这个“道”就是我们祖祖辈辈所接受的知识和经验。而且他们也很容易接受民间的传说和教育，前几年有一个现象，经济越发达的地方，比如广州、深圳，思想越落后，豪华的婚丧嫁娶等，复古文化的流行，大家都觉得许多问题还是在老祖宗那儿能够找到答案。但是这种行为肯定是缘木求鱼，因为我们现在的社会已经不是农业社会，一味地顺应肯定不行，而且这种文化也会误导我们的孩子。

到了我这一代，什么事都敢做，认为自己可以掌控世界上的一切。这种掌控的思想来自于工业文明，因为在工业王国中，我们可以随意地排列组合，按照我们的需求去制造产品而不需要看天的“脸色”。在工业发达的社会，人们不信天，不信命，完全信自己。60 后、70 后的人们，认为自己看世界的方法才是正确的，父辈是错的，孩子也是错的，在现今，60 后的人是社会的掌权人，他们把自己的思想价值观念灌输给这个世界。

好，我们再来看看我们的孩子是怎样一种状态。现在是多元文化的社会，现在的经济是市场经济，市场经济要求每个人顺应市场，个性越弱的人就越好组装。很多公司喜欢招聘年轻人的原因之一就是他们拿到钱就行，不会过问太多，虽然看起来年轻人很庸俗很现实，但是因为他们的这种生存适应能力使很多的企业快速的发展。比如富士康事件，是一个很典型的中国问题，有很多的老板利用青年人这种迅速组装的能力，超负荷的把人组织起来高速运转，所以他们的企业能够快速发展。这其中，个性一定是被压制的，但是没有一点个性又不行，是什么个性呢？接纳。在这种接纳的场所当中，我们的孩子们变得很善变，这种“优点”有利于他顺应时代。这个时代不需要很多固定的东西，不需要意识形态，不需要把一个思想搞得很深再去行动，这个时代要迅速发展，迅速行动，迅速接近目标。

以上三种时代必然造成三种人，这三种人同时存在一个家庭之中会出现什么情况？我们身边无时不刻在上演这种情形，但是谁都不愿意去细细分析。

我们的孩子渐渐学会了说谎，如果全部按父母的要求去做，他根本就活不出自己；但是他又不敢跟父母对抗，因为父母掌握的很多东西是他需要的，所以孩子学会了说谎。我们的孩子厌学，因为父母讲，只要你学习好，我就很满意，其他不需要做什么。在座的家长，问你们一个问题，让你们只做一件事情，不做任何其他事情，你们开心吗？没有人愿意的，所以孩子厌学。我告诉大家一个很简单的道理，当学习成为唯一的要求时，它就变成了一种被动，任何人都不愿做被动的事。现在的家长们高度关注孩子的学习，结果越是关注，孩子的厌学情绪就越高。相反在我小时候，没有人过分关心我学习，学习都是自然而然，发自内心的事。所以人啊，越不让他做，他越想做，越逼他做，他越不想做。

叛逆，当孩子到 12、13 岁的时候，就处于叛逆时期。很多家长不明白，为什么孩子以前很听话，现在却不听话呢？其实搞明白这个问题很简单，以前他听你的话是为了自己的成长，现在他不听你的话还是为了自己成长。因为他老听你的话，就变成了你，不是为自己而活，所以要记得一句话，孩子永远是为自己活的，绝对不会为父母活。孩子在叛逆的状态中，逐渐形成自己的思想。有句古话叫“青出于蓝而胜于蓝”，所以孩子主见的形成就是从反抗父母开始的。

麻木也是很大的问题，药家鑫为了逃避责任，把人一刀一刀捅死，为什么我们的孩子会变成这样？我们的孩子为什么对很多事情都不抱有同情心，甚至漠不关心？因为他们的想法从来没有得到过家长的关心和同情。他们没有这种经验，所以麻木也是这一代孩子的必然特征。有些人包括在座的很多家长一定说，不会的，我的小孩不会这样。不要盲目地自信，至少在知识层面我们不要给他太大的压力，我们教给孩子的是怎样活出自己，怎样在这个世界上能够充分的把控自己：让自己自主、自信、有激情、有理想、有抱负。我们只能给孩子这些东西。

我们好像从小就有一种观点，任何事情都应该有一个完整的答案，都有一个最好的结局，所以我们不达目的不罢休，一定要纠出孩子身上的缺点，仿佛只要这个缺点存在，这个孩子就好不了。而当我们存在这种完美要求的时候，就催生出两类孩子，一类是麻木，没有自己的想法；另一类孩子见谁斗谁，跟同学斗，跟老师斗，回家告诉妈妈，今天看到一个孩子怎么怎么不好，如果你不断的挑他的毛病，他就会不断的挑同学的毛病，以至于有的孩子就变成了被害妄想。在这种指责批评的状态下，没有一个人不自卑，没有一个人不是通过批评他人来显示自己，在这个世界上最大的快乐就是把别人踩在脚下。过分完美的要求造成了人与人之间相互指责，互不宽容，我们的孩子也会变得阳奉阴违，两面三刀。讲到这里，我延伸一下——中国人为什么会搞形式主义，为什么会搞潜规则，为什么会当面一套，背后一套？因为在我们家庭教育中就已经种下了这个种子。首先如果他不能成为父母所要求的那样的人，那就当面一套，背后一套；长大以后，就学会了“上有政策，下有对策”。整个社会的高压造成了人格的双重性。

幽默很重要，幽默可以缩短人与人之间的距离，增加亲和力。爸爸可以向孩子展现曾经有过的童心和贪玩，大家都是人，都有这么一个特点。然后在这种轻松的氛围下，孩子会更加自信更加愉快。而现实是父母们往往很严肃，总是一本正经，可一旦被孩子发现事实并非如此，他就会觉得世界观受到很大冲击。在“完美”的要求下，造成了两极分化，造成这个时代的迷茫和冲突。所以我认为在生活中，做父母的要有多一些幽默，多一些调侃，要能接受孩子的缺点与不足。

家长们还有一个心理特征，叫寄生性心理。曾经我接触到一位家长，她的孩子在升初中以前表现一直很好，但是到了初中，孩子突然不考试了，这个妈妈一下子崩溃了，感觉人生很迷茫，找不到根基。有很多家长像这位母亲一样，把自己的自信建立在孩子身上，他们有一个共同特点，也是一个很残酷的现象，他们在意识上希望孩子长大，但在行为上却打压孩子。寄生状态是指希望孩子按照家长的意愿去成长，逢人就说自己的孩子有多好，但是有朝一日轻微的变化就让你吃不消，一根稻草就能使你崩溃。这些家长潜意识中很怕孩子真正成长成人，因为成长的功劳如果不是源于他们自己，他们会觉得生活没有任何意义。一个骄傲的父母一定认为成功来源于自己，而非孩子；而聪明的家长会告诉孩子你是靠自己的能力成功的。

在这个世界上，充满好奇心的人一定是快乐的，因为世界对你来说永远是不一样的，等待着你去探索。但是现在所有的教育都指向了一个错误的方向，让孩子注重分数，只重考试的形式，而不重内容。天生的好奇心就这样被剥夺，导致对学习本身感兴趣的人越来越少。因为学校教育基本上是按照比较常规的统一标准来，某种程度上这种教育理念还存在一些农业社会的影子，认为一定有一个绝对权威的存在。我们一生都想做正确的事，也不知道谁讲的正确，最后只能相信权威。许多学校忽视应有的人文教育，导致学生出社会以后成为高知识、高学历，却是低情商的人。综上所述，我们孩子有四种束缚：第一，被动生存，一切都是被控制和安排好的；第二，“完美”的要求；第三，形式主义；第四，功利心理。现在的孩子患得患失，他们既想逃离父母的控制，又想得到父母的钱。在这种状态下，他们不惜为自己所谓的幸福感来赌一把。孩子们过得很纠结，很现实，就不断的在矛盾的心理当中痛苦挣扎。

接下去我们就探讨健全人格的标准。孩子怎么样才能活得更有自我，活得更健全，要点是什么？我们学校到底能不能提供这些，如果学校不能提供，家长用什么方式来提供？这就是接下去要探讨的话题。

在人类教育的历史中，知识的学习与精神方面的训练一直是共存的。有一定条件的家庭都会给孩子在精神领域提供较好的成长条件，比如在西方的教育制度中，孩子在很小的时候会参加橄榄球队，童子军等团体，在青少年时期就培养一种勇敢、向上、协作的精神，这也是一生受益的人格特征。反观我们自己，把孩子锁在家里，只顾学习，其他什么都不用干。如果孩子外形上慢慢长大，但内心却很幼稚，这种行为用专业术语讲叫“退行”，老是长不大，一遇到挫折就采取比较幼稚的做法。其实这都源于孩子在成长过程中，没有经历童话般的感受，童话的世界里孩子是主角，他们在其中会慢慢获得一种安全感，如果可以在年幼时获得了更多童话的滋养，他们的内心就充满了力量。人类很多神秘的心理都是来自于童年时期的经验，如果你有一个好的童年，此后的一生里一定是充满活力，充满力量的。我十分欣赏有些家长与孩子的关系。孩子与家长一起躲猫猫，孩子躲在一个地方，那这里对方就不能进来，聪明的家长就不进去了，因为这是孩子的世界。如果有的家长不认可孩子的想法，硬要闯进去，孩子就会觉得没有安全感。孩子的世界有他自己的内部规律，为什么在成长时期要有一个童话般的世界，为什么有很多教育家在创作童话？为什么我们现在很多人长大以后，还留恋动漫世界？这一切都证明人类有一种天生的需求，跟吃饭、睡觉一样的需求，跟这个世界保持一种童话般的连接。孩子在弱小的状态下，他要与这个纷纷扰扰的世界如何相处？只有通过童话，他才能用自己的想象控制世界，才能不惧怕这个世界。

当成长到一定年龄，孩子会有一种内在的自我探索的需求。这时期他会拒绝跟大人交流，把门关起来，探索自己的神秘世界，对他的身体、对外面的社会，都充满着一种好奇心，这种好奇心对自己尤甚。希腊神话中，水仙花原是一个美男子，一次看到水中自己的倒影，由于过分自恋而扑向水中，最后溺水而亡。人类在成长的过程中，都有一个水仙花的时期——自我欣赏的时期。如果人没有经历这个时期，就不会把自己和他人区分开来。所以自恋是人类必然的一种精神状态，在自恋的过程中，会形成自我的价值观念，跟家长、朋友、他人有所不同。这个时期一般的是在 12、13 岁的时候，会有这样一个闭锁期。

第三个时期，自我对外扩张时期。你可以感觉到孩子的探索性很强，强烈地想证明自己，想得到别人的认可，实现自己存在的价值。所以这时候的孩子张扬、外放，也是他的性格需要，是他成长当中的必然过程。

孩子在成长的过程当中，有这三个阶段的出现，并且充分表现出这三种状态的特征，你的孩子就会很优秀。有一次我在西安出差，到一家台湾人开的小吃店，正在看菜单点菜的时候，走过来一个小男孩，七岁左右，挂了个小钥匙，可能刚刚上学，往那个地方一坐，拿起单子一看，他便自言自语：“这个特价没有的嘛，特价没有就明天再吃，今天就换一个。”这个孩子精力很充沛、很饱满，就一个人在那点菜吃饭，没有家长管着，而且相当有主见。我们家长以为自己做对了很多事情，给孩子营养，灌输给孩子很多自己认为正确的价值观念，但是换来的是什么？是孩子的不自信。而那个什么都不懂的孩子一样长大了，而且他很自信，很聪明，自己做事情不需要别人帮忙，这就是两种完全不同的成长。

健全的人格特征体现在两个方面：第一，要融入社会，有自己的社会身份，很多人都惧怕进入社会，因为大家都有一种职业倦怠感，可殊不知没有社会身份，你就不能在社会中展现自己，从而一无所有。第二,一体化，人活在这个世上要自信、不矛盾，尽量避免内部的冲突。很多人活得不幸福，因为他患得患失，小心谨慎过一辈子什么也没有，而那些按照自己想法去奋斗的人，恰恰是拥有了一切。

人在这个世界上，需要有三种状态：第一有激情，第二有理想，第三有执行力。要达到这样三个状态，孩子就必须有四个要素：第一要有体魄，精力旺盛、充沛、自信，因此你的孩子必须要受过一定的体育训练，千万不要认为体育训练会浪费孩子的时间。给孩子一个健康的体魄很重要，不要让孩子感觉到很臃肿、懒散，孩子到哪都是精神抖擞、精力充沛的，就像一只小老虎一样，永远充满活力。第二，要有高度的专注力，要有爱好，有爱好的人就有专注力。只有爱好才能把一个人固定在某一个东西上。第三，要有一种坚韧不拔的意志，大家说这个东西太难了，其实也不难，可能你的孩子已经具备这种特点了。有时候你的孩子很强，九头牛都拉不回来，好，就让他把那九头牛都拉不回来的感觉发展下去，他想做的事情一定要让他自己想办法去完成，不管付出再多的代价，他也要做成功。第四，要有很强执行力，而不仅仅是妄想。

这四个要素归结为一点那就是爱好。但是培养爱好有一个诀窍，千万不要一次性地满足孩子，因为一次性满足的话会使爱好消失。要有适度的挫败感，习题少做一点，健康就好；书少看一点，去玩吧……让孩子保持一种饥饿感的状态，俗称吊胃口。给孩子买书的时候，不要一股脑儿买很多，买一本，等他看完了，他又会向你要。培养爱好也是有秘诀的。而且要有多种爱好，可以拓展思维。但是有多种爱好的同时，也要培养对一种爱好的专注，这是对稳定性的培养，也是一种成熟的品质。

我们接着再往下梳理，孩子，也是每一个人应该具有的八大特征，也许你的孩子只有六大特征，不一定有完整的八大特征，大家可以记一记。第一，审美能力，没有审美能力的人，看世界是灰蒙蒙的，不快乐。什么人不快乐？对这个世界不感兴趣的人不快乐，只要你对这个世界感兴趣，经常拿个照相机到处照，用不同的角度看这世界。如果一个人没有审美能力，他就没有办法建立自己生存的意义，因而审美能力是一个人的基础能力。想要孩子快乐，就要培养他的审美能力，即使遇到挫折，也有积极的心态去面对。

第二，是非判断能力。优柔寡断不会帮助你获得成功的，为什么？比如父母的观点经常相左，父亲讲了，母亲反驳；母亲讲了，父亲反驳，无形中孩子内心就有两种不断斗争的东西。孩子一定要形成自己的内在状态，一种自主精神，我怎么看、我怎么样、我需要什么。拥有自己的判断以后，行动力也相应提升，可以不断把握住机会，不断选择对自身有利的方式，积聚力量。判断能力训练就是在于形成他自己的主观状态，父母要时时问孩子你是怎么看的，让他们形成主见。比如有三四种选择摆在孩子面前，家长可以和孩子进行讨论，然后尊重他的意见。孩子在18岁以前，有犯错的机会，所以尊重他们的意见，让他们自主选择，即使错了，也可以及时改正，也能从中吸取经验教训，小错误丢掉10块钱，也许将来会避免1000万的损失。培养判断能力就是要尊重他的自主选择，培养他的自主状态。

第三，感受力。比如同情心，听到一些激动人心的故事会潸然落泪，对于人类的苦难很敏感等等。这种感受来自于什么？他能知道自己的痛苦，同时也就能感受到别人的痛苦。人之所以为人，必须具有人类共同的感受力，一个感受能力很强的孩子，是有同情心的孩子。

第四，个性化。这个世界上没有人不追求个性化，在座的各位没有一个是一模一样的。我们需要跟别人不一样，需要有一个自我的标志。那么一旦跟别人一样会怎么样？会被淹没，这世界上没有人愿意按照另外一个人的方式活着，在这样的一个状态下，你很自信地成为自己，另外，你也允许别人成为他自己。所以个性化的状态就是一个差异化，这个世界上每个人都吸引别人眼球，表明了自己不同。现在有些人把头发染成五颜六色，他觉得用这种方法才能吸引别人的注意。所以眼球经济时代一定是差异化的时代，也是个性化的时代。

第五，存在感。在衡量是否存在精神病的问题上有一个很简单的方法，所有的精神病人他们是感受不到自己的精神问题的，反而认为别人有问题，他变成现在这样，都是受迫害等等。所以人类还需要一种自我鉴定能力，不断地探求自身状态，反思自己的行为。一个自信的人，同时也要有一种自省能力。

第六，毅力。儿童和成人的很大区别在于成人能高度地关注一件事情。大家认为高度关注能持续多久？从商业行为的调查来看，任何行业要做大做强，要10年以上才可以，正常情况下，没有10年以上基础的企业根本就不可能是一个稳定的企业。从这一点上来讲，在社会上成功的人，他有一个社会化的过程，所谓的社会化是什么？就是对一件事情有一种长久的关注力，做一件事情有一个持久的状态。

第七，意境化。自己有自己的状态，不管别人怎么说，就按照自己的方法活，认为自己是对的。人到了一定年龄才会形成这种状态，当然可能这样的人会很固执，不太容易改变自己。过度意境化之后，就需要另一种能力，就是应变能力，经常自省自己是不是太固执、这样固执对不对……此时对自己产生一种批判，形成一种应变能力。

最后，每个活在世上的人都必然追求一种价值，让邻居欣赏你，让上司欣赏你，让妻子喜欢你等等。有这种荣誉感的人，就会一生好好做事做人。贵族最重要的就是荣誉感，将自己的荣誉视如生命，也只有在这种状态下，他才能保证自己不断向前。

刚才讲到的这些，学校不可能提供，由于现在我们国家教育体制的一些偏颇，我们的人文教育在学校很难实现，一方面我们呼吁人文教育，另外一方面也希望家长们，主动承担人文教育的责任，培养孩子良好的性格。自主人格的培养，是孩子一生都要为之奋斗的事情。大家都知道在社会中最成功的人，并不是那些最聪明的人，MBA 的一个调查说在社会上最成功的人，并不是那些成绩最好的人，而是那些最有梦想、最愿意为自己梦想付出的人，所以你的孩子倔了一点、犟了一点，有脾气一点都没关系，只要他有自己的目标并且为之努力，那他就是一个好苗子。他有一个不达目的不罢休的想法，他会按照自己的状态有条不紊地实现他的想法，这就是成功的孩子。我告诉大家，意向的产生没有任何合理性，它是非理性的，小时候缺什么，他就可能产生什么意向。60 后的人小时候吃不饱，所以要拼命赚钱；在成长过程中，有的孩子因为母亲的病得不到很好的治疗，所以他立志要当一个医生。我记得看过的一个节目，一位美籍华人表演了一个高难度的杂技，他说自己很小的时候就对父亲表示想当一个流浪艺人，父亲不接受，父子俩为此 6 年没有讲过话，现在在舞台上他终于有机会同爸爸讲几句话。一个人要成为自己是不容易的，那些克服各种困难能成为自己的人，一定是这个世界的佼佼者。

我们要给孩子一些宽松的氛围，物理上的空间和心理的空间。比如学校要给学生留出一些隐秘的区域，现在到处安装着摄像头，就怕漏了一个角落，更别提在家里了。生活在一个被高度控制的环境中，孩子怎么能够形成他自己？根据联合国组织的建议，每人在家庭中应该有 8 平方米以上的空间，这是最基本的生活条件，在座的家长应该有这样的能力。给孩子一个可以上锁的抽屉，不要随便翻他的东西，尊重他的隐私，在你眼里有些行为可能是错误的，但是他自己会慢慢修正，他希望有一个相对保密的环境，形成他自己没有被侵犯的感觉。

心理上的空间是什么？在家里要有三种感觉，想想看我们在家里有没有这三种感觉，你在家里有舒适感吗，你的孩子在家里有舒适感吗，在家里他可以随意地做他自己的事情吗？家不是讲道理的地方，家是给每一个成员有舒适感的地方，那么有舒适感是什么意思？就是每个人在家庭当中，都可以充分地表达自己。所以第二个是存在感，我们现在往往是谁有钱谁受欢迎，谁有控制力谁有权利说话，其他人就不要讲话了，一讲话就被批驳，所以孩子的讲话对错不重要。你要给孩子讲话的权利，要在家里计算，计算什么呢？你们讲 100 句话你的孩子有没有讲 30 句话，如果你的孩子始终保持着高爆发力，他就会把一些他认为难堪的事情讲给你听，不会和你形成一种完全隔断的状态。另一方面，每一个人都要给自己的孩子留下话语权，只有有话语权的人才会有存在感，这个世界凡是不会表达的都不能得到关注，因此这个世界每一个人都要有话语权，要给你的孩子话语权，你的家庭才可能是一个充满活力、有创造力的家庭。在学校当中，要让孩子形成自己的兴趣，跟同龄的人交往，参加一些夏令营活动，跳跳街舞，爬爬山，办一个读书会，加入各种各样的兴趣小组，会让孩子很容易社会化，而且会很容易产生兴趣和创造力。

前段时间看到一条新闻，苏州一个资产数十亿的大珠宝商，他的孩子赌博的时候，连续赌掉了10个亿，结果一家人迅速地从人间蒸发了。中国的富二代问题，已经变成了整个社会关注的焦点，财产怎么用，是捐给国家还是留给自己的后代？矛盾重重，犹豫不决，我们很多人都知道留给孩子资产不好，不如留给孩子更多的精神财富，我告诉大家这是一种错误的想法。如果没有一种民间的财富，你的孩子不可能思想独立、行为自由。在西方有参议院和众议院，有两院，这些地方都是有一定资产的人才能进入，为什么？因为他们不会在考虑国家问题的时候还要为自己的生计发愁，他能够全身心投入到工作中去。所以美国制定一个国策都必须通过众参两院去决定。我们国家需要贵族，至少需要在资产上保持自己独立自主状态的那些人，一定要给孩子留下一定的资产。但是这个资产不能太大，而是真正对他有用。因此教育子女上就要有方法让他跟你合作，李嘉诚就是一个很典型的例子，他能使他富可敌国的财产顺利地转接给他的孩子，他的方法就是跟孩子讨论协商，让孩子不断地进行自己的探索。李泽楷是一个很叛逆的人，他有着父亲的影响力，也有自己的聪明才智，在数码产业大捞了一笔，使自己的财富迅速积累。西方的贵族，都有贵族化的教育方式，他们不会用平民化的教育方式去对待孩子。由于部分历史原因，中国文化中很难有贵族出现，但财富精英的出现却很重要。财富精英怎样能发展为三代以上的真正贵族呢？这就是我们南方的这些老板或者家长们需要考虑的话题，想要富过三代，怎么办？其实很重要的是你要跟孩子不断地沟通，而沟通最重要的是什么？最重要的是当你的孩子处于叛逆时期，要给他一个很宽松的环境，让他敢于挑战，只有这样的情况下，孩子才会很容易的接纳你，会考虑你的意见。如果你拼命打压他，他一定会走到你的反面，与你相对，抛弃亿万家产不去继承，就愿意做自己。所以你要欣赏你的孩子，家庭成员之间互相欣赏，是人类支撑自己最大的三个财富。人类的理性往往是由男人继承的，人类的情感往往是由女性继承的，而情感和理性在这个世界上是缺一不可的，这个世界没有情感就灰蒙蒙的什么也不是，追求所谓的理性也没有任何意义。但是如果仅有情感没有理性，那世界将一团混乱，失去秩序，所以女人任性起来是不讲道理的，但是男人讲道理的时候是没有情感的，很冷漠，所以恰恰是这两个人互补才成为世界。

第二点，我们的孩子给了我们童话般的感觉。这个世界如果没有童趣，也就没有意义，没有想象力。想象力是谁带来的？是孩子，所以在这个世界上我们每一个家庭当中都具有三种元素，情感的、理性的和浪漫的，那么你们家里的三个人如果不协调，谁不协调就说明谁缺少另外两种元素。我认为一个家庭练功就要练内功，要求在家里学会欣赏与配合，欣赏你的配偶，欣赏你的孩子，只有这样的家庭才能真正帮助每一个人成为优秀的人。真正的自由在我们家庭里，并不需要外求，将家庭关系处理好其实更需要智慧。

另外一个，要认真对待我们的人文教育，不要说这些是大道理，因为真正相信大道理的人才能培养出贵族。我曾在香港看过一本书，大家可以在网上搜索看，叫做《望族》。这个老板遇到过很多次困难和危险，比如说他在玩的时候，乘坐的船突然失火了，很多人争先恐后地往下跳去逃跑，但是他却留下来救人；地震的时候把人震下去了，他用手去把人救上来；机场失火了，他留下来指挥人群疏散，最后离开。真正的贵族是能承担责任的，是一个可以把生命置之度外的人，只有你承担了别人才会更加相信你、依存你，你才能真正地成功。美国有一个骷髅协会，骷髅协会据说控制了美国三分之一的财产和政治文化。里面的成员在很小的时候就有这样的团体意识。第一次进入协会的人，会被领到一个地下室，这个地下室就供着一个大骷髅，他们在这里面感受到的是什么？每一个到过中国皇帝陵墓的人，看到那么富有、权倾天下的人终有一死，怎么想？其实在这个时候每个人都会想，人生譬如朝露，去日苦多，很是短暂。因而在短暂一生中，怎么样成为一个真正有意义的人，就变得更加重要。所以参加骷髅协会的青少年，都是胸怀理想、有远大抱负的人，他心中装下了整个美国，装下了整个世界，相应的全球的财富都流向了他的口袋。全球化意识很重要，把世界纳入自己的眼球，那就需要担当责任，要有荣誉感，关心人类幸福，充满激情。还有最重要的，生活要有情趣，因为只有生活有情趣的人才能给别人带来情趣，知道别人需要什么，才能想他人所想。

今天我就用这一点时间跟大家分享，谢谢大家！

（以上内容根据2011年9月17日的讲座录音整理，略有删改）

我所理解的鲁迅先生

陈子善

主讲人简介：陈子善　华东师范大学中文系研究员、博士生导师，华东师范大学中国现代文学资料与研究中心主任。作家，文学理论家，中国作家协会会员，长期从事中国现代文学史研究，致力于20世纪中国文学史料。曾参加《鲁迅全集》的注释工作。后来在周作人、郁达夫、梁实秋、台静农、叶灵凤、张爱玲等现代重要作家作品的发掘、整理和研究上作出了重要贡献，尤其对张爱玲生平和创作的研究为海内外学界所关注。著作有《文人事》《发现的愉悦》《说不尽的张爱玲》等十种，编订现代作家文集、全集和研究资料集数十种。曾为香港中文大学、日本东京都立大学、英国剑桥大学和美国哈佛大学访问学者，并至德国、新加坡和意大利等国参加国际学术研讨会。现任中国现代文学研究会理事、中华文学史料学学会近现代文学分会副会长、上海巴金文学研究会副会长。

谢谢大家，我先做一个说明，我今天讲的不是权威性的，我的题目实际上已经做了界定，“我所理解的”，纯粹是我个人的理解，也有可能我的理解是错的，当然我主观上不希望错，也可能我的理解会引起争议，可能我的理解只是我的一家之说，所以我在这里必须强调这一点。今天下午很高兴能跟大家在这么一个场合进行交流，我把我所理解的，我所思考的，我所认识的，说出来，跟大家交流。因为鲁迅博大精深，从他生前开始就有很多很多人，包括中国的、外国的，在研究鲁迅，在诠释鲁迅，而这个过程是没有完结的，它在不断地深入，不断地重新提出，不断地重新思考，我们到底怎么来走近鲁迅，或者说某些研究者，有可能走进去了，不但走近了，靠近了，而且能够走进鲁迅丰富而又复杂的文学世界和心灵世界。那我也必须承认，这不是一件容易的事情，鲁迅是非常复杂的。我今天要跟大家交流的，只是我自己的一孔之见，所以我反复地强调这一点，如果你认为你怎么这样说鲁迅？对不起，这只是理解的鲁迅。或者说我所知道的鲁迅跟你说的完全不一样，那就对了，如果完全一样，你何必坐在下面浪费时间呢？下面我来谈谈我所理解的鲁迅。

鲁迅有一位伟大的母亲。有一件趣事，有一次她跟鲁迅说，“老大”，鲁迅是老大，三兄弟，老二周作人，老三周建人，都在各自的领域里面出类拔萃。尤其是周作人，在五四新文化运动初期，他跟鲁迅是齐名的，在某些方面他的影响甚至超过了鲁迅，我们经常称之为“周氏兄弟”，就是这两个人。她说：“老大，有人说你的小说写得非常好，我怎么不知道？你去找来给我看看。”鲁迅赶快把《呐喊》《彷徨》送给他母亲看，他母亲看了以后说：“老大，写得不怎么样，我看也看不懂。”这就非常有意思，鲁迅的母亲喜欢看什么书？当时有一位通俗文学家、小说家叫张恨水，写过《金粉世家》《啼笑姻缘》等。他母亲喜欢看这类的书。所以鲁迅晚年在上海的时候，不断地给他母亲买书寄去，寄谁的书？不是他的书，他母亲不要看鲁迅的书，看张恨水的书，因为故事性很强，张恨水的书有一个显著的特点就是故事性强，中国传统的章回体的小说写得非常好，因而鲁迅不断地在上海书店里帮她搜罗张恨水的书，寄到北京（当时他的母亲住在北京，跟周作人住在一起）。日记上面、书信上面都记载得非常清楚，我看着觉得很好玩。这可能也是个常态，父母亲不了解子女干些什么，你不要说怎么可能父母亲不了解子女在干些什么，夫妻之间妻子也未必知道丈夫在干些什么，鲁迅的夫人朱安，鲁迅跟她并没有共同语言。前不久上海出了一本书叫《我也是鲁迅的遗物：朱安传记》，有一位研究者非常有眼光，写了一本鲁迅的原配夫人朱安的传记。40 年代的时候朱安还健在，住在北京，经济比较拮据，生活很艰苦，曾经想把鲁迅的藏书（鲁迅有很多藏书，都留在北京），出售、卖掉，这个消息一传出，舆论哗然，鲁迅的书怎么可以随便卖掉？很多人都说不能卖，这是鲁迅的遗物，要保存，确实，书保存下来了，现在都在北京的鲁迅博物馆，我们从事鲁迅研究，基本上都要使用到这批书。朱安就很生气地说："我不是要把鲁迅的东西变卖，我是迫不得已、无可奈何、没有办法，我怎么不知道要保存鲁迅的东西？你们说鲁迅伟大，我知道，但我也是鲁迅的遗物，对不对？我们中国有个传统的说法叫未亡人，你们怎么不知道、不想想保存保存我呢？我都没饭吃了。"这句话讲得非常风趣且深刻，"我也是鲁迅的遗物"。

鲁迅一生做了很多工作，是20世纪中国伟大的作家、思想家，他的思想都是以文学的形式体现出来的。鲁迅首先是个文学家，但在他的文学作品中有非常深刻的、独到的思想，这不是每一个作家都可以做到的。很多作家，就算是文学家，能够做好文学家已经不错了，再想做思想家，对这些人来讲是奢望，是无法达到的，鲁迅达到了。所以他既是文学家又是思想家。他到日本留学，想从日本的先进文化中吸取养料，开始是学医，想做医生。这当中有一个非常有趣的联系，我不知道在座诸位有没有注意到，作家跟医生的关系很密切，有什么联系？医生是解剖人的肉体，作家是解剖人的灵魂，都是解剖。我们浙江余华先生现在是作家，他原来是干什么的？牙医，很多作家原来都是医生。有很多的医生喜欢文学，这是一个很有趣的现象。另外有一位名人，郭沫若，也是学医的，他学着学着耳朵不行，聋了，医生要会听诊，但是聋了就听不了听诊器。鲁迅也是学医的，鲁迅的医学成绩中等。小时了了，大未必佳，小时候出类拔萃，大了可能不一定很出色，也可能很普通。（鲁迅学生时代的成绩很一般，你们看他在仙台医科专门学校里面的成绩单就会知道，日本人非常厉害，把鲁迅的成绩单、报告单全部都找出来，他们保存资料保存得太好了，所以这次日本大地震中国人急得不得了，这些成绩单还在不在？有人说放心，再大的地震这些东西也没有问题，保留的是有的。）鲁迅学医是为了救死扶伤，但是他马上发现一个问题，医生就是拯救人的肉体，但是中国更需要的是灵魂的拯救，这对鲁迅来讲是一个飞跃，他意识到这一点，所以他弃医从文。这次飞跃对中国而言，非同小可。当然转变不仅仅是这个原因，还有一个因素直接给了他更大的刺激，有次他们学校里播放关于日俄战争的幻灯片，就是日本人跟俄国人打仗，而且在中国东北的土地上打仗，让中国人帮着打仗，雇佣你的士兵，有次抓了中国的俘虏，要把他枪决，枪决中国俘虏的时候，很多中国人都围在那里看，像看变戏法一样。国人麻木的这种神态，就展现在幻灯片上。（鲁迅说有这种幻灯片，很多人去寻找，现在能够找到类似的，但完全一致的好像还没有发现。）这个幻灯片对鲁迅刺激很大，中国人怎么麻木不仁到了这种程度？自己的同胞要被枪杀了，居然没有任何反应。这就叫"围观"，现在网络上有一个说法叫"围观"。他看到国人这种冷漠、袖手旁观式的围观，感到震惊，认为这样下去中国没有希望了，必须让中国的民众觉醒。他觉得可以改变这种状况，而改变人的灵魂、改变人的思想的一个很重要的手段就是文学。要通过文学让人站起来，我们以前的人都躺在那里了，要立起来，这是鲁迅的要正个性而站精神。这个看法在今天还是有现实意义的，立人，正个性而站精神，我们昨天在上海开鲁迅纪念会的时候，我的老朋友王富仁教授慷慨激昂，说现在中国人被闪到了，钱是多了，车是多了，但是脑子坏掉了。老人倒在地上，你去搀扶，老人说你的车轧了我，这算什么？诸如此类的事我们几乎每天都看到报道，所以王富仁教授提出一个看法，这个"左"的看法我必须说是他提出来的，我们必须忏悔，我们原来的精神已经堕落到了不能再堕落的地步，必须向谁忏悔？向鲁迅忏悔，鲁迅在多少年前就提出过这个问题，必须向世界忏悔，外国有些人说中国发达，好得不得了，你说外国人来到中国，开着车，看到有人倒在地上，外国人也助人为乐，过去搀扶，倒地的人说他是这个洋鬼子轧的，要钱，怎么办？诸如此类的事情，鲁迅当年就强调过，唯有民族的精神是最值得保护的，要发扬，而我们现在恰恰价值观念、能力观念都出了大问题，我们要反省、要反思，要重新回归"鲁迅"，从鲁迅留下的著作、鲁迅留下的文化遗产当中去寻找答案。有人说今天为什么要读鲁迅？我们现在已经国富民强了，鲁迅那个时代早就一去不复返了，我说且慢，鲁迅当初所批评的这些丑恶的社会现象、精神现象，你说今天是不是都已经杜绝了？没有，不但没有杜绝，反而变本加厉，这是很可怕的。假如鲁迅的著作真正过时了，中国就进步了，恰恰鲁迅的著作并没有过时，我有的时候觉得很有意思，把鲁迅的书随便翻到哪一页看，觉得就像是今天的事，我简直不敢相信自己的眼睛，鲁迅怎么说得那么好，你回家去试一下，把鲁迅的杂文集找一本来，翻到任何一页看看，有没有现在的一点影子，当然你要发挥你的思考，你的想象力。这个很重要，读鲁迅的书你不能没有一点思考，没有一点想象。

鲁迅的知识面之广，让你难以想象，文学、历史、地理、宗教，都有所涉猎，鲁迅还捐钱印过《百喻经》，他认为这本书好。我说现在你捐点钱印部《百喻经》也是功德无量，省得你捐了钱不知道到谁的腰包里去了。所以，我们往往会碰到这样的问题，读鲁迅的文章读不懂，有些话我们看得懂却不知道什么意思，有一部分中学老师在教鲁迅作品的时候，也发生了这样那样的偏差。现在强调的是所谓规范化，断句一定要规范，逗号、句号一定要规范，当然，必要的规范是应该要有。我举一个极端的例子，鲁迅有一篇文章的题目叫《运命》，运动的运，命运的命，这种题目就不通了，运命是什么意思？我们只知道命运，那这个运命鲁迅写没写错？这个词是佛教里来的，就是命运的意思，鲁迅对佛教用语非常熟悉，顺手拈来。但一般人只知其一，不知其二。昨天我跟一位教授在讨论语言的问题，觉得鲁迅的语言太好了，到今天很少有人能超越，如果不信，我来念一段给你们听听。就是我刚才讲的鲁迅关于医学精神的问题，“我觉得医学并非一件紧要事，凡是愚弱的国民，即使体格如何健全，如何茁壮，也只能做毫无意义的示众的材料和看客，病死多少是不必以为不幸的。所以我们的第一要着（可能“要着”现在不怎么用，但鲁迅那个年代就这样用）是在改变他们的精神，而善于改变精神的是，我那时以为当然要推文艺，于是想提倡文艺运动了。”鲁迅这个话很严密，认为要改变精神，能够改变精神的、善于改变精神的是文艺。这段话是鲁迅小说集《呐喊》的一个自序，这些话都能看懂，当然怎么准确理解可能是个问题。下面有一段更有趣，“凡有一人的主张，得了赞和，是促其前进的，得了反对，是促其奋斗”，我提出一个看法别人表示赞同，我当然开心，人家认同我的看法，对我是一个鼓励，是个支持，是个鞭策，我当然要前进。“得到反对”，有人反对我，“是促其奋斗的”，你反对我，你的理由是什么？我要思考，我要反省，你的反对有没有道理，如果有道理我怎么改进？那是促其奋斗的。“独有叫喊于生人中，而生人并无反应”，有一批人在那里听，你讲了很多话，人家只当没听见，不知道你在讲什么，没有反应；“既非赞同，又非反对，如置身毫无边际的荒原”，这些人等于没有，你一个人在那里自说自话，面对着毫无边际的荒原惆怅，这种状况是最可怕的。“这是怎样的悲哀呵，我于是以我所感到者为寂寞”，鲁迅一直是感到很孤独的，伟大的作家往往是孤独的。别人没办法理解，或者完全理解错了，鲁迅不光写文章，实际上他在不断地解剖自己，表达自己，他希望大家能够理解，或者说能够批评，只要能够批评就是有道理的。他最感到可怕的是既不理解他也不批评他，这批人麻木不仁。我们现在是不是碰到这样一个问题？鲁迅在20年代就用小说来表达他对世界、对中国的看法，大家可能都读过《呐喊》《彷徨》，不仅仅是小说，还有散文、散文诗，散文集《朝花夕拾》，散文诗《野草》。刚才在地方文献的特藏室，我突然想到一件事，我的老师许杰是台州人，许杰先生是20年代非常重要的一位研究鲁迅很有成就的学者，也是鲁迅所开创的乡土文学派代表作家之一。让我感到惊喜的是，特藏室有很多本许先生的书，其中有一本就是许先生所写的《野草注释》，我们天台人应该感到自豪，因为有一位著名的学者研究鲁迅，出了这么一本书，这本书在出版时受到很高的评价。当然因为工作的原因，我几乎每年都要把鲁迅重读一遍，要重温，我们不是有个词吗？叫重温。不是每个作家都配享受这样的待遇，有些作家的文章看一遍就可以了，有些作家的文章看一遍就不再想看第二遍，但鲁迅是可以不断地重温的，你如果不相信就试试看，今年把几篇小说、几部散文找来看一下，如果你没有感动，你无动于衷，那么我建议你放下来，你做些别的事情，但是如果你被感动、被打动了，哪怕只是一点点，那么你明年再读。不断地重温鲁迅，你会得到不断的收益，不断的教育，这是我个人阅读鲁迅的一点体会。

20年代鲁迅主要经历是在小说和文学创作上，1926年他从广州到上海定居，开始了他生命史中最辉煌的十年，这10年间他主要从事的工作就是写杂文，而鲁迅的杂文我们今天回过头来看的话，这绝对是一个创造，也绝对会引起争议，一直到今天这个话题还在争论，说你为什么不继续写小说呢？既然你小说写得那么好，去写什么杂文？说明你江郎才尽了，小说写不出了，只能写杂文，那些杂文有什么了不起的？豆腐干似的报纸文章，用我们今天的话来讲就是专栏。鲁迅不以为然，他认为，这是笔舌，是投枪，需要短兵相接。因为当时上海的社会现象，鲁迅很多是看不惯的，是要批评的，这种批评必须切实，必须快速，必须一针见血，所以他写了大量杂文。同样是在昨天晚上，我参加另外一位作家文集的首发式，这位先生叫黎烈文，他是鲁迅的学生，这里的学生是广义的，不是狭义的。当时黎烈文从法国留学回到上海，名不见经传，申报的老板史量才任用了他，并且聘请他担任申报副刊《自由谈》的主编。黎烈文上任后找到了郁达夫，请他帮忙引荐鲁迅与茅盾，希望他们可以在《自由谈》发文章，郁达夫同意了，这之后鲁迅成了《自由谈》最有影响力的作者。鲁迅跟郁达夫是好朋友，鲁迅先生去世以后，他的朋友、他的学生，包括他的亲人，写了很多纪念文章，可以用浩如烟海这样的词来形容。在这些文章当中，我个人最为欣赏的有三篇，多乎者不多也，就三篇：郁达夫的《回忆鲁迅先生》，萧红的《回忆鲁迅先生》，等下我会念这篇，以及林语堂的《悼鲁迅》，这三篇文章如果你都找来读一下，你会加深对鲁迅的了解和理解。且看鲁迅的信仰、音容笑貌，在这些文章当中生动地展示出来了。所以在郁达夫的介绍下，鲁迅开始为黎烈文主编的申报《自由谈》写文，从而使他的杂文创作达到了一个新的阶段，《伪自由书》《准风月谈》《南腔北调集》《且介亭杂文集》一系列的杂文。当然读这些书有一个障碍，你不了解这些杂文的背景，你不知道鲁迅在说什么，他有具体的背景，好在我们现在出版的鲁迅著作都有注释，注释给你提供解读这些背景的资料，需要花点时间去弄明白。昨天有一位网友给我发微博，说鲁迅自己说过，他的文章很多人不能理解，还说过，他的文章30岁以上的可能比较容易懂，言下之意就是30

岁以下的比较难懂。他问我现在这种情况，是不是发生改变了。我说这种情况没有改变，我 60 多岁了，我的年龄实际上比鲁迅大了，鲁迅 56 岁就去世了，我今年 60 多不是比鲁迅大吗？我昨天碰到一位非常有成就的鲁迅研究者，他跟我说："已经 80 岁了，我现在 80 岁的人在研究 56 岁的人的书了。"我说："是啊，你了不起。"我都不敢说我对鲁迅有多大、多深的体会，没有或者没有达到深度的理解，那就更应该去读，去了解，挑选一些自己感兴趣的、适合自己的，每个人都有每个人的性格。我是养猫的，在座诸位有没有养猫的？可能有养狗的，我就把鲁迅有篇文章叫《猫狗鼠》，找来认真地读了好几遍，鲁迅反对养猫，在这点上我跟鲁迅的观点是相反的，鲁迅最不喜欢猫，为什么？春天晚上叫春，烦也烦死了，烦到他了怎么办？鲁迅要采取赶猫行动，拿一根竹竿，跑到外面，那时候到处都是平房，平房顶上去赶猫，把它赶走。鲁迅很多动作是很有趣的。鲁迅也很不喜欢狗的媚态，狗太忠于主人了，也可以解说为是媚态，哈巴狗，媚态。鲁迅这个看法跟我们今天不一样，当然我们不是说一定要遵从鲁迅的教导，猫狗都不养了，不是从形式上来考量，要想想鲁迅为什么会提出这些看法，为什么提出要痛打落水狗？他是有历史原因的。所以在上海十年期间，鲁迅的创作，特别是他的杂文创作，达到了一个新的高峰，成为中国现代文学史上乃至 20 世纪中国文学史上最伟大的杂文家，我们现在一直在讨论这个问题，鲁迅式的杂文还需不需要，我认为太需要了，我们现在社会的很多丑恶现象，就需要有鲁迅，可惜鲁迅不能再世。

我以前住的地方离鲁迅上海故居比较近，那时候到华东师大上下班，公共汽车每天经过山阴路两次。所以有的时候如果下课早的话，我会下车到山阴路走一圈。我会想，几十年前鲁迅在这里走，也许现在我走的这条路他也走过，时光好像倒流了。如果鲁迅从我面前走来，我应该跟他说什么？我说鲁迅先生好，还是握握手，或跟他拍张照？如果在座各位去上海，时间有富裕的话，第一个建议是去鲁迅故居参观，鲁迅生命中的最后几年就在那里生活，在那里去世，他是在家里去世的，他去世躺的那个床现在还保存着，去看一下，实地感受一下鲁迅晚年的生活。我们现在没办法感受更早以前的名人，比如李白，离我们太远了，在那个时代李白的生活是怎样的？我们无法感知，幸好鲁迅还离我们比较近，这样伟大的作家离我们这么近，我们有机会就应该去感受。第二是参观一下上海鲁迅纪念馆，今天正式对外开放，用现代化的手段来展现鲁迅辉煌的一生。我跟大学生、研究生反复地强调，你要用心去读书，而不是捧着一本书背，现在的中小学就是捧着书背，背了以后写答案交给老师，OK，pass，成绩也好，90 分、95 分，但实际上什么都不知道。不要去死记硬背，你要了解，比如小学生到那里参观，就可以写篇作文《我在鲁迅先生的故居》，这是很好的题目。前不久我在网络上跟人家发生过一番争论，有位老师用了一句成语叫人山人海，说动物园里面人山人海，让学生造句，有一个学生非常有意思，动物园怎么人山人海？都是野兽嘛，老虎、狮子、大象、猴子，他就写了动物园里面兽山兽海，野兽的兽，老师当然给他评错。可是他有想象力啊，老师应该跟他说，你写人山人海不算你错，因为我教的就是这个，但是你写兽山兽海说明你有创造性，当然最理想的答案，动物园里人山人海加上兽山兽海，是不是这样？这样才对。来参观的是人，就是人山人海，在动物园里关的是野兽，就是兽山兽海，既然人山人海及格，那兽山兽海也是对的。我想鲁迅看到这个题目，也绝对不会给兽山兽海判错的，鲁迅当过老师，在杭州就当过，在绍兴也当过，到北京，在北京大学当讲师，那个时候是很有讲究的，我们今天的话来讲鲁迅是公务员，在座肯定也有公务员，鲁迅就是公务员，所以公务员同志也要感到自豪，鲁迅也当过公务员。他在教育部上班，是北洋政府教育部的一个小才子，正牌的公务员。但是当时政府有规定，公务员到大学里教课，最多只能是讲师，所以鲁迅是讲师，按照现在来讲是中级职称，副教授都不是，鲁迅的弟弟周作人是北京大学教授，鲁迅就是北京大学讲师。我们今天阿猫阿狗都是教授，什么当官的都到大学去兼个教授，鲁迅就是讲师。他当教授是什么时候的事？他到厦门那里，林语堂在厦门大学当院长，他们是好朋友，聘请鲁迅到厦门大学，他当了教授。离开厦门大学到广州中山大学，当然也是教授，这个时候他已经不是公务员，他可以当教授，这分得很清楚，你兼职是有限制的，只能当讲师。这个是非常有趣的一件事。

鲁迅在上海10年，没有具体的工作，用我们今天的话来讲是自由撰稿人。鲁迅的书当时很受欢迎，读者相当之多，所以生活并不像我们讲的那么艰苦，他也喝点老酒，喜欢吃火腿，但是他很俭朴，你们看鲁迅不穿西装的，我们从鲁迅现存的照片当中，除了早年在日本留学的时候有一身日本的学生装，他从不穿西装，那个年代的人，非常有个性，不穿西装。我们现在出来都是西装，很奇怪，西装不是中国的，是外国的，有什么好？一根领带吊在这里像上吊一样。你不要以为外国人喜欢穿西装，外国人也不喜欢，但是外国人比较笨，他想不出比西装更好的衣服。这点我是有依据的，我在华东师大做图书馆副馆长的时候，有一天学校通知，说今天馆长不在，有一个外使的活动，比较正式，澳大利亚墨尔本大学图书馆馆长来我们学校访问，要对等地接待，我们馆长不在，副馆长接待，理所当然。我一想糟糕了，那正式的场合穿什么衣服？总觉得穿个夹克衫好像不尊重外国友人，要穿西装，幸好有一个休闲的西装，那休闲西装要不要戴领带？这是个问题，就像莎士比亚的哈姆雷特讲的，生还是死，这是个问题。我的原则是不穿西装不戴领带的，所以在这个问题上我碰到了一个难题，我要违背自己做人的原则了，该怎么办？终于想到个办法，第二天我参加了接待，我和澳洲馆长握手言欢，他说陈先生这个衬衫好，不需要戴领带。男士的立领衬衫，没有翻领当然不需要戴领带啊，外国人感觉非常新奇、惊讶，说原来可以这样穿，说不定他回去也学我这样不戴领带了。他说他们也不喜欢戴领带的，不要以为他们一本正经、衣冠楚楚，都是假的，伪装的。你高兴穿什么就穿什么，等下我们讲鲁迅对穿着的看法，那绝对是行家。我们现在说鲁迅是思想家、革命家，完全正确，但这还不够，鲁迅很有生活情趣，不要把鲁迅说成是一个怒目金刚的形象，当然他有怒目金刚的一面，但是也有非常亲和非常生活化的一面，他也是个活生生的人，凡是人所具有的他都具有，喜怒哀乐鲁迅都有。

鲁迅有很多朋友，但是有时候朋友会翻脸，因为主张不同、观点不同而反目，比如林语堂，比如胡适，你们看到鲁迅跟胡适尽管观点不同，但是他们在谈到对方的时候还是比较客气的，有所克制。鲁迅去世以后，有一位女作家叫苏雪林，她是信天主教的，她竟然写一连串的文章破口大骂鲁迅，完全是谩骂。苏雪林是安徽人，胡适也是安徽人，她还把文章寄给了安徽的胡适，因为她是尊重胡适的，苏雪林也有好的一面，胡适去世以后她写文章怀念胡适，这个文章写得很真诚，是我所看到的写胡适最好的文章之一，但是她写鲁迅，那写得实在太糟糕了，胡适看了以后非常生气，回信说你不能这样说，这样对鲁迅太不公平了。这可能是苏雪林没有料到的，她以为胡适跟鲁迅观点不一样，胡适会赞成她或者是支持她，没想到胡适非常严肃地批评她，说她不对，说鲁迅很了不起，尽管二人观点不同。包括林语堂，他说我跟鲁迅两次反目，但是我们还是朋友，吵架吵过两次。第一次吵架，鲁迅的日记里面记载过，大家一起吃饭，当时上海有个书店叫北新书局，北新书店的老板叫李小峰，李小峰原来是鲁迅在北京大学的学生，这个学生开了书店，说老师你的书我通通给你出版。鲁迅当然很高兴，就把书全部交给了李小峰。但是李小峰做手脚，不付版税，或者是没有付足，版税是按照印数来算的，印3000本给3000本的钱，印5000本给5000本的钱，李小峰印3000本，只给1000本、2000本的钱，后来被鲁迅发现了。大家知道，鲁迅是很精明的，很会理财，鲁迅非常生气，怎么能让你剥削我的劳动，于是就聘请律师打官司，我们今天聘请律师不稀奇，在鲁迅那个年代聘请律师并不多。律师函送到李小峰那里，李小峰紧张了，打官司肯定败诉，会罚款，还会非常狼狈。于是他找郁达夫，想让郁达夫出面调解。郁达夫答应了，鲁迅接受他的道歉，并且要求李小峰把扣下的版税全部付清，然后李小峰为了表达诚意就请客吃饭。这次吃饭请了很多人，请鲁迅夫妇去了，请郁达夫跟王映霞，请林语堂和他的夫人廖翠凤，还请了很多其他的朋友，满满的一桌人，没想到饭还没有开始，鲁迅和林语堂就吵起来了，两位客人吵架，吵得面红耳赤，最后鲁迅饭也没吃拂袖而去，剩下那帮人待在那里不知道怎么办。后来王映霞写过一个回忆录说，“非常地扫兴，我们这帮女眷感到，这两个大男人吵架，我们饭都没吃好。”在鲁迅的日记当中，他对林语堂的评价是非常严厉的，说林语堂鄙相悉现，就是说这个人品质很不好。鲁迅当时写的时候没有想到这个日记要在他去世以后发表出来，只不过当时一时的愤激写了这么一段话。我一直在考虑，鲁迅写日记说林语堂鄙相悉现，那么林语堂有没有日记，郁达夫有没有日记，他们是怎么记载这件事情的？不同的当事人有不同的看法，然后我们采用比较、鉴别来得出结果，这样才有意思，我们不能听鲁迅一面之词。到目前为止，郁达夫的日记我还没有看到，但愿还在。林语堂的日记前几年在上海有一次拍卖，当时我去了，专门找 1929 年 8 月份这一天，竟然真的找到了。林语堂的日记非常有趣，他不是每天都记，这个人是个工作狂，一天工作 10–12 个小时，你们不要以为作家好当，其实很辛苦。他的日记有时一星期记一次，有时一月记一次，记下本月有哪几件大事。“1929 年 8 月份，与鲁迅吵架，颇有趣。”怎么跟鲁迅吵架？好朋友怎么会吵架？颇有趣。讲到这里还算正常，后面 7 个字，就非常有意思了，林语堂当时真实的想法，“此人已成神经病”，说鲁迅成为神经病了。但是你要看到当时作家就是这样很自然的，并不因为鲁迅的出色、鲁迅的杰出、鲁迅的伟大而盲目地崇拜、神化，林语堂敢写。虽然他没有想到在若干年以后被看到，白纸黑字，保存得这么完整。当然，鲁迅也骂他，骂得很重，好朋友有误会，在这之后他们两个人有过一次和解。鲁迅的性格当中，有非常激烈的一面。当然以前有一个说法，鲁迅是绍兴人，是绍兴师爷，刀笔吏。写文章不饶人，得理不饶人，这个说法我想可以斟酌，说鲁迅写文章尖锐、尖酸、尖刻，这可以接受，但你不能说他是绍兴师爷，绍兴师爷为了帮人家打官司，死的说成活的，有说成没有，鲁迅不是这样的。为了这个事情，鲁迅的一个好朋友，曾经说过这样的话。这个人也是绍兴人，叫许寿裳，跟鲁迅一起到日本留学，两个人是几十年的老友，许寿裳的性格非常温和，而且他对于鲁迅的成就、鲁迅的为人非常地敬佩，所以两人之间没有红过脸，没有发生过争执。用许寿裳自己的话来说，他跟鲁迅两个人从留学开始，就“同声相应，同气相求”，“便有缟带纻衣之情，从此互相关怀，不异于骨肉”，他们就像亲兄弟一样。所以当他听到有人攻击鲁迅，说鲁迅是绍兴师爷的时候，勃然大怒。鲁迅的学生台静农先生有一篇纪念许寿裳的文章，“有次听人说鲁迅先生的讽刺艺术，是从绍兴师爷那里学来的，许寿裳先生立刻变色了，说这话的人简直是混蛋”，非常严厉，他是个好好先生，从来不说脏话，混蛋这两个字在他口里已经是粗话了。当时的文化人，谈吐都非常文雅，没有粗口的。像我有的时候会有粗口，我也知道这是毛病，想改掉，但改不了，因为激动的时候往往会粗口脱口而出，看到一件非常憎恨的事情，也脱口而出，需要检讨。但是那时说“简直是混蛋”这样的话已经是粗口了，说明许先生是非常愤怒的。这是许先生，作为鲁迅的同学、老朋友，他对鲁迅的印象。

鲁迅是非常风趣的人，他有很多年轻的朋友，但有的时候一些年轻人不理解鲁迅，他们不断地给鲁迅写信，这些信现在有很多保留了下来。我看这些信感到非常惊讶，有人居然指挥鲁迅，说他缺某某书，让鲁迅去给他买等等类似的。他们说鲁迅自称青年导师，其实鲁迅从来没有说过自己是青年导师，但是他们说你既然是青年导师，就要为青年服务，你去给我买书，去帮我发表文章，好像理所当然似的。所以很多年轻人对鲁迅非常地不理解，有一位叫林庚白，他要去见鲁迅，鲁迅不见他，他很生气，他不明白鲁迅不见他很正常，因为鲁迅还有很多别的事情要做。我当年去拜访过很多文坛前辈，前辈们大都不见的，我没有抱怨，我理解他们年纪大了，身体不好，又忙，种种原因。这次不见，我下次再来，正所谓精诚所至，金石为开。这位林先生反而写信去骂鲁迅，写了几首打油诗骂鲁迅，鲁迅不理他。他就继续写信骚扰鲁迅。有趣的是鲁迅把这些都保存下来了，当时骚扰鲁迅的人很多，认为鲁迅应该给予帮助，哪有这样的事情，鲁迅为什么要为你服务？但是鲁迅确实对年轻人非常地爱护，萧军、萧红两位东北作家，流亡到青岛，给鲁迅写信，说了他们两个人的情况。鲁迅说你们来上海，你们的书我安排出版。两个人到上海见鲁迅，萧军写的《八年抗争》，萧红写的《生死场》，都是写抗日的，收入鲁迅编的《奴隶丛书》中。当时东三省已经被日本侵略者占领了，中国人成了奴隶，所以就叫《奴隶丛书》。二萧非常感激，经常去看鲁迅，接受鲁迅的批评建议，关系非常之好。鲁迅去世以后，萧红写了一篇几万字的文章回忆他，感人极了。我刚才讲最好的纪念鲁迅的文章之一。有些地区的中学语文课本节选了这篇文章，我建议如果课本中只节选了部分文章，那么参考阅读应该介绍全文，让中学生自己读。她写得很亲切，阅读没有任何障碍，她笔下的鲁迅，跟我们以前所描述的，那些美术作品、电影里面所展现的，完全不一样。“鲁迅先生的笑声是明朗的，是从心里的欢喜，若有人说了什么可笑的话，鲁迅先生笑得连烟卷都拿不住了”，鲁迅抽烟很厉害，在今天估计鲁迅寸步难行，因为公共场所我们是禁烟的。“常常笑得咳嗽去了”，鲁迅很幽默，鲁迅非常之幽默。还有一次，他们在一起聚会吃饭，鲁迅说：“诸位，你们大家慢吃，我要讲一个笑话”，大家一听鲁迅要讲话都洗耳恭听，“以前有个庙里有一位得道高僧，生重病了，在弥留之际这口气始终咽不下去，他的徒弟很紧张，问师傅怎么了，是不是很痛苦？他问师傅还有什么未了的心愿？那个高僧说，‘我修行一辈子，不知道什么是女人。’徒弟没办法，为让师傅安心地走，就到外面找来个妓女让师傅看，师傅一看，说了一句，‘哦，原来跟尼姑是一样的。’终于去世了。”鲁迅讲完哈哈大笑，这是唐弢先生的文章里面记载的。

唐弢在改革开放以后80年代才将有关鲁迅的文章出版，他说本来我不敢想，但是记在心里几十年了，后来想来想去最终还是决定出版，因为鲁迅的故事太生动、太有趣。鲁迅先生走路很轻，尤其使人记得清楚的，是他刚抓起帽子往头上一扣，左腿同时就伸出去了，仿佛不顾一切地往前走。鲁迅先生不大注意人的衣裳，他说谁穿什么我看不见，我视而不见，但是事实是不是这样呢？鲁迅晚年生病，几乎每天都坐在躺椅上，这个躺椅现在在鲁迅故居里面存放着。有天鲁迅先生的病刚好了一点，坐在躺椅上抽着烟，萧红穿着一件很宽袖子的大红上衣，来看鲁迅。鲁迅先生说，“这天气闷了起来，这就是梅雨天”，他把他装在象牙压嘴上的香烟又用手装得紧一点，往下就说了一句别的。许广平则忙着家务，因为萧红他们来了，要烧饭给客人吃。她忙着家务，就没有对萧红的衣裳表示赞赏，于是萧红像小孩子一样跟鲁迅说：“周先生，我的衣服漂亮不漂亮？”她希望得到鲁迅的赞扬，鲁迅从上到下看了一遍说："不大漂亮。"过一会他说，"你的裙子配的颜色不对，衣服要配的，上装、下装什么颜色要配的，并不是红上衣不好看，各种颜色都是好看的，红上衣要配红裙子，不然就是黑裙子。"在座的女士都知道，这是鲁迅教导的，你要么就穿红裙子要么就穿黑裙子，咖啡色的就不行了，这两种颜色，红的跟咖啡的放在一起很浑浊，你没有看到外国人在街上走吗？绝对没有下面穿一条绿的裙子，上面穿一件紫的上衣，也没有穿一件红的裙子，而后配一件白的上衣。鲁迅的色彩感非常之强烈，他知道女性怎么配衣裳，大家只知道鲁迅是作家、革命家，但是鲁迅恰恰在这些细微的方面，表现出他的生活情趣。鲁迅先生继续说："你这裙子是咖啡色的，还带格子，颜色浑浊，所以把红色衣裳给弄得不漂亮了。"鲁迅跟她说，你今天穿着有问题，不应该穿咖啡色的裙子。这之后鲁迅进一步发挥他的观点：瘦人不要穿黑衣服，所以我坚决遵照鲁迅的教诲，穿得淡一点。胖人不要穿白衣服，脚长的女人一定要穿黑色鞋子，脚短就一定要穿白色鞋子，方格子的衣裳胖人不能穿。但它比横格子好些，横格子的更不要穿，如果胖人穿横格子衣服，会显得更胖。胖人要穿竖条子的，直条的，那就显得瘦一点。他的观点准确，富于启发，在穿衣服上都表现出来了。萧红听完大吃一惊，鲁迅怎么会有这么一套穿衣服的理论？我们知道鲁迅是讲大问题的。萧红就问了："周先生，你怎么也晓得女人穿衣服这回事？"鲁迅回答："看过书了，关于美学的。""什么时候看的？"萧红追问。"大概是在日本读书的时候。""买的书吗？你这个书是哪里来的？""不一定买的，也许从什么地方抓到就看"，大家注意，鲁迅这一讲法，"抓"字，抓到，看书该抓到一本，不要太在意了，很多人让我推荐书目，我可以像鲁迅说的一样回答你，抓到一本书就可以看。"看得有趣吗？"萧红再问，鲁迅回答说："随便看看。""周先生看这个书，为什么呢？你为什么会随便看看这个书呢？"鲁迅不回答了，觉得没完没了，永远讲不清楚。这时许广平在旁边帮鲁迅说："周先生随便什么书都看的，所以不足为奇。"这件事非常有意思，关于穿着打扮，鲁迅还有这么一套说法，这套说法我们今天回过头来看还很有道理，所以大家不要把鲁迅想象得很古板、严肃，实际上他很风趣、很幽默、很生动，这样的人我们今天很难接触到。可以设想你有问题问鲁迅，鲁迅会怎样回答你，我想答案会非常有意思。这是鲁迅的日常生活。

鲁迅的日常生活我还可以举两个例子，我到鲁迅的故居参观，那里后楼的房间曾被瞿秋白借住过。大家知道瞿秋白是中共早期的领导，由于路线斗争，内部有不同意见，他被排除出领导机构，留在上海从事文学活动。他借住在鲁迅家中，这在当时是有风险的，但是鲁迅让他住。这个小房间，后来瞿秋白不住了，就空在那里，只放了两样东西，一个大柜子，柜子里面放着鲁迅所有用过的药品、医药器材、呼吸器等等。另一样东西，从天花板上吊下来一个篮子，挂在房间里。这让我很好奇，挂在阳台上还可以理解，也许要风干一些食物，但在房子中间为什么挂个篮子？我就问讲解员，他说鲁迅喜欢吃一种水果，上海话叫荸荠，我们这里应该也有，生熟都可以吃，或者煮汤等等，这个东西从水里拿出来有烂泥，洗干净以后放在篮子里面晾干，不能完全晾干，那样就扁掉了，将干未干的时候最甜，鲁迅喜欢吃这个。

鲁迅抽烟，我现在拿一支笔，冒充香烟，前几年巴金先生去世，在我们嘉兴开一个巴金的研讨会，会议结束的时候一起吃饭，我见到了郁达夫的侄女郁风先生和他的侄女婿黄苗子先生，目前黄苗子先生还健在，是著名的画家，郁风先生已经去世了。因为我以前也研究郁达夫，许多年没见她能够碰到很高兴，她说陈子善多年没见你，你在搞什么名堂？我说我没搞什么名堂。然后吃饭的时候，我抽着烟，边上有个朋友提醒我应该敬郁风老师，郁风老师也是抽烟的，我说把这个事忘了，马上递烟给郁老师。郁老师拿起来边点火边说你研究郁达夫、研究鲁迅，那你知道鲁迅是怎么抽烟的吗？这个问题把我问住了，我还真不知道鲁迅怎么抽烟。郁老师便示范给我看，我现在按照她的示范给大家展示下，大家注意，我们一般都是用左手或者右手拿烟，鲁迅抽烟是两个手指和拇指捏在一起，看到这个动作你有什么想法？你意识到、感觉到了什么？这是有讲究的，我一看就明白，当年上海黄包车夫就这样抽烟，劳动人民都这样抽烟，为什么？因为可以把烟吸到最低限度，烟屁股会很短，能多抽几口，鲁迅很激进，香烟也尽可能多抽几口，非常有意思。

很遗憾鲁迅去得太早了，没有抽带烟嘴的烟，假如活到今天，我一定要送给他带烟嘴的好烟。我举这样两个例子来说明，鲁迅的生活情趣和鲁迅与一般人的关系。

好，讲到这里我们要谈一个更大的问题——鲁迅对20世纪中国作家的影响。这是一个很大的题目，可以专门详谈，我今天只是简要地讲一讲。因为没有一个作家敢公开宣称他没有受鲁迅的影响，试问哪个作家，他敢公开地宣称我跟鲁迅无关，我的写作完全是另起炉灶。恰恰相反的是所有的中国作家，都承认他或多或少受到鲁迅的影响，受到鲁迅的启发。这一点别的作家很难做到，当然主观上鲁迅并没有这样，想着要影响所有的人，绝对没有。相反鲁迅还说，你们不要学我，我的写作还有很多局限，鲁迅的创作态度是非常严谨的。举两个例子，一个是他对杨贵妃非常感兴趣，写历史小说，唐明皇跟杨贵妃，为此他还专门去了西安，要实地考察华清池等等。最后这个小说没有写出来，只留下一个书名，《杨贵妃》，这是有证据的，郁达夫、孙伏园以及鲁迅几个最亲密的朋友都回忆过。中国现代文学史上想写最后没有写出来的作品太多，这些作品非常好，像钱锺书想写《百合心》，而且写了一部分，最后却把稿子毁掉，也是留下一个书名。被鲁迅骂过“遗少群的一肢一节”、“洋场恶少”的施蛰存，他想写一个长篇小说，关于李师师的，最后也没有写出来。此外，还有很多未完成的书。鲁迅想写《杨贵妃》没有写出来，晚年鲁迅的好友，也是中共文化战线上的重要人物冯雪峰先生，浙江义乌人，去看鲁迅说，你可以写个长篇，写红军长征。鲁迅写不出来，因为他没有亲身体验过，怎么可能写出来？鲁迅创作是非常严谨的，没有切身体验就不行。你看他的小说里面，阿Q也好、孔乙己也好，在他生活当中都有原型。

现代很多作家都受到鲁迅的影响，最有趣的，也是我们认为最不可能受影响的作家张爱玲也受过鲁迅的影响。张爱玲的创作路向跟鲁迅南辕北辙，但是为什么说张爱玲受到鲁迅的影响呢，或者说张爱玲喜欢鲁迅呢？这是有事实依据的。张爱玲读过很多鲁迅的书，这一点我们可能并没有关注到，1971年夏天，也就是鲁迅诞辰90周年的时候，张爱玲在美国接受过一次采访，有一位研究张爱玲的专家水晶先生拜访张爱玲，跟她探讨了很多文学问题。谈到现代作家，水晶先生问她喜欢哪些人？他举了很多例子，比如张恨水，比如沈从文，她说都喜欢。然后谈到鲁迅，张爱玲讲了下面一段话，她觉得鲁迅很能暴露中国人性格中的阴暗面和劣根性。这是高度概括，中国人性格当中的阴暗面和劣根性，阿Q精神就是这样的。张爱玲的把握很准，她读鲁迅读得很仔细：这种暴露中国人性格当中阴暗面和劣根性的传统，等到鲁迅一死，突然中断，很是可惜。因为后来的中国作家，在提高民族自信心的体制下，走的多是“文过饰非”的路子，只说好的，不说坏的，实在可惜。张爱玲的话我们可以跟鲁迅的话对应起来，鲁迅曾经说过：“我们搞文学批评，有好说好，有坏说坏，绝不能只说好的不说坏的。”对照着看，他们二人实际上表达同一个意思。因而不要以为张爱玲的写作跟鲁迅没有关系，两者至少在某一点上相同，就是注重生活的实践，不熟悉的不写，这一点上他们是一致的。当然他们所熟悉的东西不一样，这是另外一个问题，每个人都有生活中熟悉的一部分，或者是他们生活的一个原点，鲁迅不断地写绍兴，因为他在绍兴长大，张爱玲不断地写上海，因为她在上海成长。1945年张爱玲写过一篇很有趣的文章，用她自己的话来讲，这是一个广告词。她一个朋友要开服装店，请她写文章，她讲到这个朋友设计了一种服装叫草裙舞背心，我也不知道这个草裙舞背心是什么样子。然后她就谈到，从前有一段时期，民国六七年吧，每个女人都有一条宽大无比的绒线围巾，深红色的居多，下垂排穗。就是说五四时期的新女性，都会披一条大围巾，因为北方冷，秋天以后风沙很大。可我们现在拍出来的电视电影，并没有每个人都披条围巾。但是张爱玲却是这样写的，虽然“每一个”可能有些夸张，大部分却还是有的。对此她有证据证明：鲁迅有一次对女学生演说，也提到过诸君的红色围巾。我看到这里大吃一惊，连这种细小的地方张爱玲都记住了，我赶快去找书，思考鲁迅在什么时候、什么地方提到这条围巾，张爱玲有没有记错？最后还真找到了，确实有，1923年12月26号，鲁迅在北京女子高等师范学校的演讲，这个演讲非常有名，《娜拉走后怎样》，这是鲁迅早期演讲的一个代表。对鲁迅的演讲有两种不同的说法，一种说鲁迅演讲非常精彩，另一种说鲁迅演讲都是绍兴方言听不懂。鲁迅的绍兴口音很重，那个时候并没有普及普通话，以北京话为基础的国语刚刚定位，他讲绍兴方言大家就听不懂。但不管怎么说，这次演讲影响是非常大的，他提出了一个很严肃的问题，就是五四时期提倡妇女解放，新女性要走出封建的束缚，挪威著名作家易卜生写了一部经典话剧叫《玩偶之家》，讲一位家庭主妇娜拉跟她丈夫发生矛盾，想要出走，要冲脱这个束缚她的家庭。鲁迅指出，娜拉走出家庭以后怎么办，是不是会回来？因为外面的社会更险恶、更可怕，她没办法自食其力，最终还是要回来，回到家里。鲁迅这个演讲非常精彩，而且这个演讲稿保存下来了，现在在我手里。2001 年，我去美国，很幸运的看到了这次演讲的手稿。这是一种享受，鲁迅的亲笔在我面前，相差不过一尺的距离，现在要看鲁迅的手稿谈何容易，国家一级文物，长卷。在这个讲稿当中，鲁迅是一气呵成的，我当时最惊讶的是几乎没有什么修改，鲁迅的思路那么清晰，我们写文章都要涂涂改改，鲁迅是一气呵成，并且有着一手漂亮的小楷。就在这个著名的演讲里，鲁迅说："娜拉既然醒了，是很不容易回到梦境的，因此她只得走。可是走了以后，有时却也免不掉堕落或者回来。"这话说得很重，走不是问题，走了之后怎么办才是问题。"否则就得问：她除了决定的心以外还带了什么去？倘只有紫红的绒绳的围巾，那完全是不中用的"，什么意思？鲁迅说娜拉走的时候就戴了一条围巾，这个围巾能卖多少钱？这是个经济问题，用我们今天的话来讲叫净身出户，不能带走东西，她到外面社会上吃什么，如何生存？这是个问题，她跟丈夫决裂了，不愿意再待在这个家里面，可以，你觉醒了，你要出走，这个没问题，但是你走了以后怎么办？外面的社会更严峻、更险恶，你万一碰到坏人，只可能堕落或者回来。这里鲁迅提到娜拉走时带了什么？只带了一条围巾。诸位回忆一下，或者以后再看关于 20 年代的电影电视的时候注意下，那些大导演是不是参考了鲁迅、张爱玲提到的这个细节。历史的真实，就通过这样一条围巾体现出来了。鲁迅抓住了这个历史的真实，张爱玲重复地提到了这个东西。这是早期的张爱玲。

晚期的张爱玲更是如此，她晚年写过一篇文章，这篇文章写得非常有意思，《谈吃》，画饼充饥。其中有一段话是涉及到鲁迅的，她说她读了鲁迅翻译的文章，果戈理的《死魂灵》，鲁迅翻译的文章很厚，我都没有读完，张爱玲读完了。她又提到鲁迅翻译的一篇 1920 年的短篇小说《包子》，写俄国革命以后一个破落户的小姐，这个小姐在宴会中一边卖弄风情，说应酬话，一边猛吃包子。她卖弄风情的目的是什么？是为吃饱争取时间，怕主人公把她赶走，所以一边卖弄风情一边赶紧吃包子。张爱玲这个事件记得很清楚，那就要查了，鲁迅有没有翻译过这样的作品，是不是有这么一个情节，一查，有出入。这篇小说是有的，但题目不叫《包子》，叫《贵家妇女》，这个女孩子是贵族出身，贵族出身的女人都很矜持，但是为了吃饭，她只能放下矜持卖弄风情。拼命吃的也不叫包子，鲁迅翻译成肉馒头。几十年以后张爱玲还记得这个细节，只是题目略有出入，内容、主要的情节她记住了。你说张爱玲没有读过鲁迅？读过，而且读得很认真，记得很清楚，虽然年代相隔久远，把一些细节搞错了。还有一篇文章，台湾皇冠出版社办了一个杂志叫《皇冠》，琼瑶的小说都在这上面发表的。《皇冠》创刊 40 周年的时候张爱玲写了一篇文章表示祝贺，本来这个事情跟鲁迅没关系，但她笔锋一转谈到“祝福”上，这个祝福到底什么意思？张爱玲说，我从前看鲁迅的小说《祝福》，就一直不太懂为什么取名为“祝福”。《祝福》里面有一个很重要的段落，祭祖，因为祥林嫂改嫁，不吉利，所以除夕夜要祭祖的时候不让她去，说她的手碰到这些祭拜祖先的物件的时候，晦气不吉利，这把祥林嫂最后的精神支柱打垮了。所以张爱玲这样说，“祭祖不能让寡妇祥林嫂上前帮忙——晦气。这不过是负面的影响，积极提请祖宗保佑，也只是暗中保佑，没有祝福的意思，保佑是暗中保佑的”，张爱玲认为这样对待祥林嫂是不好的。这说明张爱玲对《祝福》也有她自己的理解。我今天讲的鲁迅对 20 世纪中国作家的影响，像张爱玲这样我们现在公认为独树一帜的大作家，她也受到了鲁迅很深的影响。她 70 年代写过一篇自传，自传的最后提到：我到了美国以后才发现，自己深深地扎根于五四新文学的传统。大家注意，五四新文学的传统，谁最具有代表性？鲁迅。

当然她的自传里面并没有写出鲁迅这个名字，但是我们可以理解为包括鲁迅在内的传统。

我今天介绍鲁迅，希望我们能继承两个传统：其一，是春秋战国时期，儒家孔夫子所留下的中国文化的传统，以儒家为代表，当然还包括道家、墨家等。其二，则是五四以来新文学、新文化的传统，它实际上是对现代化的一种回应，这个传统更重要。这两种传统至少不能偏离，昨天王富仁教授就在鲁迅的纪念会上大声讲，成立那么多孔子学院干什么？你靠孔子的学说，能拯救中国吗？不行。不要忘记鲁迅，鲁迅是我们这一辈最丰富、最深刻、最有效的文化遗产，我们的问题是如何继承。我们对鲁迅到底应该秉持什么样的态度？昨天有人微博提问，现在语文课文里收入鲁迅的作品有没有必要？当然有必要，1949 年以前国民党统治时期，中学语文课本里就收了很多鲁迅的作品，难道现在还不如那个时候吗？把鲁迅的作品从课本里面剔除，合适吗？不合适。当然，怎么教鲁迅的作品是个挑战，老师和学生要共同来面对。读鲁迅的作品不是看肥皂剧，很轻松，而是灵魂的搏斗，是你跟鲁迅灵魂碰撞、接触的过程，这可能很困难，却能产生新的火花，只有这样才是我们今天读鲁迅，发扬鲁迅精神应该有的态度。

我想今天就讲到这里，不一定对，甚至也有错误，希望大家批评，谢谢大家。

（以上内容根据 2011 年 9 月 24 日的讲座录音整理，略有删改）

这些行为你有吗？

——生活中可能面临赔偿的一些生活习惯

黄新发

主讲人简介：黄新发　浙江智仁律师事务所专职律师、高级合伙人。浙江省中小企业创业创新律师顾问团律师、浙江省律师协会劳动与社会保障业务委员会副主任。曾为首届至第三届中国国际动漫节提供全程法律支持服务，承担浙江省法学会课题《中小企业运营法律风险防范》之劳动人事管理风险防范篇研究工作。合著有《劳动争议案件办理指引》《劳动合同条款设计及违法成本计算》《中小企业创业经营法律风险与防范策略》等。

非常荣幸能够和台州诸位沟通身边的法律问题，我想一个人的行为不外乎是两种方式去约束，一种是合同，一种是责任。合同我们今天姑且不去讲它，而是就自身的行为是否产生一些法律问题来做一些沟通，我做这个沟通的蓝本的法律叫做《中华人民共和国侵权责任法》，这部法律在 2010 年 7 月 1 日生效，这部法律告诉我们，要约束我们自己的行为习惯，改变自己的生活模式。

什么样的行为会给别人带来伤害，或者说你的行为为什么被索要赔偿，接下来我们通过一些故事来讲述。如果你关注网络，就会知道王功权和王琴的私奔事件，王功权创造了一个网络名词，叫“网络公开私奔”，“叩请宽恕！功权鞠躬”。易中天先生对王功权私奔有一句评价，说私奔的人是要有勇气的，至少今天在座的各位和我做不到，尤其是公开私奔。王功权最后的私奔以失败告终，是不是违法？我认为他们两个人私奔没有问题，主动权在他们自己，如果他们同意，公开发布私奔的消息也没问题，但是我们在网络上找不到王琴的身影，也没有看到过她的微博对私奔的话题做过任何的描述，只有王功权一个人在网络上高唱着他的私奔调，王功权这样做侵权了吗？

评判一个行为是否侵权，我们主要看四个要件。第一，主观是否存在故意或者过失。第二，他的行为有没有给别人造成伤害、损害。第三，他这个行为是否违法。第四，这个损害的结果和他违法的行为之间是否存在因果关系。我们站在王琴的角度去评价，王功权的确侵权了，因为他在网络上发布公开的私奔言论是他故意而为，不存在着过失。不像某个官员不懂微博是公开的，所以他会觉得微博上的各种言论别人都看不到，知识掌握不够并不代表这个行为就不是故意的。王功权是一个“商人加文人”，这是他自己的评价，所以他在网络上发表私奔调肯定是故意的。他这个行为给王琴造成损害了吗？肯定的，王琴的名誉权就受到了伤害，未经王琴同意来散播王琴的事情这个行为当然是违法的，所以王功权在网络上发布私奔的消息，尤其是他指名道姓的讲王琴，对王琴而言，他的行为已经构成侵权。只要王琴去主张这个权利，王功权就会受到法律的制裁。讲这个故事只是告诉大家，判断一个行为是不是构成侵权主要是看这四个方面。当然，侵权行为发生以后，绝对不是王功权所说的“叩请宽恕”就能宽恕的，法律规定有很多种承担侵权责任的方式，比如说赔礼道歉、赔偿损失等等。所以我们今天就身边的故事来讨论一下，要注意哪些行为，这些行为它的侵权构成又该怎么分析。

这是一个车辆被划的事件，发生在杭州，讲到车辆被划我相信很多人都有体会，车子停在小区里无缘无故被划了，非常懊恼。我今天讲的是感动杭州的一个故事，这个故事的主人公是一对母子，有一天下午，妈妈带着儿子在公园里玩，碰到一个闺密也带着小孩在这里玩，闺密相见有很多话题可以聊，聊的时间久了，孩子们觉得没意思，开始对停靠在公园旁边的几辆车感兴趣，于是二人比赛，看谁划的痕迹比较漂亮，一口气划了 17 部车子，其中有很多名贵的车。这个事发生以后，妈妈处理得好，当即对小孩进行了教育，要求这个小孩折 17 只纸飞机向所有的车主表示道歉，然后他们向每一个车主发出了道歉信主动承担赔偿责任，联系了17部车子品牌所在的4S店，承担维修责任，正因为她这样教育小孩的方法被记者发现并报道了所以感动了杭州。我们今天拿这个话题来讲，并不是讲教育小孩的问题，而是说这个事件给我们一些启迪。

小孩的行为是否构成侵权，首先这个小孩的行为肯定是故意的，不管他有没有判断能力，总归他们想去做这个事情。第二，这个事情给别人造成伤害，财产损失。第三，违法，不是自己的车子当然不能划。第四，人家车子的损害和他划车的行为有因果关系。所以小孩的行为是侵权的，造成侵权，自然就应该承担赔偿责任，但是我们注意，这个故事中两个划车的小孩，大的9岁，小的8岁，按照我们国家的法律规定，他们是完全无民事行为能力的人。完全无民事行为能力的人的行为发生以后要不要承担赔偿，法律还有一个规定，监护人是否尽到了监护职责，若是监护人尽到了监护职责，那么监护人就不用承担赔偿，小孩当然也不用。在这个案例中，监护人显然没有尽到监护职责，因为监护职责是教育小孩的行为要合法，既然你的行为违法了，就表明你的监护职责没有尽到，所以就要承担赔偿。这种情况发生，赔偿的标准是多少呢？我们国家现在的规定是，若是未成年人，无民事行为能力或者限制民事行为能力的人，自己有财产，要用自己的财产来赔，如果自己没有财产，由监护人赔偿。也许你会问，小孩子怎么会有财产？其实现在很多的孩子都有自己的财产，比如外公外婆去世的时候将遗产留给孙辈，所以这个财产就不是父母的，父母离婚了，财产仍然是小孩的。因而如果有赔偿，就要先用他们的财产，没有财产的由监护人来赔。这个案子里，家长来承担赔偿责任是理所应当的。侵权行为里面有很多有责任的划分方式，我们刚才讲的是一种过错责任原则，这个小孩子是自己的行为，如果说当时“划车子比赛”不是小孩子想出来的，而是大人教唆他，这种情况下赔偿的方式就发生变化了。由于未成年人受到教唆，所以未成年人行为本身是没有过错的，如果说是教唆未成年人，或者是教唆无民事行为能力的人，这样的侵权行为的赔偿，完全由教唆者来承担，不应该由未成年人来承担，如果是教唆限制民事行为能力人，这个时候我们要看，监护人有没有尽到监护职责，若是尽到了监护职责，限制民事行为能力人也不用承担赔偿责任。

我们从未成年人的角度来看另一个话题，小孩子在校期间受到伤害该由谁承担责任。最惨烈的案件是幼儿园里发生被歹徒伤害的案子，在全国发生过很多起，所以现在幼儿园门口有保安、民警。如果中小学生在学校里面受到伤害，这是谁的责任？法律规定得非常明确，若是无民事行为能力的人，在学校受到伤害，学校如果能够证明已经尽到了教育管理职责的，就可不承担赔偿，否则由学校承担赔偿。若是有第三人呢？比如说凶手冲进学校里滥砍滥杀，这个时候谁来承担赔偿，无民事行为人受到伤害的仍然由国家承担赔偿，除非有证据表明，学校已经尽到了教育和管理职责的才不承担。限制民事行为能力的人在学校里受到伤害，是要由你自己来证明学校没有尽责，才可以由学校来承担赔偿，对学生的保护，法律写的比较清晰。

侵权事故发生的时候，行为人可能不只是一个。比如说这个故事里面是两个小孩比赛，有两个或两个以上的行为人，在评判行为结果的时候，会发生一些问题。比如说这个车究竟是谁划的，如果没法证明是谁做的，就由两个人共同赔偿。广州的一家医院楼上要装修，中午的时候工人都停止施工在楼下吃饭，这时候三个小孩到楼上玩，然后就比赛说看看谁扔石块扔得远，结果石块刚好砸在楼下一个护士的头上，当场毙命。这时没法证明石块是三个小孩当中谁扔的，从民事责任来讲，就由这三个小孩共同承担赔偿，这跟刑事是不一样的，如果是三个成年人故意扔石头砸死人的，在刑事责任上来讲，公安局就有义务查清砸死人的石块究竟是谁扔的，如果查不清楚，这三个人只能无罪释放。

在现实生活中还有一种行为，就如同这段时间闹的沸沸扬扬的“小悦悦事件”。假设我们说前车碾压导致小悦悦已经死亡，这个责任肯定是前车赔偿，如果前车和后车的责任分得很清楚，或者前后两车碾压都是同等致命的，这种情况是两个车各自承担责任。在现实事件中，不知道是哪个车导致小悦悦死亡，这就由两个人平担，这就是共同侵权里面所说的一种方式。两个人同时实施，分的清谁做的就由谁赔，分不清就两个人共同承担。如果是两个人一前一后做的，能够分清谁的责任大小，按照责任大小来赔。车停在小区里，经常会发生车辆刮擦事件，杭州就发生过一起事件，一个小区里每天都有车子被划，监控又刚好是在盲区，于是很多人要找出究竟是谁干的，结果发现是一位老人。我们国家对老人是不免除刑事责任的，也不免除民事责任，所以他必须承担赔偿。还有一个案子，楼上玻璃掉下来砸在旁边的一部桑塔纳上，把桑塔纳的车顶砸扁了，溅开的玻璃片把旁边的宾利车给划了，修了20万而且还要承担刑事责任。现在小区里面，有些车不按规范停车，或者经常占我们自己的车位，有的人一气之下就划车，小心，你这一划下去，只要这个车子损耗评估在两千元以上，就会触犯刑法里的毁损公私财务罪，定罪的标准是两千元人民币，上了这个价格警方就得介入侦查。也许你会问我的车停在小区里被划，物业公司要不要承担赔偿，这也要看你们小区跟物业公司的合同，如果物业公司的物业管理服务合同里面有清晰的规定，包括摩托车、自行车被盗都要承担赔偿，那是因为物业服务费收得高，承担的义务就高，如果是标准的合同，那就没有赔偿义务。最近一位北京的小伙子喝醉酒之后去坐地铁，末班车没赶上，于是他就拿地铁的防护玻璃撒气，用垃圾桶砸防护玻璃，把一块砸掉了，警察来了一评估说要赔两万块，赔了钱还要在监狱里待三年。国家法律认为，醉酒状态下不免除赔偿责任，醉酒、吸毒等行为下，若造成损害，都要承担赔偿。所以千万不要狡辩说自己喝醉了，不清醒。

小悦悦事件中，肇事者的行为主观是否故意，也许你会说，肯定不是故意的，怎么会故意把人撞死，如果是故意那就不是交通肇事，是故意杀人了。而小悦悦事件前车的司机，就被定义为谋害、故意杀人而被刑拘了。现在交通事故发生以后，很多司机说轧死了我最多赔60万，如果轧个半死不活变成植物人，至少在170万左右，170万和60万来比，很多司机选择把人轧死，这就变成故意犯罪了，主观意识发生变化，他的责任就发生变化。从四个要件来分析，这就是一种侵权责任。

在交通事故里面，侵权责任作为受害人来讲，他只要证明是谁撞的，或者自己受到什么损害就行了。一般打官司，原告要举证说你侵害我的权益，我们刚才讲四个要件你都要用证据来证明。在交通事故里面，对驾驶员主观是否存在故意和过错，受害人是不用举证的，因为法律规定为推定过错，推定这个行为人行为是有过错的，所以打官司的时候你不用举证，你只要证明说我是被谁撞的，受到什么样的损害就可以了。交通事故里面，我们不得不思考的第一个问题是，同命同价。以前说，撞死城市人和农村人赔偿是不一样的，诸位，侵权责任法只是规定了同一起事故里的人命同价，比如温州动车组事件赔偿标准是一样的，不管你是上海人还是浙江人还是江西人，赔偿标准是一样的，当然有谣传说外国人赔得多一点，按照侵权责任法来说，赔偿标准都是一样的，在同一事故里面的同命同价。若非同一事故，在中国永远都存在着同命不同价，每一条命的价格是不一样的，比如说国有企业的员工和民营企业的员工，就不一样。排除工伤，非因公死亡，是自然死亡的，国有企业员工非因公死亡丧葬费四千元，民营企业的员工丧葬费补偿是两千元，抚恤金都是一万块，接下来民营企业拿了抚恤金和丧葬费就没有其他补偿了，国有企业还有职工的困难家属生活补助费，这是浙江省全省统一的，显然是同命不同价。交通事故里面关于赔偿，对受害人而言，收入不同，地区不同，所获得的赔偿额度也是不一样的。被盗被抢的车辆，车主是不承担赔偿的，由盗窃者、抢劫者来承担赔偿。盗窃者、抢劫者惊慌失措开车逃跑撞你，他有能力赔吗？没能力赔。第三责任险免赔，被盗车，保险公司不赔，哪一个先赔，交强险范围内赔偿，交强险赔完以后的丧葬费，可以由机动车保险基金会来赔，那就有限了。所以我们说，过马路的时候，最好注意红绿灯指示，不要横穿马路，我们不知道肇事司机是不是喝醉酒，不知道这个肇事车辆是不是被盗被抢的，不知道司机是不是无证驾驶，你也不知道侵权人的赔偿能力，所以我们要注意这个问题。

日常行为中还要注意几个问题。第一，把车借给人开，如果发生了交通事故怎么办？很简单，向你借车的人有没有驾驶证，这个驾驶证是否在有效期内，这是你必须审查的，如果你明知他没有驾驶证，最后出了事故，那肇事者和车主本人一起承担连带赔偿责任；如果你知道对方有驾驶证，但是不知道他昨天晚上醉酒驾车，驾驶证被吊销了，这种情况，两个人也是要一起承担连带赔偿责任的。除此以外被借车者就没有责任。同样的，租车也是一样，把车子出租给别人，你只要出租给有驾驶证的人你自己就没责任，这就要求我们改变一个行为模式，车子最好不要外借，如果朋友开你的车出了交通事故，你要不要承担法律风险，其中就非常复杂。

关于车辆的第二个现实问题是买卖。我把车子卖给别人，若放在以前没有过户发生的事故，我要承担连带的赔偿责任，现在不是这样，只要你们双方签了合同，车辆交给对方了，那这个车子发生的一切问题都与你无关。但是，若是你的车子已经报废了，仍然卖给别人，或者已经达到报废条件还卖给别人，那原车主要跟他一起来承担连带赔偿责任。所以在车辆问题上，我们要注意这些问题。交通事故还可能面临行政处罚，比如说我们开这辆车出了事故，有可能要被扣分，还罚款，甚至吊销驾驶证，这里面就有三种不同性质的责任。交通肇事罪是刑事责任，刑事责任有可能被追究财产，比如说没收财产，处以罚金等，还要面临行政处罚罚款，另外造成伤害要承担民事责任赔偿。当刑事责任、行政责任、民事责任同时出现的时候，哪一个责任最先赔？现在的法律非常明确，民事责任优先，先用肇事者的钱来赔偿受害人，剩余部分才去承担刑事责任和行政责任，这也是一个国家的进步。所以我们一定要记得，合法开车、文明出行，对自己非常重要。

第三个故事，是关于养宠物的。现在城市里的人，把宠物当宝贝，但是养宠物也会引发祸事。故事发生在杭州的一个社区，一个单元楼里，楼上住着一个退休的老学者，楼下住着一对中年夫妇，夫妇俩养了一只大型犬。老学者每天下楼的时候都要受到惊吓，因为狗很凶。有天晚上老学者又被吓到了，他就跟夫妇说，你们要把狗管好，不要总是吓人，这个女主人很生气就开始吵架，结果老学者败阵而归。但是他不服气，回去以后拿了把刀，杀了这对夫妇，这是杭州养宠物最悲惨的故事。我们国家明确规定，普通人禁止养烈性犬，比如藏獒、军犬、警犬等，凡是禁止养的烈性犬等危险动物致人损害的，宠物所有人承担赔偿责任，而且受害者不用举证。这里面我们要注意区分的是，如果是喜欢狗，去挑逗玩弄它致使自己受伤的，那是要自己承担责任，如果是宠物的主人没有尽到管理职责的要连带赔偿。现在有些人养的宠物稀奇古怪，前段时间有个故事，说山东的一个女孩子到广西去，带着她的宠物——两条蟒蛇。这个女孩晚上自己出去玩，结果两条“可爱”的宠物就跑出来散步透透气，别人被吓到后就报警。警察来了以后第一个问题就问，你有养这个东西的许可证吗？她说没有。没有怎么办，那是国家一级保护动物，私自拥有保护动物是犯罪的，所以她现在仍然在广西的监狱里，两条“可爱”的宠物收归国有。说到动物，我们来看，如果动物园里的动物不小心跑出来怎么办？这里法律有规定，如果动物园在管理上没有过错，而是动物自己跑出来，比如说我们住在动物园旁边的，老虎兽性发作把笼子咬开跑出来把人咬死，谁赔？从侵权责任的角度上，没有人可以承担赔偿，但是从公平原则来讲，动物园要承担补偿。所以住在动物园旁边，还真有点危险，猛兽万一跑出来，人被咬到了，还得不到赔偿。这几个故事告诉我们，宠物要有选择地养，要好好养，至少要有许可证才能养；第二告诉我们，动物园旁边千万别住，住了有一定的麻烦；第三，邻居之间要和睦相处才好，不要动气，否则家破人亡，两败俱伤。

第四个故事，这类事故也经常发生。杭州有个小姑娘，上班的途中被楼上掉下的玻璃给砸断了一条腿，现在截肢了。在城市里经常会碰到这些倒霉事，我还听过一个故事，一个大妈菜市场买菜回来，掉下来一个袋子，里面居然装着粪便。这样的故事让我们非常懊恼，事故发生以后我们该怎么办，先不说解决方法，相同的两个故事却有不同的结果。重庆有一位居委会大妈，楼上楼下通知人家开会，从单元门口出来的时候，被楼上掉下来的一把菜刀砍伤致死，她的儿子起诉，重庆法院判决的时候，法官问原告菜刀是谁扔的，原告说我怎么知道，法官说你不知道谁扔的你告谁，原告说，这栋楼里面除了一楼我都告，法官的判决是，没有明确的被告，判决驳回原告的诉请，这个故事发生在 2009 年。同一年在青岛，一个爸爸抱着两岁的小孩走出单元门口，天上掉下一个烟灰缸，砸在小孩的头上，来不及到医院就死亡了，爸爸妈妈悲痛欲绝，把二楼以上所有的人都告了，法院的判决是，二楼到顶楼的人，只要证明你们当天家没人就不用承担赔偿，否则大家平摊责任。为什么在 2009 年类似的案件在不同的地区有不同的判决？这个有必要向大家介绍一下中国的法律体系，民事案件在我们国家没有绝对的对和错，即便在我们台州市也有可能会产生出同样的事情两种不同的判决结果，因为这实行的是一审二审的分摊体系，一审的判决生效以后没有上诉，审判结果就生效了；如果上诉，二审法院，和一审的法官一样，自己内心有一杆秤，每个地方的判决的结果取决于每一个法院的认识，每一个地方的理念。为了佐证，再给大家讲一个故事，“保姆继承遗产案”，大家可能听过，在杭州有一个保姆，老头去世以后，把自己名下将近一千万财产，都留给保姆继承。老头的子女不服气，起诉到了省高院，最后省高院认定，遗嘱表达了遗产所有人立遗嘱的真实意思，判决遗嘱有效。成都也有一个类似的案件，成都市中院判决词是这样说的，如果判决被告胜诉，驳回原告的诉请，这种不良风气就会被大大引导，会造成很多人不做正常的工作，都去做保姆，而且是做异性的保姆，所以成都中院判决原告胜诉，遗嘱无效。每一个地方针对相似案件都有不同的判决，当然我们也要说，法官要有一颗明镜一样的心，才能做好判决。现在老人为什么摔倒没人扶？彭宇把老人扶起来以后，家属赖上他，法官说，你若无过错，为什么要主动扶老人。彭宇案的影响很大，传统美德也因此沦丧，专业人士从法律风险的防范角度要说的是，路上看到老人摔倒，你还真得三思而后行，因为你真的不知道会不会有问题。

在嘉兴，有一个小姑娘开车，看到旁边骑自行车的摔倒了，她停车组织施救后就离开了，后来受害者的家属来问，现场的一对夫妻说，肯定是那个开车的小姑娘撞的，要不然她怎么停下来救人。还好警察从监控里看到，就是这对夫妻骑着电动车把人撞倒了，幸亏有监控，要是没有监控，这个小姑娘就被冤枉了。下次碰到这种事情，如果你有心，想要扶摔倒的老人，我个人建议，招呼身边的人一起去扶，大家互相作证，才能把好事做好。刚才我说的这个故事，引申开来，为什么同样的事故有不同的判决？如果再有菜刀从楼上掉下来砍伤人，怎么去获得赔偿？现在全国有一个统一的标准，这个标准就来自于《侵权责任法》，只有自己证明你不可能侵权才不承担赔偿，否则所有相关的人都要赔偿。怎样才能证明自己无责任，很简单，你只要证明不在场就行了。阳台上也不要乱摆东西，天有不测风云，尤其像我们台州地区，每年都有那么几次台风，哪天人不在家，东西掉下去，那时候都是说不清楚的，所以要注意这方面的行为，预防事故发生。

第五个故事，关于产品安全。产品责任的承担模式是无过错责任原则，只要是吃了或者用了这种东西造成损害的，生产者或者有责任的经营者就要承担赔偿责任。生产责任有哪些模式，类别有哪些？产品责任首先是设计缺陷，我们大多数人都用过熨斗，最早的熨斗是美国人发明的蒸汽熨斗，上面没有盖，水是沸腾的，那个熨斗随时都会烫伤人，这就是设计上的缺陷，如果导致损害那就要赔偿。有一个经典的案例，在北京至福州的高速公路上，有一辆日本牌子的车，开着开着玻璃爆炸了，日本方面说我们的产品质量没问题，中国方面说肯定有质量问题，于是对玻璃进行检测，结果是因为玻璃的设计问题，导致爆炸，最后日本企业承担了赔偿责任。第二是生产缺陷，比如说像毒禽蛋，加入了苏丹红，生产上面有缺陷。第三种，我们要注意的是，消费警示缺陷，在以前因果冻噎死小孩和老人的案例很多，吃东西的时候一口吞下去导致死亡，后来，果冻外包装就加了一行字，“三岁儿童不可单独食用”，如果没有这个警示标志，果冻的生产者就要承担赔偿。消费警示要非常明确，如果警示不到位，发生损害了厂家也要承担赔偿。

一个蛋糕坊大概 25 平方米大，每天要用一种杀虫剂杀虫。这天老板拿了三瓶新买的杀虫剂，跟店员说你们下班的时候喷一下。三名员工下班了都听老板的话，第一个人把一瓶喷完了，第二个人喷了 75%，第三个喷了 25%，喷完后就关店里的灯。杀虫剂里面有一种可燃物，碰到明火明电就会爆炸，结果这三个人均不同程度烧伤。这个案子我接手以后分析发现，杀虫剂上面没有警示标志，只画了一个“骷髅头”表示危险，我们就问厂家杀虫剂要喷多少比较恰当，他说他们的测试是每一平方米喷 10 毫升就行，而不知情的员工差不多喷了快两瓶，能不发生爆炸嘛。我们认为他的警示标志没有做出明确的危险提示，最后法院采纳了我们的意见，判决生产者承担赔偿，这是消费警示缺陷。

还有一种叫跟踪缺陷。产品进入市场的时候，允许把现行的科学技术水平下未发现缺陷的产品投入市场，但是厂家对产品有跟踪召回责任，车辆有召回，食品现在也有召回，召回就是看跟踪缺陷有没有做到位。丰田车出问题之后，丰田章男到北京口头道歉，深表遗憾，国家工商总局就问他，中国的这些消费者权利怎么保护，他说依照中华人民共和国的法律处理——免赔，也就是说丰田的车子在中国出了这些事情却不用赔一分钱，行吗？浙江不答应，尤其是浙江省工商局不答应，浙江的工商局告诉丰田说，在浙江不能免赔，因为在十年前，浙江将汽车列为三包产品，于是，全国只有浙江 4S 店销售的才承担赔偿责任。

关于产品责任，我们应该向美国学习。美国的产品责任有一个叫服务缺陷，我不用条文去解读，就讲一个故事，说一天一个 84 岁的老太太到肯德基要了一杯玉米羹，工作人员递给她，老太太颤颤巍巍，手不稳，玉米羹溢出了几滴，这天老太太穿的是裙装，于是汁就掉在她的腿上起了四个包。若是中国老太太，服务员说老奶奶对不起，今天这餐我请你了，老奶奶可能就算了，美国老奶奶可不这样，于是打了电话给律师，律师马上就检验，取了样说那天的汁温度是 84 度，肯德基的产品最高温度不超过 50 度，超过你的服务标准，你的服务有缺陷，起诉，所诉一亿美金，美国经过一审二审，判了 284 万美金。我们国家法律除了食品安全法里面有一赔十以外，其他的产品缺陷、产品责任，是不是要加倍赔偿，加多少倍我们老百姓才能答应，这是法律界要研究的问题。我们国家的食品安全所面临诸多问题，比如彻底杜绝地沟油，必须要制定更严格的法律。我们老百姓自己也要懂得维权，我有一个同事，去年端午节前夕买了一包粽子，回家发现有问题，他就包起来，第二天拿着购物小票去超市。超市方面说，对不起，以一赔十，我同事说一赔十就结束了吗？请你们部门经理过来，超市员工说经理没空，一赔十如果不要，就算了，我同事说你把我的名片给部门经理，等他有空跟我联络。结果还没迈出超市的大门，经理就来电话了，他说我们协商一下怎么赔，如果可以我们愿意付 3500 块钱了结这件事情你看怎么样，我同事说看你有诚意，这件事就这样吧。所以我说，我们面对日常生活中的这些侵权行为，自己有维权吗？如果人人都有维权意识，那些不法行为就没有滋生的空间。

踩踏事件全世界都会发生，承担公共场所管理职责的部门，如果管理不到位，要承担赔偿责任。公共场所包括宾馆、商店、银行、车站、娱乐场所、学校，包括有关部门组织的群体性活动，一定要注意公共场所的安全管理，包括相应的警示标识都要到位，比如说小心台阶、注意路滑等等，保证相应的疏通管道，才能保证安全，否则组织者就要承担赔偿。

马上要新年了，很多单位以及老百姓家里都会请人来擦玻璃，尤其是高楼，擦外玻璃。如果擦玻璃的工人是因工作原因受伤，那叫工伤，我们有一个同事的叔叔家请了一个保姆，回来以后签了一个合同，就给他们家买菜、洗衣、做饭，这天保姆到菜市场的途中被车撞了，肇事司机逃逸，保姆就要求雇主赔偿，协商不成诉至法院，结果判决是保姆履行工作中受伤，所以他叔叔家赔了 70%，保姆自己承担 30%，我说这个判决是错的，为什么错？因为个人不应该承担 30%，他是给你东家去买菜，是履行雇佣劳务过程中受到的伤害，应该由雇主承担全部的赔偿。这么一说，很多人就问，那我们家临时工、钟点工、保姆如果遭受意外难道都要雇主承担责任？我们要改变思路，不要跟保姆个人签合同，你可以去家政公司请人，签一个雇佣保姆的协议，这样如果出现意外，雇主就不用承担赔偿，最多是人道主义的补偿。现在的家政公司发展得很好，顺便介绍一下国家刚刚出台的扶持家政公司的政策，员工制家政公司的保姆、钟点工等，所提供的家政服务免征营业税，这是对家政公司莫大的支持，所以你尽可以请家政公司的保姆、钟点工给你干活，尤其过年了，别自己给自己弄个不愉快。

医患纠纷是目前最复杂的案件，而且有一个不好的现象，几乎没有律师愿意代理患者去告医院，吃力不讨好，失去亲人的悲痛、法律的障碍再加上对律师的不理解，恶性循环。我今天只想说一下，第一，患者如果不配合，那导致的损失自己承担；第二，紧急情况下，为了抢救，病人家属不签字，院长批准是可以实施手术的；第三，我们到医院检查的时候，你可以拒绝异性给你检查，你也可以拒绝实习生在旁边，因为这是患者隐私权的保护，病历有涂改发生的责任都由医院承担。

讲到这里我要特别提示，哪些情况下是不承担赔偿的。球类比赛中意外受伤死亡事件有很多，法律上把它们称之为自担风险。你要去踢球，就要有受伤准备，这是不可避免的风险，比如学校组织比赛你受伤了，学校不用承担责任。现在大家喜欢自驾游，组织驴友自驾游，前不久一个浙江人到四川玩，发生雪崩不幸遇难，如果说他不是组织者，只是参加者，我们认为这叫自担风险，风险要自己承担。还有一个，假如我们几个朋友到餐厅里去吃饭，一摸口袋大家都没带钱，老板说你们留一个人下来，其他的人回去拿钱再来赎这个人，这个叫非法拘禁吗？不是，这个叫自助行为，所以自救、自助、自担风险都不是侵权行为。

有一个经典的案例，广西柳州有一个民政局的局长，传播情色信息，有民众向媒体反映，媒体的记者就去采访。局长同意接受采访，采访完，局长发现记者在录音，就要求消掉录音，记者不同意说我有新闻采访自由权，局长就把记者扣留住，最后记者状告局长侵权，法院判决局长属于自救行为，任何一个记者有采访权，被采访人有拒绝采访权，不管是谁都可以拒绝采访，所以这种自救行为是可以的。

刚才说我去挑逗动物被咬伤了，这是我受害人故意的行为，动物主人不用承担赔偿；如果是第三人所造成的，当然也不用我承担，比如我把车借给别人开，他有驾驶证，他把人撞了，我当然不用赔偿。还有，不可抗力，就是说不能预见，比如地震，大家受到损害谁都不用负责；还有正当防卫，我打你，你肯定要自卫，自卫把对方打伤了不叫侵权；紧急避险，比如说你们家邻居着火了，消防队来救火，看着火势不妙，为了防止另外的人家烧掉，把你们家房子给拆了，这叫紧急避险，消防队也不用赔。正当防卫、紧急避险、不可抗力存在受益者补偿的问题，虽然没有侵权人，但是有受益人，比如说我是为了救大家的房子不被烧掉，把你家房子拆掉了，那你家房子的损失由幸免遇难的家庭来补偿，这叫补偿原则。上述故事告诉我们，有一些行为我们是不赔的。我们国家的民事权利很多，有生命权、健康权、姓名权、名义权、荣誉权、肖像权、所有权、隐私权、婚姻自主权、所有权、担保物权等人身财产权利，包括生育权，这些权利的保护都是按照刚才所说的四个要件去做的。但是我们身边有很多小的行为需要我们去注意，比如晨练或者晚上跳街舞、唱越剧等等，这些行为都不能干扰到居民的生活，否则就造成侵权。在小区里晨练晚练干扰别人怎么办？你可以向物业投诉，物业有管理的职责和义务，如果物业管不到，真的给你造成损害了，比如说你神经衰弱，抑郁了，你能证明你的神经衰弱和抑郁是与晨练的人有关，那他们要承担赔偿。我们所有人的行为，都应该以不伤害别人的利益为前提。

在杭州刚好发生这样的事情，“最美妈妈”吴菊萍，接住楼上掉下来的婴儿。她的行为是见义勇为，吴菊萍本人受伤是由于见义勇为、紧急避险等各个方面造成的，婴儿家当然不用赔偿，但是应该补偿，补偿吴菊萍受伤、治疗、休息这段的损失，阿里巴巴一次性给了20万，马云很会做广告，说是奖励，其实依照法律的规定，吴菊萍的行为属于工伤，工伤的责任当然由她所在的单位阿里巴巴来承担，那是阿里巴巴的法定义务。最后总结下：第一，我们的行为不能给别人带来麻烦；第二，给自己带来收益；第三，给别人带来阳光。能做到这三点，侵权责任法将会是永远的纸上法律。

今天上午沟通到这里，谢谢大家！

（以上内容根据2011年10月29日的讲座录音整理，略有删改）

法国文化为何走在时尚前列

何敬业

主讲人简介：何敬业　浙江台州人，华东师范大学法语教授，上海师范大学兼职教授。法国语言、文学、文化专家，获中国资深翻译家荣誉称号。

各位早上好！很荣幸今天能够到我童年居住过的椒江，那个时候叫海门，来跟在座的诸位交流关于法国的一些情况，我很感谢台州市图书馆给我这个机会。我是 2 到 7 岁住在海门，在海门中心小学念过三年书，从一年级到三年级。因为离开海门已经半个多世纪了，期间虽然有时候也来，但是变化太大，所以已经很难再找到以前我玩的或者熟悉的地方了。当然我觉得现在新的城市面貌非常好，台州市对文化建设那么重视，这是一个城市，一个国家走向文明很好的体现。今天来讲讲法国为什么能站在世界文化、时尚前列这样一个问题，也希望我们生活能够更有质量。

大家知道，世界上有两个“梦”，一个是“美国梦”，就是鼓励人们通过自己的努力成为亿万富翁，像比尔盖茨、乔布斯，这非常好，因为经济是基础，而且从亿万富翁的奋斗过程中我们能看到人生的价值，他们对人类的物质文明起了很大的推动作用，这是现在世界上很多人都在做的一个梦，就是“美国梦”。另外一个梦，则是“法国梦”，“法国梦”实际上谈的是第二个层次，一个人享受物质生活后如何满足自己的文化需求。在这里，美国梦和法国梦是一个象征，前者是后者的基础，如果没有坚实的经济基础，衣食无着也不会来听讲座，所以人在经济生活有一定基础以后，才思考如何享受更好的文化生活。

“时尚”这两个字，在某种情况下就代表着文化的一个感性的含义，讲时尚其实也是讲文化。大家对法国肯定不陌生，法国是世界上公认的文化大国。看一些简单的数据：法国本土只有 55 万平方公里的面积，相当于我们中国陆地的 1/17；法国人口 6000 万左右，约是中国的 1/24；但法国经济地位永远排在西方国家的第四、第五，我们可以想象它的实力。

在座的各位大多会觉得，时尚就是高档消费品，其实不尽然。我们先从感性上举一些大家都不陌生的例子。衣服，时装，先要正确理解时装的概念，并不是这件衣服价钱很贵就可以叫时装。哪怕你在商店里买的一万块钱的衣服，或者两万块一件的晚礼服，如果是批量生产的，就不叫时装，叫成衣。真正的时装首先应该是量体订做的，大家都看到，戛纳电影节，东京电影节，上海电影节，那些明星们在红地毯上走秀，两个人衣服一样就叫做撞衫，就不叫时装了，为什么？量体订做就意味着这件衣服只能章子怡穿，穿在巩俐身上就不行，所谓增一分则长，减一分则短。法国有个一流的时装品牌，中文名叫圣罗兰，这个品牌是上个世纪 60 年代创造的，它的典型衣服永远只是黑色或者是藏青这样深颜色的，花色的不是它的风格，这个服装如果是量体订做一件，在上个世纪 80 年代将近 20 万元人民币。但是同样的料子，同样的款式，同样的牌子，也是圣罗兰，如果在店里卖只要万把块钱。对于明星来讲，自然要选择量体定做的而不是去成衣店里买。法国还有另外一个品牌，大家也很熟悉，香奈儿，它的创始人香奈儿女士说过一句非常经典的话，“时尚稍纵即逝而风格永存”，这句话很精辟地把时尚跟文化内涵解释透了，如果时尚是有风格的，有深厚文化内涵的，就会流传下来。时尚什么意思？“为时尚早，长时从尚。”时尚分为流行和经典，流行时尚是在特定的时间内，率先由少数人进行实验，然后为大众所推崇、仿效的一种生活样式。这是“为时尚早”，而“长时从尚”指经典时尚，它不但时髦，而且是经典传承的。比如说我们的百年老字号，在它创建的时候肯定是一个流行时尚，但是当它流传几百年甚至上千年，照样为人们所推崇，就是经典时尚。如果说追求时髦，是浮华的，是短暂的，一时可能很狂热，那么经典传承是高级阶段，是一个完善的文化时尚。在衣食住行的“衣”上，法国人处于领先地位，世界五大时装之都：巴黎、米兰、伦敦、东京和纽约。如果意大利米兰时装秀的设计，不到巴黎这个舞台上去展示一下，恐怕是很遗憾的，而若你的时装秀是在巴黎做的，那你没有去东京，没有去纽约，人家还照样认可你，这说明巴黎在时装界龙头老大的地位。

我不知道台州有没有法式面包店。法国有两种代表性的面包：一个是邓小平在法国勤工俭学时喜欢吃的，croissant，中文翻译成羊角面包，有些大城市有可颂坊，就是法国羊角面包的意思。羊角面包现在在中国比较流行，它的味道很不错。还有一个面包是大众化的，长棍面包，如果买来隔夜放着第二天根本咬不动。为什么这个面包会成为法国饮食里面一个经典时尚的东西？去过法国、西欧的人都知道，在饭店里吃饭，面包是不要钱的，随便拿，因为这个面包如果当天不吃完，第二天咬不动，就不好吃了，可见法国人非常注重饮食品质。法国大餐在世界上很有名，大家很推崇，我认为在椒江投资一家正宗的法国餐馆非常好，当然最好大厨一定要从法国请来。说到法国大餐，许多人知道蜗牛、牡蛎等，都是代表性的世界级美食，法国大餐吃的是气氛，是氛围，跟填饱肚子是两码事。我们中国有一位美食家，苏州的周瘦鹃先生，说过一句很经典的话，美食跟金钱、填饱肚子毫不相干。如果你要填饱肚子三块钱一碗阳春面就够了，或者买个馒头豆浆也能吃饱。第二，美食不是以金钱来衡量的，一盆青菜也可以做成美食，它的奥秘就在于那位大厨，所以吃美食实际上是吃“厨师”，如果你信赖这个厨师，你可以同他讲我今天预算 500 块钱，他就会给你烧出这个价位的美食来，哪怕只是青菜烧出来也与众不同，否则你花五千一万，厨师烧得不好也不是美食。法国大餐吃的是氛围，品味的是它的文化。你在法国吃饭的时候，如果是请客，所谓正宗的大餐，一定是台布、餐巾配套的，水晶酒杯，银光闪闪的三件套餐具，男女优雅坐好，装牡蛎的盘子洁白如新，下面是晶光闪闪的冰块，上面铺着切开一半的淡黄色的牡蛎，周边是葱绿的香菜。水晶酒杯里是白葡萄酒或者香槟酒，一定是白酒，白酒配白肉，红酒配红肉。我们中国人喝酒的动词叫喝，法文的动词是品，其中的区别不言自明。我举一个极端的例子，法国 20 世纪一个很有名的戏剧家曾经说，他母亲的第一个未婚夫，有次吃肉和鱼，没有把嘴巴擦干净，在香槟酒杯上印下了油印子，结果那个剧作家的母亲因此而与未婚夫告吹。剧作家很幽默的说，还好吹了，否则就没有我了。这也可以看出，法国人在吃饭的时候，把文化放在前面，并不是单单为了填饱肚子。法国人吃饭的时候会喝五种酒，饭前开胃酒，吃饭的时候，红酒配红肉，白酒配白肉，档次高些会喝香槟，吃完饭以后来一点点消化酒。当然也有很多酒徒，他们酗酒，是社会的公害，但主流社会还是温文尔雅的。

住，法国的建筑物体现了他们的文化。上海的人民广场大剧院、浦东机场、东方艺术中心，都是由当代的法国建筑师设计的，大家可以看到他们在建筑艺术上的创新精神。上海大剧院，屋顶上面平平的，下面是圆弧形的，的确令人赞叹。当然不是说我们都去造这样的房子，而是从中得到启示，原来房顶可以这样造，给你一个启示让你去创新，并不是一再去模仿。我去年翻译过一本书，主要是讲法国的文化在上海留下的痕迹。我们中国的旧城区大改造，5 年后再来你就不认识这个地方了。我几次去巴黎，中间隔了十几年，市区基本上没有变动，巴黎 100 多年市区格局基本不变。旧上海的法租界基本上集中在徐汇区、卢湾区，今天大家到上海去，衡山路、武康路、新天地，田子坊这些房子基本上保持原样，大都是法租界时候造下的，到现在已经有八九十年了，它为什么能保持原样，而且成为怀旧的一个经典？当时法国人在租界上规定：法租界的地盘不准造木头的砖瓦结构的中式房子，为什么？因为当时中式房子没有卫生设备，没有下水道，只能用马桶。法租界规定新造房子必须有抽水马桶，必须是钢骨水泥结构，当时许多中国居民反对，我们可以理解并支持这种爱国主义，但当年的殖民主义者对我们中国人的限制，今天却成了我们城市保护的一个样板，上海旧房改造最少的就是卢湾区。我们并不赞成殖民主义者居高临下奴役我们中国人的理念，但是在建筑风格、建筑艺术和宜居环境上，不得不佩服他们的远见。

行，曾经辉煌一时的法国协和号飞机，超音速两倍，形象的说，上海直飞巴黎，大概 11 个小时左右，中午 12 点从上海出发，到巴黎是下午 5 点，中间有 7 个小时的时差，如果是协和号客机，上午 12 点上海起飞，到巴黎是上午 10 点，就是说比地球的自转早两个小时。

高速火车，全世界最早的高速火车诞生于法国。法国领土 55 万平方公里，正六边形，我们可以找到国家的中心位置，它距南北东西都是 1100 公里，比上海到北京还要少一点，上海到北京是 1280 公里。法国人最早发明投入营运的高速火车，时速 280 公里，从巴黎出发到任何一个周边的城市，半天都可以往返，不需要有卧铺，后来日本的新干线仿效，速度超过它，然后我们中国仿效，速度再次超过它。

今天女士们拿一个 LV 的包，最贵的几十万块钱一个，LV 是法国人发明的，这个包之所以成为今天女士的时尚首选，很多人也许只看重他的价格，几十万块钱一个，说明我是有钱人，未必知道 LV 这个包的文化内涵，它为什么会成为世界经典的手提包。LV 的品牌创建于 1854 年，离现在已经有一个多世纪了，是法国一个工人在一间小作坊里创造出来的，让他扬名世界的是一次众所周知的灾难——泰坦尼克号沉船。若干年以后，有人在打捞沉船物品的时候，捞出一款 LV 的包，居然滴水不进，所以 LV 包才有那么大的世界信誉，这个传说是否真实待考，至少它的质量的确是一流的。所以今天我们推崇它，千万不要只追求它的金钱价值。LV 是 1854 年，香奈儿是 1913 年，迪奥是 1947 年，都是几十年上百年的老牌子，它们的长盛不衰一定在于自己的内涵，我们今天追求时尚，也要展现自己的审美品位，不是拿一个几十万的包就显得高贵，虽富但不贵，贵跟富是绝对不等同的两个概念。

法国人创造了很多生活当中时尚的东西，我刚才讲，为什么圣罗兰的服装在店里一万可以买到，但订做就要二十万，因为光有一两个明星来穿肯定不够，他们在上世纪七八十年代，在时装界推出了一个新的理念，“美在大众”，借用中国的古诗来讲，“旧时王谢堂前燕，飞入寻常百姓家”。大家知道不管什么衣服穿在模特身上都很好看，那是因为他们身材好，女模特身高都要 180

厘米以上，但是现实生活中有几个女的身高达到180厘米？法国的时装对中国人来讲是比较适合的，他们的身高跟我们中国人很相近，法国标准男士在上世纪70年代平均身高1.72米，我们在座很多人都很标准，女士只有1.60–1.65米，所以他们的服装是很适合我们中国人的。我们中国的女孩子，在西方人的眼里，个个都美若天仙，因为我们的皮肤细腻，我们崇尚外国人浓眉大眼，对他们来讲正好相反，很多国外的朋友经常跟我说，女孩子眼睛细细小小的可漂亮了，因为他们看惯了大眼睛，我们看惯了小眼睛，如果了解这种时尚文化品位我们就会更加有自信了。

从这个角度来讲，每个民族都有自己的特点，上面讲的衣食住行是我们生活当中的，其实法国它的时尚文化内涵更多表现在政治、科技、文化、教育等方面。法国有着几千万人口，55万平方公里的土地，它在世界的革命历史上有两次都走在全人类的前列，1789年，中国是清乾隆54年，法国大革命爆发，这是人类历史上第一次彻底的资产阶级革命；1871年3月18日，巴黎公社成立，这是人类历史上第一个无产阶级革命的样板，所以我们可以看到法兰西在思想意识形态上有很强烈的先锋模范作用。科技，我们也可以举出一些例子，比如搞化学的拉瓦锡，法国人，现在用电所称的安倍，就是以他的名字命名。居里夫妇大家更加耳熟能详，1994年的时候，法国政府把两夫妻的遗骸迁葬到巴黎的先贤祠，把他们供奉起来，可见法国对文化的推崇。

法国以前的流通货币是法郎，纸币上印的全是文化名人，而不是政治家，比如德拉克罗瓦、卢梭、孟德斯鸠，这些人的画像印在钱上面，在法郎变成欧元之前，最高面值的500法郎上面印的就是居里夫妇。我们中国以后会不会有文化名人，孔子，或者其他世界级的大师头像印在我们的货币上，大家拭目以待。文化时尚方面大家太熟悉了，只要你去巴黎肯定要去看卢浮宫，1789年大革命胜利把路易十六送上断头台后，第二年卢浮宫就变成了一个博物馆。卢浮宫有镇馆三宝，蒙娜丽莎画像、断臂维纳斯、无头胜利女神像，当然卢浮宫几十万件藏品，每件都价值连城，里面也有很多我们中国的东西。联合国早就通过决议，所有的文化遗产应该归还给原有国家，但是这个决议通过以后，到现在为止也不能彻底实行，原因有两点：一是拥有者不愿意拿出来，二是原有国中的一些国家不适合保存文物，比如说阿富汗的巴米扬大佛因战争被毁，这种类似的情况再发生，许多人类的文明就消失了。上个星期看上海的一个纪实频道，里面讲上海人樊锦诗，现在是敦煌研究院的院长，她很公允的说了一句话，虽然英国、法国、德国、俄国这些帝国主义者从我们中国偷走了，盗走了，买走了敦煌的很多文物，所谓“敦煌在中国，敦煌学在外国”，但这个话从另外一个角度，从文化无国界这个角度来讲，我们应该处之泰然，他们在研究，有些成果还超过我们，由于我们中国各种各样的原因。所以有时候我们要全面地来分析一些问题，当然今后我们有实力了，有条件了，能够把它们拿回来更好，但现在如果在文物保护上，我们还没有足够的科技手段，暂时“放”在卢浮宫，或者其他博物馆，我觉得还是可以的。文革当中，我们在湖南长沙马王堆出土了很好的文物，但是当时没有保护的措施，打开棺盖，一跟空气接触就灰飞烟灭了。大家去参观过西安的兵马俑，每一个兵马俑都是灰色的，其实原本应该是彩绘的，为什么颜色变成这样，当时刚出土一跟空气接触全部变灰了。当我们没有足够的科技手段去保护文物的时候，最好还是谨慎行事。

教育，我们今天在座的各位很多可能会把你们的子女送到国外去接受教育，我这里有一个小小的建议，法国是世界文化大国，如果你的孩子喜欢社会科学，我建议你把子女送到法国，为什么？第一，法国的公立大学不收学费，一分钱都不收，只有注册费用。只要你注册进入了国立大学，不论你是哪个国家，不管你是什么种族一律免费，可以省很多钱。但如果你要读艺术学院，或者读 MBA 和私立院校是要付费用的。法国大学生享受很多的优惠，去博物馆免费，看电影每个星期有一天半票，住宿国家贴钱，吃饭国家贴钱等等，所以很多人在法国念大学，他们不像我们四年一定要毕业，他们有些人愿意多做几年大学生，因为好处太多了。如果你是搞人文科学的，我认为法国是首选，并不仅仅为了省几十万块钱，而是因为它是一个世界文化大国。真正现代化的中国大学，最老的也不到 120 年，巴黎大学已经有将近七八百年的历史，这是真正意义上的现代化大学。

下面我来分析一下，为什么法兰西文化会走在世界文化、世界时尚的前列。法国有着得天独厚的地理环境，人类文明的创造和地理环境是密切相关的，如果是一个沙漠，一个不毛之地，根本不适合人类生存。我们知道地球可以分为东半球、西半球，北半球、南半球，还有一个专业的分法，地球还可以分为水半球和陆半球，拿一个地球仪来看，以法国西边一个城市南特为中心点，以一个等距离为半径，在地球上画个圈，法国位于陆半球的中心。以前航空业、通讯业不发达的时候，国际性的会议经常在法国举办，因为80% 的陆地国家都可以等距离到达法国。法国的地形基本上是平原，意大利、瑞士、西班牙这些周边国家都有山脉，而法国海拔平均在 200 米以下，55 万平方公里土地都可以住人。法国的纬度很高，法国的最南端，除科西嘉岛外，纬度相当于是中国沈阳了，最北端相当于在哈尔滨以北，但是法国冬天 12 月平均气温在零上 1 度，夏天平均气温 23 度，夏天巴黎平均气温只有 18 到 19 度，很舒服。为什么法国纬度跟中国东北一样却那么暖和，因为有大西洋暖流经过，所以它冬暖夏凉，当然有很冷的地方，跟阿尔卑斯山接近的地方还是比较冷的。

第二，人口稳定。现在世界人口已经超过 70 亿了，法国的人口很稳定，200 年来只翻了一番不到，从三千万到六千万，而且这六千万人口里面有很多是移民，法国的移民人口占到 1/10。法国人口增长为什么那么慢，第一个原因是战争，法国是第一次和第二次世界大战的重灾区，第一次世界大战以后，大量移民涌入法国，因为战争，无数青壮年死亡，所以他们需要劳力，移民不需要签证，只要你能买一张船票，登上轮船就可以去了，可以半工半读。我在巴黎碰到的华侨的第二代，基本上都是一战以后去的。昨天 11 月 11 日是西方世界最大的纪念日，一战停战日。第二是享乐主义，这和我们现在很多丁克家庭是一样的，法国夫妇觉得有个小孩子抚养起来太麻烦，所以孩子生得少，但是外国人又很喜欢孩子，这也挺矛盾。

第三，法国包容性强，如果一个社会是很封闭很排他的，这个社会是有缺陷的。法国的移民很多，除了巴黎，其他人都叫外省人，但是他们对外来移民有很强的包容性，这跟他们的民族特点有关：自由、平等、博爱。有了这个包容性，在文化的创造上就具备了非常好的条件，毕加索不是法国人，超现实主义的著名画家达利不是法国人，我们中国的抽象派画家赵无极、朱德群，还当上法兰西美术院院士。不管你是哪一个国家的人，只要你在法国做出文化、科技上的成绩，就是法国人的骄傲。有这样海纳百川的包容性，才是一个人追求法国梦与和谐社会生活的基础，否则的话，到一个地方总遭受歧视，那生存都有问题，别提做贡献了。当然也有个例，现在法国的极右派，他们的口号就是，如果当选总统，就把外国移民全部赶出去，绝大部分法国人是不会选他的，这不是主流社会的意见。

还有一点，城市理念。中国现在百万人口以上的城市不少于100个，特大型城市，像上海、北京、广州、深圳人口都是两千万以上，法国一共6000万人口，整个大巴黎大概一千万居民，占到1/6。法国55万平方公里土地分成96个省，也就是说法国本土所谓的省就是平均5500平方公里左右的土地。法国除了巴黎以外，还有三个城市人口超过一百万，里昂、马赛、里尔，余下4700万，分到不到一百个省里，每个省不到50万人，所以在法国10—20万人口的城市非常像样了。去过欧洲的人，第一个感觉就是人少，椒江四十多万人，还是区，在法国一万人的城市就像模像样了。但是它的城市不是一个人口概念，也不是一个地理环境概念，首先是人文概念，要成为城市必须要具备条件，比方说要有电影院、剧院、图书馆、文化馆、青少年活动中心、学校、教堂等。我们就以电影院或者文化馆为例，椒江40万人，有40个电影院吗，有40个文化馆吗，有40个儿童活动中心吗？恐怕没有。他们社区跟我们一样，街道图书室、阅览室很多，街道的阅览室可以帮你借到美国图书馆的书，把它调过来给你看，当然这有科技手段。这些例子，都说明他们城市的构建是以文化为基础，以人的生活质量为基础，而不是一个空壳。

我们一讲到法国，总会提到他们很浪漫，对爱情不专一，即使日子过得穷也要浪漫一下，我们脑子里的浪漫就是这样，其实法兰西是一个理性民族，跟意大利、西班牙不一样，西班牙女郎可能更浪漫一点。所谓浪漫其实来自于法国的文化，来自于文学艺术翻译给我们的印象。法国巴黎，香榭丽舍大街，又是香的，又是美丽的，拿破仑最后退位的宫叫枫丹白露宫，枫树是红的，露水是白的晶莹剔透的，一听就是浪漫国度。实际上，爱丽舍是希腊神话里面的女神，这个香是法文里面田园的意思，所以以前翻译成爱丽舍田园大街。法国的汽车有一个品牌叫雪铁龙，听起来很浪漫。讲到小说，讲到雨果、巴尔扎克，讲到诗歌以及法国人发明了电影等等，这些东西加深我们的印象就是法国人很浪漫，生活这么浪漫多好，我们在电影里看到男女小青年在街头拥抱，其实这是表面的现象，法国人是很理性的。法国人的理性表现在哪里？他们爱思考，爱构思，我们有时觉得法国人不好，很冷漠，实际上这里面有东西方文化的差异。

法国人是重理智的，爱好构思，为什么我鼓励你们的子女或者亲朋好友去法国学社会科学的东西，文化艺术的东西，因为他们注重逻辑分析的严密性，很多分析是为了满足心灵，而不是为了赚钱。所以法国人对行动的本身，没有像他对行动前后的时刻感兴趣，也就是只问耕耘不问收获，法国人总体来说思考多于实干，所以法国在实验性阶段硕果累累，往往是墙里开花墙外红，其他国家把它构思借过来研究出成果。我们的重点中学相当于法国的示范中学，这个理念很早，是拿破仑提出来的，法国今天这么高的文化跟拿破仑有密切的关系。他们独特的城市建筑群，新颖的文艺作品，各种各样的思想浪潮，只要你有创新都可以在巴黎立足，而且被法国人所推崇。

法国对工人有最低工资保障，现在是 1500 欧元左右，你在法国打工，由于你收入低，又会有很多优惠，他们实际生活费用相对并不比我们台州高多少，鸡蛋、牛奶、面包，这种必需品在欧美发达国家和我们中国差不多价钱。法国还有一个民族的特点，有强烈的基督教精神，现在世界上都诟病我们中国人没有信仰，有一定道理，很多人都把金钱放在第一位，由于过于崇尚金钱，出现很多问题。1987 年我在巴黎大学作研究员，那是 24 年前，在那边喝水，他们说打开自来水龙头就可以，我心里面还有点打鼓，他说你放心好了，没问题可以喝。当时80年代法国工业废水排污条件相当于上海自来水，当年去过上海的人应该知道，夏天自来水的味道是很重的。

由于法国的历史上充满了令人惊奇的、重振旗鼓的起死回生的史实，所以法兰西民族习惯于相信奇迹可以解决一切。我昨天跟两个年轻人开玩笑，在法国生活，你不可能把所有的计划都安排得很好，因为你不知道明天会发生什么奇迹。举个例子，2000年欧洲杯决赛，法国最后几分钟赢得冠军；英法百年战争，法国败的一塌糊涂，眼看就要亡国了，结果出来一个16岁的农民小姑娘贞德，说上帝号召我带领你们大家冲，结果把英国人赶出去了，所以他们很相信所谓奇迹的发生。实际上这是历史的必然在偶然的事件中发生出来，但他们往往有这种坚持——到底的精神，相信下一分钟可能会发生奇迹。当然，过于理性也会有弊病，作茧自缚。法国人个人主义表现很重，重在个人，个人责任感也很强，所以小到住宅的独创性，我们现在的房子都千篇一律，法国小的民居房都追求自己独特的地方。法国人热爱文化活动，真正全民同乐，从小学开始，小孩子都在玩，每个星期都有音乐课，他们基本上都会一种乐器，一个普通老百姓，突然得了一个乐器演奏奖千万不要惊讶，他的素质从小就培养了。

我们归纳一下，法国的文化有这样几个特点。第一，这些优秀的表现跟它悠久的文化历史分不开。讲到文化历史，中国人也很自豪，上下五千年，法国的历史不及我们中国这么长。法国是公元843年查理曼帝国三分的时候，分成了今天德国、意大利和法国的基本雏形。它的文化与古希腊、古罗马是一脉相承的，因为在公元前1世纪，罗马帝国的凯撒征服了法国，当时叫高卢，把罗马文化带到了法国，法国的文化继承和发展了古希腊古罗马民族的特质。古罗马古希腊的特质是务实、忠贞爱国、信仰虔诚及纪律严明，所以罗马帝国征服了高卢以后就推行罗马化、基督教化，引进生产技术。大家耳熟能详的一句话：条条大路通罗马。为什么这么说？因为罗马帝国打到哪里，大路就修到哪里，今天你们到法国、意大利、中欧去旅游，还可以寻访到当年古罗马大道的遗迹。

第二，刚才讲过了法国有很深刻的理性主义的传统，我们知道法国大革命前一个世纪是启蒙时代，启蒙时代的代表性思想家有四个：伏尔泰、卢梭、孟德斯鸠和狄德罗。伏尔泰讲过一句话，他说我爱豪华，爱声色犬马，琴棋书画，锦衣玉食，金银财宝，下面一句话点题，体面人都有这种追求。他很坦诚，他的意思实际上是反对封建王权，提倡人生来就是平等的，并不是讲一味的钟情声色，法国人是很极致的，因为理性所以极致，他讲精神思想作用。法国的文学在世界上那么有名，它的摇篮是贵族沙龙，沙龙在法文是客厅的意思，沙龙里大家谈的都是文学、艺术，高贵的东西，社会上形成了一种讲文化的正气，这样法国的文化才能走在前面。

启蒙思想运动高举理性的大旗，提出了六个字，全世界都把它认为是普世精神，就是“自由、平等、博爱”。博爱的原文是兄弟情谊，把任何人当成自己的兄弟姐妹，要平等，要爱他；平等是指没有特权，真正法律面前人人平等，说的容易，做到是不容易的；自由会引起很多人的误解，法国人讲自由前面还有一个定语，有一个限制：是一切不妨碍他人利益的自由行为，这才是真正的自由，自由不是随心所欲，要考虑到别人。通过这六个字的倡导，人们懂得去追求人间现世的幸福，为争取人的正当权利而斗争。这种推动历史发展的先进思想，是划时代的，是法兰西带给我们的一个宝贵财富。

19 世纪的巴黎是欧美文化的中心，今天美国在政治上领军资本主义世界，但是在文化领域，法国的优势仍然存在，法国在文学、戏剧、美术、音乐、建筑等领域不断地推出它的新理念，大胆地进行新的实践，不断鼓励创新，提供客观发展的条件，他们把创新作为文化发展的根本，创新需要勇气和社会的宽容。法国有“三多”：咖啡馆多、书店多、花店多，当然，中国的咖啡馆也很多，但不见得都有内涵，有时候里面闹得不得了，更不要说你在那边创作诗歌，创作小说了。现在很多中国作家都在咖啡馆创作小说，这很好，说明我们的社会在进步，边上没有人在打牌在喧闹，社会越来越宽容、包容。法国的咖啡馆并不以面积取胜，比如莫泊桑、巴尔扎克可能在这里写过小说，雨果在这里构思过，店面不大，却是世界性的旅游圣地。

法国文化种种表现都落实在它民族特点里一个最终的理念上——一切以人为本，深厚的人道主义精神。这一点非常重要，今天我们中国人在讨论，小悦悦在路上给人轧死了，为什么 18 个路人视而不见等等，这是很可悲的，当然我们法制不够成熟，彭宇案搞得大家实在是害怕了。但是人道主义精神，我觉得还是要呼吁发扬，人活着干什么，就是为了要过一个幸福的生活，人是最宝贵的，生命是最宝贵的，家有万石一日三餐，人在有一定物质保障以后，要提高精神修养。我举个例子，埃菲尔铁塔，当年造的时候 300 米高，它是 19 世纪，为庆祝法国大革命一百周年建造的，那时候没有电焊机，没有起重机，没有汽车运输，都是靠人力，靠建筑的技巧，300 米高埃菲尔铁塔，几千吨钢铁，没有电焊，200 多万个铆钉，建造过程中没有一起死亡事故，因为他们把人的生命看得高于一切，这个地方如果太危险，宁可慢慢地做，这种以人为本的精神是我们需要学习的。

今天我在这里说了两个小时，是想强调文化软实力对一个国家的发展多么重要，对构建和谐社会有深刻的意义。今天讲座当中如果有什么错误请大家批评指正，谢谢大家。

（以上内容根据 2011 年 11 月 12 日的讲座录音整理，略有删改）

茶的艺术

——如何泡出一杯好茶

张莉颖

主讲人简介：张莉颖　中国国际茶文化研究会副秘书长、浙江省林学院茶文化学院客座副教授。长期从事茶文化工作，曾赴日本研修“茶道”一年多，多次赴日本、韩国及东南亚进行茶文化交流。个人专著有《中国名茶茶艺》《名山名水与名茶》《茶馆常用外语（英、日）》等。在国内外杂志上，发表《绚丽的工艺茶》《论普洱茶的冲泡》《中国茶艺的多元化》等茶文化论文二十余篇，并多年为海内外茶文化工作者讲授茶文化课程。

各位茶友早上好！很高兴能有机会到台州，跟大家一起讨论关于品茗的艺术，今天的主题是“如何泡出一杯好茶”。中国是茶的故乡，世界上所有的茶都是从中国传出去的，有史书记载早在五千多年前，茶是作为药物被发现和利用的。我们今天能看到各种各样的茶，最基本的茶分六大类：绿茶、白茶、红茶、青茶（就是我们经常说的乌龙茶），还有黄茶和黑茶。六大类的分法，是根据茶叶鲜叶在加工时发酵程度的不同而定的。有一次我在马来西亚，导游指着远处的茶园介绍说：“那是红茶茶园。”这种说法显然是错误的。绿茶在加工过程中是没有经过发酵的茶，白茶是轻发酵的茶，黄茶是微发酵的茶，乌龙茶就是我们所说的青茶，是中发酵的茶，黑茶是后发酵的茶，红茶是全发酵的茶，根据发酵程度的不同，分为这六大茶类。在这六大茶类之外还有再加工茶类，日常生活中我们喝得最多的可能是茉莉花茶，花茶类还有玫瑰花、玳玳花、柚子花等。

这么多的茶，我们要用怎样的冲泡方式，才能泡得更好喝呢？首先我们来了解一下各种茶的茶性，先来认识一下茶。

安吉白茶，现在很流行，一说到安吉白茶，大家觉得它就是六大茶类里的白茶，其实不是，它属于绿茶类。它的产地是安吉，春天的时候，刚冒出来的芽叶是白色的，所以给它起名安吉白茶。白茶属于茶树的变异品种，大片的茶园里可能会有一两株白化了的茶树。其他植物也会白化，比如，种在我家小区里的栀子花树，也发现有白化现象。安吉白茶，长在茶园里的时候，气温在摄氏 28 度以下时茶叶叶面呈白色，但是它的茎脉是绿色的，做成干茶以后，也绿色的，但经开水冲泡，茶叶叶面就会慢慢变白，非常漂亮。

龙井茶，龙井茶分西湖龙井、越州龙井和钱塘龙井。这是开化龙顶，是单芽型的，单芽茶现在很多，很多地方都做单芽茶，单芽也是这十几年才有的一个新的外形特征。浙江单芽茶最早是在桐庐那边先做的，后来很多地方也模仿它做起来，因为它的外形非常漂亮，所以很受消费者的喜爱。这是黄山毛峰，是我国历史名茶，茶叶的外形特征是属于松散的兰花型。

绿茶外形各式各样，如碧螺春是卷曲形的。茶叶形状的不同，是由于加工方式不同而形成的，比如说龙井茶，龙井茶的形状是扁平形，茶叶在炒制的过程中用压的手势，把茶叶压平的。安吉白茶和黄山毛峰都是松散形的，那是制作的过程当中，没有经过压的这个工序。黄山毛峰是兰花形的，它的加工工序使茶叶保持了自然形状。安吉白茶在加工时，一般使用机器用左右摇摆的振动方式，使茶叶形成条形。

白茶的制作方式是中国茶最传统的加工工艺。白茶在加工过程当中只是采用萎凋和干燥的工艺，大家知不知道萎凋是什么意思？萎凋就是将鲜叶采下以后进行摊放，在这过程中流失一部分的水汽和青气，使之散发香气。成品白牡丹很容易碰碎，所以外形不是很好看。但白茶是非常好的茶，它存放的时间很久，而且在一定时间内存放得越久口感越好，更重要的是它有很高的药用价值，有很好的清凉解毒的功效。白茶产于福建福鼎、福安一带，以前国内很少人知道白茶，其实世界上白茶的总产量，80% 是产自在中国，而中国产 80% 的白茶是出口的，出口到欧洲，当然也销往香港、澳门、台湾等地区。到香港餐厅吃饭，就有可能喝到白茶，白茶的价格相对比较便宜，而且茶汤口感柔和、香醇。白茶有很好的药物作用，当地人把陈年白茶当作解毒的良药，比如小孩子出麻疹，可以用白茶水来清洗消炎，牙疼时可以喝白茶来减少疼痛。有一次，我和同事出差去福建福鼎开会，去的途中，同事的嗓子因为感冒哑了发不出声音，到了福鼎以后，想办法让他喝了好多老白茶。那天下午，共喝了三次老白茶，到晚上八点多的时候，他的嗓子突然亮了，这是很神奇的事，虽然不能说完全是白茶的功劳，但我认为喝老白茶也有一定的功效，我自己也很喜欢喝白茶。

黄茶，有多少人知道黄茶？一般都不知道，现在黄茶在中国六大茶类当中，几乎已经快消失了，这是很可惜的。在黄茶的加工过程当中，有一道闷黄的工序，使原来漂亮的绿色没有了，茶叶因此没有那么好看，如果把黄茶和绿茶放在一起的话，可能没有人会选择黄茶。有一次我到四川雅安开会，原本是想买些那里的黄茶——蒙顶黄芽，找了好久，终于在一家茶叶店找到了，有蒙顶甘露和蒙顶黄芽，但这两个茶放在一起，最后我选择了蒙顶甘露。其实有些人不能喝绿茶，因为绿茶性寒伤胃，而黄茶却比较柔和。但由于销售上的原因，做黄茶的人越来越少，致使市场上很少有真正好的黄茶。君山银针是单芽型茶，单芽的君山银针是黄茶中最漂亮的茶，很有观赏性，产自湖南。在很多书上有记载，用摄氏 75 度左右的开水来冲泡君山银针，那样可以看到茶芽在杯中上下起舞的美丽姿态。但在冲泡实践中，我认为单芽茶要用高温来冲泡才能使茶汤醇香美味。

乌龙茶，也称为青茶。乌龙茶的颜色、形状也是各有不同，形状的不同是因为加工工序的不同，比如说铁观音是卷曲的，它有一个包揉的工序。颜色的不同，是因为发酵程度的不同，如白毫乌龙，又称“东方美人”、“膨风茶”，发酵程度很高，有 70% 以上，白毫乌龙产自在台湾，因褐红的茶叶中突显白毫而成名。制作白毫乌龙的茶叶须被小绿叶蝉咬过，蝉虫的唾液跟茶叶发生化学反应以后，做出来的茶才会好喝，品质才是上乘。这里有个故事，有一年茶农家的茶树被小绿叶蝉虫咬过了，他不甘浪费做成红茶之后拿到市场上去卖，本来以为被虫咬过的茶不好卖，没想到被一个英国茶商看中，买走了他全部的茶。这事被传开，大家以为是茶农吹牛，便称这茶为“膨风茶”，“膨风”是台湾俚语“吹牛”的意思。后来又传说，英国茶商将膨风茶呈献英国维多利亚女王，由于冲泡后，茶汤犹如绝色美人漫舞在水晶杯中，品尝后，女王赞不绝口而赐名“东方美人”。从此以后这个茶身价变得很高。

铁观音是大家非常熟悉的茶，现在铁观音的加工工艺学习了台湾轻发酵的工艺，提高了茶汤的香气，但是在滋味上，却缺少了传统铁观音的韵味，虽然增加了香气，不过对胃有较大刺激性。所以近几年越来越多的人喜欢武夷岩茶。

凤凰单枞，凤凰单枞的茶叶形状跟武夷岩茶的形状有点相似，但是凤凰单枞叶子比较细长，武夷岩茶更粗壮松散一点。现在大家可能比较熟悉武夷岩茶，因为这几年宣传得比较多。凤凰单枞的香气非常好，但因它的产量比较低，所以没有多少人能够品尝到凤凰单枞。

文山包种，也是台湾的乌龙茶。文山包种在台湾茶里是发酵程度最低，发酵程度约15%左右，近似绿茶，所以它的颜色非常绿，形状是条形的，外形颜色好像绿茶，但是在分类中它是属于乌龙茶。

红茶。中国最早的红茶是正山小种，其他还有云南的大金毫，前几年在普洱茶最热销的时候，大金毫也几乎销声匿迹了，因为云南所有的茶商都在做普洱茶的生意，不做红茶了，但近两年大金毫又重新复苏了，而且价格卖得很高。九曲红梅，是杭州的红茶，大家可能对龙井关注得更多，九曲红梅，大概要在四月底五月初的时候才能制作，优质九曲红梅产量极少，它的香气非常好，有玫瑰花的香味，重要的是它也是做龙井茶的原料，在日本，九曲红梅也有一定的知名度。坦洋工夫，是福建的红茶，早几年也是销声匿迹了，但是最近开始流行红茶，现在也开始恢复制作这茶了。现在红茶价格很贵，是因为金骏眉炒作得非常厉害，因此有些红茶也被当作金骏眉来卖，所以大家在选择购茶的时候还是要注意，其实每个地方的茶都有自己的特征。

黑茶，我们来看看滇藏地区的一些茶。云南的七子饼茶，为什么叫七子饼？因为云南以前运输比较困难，茶叶要运输出去，如果是散茶的话体积很大，为了运输方便，把茶叶压成了各种各样的形状，七个茶饼放在一起的话，重量刚好是 2.5 公斤，也为了计算方便，所以就有七子饼。紧茶，市面上并不多，以前也是为了便于运输，把它制成紧结的形状，做成紧茶，后来发现紧茶这里有一个柄运输不方便，又做成沱茶的形状，沱茶也好紧茶也好都是放在布袋里，压制出来的形状。还有竹筒茶，竹筒茶是将茶叶放在新鲜的竹子筒里面，干燥以后再保存。这些也是再加工茶。

提到再加工茶，大家可能知道最多的是茉莉花茶，再加工茶是先把茶叶做成各种各样的原料，如先做成红茶的原料，或绿茶的原料，然后进行再加工。刚才说到的普洱茶，压制成各种各样形状后即成为再加工茶。晒青毛茶（绿茶），经渥堆发酵以后，做成普洱熟茶，如果普洱生茶被压制成各种各样的形状，也称为再加工茶。

刚才给大家介绍了茶的特征和外形，今天的主题是怎样泡好一杯茶，我们了解这些茶以后，再来看看怎样才能把一杯茶泡得好喝。茶要泡得好喝，需掌握三个要素，第一是茶与水的比例，第二是冲泡的水温，第三是茶叶浸润时间。有些人觉得泡茶很容易，在杯子里放入茶叶，用开水一泡就可以了。但当你给客人泡茶的时候，是否能泡出一杯客人喜欢的茶？有人做过这样的实验，拿 3 克的茶，分别用 50 毫升、100 毫升、150 毫升和 200 毫升的开水冲泡，冲泡后发现用 150 毫升的水泡 3 克茶是最好喝的。这里要说一下，150 毫升的水泡三克茶，一般适用于每天喝茶的人，因为他们对茶汤浓度有一定要求，日常生活中其他人喝茶，可能两克、两克半的茶会更好一点。一般来说绿茶、红茶、花茶、白茶和黄茶，这五种茶用 1：50 的比例来泡比较好，乌龙茶用 1：20 的比例来泡，当然有时候我们很难把握 1：20 是多少或者 1：50 是多少，简单来说我们平时泡绿茶的杯子大多都是 220 和 250 毫升，放 3 克茶，茶水冲到七分满就差不多了，而且也符合茶礼。泡茶的时候，一般不可以泡得很满，要泡到杯子的七分满，如果冲泡太满，客人拿着杯子会觉得烫手，中国茶俗有“茶满欺人，酒满敬人”的说法。有些电影会出现这样的情景，主人说满茶的时候，客人就站起来说“我告辞了”，满茶有送客的意思。所以用玻璃杯冲泡绿茶的时候，220 毫升或 250 毫升的杯子，放 3 克的茶，冲入 150 毫升、160 毫升左右的开水就可以了。如果用茶壶来冲泡乌龙茶，如松散形的茶叶，比如凤凰单枞、白毫乌龙、文山包种，泡茶的时候，需放入壶里 2/3 的茶量；如紧结形的铁观音，放入壶 1/5 的茶量，有些书上写放入约 1/3 的量，但是我觉得放 1/3 的茶量，茶叶放得太多以后，茶芽就很难舒展，特别是放在紫砂壶里，用开水冲泡以后，茶叶需要舒展的空间，舒展了以后，茶的香气和滋味才能很好地释放出来，所以放 1/5 的量会比较好一点。普洱茶大概是 1 克茶用 30 毫升水的比例，也就是说普洱茶用量稍微比乌龙茶要少一点。当然不同品质的茶叶，投茶量还是会有所不同，具体情况要具体分析。

各种茶用什么样的水温来泡是最好的呢，也有人做过这样的实验，做实验用的一般都是粗老的茶，他们用3克的红茶，用100度和60度的水温来浸泡，泡五分钟以后，100 度的水里红茶 90% 的内含物质被泡出来，用 60 度的水大概一半以上的内含物质被泡出来。所以我们可以知道，水温越高内含物质浸出得越多越快，水温越低它的内含物质就浸出得越少越慢。一般来说，绿茶用 80 到 85 摄氏度左右的开水来冲泡，泡茶的时候，你们要看看这个茶质量怎么样，如果说是高山茶，可以用相对温度高的水来泡，这样茶的内含物质浸出比较丰富，香气也高；如果说是平原的茶，它的茶苦涩味比较重，你所用水的温度要相对低一点，因为用高温来泡的话，茶的苦涩味会被快速冲泡出来。所以还要看茶的品质。大宗的红茶、绿茶，所谓大宗红茶绿茶就是指一般的茶，但是泡红茶时我们一般都要求用 95 度以上的水来冲泡，如果说是单芽茶，刚才我们看到的大金毫，也要用高温水，因为它的白毫很多，白毫紧裹着茶芽，它的浸润比较慢，所以要用高温泡。我们江南这一带，刚才提到的九曲红梅，可以用相对低的温度泡。大宗绿茶为什么要用高温来泡，大宗绿茶一般都是用壶来泡的，不用杯子，如果要用杯子来泡的话温度也不要用90度，话说回来还是要看茶叶的品质怎么样，茶叶的品质不只是单看外形，外形很漂亮不等于说茶叶的品质很高。茶叶的品质，其实跟茶的生态环境关系很大，好的生态环境里才会有好茶。

乌龙茶和普洱茶一定要用沸水来泡。白茶，比如白毫银针，单芽茶要用90度的水，一芽两叶的白牡丹要用85度左右的水。黄茶一般来说用85度的水，君山银针长得很漂亮，要用95度以上的水温来冲泡。喝过君山银针的人知道，茶叶经过冲泡后形状不是一芽两叶，而是一芽四叶到五叶，这才是真正的君山银针。

花茶，比如说茉莉花茶，我们为了欣赏它花香的味道，一般用90度的水来冲泡。这里要强调的就是单芽茶，单芽茶不管是绿茶、黄茶或者是红茶，都要用90度以上的水来冲泡。有些书上说，因为单芽茶的原料非常细嫩，用高温就容易被泡坏，事实上单芽茶在加工的过程中，没有经过揉捻，茶叶的细胞没有被破坏，内含物质很难被浸出，而且单芽茶的内含物质本来就要比一芽两叶的成分要少，所以要用高温来冲泡。如果准备泡单芽茶，请一定用高温冲泡来试试，如果用低温冲泡的话，喝到的味道可能有青草味，滋味清淡，那是因为低温冲泡茶叶内含物质浸出较少的原因。

接下来，我们来了解一下茶叶内含物质浸泡的条件和顺序。一般来说，在茶叶冲泡的过程中，最先浸出的是维生素和氨基酸，接下来是咖啡因、茶多酚，再是蛋白质、脂多糖。维生素和氨基酸在低温条件下容易在水中溶出，而茶多酚、咖啡碱需要高温才可以大量溶出，所以如果我们想享受一杯香气馥郁、滋味醇厚的茶汤就要用高温来冲泡。但如果想享受一杯滋味鲜爽、清香淡雅的茶汤，则可以用相对低温来冲泡，因为维生素具有酸的味道，而氨基酸具有鲜的味道，用相对低温冲泡的茶汤茶多酚和咖啡碱没有被大量溶出，所以茶汤滋味鲜爽清淡。而高温冲泡的茶汤内茶多酚和咖啡碱被大量溶出，茶多酚主要呈味是涩味、苦味，与咖啡碱结合对味觉产生刺激的作用，所以如果想要喝一杯茶汤浓度高口感丰富的茶，就要用相对高温的水冲泡，并要有一定时间的浸泡，因为茶多酚和咖啡碱要用高温才能够大量浸出，低温则很难浸出。最后茶汤中溶出的是脂多糖，是甜的，通常茶水泡到最好会出现甘甜的味道，其实当茶汤中最后泡出甜味的时候，茶叶的内含物质已经溶出得差不多了。茶叶中对人体的有效成分基本上已经浸出了，这时劝各位可停止冲泡或换茶。

冲泡名优绿茶和红茶时，茶叶的浸润时间约一分钟左右最佳，浸润时间短了，只能喝到茶汤鲜爽的味道，却不能体会茶汤对味蕾刺激的感受。喝绿茶、红茶时我们要及时续水，不能将茶汤一下子全部喝干，当茶汤喝到一半或者还剩三分之一杯的时候要及时续水，茶叶的内含物质在热水里不断浸出，边喝边续水可以保持茶汤的浓度相对均匀，一般来说绿茶、红茶可以续水两到三次。乌龙茶，第一泡茶浸润 45 秒，但有些茶叶店茶叶浸润的时间比较短，通常可能只浸润了 30 秒，或者更短的时间 20 秒就出汤，那是因为茶叶店一般投茶量偏多，刚才前面提到的，茶叶内含物质的浸出首先是维生素和氨基酸，所以在短时间内浸润的茶汤，最先呈现的是鲜爽味。冲泡时如加大了投茶量，就必须要缩短茶叶的浸润时间，否则茶汤浓度太高会出现苦涩味。在购买茶叶时，如能稍微延长一下茶叶浸泡的时间，也可以判断茶叶的品质，如果出现过多的苦涩味茶叶品质就不佳，如是提高茶汤的浓度，则是好茶的表现。一般乌龙茶可冲泡五、六回，如果增大投茶量，缩短浸润时间，可冲泡七、八回、品质好的茶可冲泡 10 回。想要喝一杯滋味浓厚、香气悠长、生津回甘的茶汤，各位可相对延长茶叶浸润时间，我建议大家第一泡茶的浸润时间最好 45 秒左右，然后每次延长浸润的时间，第二泡增加 15 秒，第三泡再增加 15 秒，慢慢地把浸润时间延长，这样第一杯的茶汤和最后一杯茶汤的浓度可大致相同。

接下来再讲一讲普洱茶。普洱茶如宫廷普洱茶，所谓宫廷普洱茶，全部都是选用嫩芽头的茶，冲泡时浸润的时间 10 秒钟就可以了，如果是普通的四五级的普洱茶，那些有叶子、有梗子的普洱茶浸润时间相对要长一点，约浸润一分钟的时间。有很多人喜欢喝普洱茶，也在收藏普洱茶，我给大家一个建议，如果要收藏普洱茶，不要买品质太好的茶叶。适合收藏的，大概是四、五级的普洱茶会比较好，因为茶叶在存放的过程中有一个后发酵过程，四、五级的普洱茶经发酵口味变得更醇和。宫廷普洱茶适合马上喝，如果是拿来存放，茶汤就会太细腻，没有任何的脾气，所以存放的话，买相对中档等级的茶就可以了，茶叶要干净，这样的茶在后发酵的过程中，它的品质会变得越来越好。单芽茶的内含物质很难浸出，所以一般来说也要浸个一分钟以上，可能两、三分钟会更好一点。前面提到的黄茶君山银针，它的内含物质就很难浸出，用沸水冲泡后，当地的人还要加盖子，闷一下，如果不加盖子，热量很难进到茶里。所以泡单芽茶的话，温度要高，另外浸的时间要长。

花茶，我们为了欣赏花的香气，一般泡花茶用盖碗来泡，由于花的香气一般是属于飘逸形的，用盖碗泡茶，盖子吸收了花香，我们就可以借助盖碗的碗盖来欣赏茶的香味，喝的时候，浸泡一分钟左右，会更加好喝。

讲了这么多的理论，我们再来看看实践中怎么泡茶。绿茶的冲泡，要掌握的就是 1∶50 的茶水比例，容量 220 毫升—250 毫升的杯子，约用 150 毫升的水来冲泡大约 3 克的茶，用 85 度左右的水温浸泡一分钟，以这样的方式来冲泡。冲泡绿茶有三种投茶的方式，我们在日常生活当中用的最多的方法是下投法，什么是下投法？就是在一个杯子里放入适量的茶叶，冲入适量的开水，这样一杯茶就泡好了，这是日常生活中用的最多的冲泡方式。如果是要品茶，最好的方法是中投法，先温热杯子，投入适量的茶叶，这时茶叶会迅速吸取杯中的热量，再加上一定量的开水，茶叶的香气和滋味就很容易浸润和散发，这叫温润泡。步骤是温润杯子以后放入适量的茶，倒入 1/5 的开水，所谓 1/5 的开水，正好可以浸润茶叶，超过茶叶的表面，拿起杯子摇动几下，摇动时茶叶和开水进行了撞击，这样使茶叶充分吸收热量，有助于茶叶的舒展，更重要的是这个时候茶的香气是最好的，在家饮茶的时候，千万不要忽略了这个欣赏的机会，一定要嗅闻一下茶的香气，此时茶香馥郁；而当你将茶水倒至杯子七分满的时候，因茶汤太热不宜嗅闻，欣赏茶汤香气的机会也就失去了，所以在浸润泡的时候千万记得享受茶香。

什么叫上投法？就是把杯子温热后，往杯里加上七分满的开水，然后再投茶。什么样的茶适合上投法？能够自然沉落的茶，比如说碧螺春、径山茶、都匀毛尖等，用上投法来浸泡的茶，当茶叶沉落时，好似落英缤纷，非常漂亮。另外，茶汤也非常的亮丽，所以春茶可以用上投法。但到了夏秋以后，茶叶通常有一些氧化，这时茶叶上面的白毫因氧化而变色失去光泽，容易脱落，此时不适合用上投法了，如果用上投法虽然第一泡茶汤很漂亮，但是第二泡茶汤就会变得浑浊。这时可以用洗茶法，或者把茶叶放在冰箱里防止其氧化。洗茶法，最好用盖碗来进行一次的冲洗再冲泡，为什么用盖碗？选用不透明的瓷质盖碗，氧化的茶汤显现不出来，茶汤仍会比较清澈明亮，不同的季节还可以用不同的茶具来冲泡。什么茶适合中投法？那些比较难以下沉的茶要用中投法，一定要用中投法的，比如说黄山毛峰、龙井茶、安吉白茶等，这些茶都是比较难以下沉的茶，而且它的品质、香气都比较好，使用中投法冲泡，可以帮助茶叶浸润，欣赏茶汤的香味。什么茶用下投法？一般外形比较粗老的茶，只是用来解渴，可以选用下投法。

乌龙茶用什么方式来冲泡？冲泡乌龙茶的茶具很多，有用紫砂壶，也有用盖碗，还要用品茗杯，这些都是乌龙茶需要用的一些茶具，这里给大家介绍一下关于乌龙茶的茶具。（图片）上面第一个，像碟子一样的东西是放茶叶用的，这个东西叫赏茶盒，下面像奶杯一样的，叫公道杯，这些茶具在以前的功夫茶艺中是没有的，大约 70 年代的时候，台湾的年轻人到国外学习，他们在接受西方文化的同时，决定复兴中华传统文化。在恢复的时候，如赏茶盒，是借用了日本煎茶道的茶具，是从日本煎茶道中用来存放茶叶的茶则（竹片）变化过来的。早期台湾的赏茶盒也是竹片做的，后来才有了这种瓷器。

茶针，以前老式的紫砂壶，你去看看是不是只有一个洞，没有滤网，所谓滤网是做壶时在出口处制成几个小孔，后来又做成像球一样的滤网，老紫砂壶出水孔只有一个洞孔，茶叶一经冲泡，茶叶就把孔给堵住，茶汤因此倒不出来，所以每次在出汤之前要用这个茶针通一下壶口，茶针从这个口通进去，把壶口疏通才可以出汤。现在的壶都有滤网所以不需要茶针了，以前我们看茶艺表演时，特别是台湾茶人的茶艺表演，一定先要用这个茶针通一下壶口才出汤的。茶夹，当时是因为台湾茶人在恢复茶文化的时候，考虑到冲泡乌龙茶需要用100度的沸水冲泡，手拿杯子会烫，因此设计了这个茶夹来夹取杯子，现在还可以看到很多的茶馆或表演时，他们在烫杯子的时候，用这个茶夹来取杯子。茶漏，以前用来泡茶的紫砂壶的壶口通常比较小，要把茶叶放进壶里比较困难，特别是潮汕功夫茶，那些是松散型的茶，把茶叶放到壶里面比较麻烦，需要把这个茶漏放在壶口上面，因为这个茶漏是圆锥形的，茶叶放下去就可以自然的滑进壶里，以前的茶艺当中会用茶漏。现在紫砂壶的壶口做得比较大，适合于投茶。以上的这些都是台湾人为了恢复中华茶文化时设计出来的茶具，在与大陆茶界交流的过程中慢慢被大陆茶人接受应用。现在冲泡茶叶的茶具也有一些变化，如紫砂壶工艺的改变，现在几乎不再使用茶针，也越来越少使用茶夹，因为用手取杯更显对茶具的珍爱。

现在看到这些白色茶具，是潮汕的功夫茶的茶具，是中国很传统的功夫茶具，这边有四个杯子，一般一套茶具里面有四个杯子，但是在潮汕功夫茶里面只用三个杯子，所谓的“茶三酒四”，喝茶的时候其实不宜人多，人少为宜，而喝酒讲究气氛，所以人越多越好。我们大概了解了这些茶具以后，再来了解茶艺冲泡。

所有的乌龙茶冲泡方式其实都是一样的，我们把泡茶的用具准备好，重要的是要先温热茶具，不管是紫砂壶也好，或其他茶具也好，都要温热茶具。温热茶具以后投茶，第一次快速冲泡称为洗茶，但我认为称“洗茶”不是特别适合，我认为称“温热泡”比较合适。因为选择茶的时候必须要选择干净卫生的茶，如果说选择的茶不干净的话，经过一次的冲泡，茶叶当中有不洁的东西容易冲出来，特别是铁观音，它是紧结型的，经过一次冲泡以后，茶叶舒展开了，第二次冲泡的茶汤才是喝的。第一次是所谓的洗茶，洗茶第一泡是要倒掉的，所以选择干净的茶，用温润泡这样的方式会比较好，请大家记住，先温热茶具，然后再放投茶，再温润泡，温润泡浸润的时间不宜很长，开水倒进去以后几秒钟就出汤倒弃，然后再加开水。这时有一个刮沫程序，冲泡乌龙茶的时候，用一个高冲的手势，茶叶里面的茶皂素会产生泡沫，有泡沫茶汤不好看，所以要把表面泡沫刮掉，让开水再冲洗一下壶再出汤。前面介绍过投茶量，如果松散的茶叶投茶量是壶的2/3，紧结的是1/5或1/3也可以，根据大家对这个茶浓度的要求，但我觉得用1/5壶的量冲泡茶会更好喝。冲泡乌龙茶的话，如铁观音的话，第一泡都是要用100度的开水来冲泡，刚才我说的是温润泡，传统的说法是洗茶，通过100度的开水冲泡，马上倒掉，使茶叶舒展，第二泡就要看茶叶了，如果茶芽比较细嫩，比如台湾的冬茶，有细嫩的芽叶，还有品质好的潮汕凤凰单枞，相对可降低温度来泡，这样较好保持茶叶鲜爽度，如果说是普通的乌龙茶，始终用100度的开水来冲泡比较好。为什么乌龙茶用100度的开水来冲泡？因为乌龙茶全部都是成熟的叶子做成，我们知道绿茶一般用嫩芽来做。因为乌龙茶一定要用成熟的茶叶来做，所以冲泡的温度就相对高一点。

白茶，现在向大家介绍一下白茶，白茶的冲泡跟绿茶差不多，如果说单芽茶白毫银针用90度的水温来冲泡，白牡丹则用85度的水温来冲泡。这边看到还有一个寿眉，在我们国内市场上很少销售，在香港很多，因为它的叶子比较粗，所以相对难看一点。冲泡方式与绿茶相同，还可以煮着喝，刚才向大家介绍，白茶可以入药，它可以像煎中药一样来煎饮，用冷水煮白茶，煮开以后毫汤再要加冰糖饮用。如果是作为饮料来饮用的时候，你把水烧开了以后，再投入白茶，稍微煮一下就可以喝了。

黄茶与绿茶泡法相同，不再多说了。黑茶，像是现在开始流行的雅安藏茶，以及大家常喝的普洱茶等。黑茶冲泡方式跟乌龙茶差不多，如果是普通的黑茶，就跟乌龙茶一样的冲泡，如果是品质好的黑茶，茶芽细嫩，那出汤就要快，比如说我刚才介绍的，宫廷级的普洱茶，一般在十秒之内一定要出汤，出汤慢茶汤浓度会很高，我们需稍微改变一下饮用方法，先把壶温热了以后投茶，投茶以后进行一次温润泡，然后再次注水，约十秒即出汤待饮，之后再温热杯子分茶饮用，冲泡顺序稍微颠倒了一下。另外，黑茶对治便秘、促消化非常好，粗老的黑茶用煮饮法更健康。刚才跟大家介绍了，你们买黑茶时不要买太细嫩的，买中档的，粗老的都可以，这样的茶是可以存放的，可以煮着喝的，而且是时间放得越久越好喝。还有一种非常简易的饮用方式是晚上在热水瓶放适量的茶进去，放八克或者十克的茶进去，冲上开水，闷到第二天早上兑水喝是很好的方式，而且味道也不错，大家可以尝试一下。

红茶，日常生活当中最多的冲泡方式还是像绿茶一样。红茶在某种意义上是很浪漫的一种茶，因为它的汤色红艳，香气怡人，红茶可以选择用壶来冲泡，但是选择用壶冲泡的时候，杯子最好是白颜色的，红的茶汤，白的杯子，茶汤的颜色就会衬托得非常漂亮。说到红茶的浪漫，可能有很多人会想到奶茶，其实大多国产的红茶不宜冲泡奶茶，泡出的奶茶不好喝，我要给大家提示的是，奶茶其实很容易冲泡，关键在你选择的原料对不对，泡奶茶的红茶茶多酚含量是要很高的，而且要相对比较粗老，浙江、安徽的红茶，不适合泡奶茶，靠南边，比如说云南、海南、广东，那里的茶比较适合泡奶茶。泡奶茶的投茶量要非常的大，一般来说泡一杯红茶和绿茶一样，1: 50，泡奶茶可能要 5: 50 或者 6: 50，它的投茶量要非常的大，浸润的时间相对要长。制作奶茶时，可以焖泡也可以煮饮，煮饮时拿奶锅将水煮开以后投入适量的茶叶，煮一会，之后可以直接加入牛奶，加牛奶煮沸后很容易溢出锅外，千万要注意，不要让茶汤溢出来，比较安全的一种冲泡方式，是用一百度的开水壶泡法，浸泡五分钟，然后出汤，出汤以后再加入奶和糖。这样的奶茶才会对你的味蕾产生很好的刺激作用，这样的茶才会香，否则的话如选择很好的红茶来冲泡，这杯奶茶，会和我刚才说跟普洱茶一样会没有脾性很滑润，但是一点也不好喝。茶汤是粉红色的，如果茶汤是粉红色的话，说明你这个红茶品质真的是很好，但做成奶茶不好喝，所以制作奶茶的时候要切记，选择苦涩味比较重的茶，比如说有人从国外带来了一包红茶，你一喝好苦，拿来做奶茶喝，那个做成奶茶可能就会香甜可口。

在茶叶冲泡的时候，还有一些茶礼，比如我们目前看到比较多的“凤凰三点头”。“凤凰三点头”最早用于杭州西湖龙井的冲泡，当时，为了茶艺表演，为了解说词更富有意义，泡茶注水的时候用三起三落的方式，以示对客人的尊敬，后来这种方式在茶艺馆中广泛应用，现在在乌龙茶、普洱茶等所有茶当中，都用到了“凤凰三点头”，所以大家以后看到“凤凰三点头”时就知道这是对客人表达敬意。还有刚才讲的“浅茶满酒”，泡茶的时候茶水一定要浅，中国人以敬奉热茶为礼，斟茶以七八分满为敬。

回顾饮茶的历史，中国茶从唐代以前的混煎羹饮到唐代茶圣陆羽提倡的饼茶清饮，再到宋代用茶粉调和，明代用泡茶的方式来喝。以前茶叶是煮的，所以我们喝的时候不叫“喝茶”而叫“吃茶”，到了宋代吃茶粉，和茶一起喝下去，直到明代才是泡茶喝。中国人的习惯是喝热茶，不像欧洲或者其他国家是喝冷茶。刚才说了如果把茶汤倒得太满会烫手，所以不能倒得太满。另外还有“茶满欺人”的说法，“七分茶三分情”这也是在茶艺表演当中经常说的解说词。现在的茶艺表演，特别是江南这一带绿茶都是用玻璃杯来冲泡，所以一定不能泡满，泡满会烫手。

大家如果到店里去选择玻璃杯，会发现有很多玻璃杯不是用来泡茶的，是用来喝酒的，喝酒的玻璃杯底很薄，而我们选择泡茶的玻璃杯应该是厚底的，薄的不耐烫。另外，还要选择宽口的玻璃杯，为什么要宽口，宽口散热快，茶汤就不会焖坏。我们看到有些茶馆，为了表现茶叶很漂亮，会选择长长细细的杯子，这样散热很慢，开水倒进去以后，这杯茶水拿在手里因散热慢而很长时间都不能喝，所以要选择宽口的矮的杯子，这样泡好的茶大概一分钟左右就可以喝了。“茶三酒四”这是潮汕功夫茶的茶趣，喝茶“一人得神，两人得趣，三人得味”，喝茶的时候通常是边聊天边品茶，但是人多了气氛会变得嘈杂，茶味也似乎变得淡了，所以说“七八人名施茶”，喝茶的环境还是要宁静。“扣桌行礼”，大家在生活当中可能经常这么做，有人给你倒茶的时候，扣一下桌子表示行礼。这个礼节和乾隆皇帝有关，说的是乾隆有一次体察民情，乔装成老百姓暗访，某天在途中遇雨躲进店里，店小二就把茶给了乾隆皇帝，乾隆皇帝为了不暴露自己的身份，就给他旁边的侍者斟茶，侍者怎么受得了，但是也不能暴露身份，马上扣桌，这个故事就这样流传下来了。早几年在广东是一直流行的，随着茶文化的兴起，扣桌行礼在全国各地流行开来，很多地方都是以扣桌行礼以表谢意。

关于怎么泡好一杯茶，今天大致就讲到这里，谢谢大家。

（以上内容根据 2011 年 11 月 26 日的讲座录音整理，略有删改）

武则天的一些事儿

卢向前

主讲人简介：卢向前　历史学博士、浙江大学教授、博导。1985 年北京大学历史系毕业。同时担任中国唐史学会理事、中国敦煌吐鲁番学会理事。主要从事隋唐五代史、敦煌吐鲁番学、中国古代经济史方向的研究。论著有《敦煌吐鲁番文书论稿》《唐代西州土地关系述论》《唐代政治经济史综论——甘露之变研究及其他》等。

今天我给大家讲一讲《武则天的一些事儿》。大家看到这样一个题目，可能觉得是"戏说"，但今天我却是"正说"，我是学历史的，学历史有一条原则，要"无一字无来历"，凡是说的都是要有根据的，没有根据的话不说。当然，我讲的内容中，有很多都是我们前辈的一些研究成果，也有我自己的一些体会在里面，接下去我们就开始今天的内容。

我们来看一张武则天的画像，这是现代人画的，一看就是男装，现代人凭什么这样画她？当然也是有根据的，根据是什么呢？就是根据龙门石窟里的卢舍那佛像。大卢舍那像龛是唐高宗及武则天亲自经营的皇家开龛造像工程，为此，武则天曾经于咸亨三年捐出"脂粉钱二万贯"，而当地更是传说卢舍那大佛就是武则天的化身，所以现代人根据佛像来画武则天。

在诸多史籍的记载当中，比如新旧《唐书》中，对武则天个人的评价是"素多智计，兼涉文史"，就是说她的资质很高，而且还掌握了相当的文学以及历史学的才能。她死了以后归葬于乾陵，我看过其他很多帝王的陵墓，但都不及乾陵的宏伟。各位朋友，如果下次你到西安去，我建议无论如何要去一趟乾陵。在乾陵前面有一座碑，就是众所周知的无字碑，千秋功罪任人评说，诗云："千秋公案翻云雨，百顷良田变土田。无字碑头镌满字，谁人能识古坤元。"这首打油诗可以引发我们一个思考，究竟该如何客观评价武则天。

中国一代史学家陈寅恪先生对武则天有个评价，他说武则天是个"旷世怪杰"，其中包含了两个方面，一个是怪，一个是杰，我们先来说说她的怪，怪在何处。就我来说，我对她最不满的地方，是她不断变换年号。从公元683年唐高宗去世到公元705年她自己去世的这23年间，武则天改了19个年号，比如嗣圣、文明、垂拱、永昌、载初、天授、如意、长寿、延载、证圣、天册万岁等等。不单是武则天自己用了这么多年号，她丈夫唐高宗李治在位的27年间居然也用了多达13个年号，显庆、龙朔、麟德等等。这跟武则天有没有关系？当然也有关系，武则天跟唐高宗并称为"二圣"，在史籍的记载上，唐高宗是一个比较懦弱的人，年号的更改自然和武则天有很大关系。所以我们来看，前面13个年号，再加上19个，等于32个，这在中国历史上是极其罕见的，这是她的怪状之一。

第二，武则天不单改年号，而且还改官名，改机构的名称，改换历法。司马光的《资治通鉴》里讲到龙朔二年武则天改百官名，我们知道，从隋开始到唐，有所谓的三省六部制度，门下省、中书省、尚书省。门下省设侍中，中书省设中书令，尚书省设左右仆射。她改门下省为"东台"，中书省为"西台"，尚书省为"中台"，侍中为"左相"，中书令为"右相"，仆射为"匡政"，然后尚书省仆射下面的就是副长官，叫左右丞为"肃机"，各部的部长，尚书的叫"太常伯"，副部长侍郎叫"少常伯"，如此等等，每一个都改。她改得过瘾，却搞得我们学历史的很不痛快。当然她并没停止继续修改，后来又把三省改成了文昌、鸾台、凤阁等等，真是让人搞不清楚。武则天还改历法，她把原来永昌元年十一月改成了载初元年正月，比如现在是十一月，她就改成正月，可以过年了。讲到历法，我要普及一下中国古代的历法知识，中国历史上大致施行过四种历法，一种叫做颛顼历，一种是夏历，就是农历，然后到商朝，实行商历，再后来实行的是周历。武则天时期的历法，如果从正月来看，她用的是周历，我们知道她的国号就叫周，改朝换代了，历法也要改。现在我们实行的夏历，正月就是以寅月为岁首，子月是周历的正月，是冬至所在的那个月。

除了改历法、改官名、改年号，武则天还改字。她一共造了 17 个字，原字分别是照、臣、君、月、年、日、星、载、圣、人、初、授、证、天、地、正、国。改诏书为制书，是为了避讳，她名字里面有“曌 zhào”这个字，当然我下面还要讲到避讳的问题。说到汉字，其实现代社会中我们也会碰到许多有意思的字，比如说网上很流行“囧”，当然这个字不是改字，而是生僻字。去年国家文字改革委员会提出了所谓的 44 字改革，比如说“琴”字上面“王”的下面一横应该是提的而不是平的等等，这些都引起广泛的议论。

再来说一说武则天的名字。“则天”这个名字实际上是她去世前后的一个尊号。705 年，长安四年，中宗复辟，80 多岁的则天被软禁了，中宗给以“则天大圣帝”的尊号。她的尊号还有很多，比如长寿二年的金轮圣神皇帝，越古金轮圣神皇帝，695 年慈氏越古今轮圣神皇帝，天册金轮圣神皇帝等等很多，后来，我们都叫她武则天，或者是则天皇后、则天皇帝等等之类的名字。她的真名是什么呢？史籍上面没有明确的记载，但是有两种说法，一种是“武约”说。台湾史学家雷先生，他曾经根据一条记载，《旧唐书 · 孙处约传》当中，说是有一个叫孙处约的人，因“避中宫（皇后）讳，改名茂道”，为了避武则天的讳，改名孙茂道。他认为有可能避讳的，只能是这个“约”字，所以武则天的原名可能叫武约。说法对不对呢？我认为不对。再来看第二种说法，“武华”说，这是天涯版主萧让女士考证的，她说据《新唐书 · 地理志》当中记载，“华州……垂拱二年避武氏讳曰太州，神龙元年复故名……华阴，垂拱元年更名仙掌。……神龙元年复曰华阴”，垂拱年间（685—688）为武则天准备登基的时期，神龙元年（705）则为中宗复位的时间，所以说武则天的名讳中有个“华”字，当为可信。而且民间还有传说，武则天的闺名就叫“华姑”，看来其源有自。对不对？当然也不对。顾炎武《日知录》当中有一个条目记载，“又如武后父讳士彟，而孙处约改名茂道，韦仁约改名思谦”，《旧唐书》卷八八《韦思谦传》：“韦思谦，郑州阳武人也，本名仁约，字思谦，以音类则天父讳，故称字焉。”我们可以知道，孙处约和韦仁约这两个人，是为了避武则天父亲名字里的“彟”，而改名的，那“约”跟“彟”有什么关系呢？南朝的时候有一个文字学家叫做顾野王，他写的一本有关音韵的书《玉篇》中提到，约作“於略切”，当然这是古音了，“彟”有三种拼法，“紆縛、於白、居莫”，这两个字的音是相近的。由此观之，“武约”说不准确。“武华”说为什么不对呢？林宝《元和姓纂》卷六“武氏沛国”条记载：“……俭生华，隋东都丞；华生士稜、士让、士逸、士彟”，隋东都丞武华是武士彟的父亲，即武则天的爷爷，所以改“华”字，是为了避武则天爷爷的讳，所以“武华”说也是不对的。陈垣先生有一本书，叫《史讳举例》，其中有谈到在什么样的情况下避讳等等。研究历史，科学的态度去查一查，先想后查，想一想是思辨的能力，查一查是动手的能力，你想到了，但是你查不出来，你的动手能力还不强，也就是我们说的搞科学研究要有提出问题、解决问题的能力。

还有一个问题，武则天到底哪一年出生的，生年的问题。我的同行复旦大学的韩先生，他曾经写了一篇文章叫《武则天的家世与生年新探》，他提出一个可能，武则天是属鼠的，为什么呢？他说《旧唐书》卷五一《高宗废后王氏传附良娣萧氏传》提到：“永徽六年十月废（王皇）后及萧良娣皆为庶人，囚之别院，武昭仪（则天）令人皆缢杀之”，当时武则天迫害这两个人，然后萧良娣大骂曰：“愿阿武为老鼠，吾作猫儿，生生扼其喉”，“武后怒，自是宫中不畜猫”，至此宫中就不再养猫了。韩先生认为这些都源于武则天生肖属鼠。实际上武则天是养猫的，《资治通鉴》卷二零五：“太后习猫，使与鹦鹉共处，出示百官，传观未遍，猫饥，搏鹦鹉食之，太后甚惭”，武则天的猫把鹦鹉吃了，鹦鹉有一个“武”字在里面，这里面记载还是有蹊跷的，不管怎么样，我们可以知道，武则天是养猫的。武则天死时大概有 81、82、83 岁三种说法，《资治通鉴》里记载得很明确，司马光取的是82岁，但即便是83岁，705年减去83，622年也不属鼠。

武则天的籍贯在并州文水县，就是现在山西的文水，太原边上，刘胡兰牺牲的那个县，这应该没问题。而她的出生地有两种说法，一个是长安，一个是利州，现在属于四川的广元，广元当然非常希望武则天是他们那边生的，因为有一个名人，西安呢？西安不怎么积极，因为西安的名人太多了，无所谓。就像我们现在浙江省，西施到底是哪里人？萧山跟诸暨在那争，争得是不可开交，萧山说是我们的，诸暨人说是我们的，在那里争。当然了对文化有好处，也未尝不可，也可以争一争。

武则天要说的事情还很多，比如说跟唐高宗的婚姻，最近的电视剧上面说武则天跟唐高宗很早就有一种暧昧的关系了，我也在网上看了一下，有的在那里说你是瞎编乱造的，实际上我是进行过考证的，的的确确我在这次讲座当中还会讲到武则天真的跟唐高宗在李世民还没有去世以前，就有暧昧的关系了，的的确确有的。大家如果有兴趣，看我写的一篇关于猫的文章，《武则天“畏猫说”与隋室“猫鬼之狱”》，在《中国史研究》上面。一篇是《武则天与刘洎之死》，唐太宗时候的宰相，刘洎这个宰相的死，就跟两个人的暧昧有关系，据我的看法是相联系的。

那么当然了，这是她说的一些事，说了一些事以后，我们就要来看一看武则天在历史上的地位，也就是她的正史。我们要回溯到在她之前100多年前的一些事，为什么呢？因为我们知道，到中国在西晋灭亡以后，五胡乱华，然后南方、北方分成了两大块，南方是东晋，宋齐梁陈，到公元589年被隋朝统一为止，这是南方的世界。北方呢？北方在同样的时代，从东北走出来的一个民族拓跋鲜卑，建立了一个北魏的政权，公元436年统一了北部中国。等到493年，北魏孝文帝把首都从平城，现在的大同，迁到了洛阳，迁都洛阳。孝文帝改革在历史上非常有名，现在的中学课本上面还专门把孝文帝作为一个人物来进行介绍。但是孝文帝死了以后，北方的中国很快就大乱了，具体的年代大致上分成东跟西两块，公元534年分为西魏、东魏，东魏后来是被北齐所取代，西魏是被北周所取代。但是这东西两支力量的主力都与北魏的六镇有关系，所谓的六镇也就是在大同以北的地方，北魏王朝以大同作为首都，大同北边防止蒙古高原上面的一个少数民族所建立起的六个军镇，叫做沃野、怀朔、武川、抚冥、柔玄、怀荒。然后孝文帝把首都从大同迁到了洛阳，对边地他们那帮人的升官发财等等的都有所削弱，于是爆发了六镇起义。但是这支力量，所谓的六镇之众或者是六坊之众，它的武力应该是最强大，这样的六坊之众的武力，东魏、西魏瓜分的结果，是东边占了绝大部分，西魏或者是西方的以长安为中心的，这样的占了一小部分，所以史家说，也能够跟东方抗衡。从西魏、北周来看，也就是当时的宇文氏，后来的北周就是宇文觉当了皇帝了，他有两大弱点，最初的时候一个是力量比较小，少数民族，六镇的力量，军事力量；第二个是地盘比较小，就是在关陇一隅之地，也就是现在的陕西以及甘肃东部的一些地区，当然经济也并不是特别发达，但是我们看到最后的结果是什么呢？结果是西方并吞了东方，它的力量就变成是南跟北了，最终到公元589年由隋实现了全国的统一。史家问，为什么西方、西边的力量，也就是西魏、北周能够把东魏、北齐消灭掉呢？如果光是看看，因为他们的组织以及他们的臣下能力强，就是觉得这还不行，因为这样一个重大的问题，应该要依靠全部的政策，而最后是西方赢了，东方失败这样的一个原因。我们如果把它列成一张表，是怎么样的呢？大家看一看，三方的力量，宇文是关中陇右地方，山东高氏，财富兵强。南方，宋齐梁陈，530多年的时候是萧衍在位，后来我们浙江的长兴人建立的陈朝。江左的力量肯定跟北方的比不上，但是他有文化上面的优势，他是正朔所在，有文化的渊源。我们看西晋灭亡，然后跑到了南方的政权就是东晋，继承东晋的就是宋齐梁陈，所以南方为“正朔所在”。所谓正朔所在，它有合法性，所以我们《资治通鉴》，为什么不是以北魏那样的来纪年？要以南方来纪年？因为司马光也认为正朔所在是在南方。所以这样的情况下面，物质、精神两个方面都不行的话，于是就是要抛弃以前的文化上面的一些偏见，就是在宇文氏看来，于是以关陇文化作为他的本位，组成了一个关陇集团，为什么？为什么是在东魏以后他建立的政权也叫周？长安在这以前，曾经为西周的首都。于是他就认为这个汉化的中心是在我这里，并不是你南方，而是在我这里，于是就有关陇文化本位政策，并且组成了关陇的集团。史家说，实际上它是适应当时的这样一种要面对东跟南两边强敌所采取的政策。当然它的表现很多，比如说实行的周官、府兵制度，都是这样一些处事手段。好，这样的手段我们看到北周灭掉了北齐，隋朝统一中国，乃至于唐取代了隋朝，它实行的都是关中本位政策，我这是文化的正宗，政治的核心都是关陇集团，它的宰相，它决策的那帮人都是关陇集团。于是我们知道了这样的大背景，然后再来看看武则天在历史上的地位，我们就是能够讨论了，这是一个前提。作为史家来说，只有知道了这样的大前提，再来讨论武则天她是功是过，才是学历史的正宗。要从历史的观点来看问题。

好，讲武则天之前我们就要先来看看唐高宗了，高宗，那位太子，实际上也是李世民精心或者说是非常纠葛的情况下做的决定。李治是唐太宗的第九个儿子，或者说是第三个儿子，长孙皇后生了三个儿子，李治是皇后生的第三个儿子，排名起来在所有李世民的儿子当中是第九。长孙皇后的第一个儿子太子，最大的叫李承乾，是长子，很早的时候就立为太子了，但是李承乾这个人史籍记载说他喜声色及田猎，打猎，少数民族那一套，我把《资治通鉴》的一段话给摘了下来，说他喜欢效突厥语及其服饰，突厥是当时在蒙古高原上面的一个少数民族。他喜欢突厥，讲突厥话，还穿他们的衣服，然后把左右的相貌跟突厥相像的组成一个战斗的群体，“辫发羊裘而牧羊”，你看看游牧民族的那一套，“做五狼头纛及幡旗，设穹庐”，就是在草原上面，像我们到内蒙古去旅游那样，让我们住帐篷，很舒服的。然后“太子自处其中，敛羊而烹之”，整只羊，烤全羊，“抽佩刀割肉相啗”。然后又曾经对左右说，我以后就当当可汗，我死了以后你们就绕着我走左三圈右三圈，所以他说了这样以后“僵卧在地”，然后都说可汗死了都围在那哭。然后“跨马环走，临其身，剺面”因为一个长官死了，在少数民族当中脸上要割出血的。良久，过了很久的时候，“太子欻起曰”，他说，他怎么说？大家看最后一句话，“一朝有天下”，当然这个天下是他的了，唐太宗死了，不是太子即位吗？“一朝有天下，当帅数万骑猎于金城西”，金城是一个地名，现在很有名，现在是甘肃的兰州，当年叫做金城，到金城西面去。然后“解发为突厥，委身思摩”，思摩是突厥的一个贵族，“若当一设”，设是突厥的一个官名，我就在那。然后是在那苍天、白云，在那里多享受人生，“不居人后”，如此等等。当然了，唐太宗不喜欢他，并且他有个毛病，他是跛脚，就是不喜欢他。最终下定决心，立高宗，高宗是第九子，比较懦弱。唐太宗自己的位置是怎么来的？他是太子吗？当然不是，他是老二，他把太子李建成、弟弟李元吉杀掉，然后逼迫他父亲退位，自己当上了皇帝。所以他在当时也是有想法的，我如果一旦撒手西去，这个家怎么办？如果是其他人来当，兄弟之间的残杀是极有可能的，如果是懦弱的李治当皇帝，他们还有可能活，但是他在那里决定不下来，整天为选谁当接班人纠结。最终他下决心了，我们看到《旧唐书·长孙无忌传》里面，等到一次朝会以后大家都出去了，留下了房玄龄，兵部尚书李勣，还有长孙无忌（长孙无忌是小舅子了）然后他就讲到：“我三子一弟，所为如此，我心无憀”，我没依靠了，我真不想活了，并且“自投于床”，请大家注意，这个床并不是像我们现在所说的床，而是李白的“床前明月光，疑是地上霜”的床，指一种椅子。我们中国的历史上，像这样的椅子什么时候发现的？五代的时候发现有了这样的椅子，案、桌子、椅子等等，是在五代以后。他自投于床，欲抽佩刀自杀，长孙无忌马上把他抓住，你有什么话你说出来，他说我要立李治，后来的唐高宗李治。好，长孙无忌是舅舅，好，快点，让你当太子了，然后还怎么样？然后是这样一套，于是“建立遂定，因加授无忌太子太师”，他的官又提升了。史家分析了，太宗盖世英雄，果于决断，你看看出生入死，什么事没经历过，但是等到挑选接班人的问题上面，自投于床，抽刀欲自刺。等等的，也可能使用权术故为作态，皇帝的权术，笼络住心腹大臣。但是不管怎么说，他内心的烦恼困惑已达到了一个极点，这是无可疑问的。这样的分析真是太妙了，陈寅恪的分析，你看，退一步怎么样，进一步怎么样，我们看到了他心理分析的东西。

好，不管怎么说，大权就在长孙无忌的手上，平平安安过了五六年，到永徽六年，唐高宗把王皇后，他的结发妻子王皇后给废掉了，武则天上台当了皇后。陈寅恪先生就讲到，他说这件事是中国中古史上的一个转折点，而开启后数百年以至千年后之世局者也，武则天之上台，赋予它极大的历史意义。

我们就要看看武则天这个人的出身到底如何了。她的老爸，《太平广记》里面记载，有一个武士彟，说是太原文水县人也，他没发迹的时候与本地人许文宝鬻材为事，是干什么？木材生意，做的是木材生意。曾经堆积起来木材很多，数万斤，但是他运道来了，一旦化为丛林森茂，因此大富。当然了，这里有一点迷信的说法了，我们不管他，反正他靠木材生意大赚了一笔，因此有钱了。武士彟和许文宝到树林下面自称为厚才，我能力很强我是厚才，我是大老板如何等等的，文宝自称枯木，当然谦虚了。然后两个人私下里想，以后必定大富大贵。好，等到隋朝乱了，唐高祖李渊在太原当留守，起兵了，反隋了。这个武士彟果然以铠胄从入关，铠胄是一个官名，是一个参军或者是一个部门的相当于我们现在的处长之类的。所以当地人就说了，士彟以鬻材之故，果逢搆夏之秋。好，碰到好时机了。最后他们“文宝依之，位终刺史”。从这段记载看来，武士彟的家世并不显贵，做木材生意，当时是士农工商，商是最末的一位，而且他以前也没有什么文化的根底，出身是比较低微的，这点我们从这段话当中可以看出来，很关键了，跟关陇集团的贵族身份是大不一样的。然后还有，武士彟的传当中，《新唐书》，欧阳修写的，说他是做生意，喜交际，唐高祖李渊曾经在太原当留守，也曾经到武士彟的家里去，被大鱼大肉招待得很好。后来李渊取得了天下，武士彟经常吹牛皮说，曾经“梦帝骑而上天”，你当皇帝，我早就知道了，我有一次做梦，就梦到你骑着龙上天了，你是真命天子。当然李渊很清醒。你是立下了一定的功劳，“其意可录”，并且对我招待得也不错，所以让你当了官，但也别吹牛。当然了，我们还看到，当时武士彟取的老婆相里氏，估计是个少数民族的，生有武元庆、武元爽，相里氏死了以后，武士彟又娶了杨氏，也就是武则天的老妈，生下三个女儿，大女儿嫁给了一个贺兰的小伙子，贺兰氏，但是她的老公早就死了。最小的女儿嫁给姓郭的一户人家，但是这户人家的身份不怎么样，不显。老二就是武则天了，士彟卒后，武元庆、武元爽这些人，对母亲，也就是武则天的母亲，因为是后母，不尽礼，所以武则天就记在心上，到时候一旦发迹，就要报仇雪恨。等到武则天当皇后以后，就封杨，她的妈妈为代国夫人，后来又进爵为荣国夫人，她的姐姐也就是贺兰氏，封为韩国夫人。好，我们看到当时是比较乱的，不单单武则天在宫中当了皇后，而且韩国夫人的女儿也在宫中，就是她的外甥女了。唐高宗非常喜欢这个人，也就应该是贺兰氏。这样一来，武则天不高兴，“后欲并杀之”，她把唐高宗叫到娘家去，“并杀之”，把武元爽、武元庆这些人一起杀掉，而后后兄子，也就是她的侄子也遭罪了。皇帝来了，要给他送吃的，弄上毒药。贺兰食之，暴死，武则天借此归罪她的几个侄子，把他们的爵位都去除了，然后流放。另外，还有贺兰敏之，也就是韩国夫人的儿子，作为士彟后，叫武敏之，让他继承武家。好，我们看看敏之“韶秀自喜，烝于荣国”，这是有个特定含义的，荣国夫人跟贺兰敏之的关系是什么关系？是外婆跟外孙，下犯上叫“烝”，也就说外孙跟外婆之间有不正当的男女关系。这是一，等到“荣国卒，敏之乾匿自用”，然后他不单如此，司卫少卿杨思俭的女儿被选做太子妃了，告婚期，还没有成亲，结果这个武敏之又横插一脚，“强私焉”，这个强，就是强暴，太子妃他都敢那么弄，当然有武则天在那给他撑腰。杨丧未毕，奏音乐，没有礼节的那一套。然后太平公主往来外家，武则天的女儿到外婆家去，宫人从者，敏之悉逼乱之。在这个时候，当然了武则天也看不下去了，最终把他给流放了，在流放途中他自杀了，是不是自杀我们不管它，很有可能是下指令杀死的，名义上面他是自杀。我们一看他的身份，武士彟的身份那么低微，木材商人在社会上被人看不起的，武氏一家，光是从武敏之这样的角度来看，或者说贺兰敏之、武元庆、武元爽的家庭来看，所以她就是出身或者是没有闺门礼法，因为是世家大族都是非常讲究礼数的，从这儿来看她就不是山东士族，我们再也不用说了，有这样两个例子就知道了。武则天的出身不好，或者说是低微。

但是这样身份低微的情况下，为什么立为皇后？我们就要看看武则天立为皇后的背后有着怎样的政治斗争。史家说，立武则天为皇后，不单单是宫闱后妃之争，争风吃醋这样的事当然有，不单单是这些东西，实际上应该是关陇集团跟山东集团决胜负的一大关键。山东集团以武则天和李勣为代表，李勣就是隋唐演义当中的徐茂公。为什么？武则天不是山东士族，而且又不属关陇集团，是个异数，但是因为她长得漂亮又有能力，唐高宗喜欢她。说到底唐太宗与魏徵的关系，在历史上也被人们所称道的，但从历史学的角度来看，也是唐太宗要利用他的那样一个出身比较低或者并不是山东的世家大族，然后又起监督作用。为什么这么说？史家说，魏徵死了以后发生两件事情，一件事情叫做停婚，一件事情叫仆碑，原先的碑文，唐太宗写的，等到后来唐太宗就把整块碑文给拉掉了。原先答应把自己的女儿嫁给魏徵的儿子，但是后来就取消了这场婚约，原因何在？原因等到魏徵死了以后，唐太宗发现魏徵在朝廷当中跟各个势力都有勾结、纠集的迹象，于是他害怕，认为他已经不配当这样一个东西了，这当然是后话。原先的王皇后，她应该是关陇集团当中的，她的外家是柳氏，柳氏如果是照当时的说法是关中的一大姓。这个也是非常有趣的，当时在唐开元年间有一个叫柳芳的人讲论魏晋以后的士族，高门大姓，过江则为“侨姓”，王谢袁萧为大，后来有诗歌写道，“旧时王谢堂前燕，飞入寻常百姓家”，王谢这样的士族衰落了，它的燕儿也飞到我们老百姓这来了，而起关键作用的就是武则天，我们下面讲的就这一点。东南这边吴郡朱张顾陆为大，山东的郡姓，是崔卢李郑。关中则有裴、柳等，这个柳就是王皇后的官家。所以她是关陇集团当中的人物，当然代北，原先从大同、从东北下来的元氏，那就是拓拔鲜卑了，长孙氏、宇文氏、窦氏等等的都是当时的非常显赫的士族。王皇后在关中有关系，是世家大族出身的。当时反对立武则天为皇后的，主要有长孙无忌、于志宁，还有褚遂良这三个人。

而在对立的有强大的势力，我们当时是看到唐高宗鬼迷心窍，一心想把武则天立为皇后，武则天当然有手段了，本事也大，然后褚遂良上朝以前，就说我这次要豁出命去要说了，长孙无忌说你说吧，到时候我也跟着来劝谏。褚遂良说了，王皇后与你是结发夫妻，太宗死的时候曾经拉着你的手，把儿子和媳妇都交给你了，你是怎么对待他们的？也没听到王皇后有什么错误，你为什么要把她废掉呢？即使要把她废掉，应该是“妙择天下令族”，何必选择武氏？为什么一定要武则天呢？并且武则天这个人曾服侍先帝，这是天下人都知道的，你怎么可以“蔽天下耳目，伏愿再三思审”，晓之以情、动之以礼，没想到帝大怒，“命引之出去”，把他拉出去。昭仪在簾中，看起来，武昭仪当时已经权势很大，可以在帘后听政，或者是能够听到这样的消息，大言曰，何不扑杀之，为什么不把他打死？说出这样无君无父的话来。还有一些反对的声音，韩瑗，上官仪，我们如果查查他们的出身，都是反对派，反对立武则天为皇后的。这些反对派都是关陇集团的人。赞成派呢？赞成派最关键的就是徐世勣，当时决策的四个大臣，长孙无忌、于志宁、褚遂良还有一个徐世勣，或者叫做李勣，又叫做徐勣，因为这个“世”是避李世民的讳。当然了他本姓徐，后来立下汗马功劳，所以赐姓为李。我们看到最大的赞成派就是李世勣。《册府元龟》记载，李勣当时为太尉，唐高宗把李勣叫了去，结果李勣说此是陛下家事，何需问外人，高宗的意乃定。换个老婆是你自己的事情，你何必问外人，所以他就定了。当然还有山东的崔义玄，杭州的许敬宗等等，这些都是赞成的，并且都不属于关陇集团，所以壁垒分明。史家分析，他说立武则天为皇后的过程当中，徐世勣是最关键的一个人，因为他的赞同起了推动作用。那么对于高宗所说的这是你的家事，何必问外人，一般的记载都认为是依违，所谓的依违也就是说模棱两可了，何必问外人呢？但是他实际上表达的意思是赞成的，并且这一票投下去，他又是太尉，掌握着军权，本人的本事又大得不得了，是两大军事家之一，还有一个是李靖，李靖、李勣，东突厥的灭亡就因为这两个人。他们为什么同意？同样属于山东系统，所以不必反对，赞成武则天当皇后。唐高宗的陵墓叫昭陵，昭陵前立的李勣的一块墓碑，当然也有说，“为将成功托孤失节，得罪青编万年不灭”，对他的一种批判，也就是在武则天的问题上面说他犯了一生当中的大错。到底是不是个错误，我们也就不管它了。实际上李勣作为一个顾命大臣，唐太宗曾经是有过想法的，《李勣传》当中说唐太宗生病了，将要死的时候，对高宗说过这样的话，你对李勣没有什么恩，我打算把他贬斥到地方去，等到我死了以后你应该让他当一个仆射，尚书省的首长（官职相当于现在的总理），这样的话他就会对你感恩，悉心地辅佐你。当然了，李勣非常聪明，当时的命令一下来他马上动身，因为唐太宗曾经说，如果他不想走，犹豫的话，把他杀掉，李勣看清了局势，知道是对自己的考验，很快地就出京了。唐太宗死了以后，唐高宗又把李勣召回来了，所以高宗即位，其月，召拜洛州刺史，寻加开府仪同三司，令同中书门下，参掌机密。另外一方面我们也可以看到，李勣的地位远远不及长孙无忌、褚遂良这帮人，所以高宗让他去开会，他知道讨论这个事就不去，等到过了几天他才跟唐高宗说此是陛下家事，何需问外人这样的话，好像是依违的话，实际上投的是赞成票。当然最后的定局，《资治通鉴》里记载，百官上表请立中宫，乃下诏曰：“武氏门著勋庸，地华缨富，往以才行，选入后庭。朕昔在储贰，特荷先慈，常得侍从，弗离朝夕。宫壶之内，恒自饰躬，嫔嫱之间，未尝忤目，圣情鉴悉，每垂赏叹。遂以武氏赐朕，事同政君。”实际上是唐高宗说，当年太宗已经把武才人赏赐给他了。我后来又在一个文件当中找到一条材料，宋人程大昌《考古编·立武后》，记载唐高宗这个诏令，有很多字相同，但是发现也有一些出入，他说事同政君之事已经八载，655 年减去 8 等于多少，647，唐太宗哪一年死去的？ 649 年，死去两年以前就已经把武则天赏赐给了太子李治，有明文的记载。当然了，在这之前两个人就勾搭起来，根据我的考察，大概是唐太宗在贞观 19 年征讨高丽的时候，带着太子、嫔妃等人，唐太宗一定要亲征，像魏徵等都表示反对，但是他一定要去。他走后就把庞大的后宫队伍，当然也有唐高宗李治，停留在定州，定州现在在河北石家庄一带，就在那个地方，作为一个后方的基地。李治在那锻炼，一般的事就让他在那里处理，然后嫔妃也没有去，当时长孙无忌还说，你应该带 100 个人去帮你处理事务，他说我去就一个都不带了，所以等到后来就发生这样的一个事情。两者互为补充就使我们看到，关键的就是八载这个事件。这个诏令的发布意义重大，是一个转折点，为什么？因为西魏宇文泰所创立的系统到这个时候发生改变了，宇文氏当年局促于关陇一带的偏僻地方，到了大唐帝国沿用关陇本位政策，还是用关陇集团的理念来统治国家，这样已经不适应政治局面了。史家说，唐太宗是英杰，但是因为传统的渊源太厉害了，他也经常讲到山东人、关中人，当然底下大臣多次对他说，你是天下的皇帝，你不只是关陇集团的代表。从这样的意义上面，我们看到武则天的局面的确立，关陇集团外的山东寒族攫取了政权。然后她做了几件大事，史家就提出三件大事，第一件大事是把政治、经济、军事中心从长安迁到了洛阳，并且开启以后的局面。唐朝皇帝等到后来也有到长安的，但是我们如果是往后看，洛阳、开封，当然我们杭州的，那是没办法的情况下面，最后来就是南京也进过，北京，这样的局面。所以政治重心的转移就在武则天的时候开启的。第二件是开科举，选拔人才，也就是进士科举。以前出现过的都是关陇贵族，现在拿社会学的观点来说，社会的流动在这样一种情况下面表现出来了，庶族地主的子弟，平民老百姓的子弟，经过自己的努力也能够进入统治的集团。所以等到后来，我们看到唐朝后期有所谓的牛李党争，也就是门荫跟进士科举这两派人的斗争，跟这个是大有关系的，破坏南北朝的贵族阶级。第三，在经济上面，用东南的财富充实国防的实力，也是从武则天时候开始的。陈寅恪先生讲到，都是中国社会经济史上的重大举措，开启数百年以致千年后之世局者也。武则天当皇后，具体的处事我们不说，但从上述角度来看武则天在历史上的地位，你以为如何？

我们再讲一点武则天的事，作为一个结尾。大家批判武则天，其中有一条就是说她生活糜烂，有很多的男宠，或者专门的词叫做面首。有怀义和尚，有张易之、张昌宗兄弟俩，并且武则天还专门成立了一个面首的机构，叫做控鹤府。但是对这样的一件事情，当时人是怎么看的呢？李商隐写过一篇《宜都内人》，其中写道，“武后篡既久，颇放纵”，在男女关系方面颇放纵，“耽内习”，就经常有动乱。宜都内人说，你知道从古以来就是女人的地位比男人低一点的嘛，她说我知道。内人说，女人古代的时候有女娲，但是她不是天子，她是帮助伏羲在那治理天下的，后世还有孃姥，也是助王断天下事者，但是她们都不是正式皇帝，独一无二的，唯一的女皇帝，就是你，你是真天子也。但是照我看来，你也应该思考下，不要在这方面太过分了。过分了，我认为违了天意，跟上天的意见是有所差异的了。为什么这么说？武则天就问了为什么？内人说，他用哲学的道理来说的，女人为阴，男人为阳，你现在当皇帝了，但是你是女人。即便如此，也应该表现出刚亢名烈，表现出一种男子汉大丈夫的气概来。现在的情况变成了阴求阳也，你搞那一套名堂就是跟天意相违了，如果阳盛而阴衰，那么你的天下也不会长久了。所以我希望你从今日起，能够把那些男妓给去掉，独立天下，当一个好皇帝，当上万万年，我的愿望就在这里，希望你三思。当然，武则天还是不能够尽用他的话，但是当天就把造作明堂者杀掉了，造作明堂者是谁？就是怀义和尚。我当时读到这段话的时候，不由地发出感慨，宜都内人，伟大的女权运动家。当然我们还往下看的话，实际上我们要知道的是，武则天的身份，武则天也曾经携美少年为左右奉宸内供奉，当时一个官员，很小的官员朱敬则谏曰，嗜慾之情，是人之天性，陛下有薛怀义，有张易之、张昌宗应该满足了，但是我听说有的推荐自己的儿子，有的毛遂自荐，这是无礼无仪呀，我向你提出这样的批评意见，是我的职责所在，请你三思。而武则天对于朱敬则这样的一种谏言，居然不动怒，而且还赏赐给他彩百缎。大家看，为什么？就因为武则天她是一个皇帝，而不是皇后或者太后，皇帝有的一些礼仪，她应该都有。我们再来看看唐朝的皇帝在制度上面规定有多少个老婆呢？《通典》说，大唐内官有惠妃、丽妃、华妃三人，正一品的，当然正一品以上的还有一个就是皇后，再加上其他的，正四品以上的内官，包括皇后，就有 21 个人，那就是皇帝的正式的四品妃子。不但如此，我们还看到这下面有个自注，一个皇帝应该有 121 个妃子。如果我们读一读《长恨歌》又如何呢，“汉皇重色思倾国，御宇多年求不得。杨家有女初长成，养在深闺人未识。天生丽质难自弃，一朝选在君王侧，回眸一笑百媚生，六宫粉黛无颜色”，后宫佳丽三千人，三千宠爱在一身。有多少？3000。同志们，所以区区薛怀意、张易之、张昌宗，又何足道哉？所以武则天为旷世怪杰，实在太适合了。

（以上内容根据2011年12月10日的讲座录音整理，略有删改）

当前国际形势漫谈

——以中日关系为视角

渠长根

主讲人简介：渠长根　浙江理工大学马克思主义学院院长，历史学博士、教授、硕士生导师。现为浙江理工大学国家精品课程《毛泽东思想、邓小平理论和“三个代表”重要思想概论》建设项目执行负责人，浙江省151人才工程梯队人员，浙江省中青年学科带头人，浙江省当代国际问题研究会副会长。专著有《功罪千秋——花园口事件研究》《日本侵华思想理论探源》《浙江航空史志》等。

各位朋友，上午好！非常高兴能跟大家一起关注当前的国际形势。公共图书馆的讲座，它的内容应该是包罗万象的，从国际关系这个角度谈当前的国际形势，把握、预测未来的发展状态，以及我们应该采取的措施，这在很多场合下是一个具有挑战性的话题。对国际政治的了解，可能带有比较明显的意识形态性和政治性，对我们在资料的运用、视角的选择以及结论的获得等诸多方面，都提出了更多的要求。但是我们也很清楚，在现在的社会条件下，由于中国对外交往的频率和密度的增加，尤其在台州这样的经济发达地区，外贸经济是一个主流经济，所以它对人们的影响，不管是生活还是工作当中都越来越大。怎样在目前纷繁复杂、日益多变而又令人难以捉摸的国际形势变迁中，看清事情的来龙去脉，尽可能地把握其中所隐藏的规律性，对我们在全球范围内，打造自己的实业，更清楚地了解世界，或者是开展自己相关的兴趣研究，都是很有帮助的。

我今天想跟大家一起交流的是，中日关系视角下的国际形势。之所以做这么一个选择，对我们中国人来讲，中日关系是具有特别意味的双边关系。在2006年的时候，我在浙江图书馆作讲座，那一次我用的题目叫《遥远的近邻——中日关系漫谈》，中日两国是邻居，很近的邻居，但是彼此的心灵，又相距甚远，所以是遥远的近邻。这种状况到目前并没有发生本质的变化，2006年小泉纯一郎下台，新的领导人执政以后，日本政坛发生了一些变化，中日关系也出现了一些新气象。怎样在目前复杂的令人难以捉摸的国际环境中，回眸、总结、梳理中日关系就有特别的意义，所以我想从这样一个角度来和大家一起关注全世界范围内的政治、经济、文化、双边多边等多角度多层次的形势变化。

从国际关系的总体状况来看，有以下几个方面：1.全球化步伐在加深。2.利益交织更加复杂。各种利益，潜在的、现实的、未来的，政治的、文化的，多层次、多角度，甚至还有真利益、伪利益等等多种利益，相互之间的交叉、汇聚程度，跟以前相比更加复杂多样。因为利益的存在，大家在为利益拼搏的过程中，手段也表现出妥协与斗争相互使用、多管齐下，不仅仅是一味的斗争，妥协在外交当中也是一个常用的手段，有一些西方的国际关系专家说，外交在很大一定程度上就是一种妥协的艺术。我们从事实业的朋友，在经济往来当中，在所谓的商业谈判当中，深知其理——妥协是一种艺术，也是一种境界。3.国际力量的重组在加快。不管是西方国家还是国际组织，是全球性国际组织还是区域性组织，影响世界发展的各种主体，跟以前相比也有很多不同。4.发展中国家对世界的影响越来越大，并逐步走向前台，成为影响世界变化越来越重要的一支力量。

在总的背景下，中国的情况可归结为三点：1.我们所面临诸多大国关系需要进一步的协调，目前也在进一步的协调当中，给我们造成了较好的外部环境。2.周边环境依然不容乐观，我们所面临的周边局势超过了世界上任何一个大国所面临的同类情况。中国最近这些年所面临的挑战、风险，包括由此而带来的民间情绪、网络的语言，这些很具体的投射显得非常火爆。怎样看待这个问题，不管是作为政府主管部门，还是我们学术界以及普通的民众，我想很多同志都会用自己的微博、博客，或者其他的空间，去表达对我们国家所面临的国际形势，尤其是周边形势的观察和思考。3. 跟其他国家和国际组织的相互交融性，无论是在政治、经济、军事、文化等诸多领域、层面上都在进一步的加强，大踏步地朝前推进，最明显的莫过于中国在联合国的作用和区域合作组织之一的上海合作组织。中国离不开世界，世界也同样离不开中国。我们昨天看到俄罗斯经过十八年的谈判，终于成为世贸组织成员的时候，我们也在回眸，中国加入世贸组织之后十年来的过程。这个十年和十八年，对于两个民族两个国家来讲，积累了完全不同的东西，对于未来进一步的深度发展，所产生的影响，也是完全不同的。我们台州有很多朋友都在俄罗斯做生意，对俄罗斯的经济环境、法律环境有很直观的认识，那是一个稍显杂乱的地方，缺少章法，人们的权益很难得到保障。入世在很大程度上，对我们继续在俄罗斯经商，营造一个较好的国际法环境有帮助，我们的权利会得到更好的保护。在俄罗斯这个国家，潜规则甚嚣尘上，远远超过明规则，当然这样一种情况，也是一个国家在它的转折时期出现的新问题，不是长期的，尤其是随着世贸组织谈判的顺利结束，我们相信它也会被逐步地纳入到世界贸易体系当中来，因为这样一个总体形势，中国出现了自己特殊的国际关系状况。怎样在这个状况下找清楚、看清楚自己的方位，给自己准确的定位，制订出更加合适的政策，这可能是我们每一个人对这一系列问题进行思考之后的落脚点。

中国该怎么办？这是今天我们要谈论的第三个问题，中国的政策取向——抓住机遇迎接挑战，机遇与挑战并存，但总体来讲机遇大于挑战。首先，在迎接挑战抓住机遇的过程中，必须做到护卫我们的核心利益、重大利益，而这两个护卫也是一个非常艰难的动作。什么叫核心利益，什么是重大利益，本身也在发生着变革。比如我们都知道黄海、南海、钓鱼岛的主权问题，在中国的外交定位当中是有变化的，这个变化既是中国对自己实力的评估而提出来的新理念，也是中国在世界舞台上，各种力量博弈之后所产生的新判断。其次，有一点毫无疑问，无论发生什么变化，像台湾问题，是我们的核心利益，是核心利益当中的重大利益，重大利益当中的核心成分。捍卫我们的国家利益，是一项非常重要而又艰难的行动，需要我们政府高屋建瓴地对世界形势有准确的把握，需要知识界从智力层面进行全面的研究，有力地予以支撑，也需要民间通过各种各样的渠道，护卫、理解政府的声音，做到上下一致、同仇敌忾。我们越来越强烈地、真切地体会到，在护卫国家利益问题上，上下分歧会对我们自身造成很大的损害。在小泉纯一郎反复参拜靖国神社的时候，在去年中日撞船事件当中，包括最近发生的中韩所谓的黄海海域捕鱼事件，还有中、泰、缅湄公河流域的刑事案件等等，在这一系列的国际问题上，我们越来越深切体会到民间的力量，通过各种方式表达出来的声音，这些声音非常复杂，能不能理解国家的意志，能不能在理解的基础上，通过某一种信号形成上下协调，这是政府要做的事情，也是我们民众要自我意识提升的事情。在像这样重大问题上，如果我们不能保持高度的一致，会在外界造成一系列的副作用，给别人提供可乘之机。而且大家也更加直观地意识到了，在网络时代、新媒体时代，也不排除有一部分人在借用这种方式，不负责任地或者别有用心地发出一些对国家、对政府，对我们的外交政策有影响的声音。怎样理智地去看待这些问题，需要我们睁大眼睛。再次，国内的稳定与发展，与我们的外交工作应该同时进行，毕竟外交是国内政治的基础。最后我们要看到中国在崛起，崛起是令人振奋的，对我们来说是充满信念的，同时对国际社会来讲，也是充满挑战和带来恐惧的。语言的使用有内外之分，我们自己作为当事人也心知肚明。这个崛起的过程当中，我们每一个人要摆正好自己的心态。当你从全国一千强企业，跃升为全国五百强企业，当你从中国五百强发展成为世界五百强的时候，我想我们企业的领导人、企业的员工、基层每一个人都必须在心理上做好全方位的准备，否则你在这个发展过程中会遇到很多的困惑，这个困惑会导致你自己寝食难安。今天中国就面临着一系列重大的国际问题，从我们自身的原因来看，很有可能跟我们的国民没有调整好自己的心态，没有做好做大国国民的准备有直接关系。什么叫“做好准备”了，这个要因时而异、因事而异，比如说坚定的国家意志、高度统一的民族理念、上下一致的政治信仰、表达自己意见时候的严谨等等，这就是我们的大国心态。我们很多企业领导人在对外讲话的时候，包括很多部门的领导人回答媒体提问的时候，要么用“无可奉告”，要么请您去找我们单位的某个人，他为什么这样做？这不是所谓的保守，这在管理上是一种艺术：一是职责上要分明，二是要维护好本单位的利益。因为本单位不同的人讲话，他的角度不一样，高度不同，声音也不一样，不同的声音一方面表现出这个团队是分裂的，另一方面可能你的讲话，跟我们这个单位的声音是完全不同的，使得本单位在后来与媒体的交流当中，没有转圜的余地。这是一个技巧，它在我们一个小单位的生存环境下是这样，国际环境和国内环境，本质上并没有区别。所以我们在国内的这些做法，在国际舞台上，同样也是这样的。在很多涉及到我们国家利益这个问题上，我们表达自己思想，应该有立场，更应该有高度，应该有自己的判断，更应该有国家意识和民族意识。

我刚才谈到国际政治问题，它是比较敏感的，尽管也在很多场合下做相关的讲述，我作为一个介绍者来讲，心里面其实还是有很多顾虑。我们尽量的一起来进行讨论，一起进行研究，讲得不对，或者不合适的地方，我们一起再去斟酌。

当今的世界，可以用“混乱”去形容，再加两个字叫“混乱不堪”。在混乱不堪当中，如何看待局势、何以混乱、混乱的表征是什么、混乱将会带来什么问题，这是我们讨论问题的前提，也是最终的落脚点。这个世界乱到什么状态，我把它分为这样几个方面：第一，从经济全球化这个角度来观察，经济全球化广泛、持久地影响了世界形势的变化，包括各种国际关系的变化，这是混乱的第一个表现。也许我们更多的同志认为这是多极化，看作社会发展的一种趋势。它确实是社会发展的一种趋势，但是这个趋势下所带来的副作用，就是世界“多姿多彩”，换一个语言来讲就叫“混乱不堪”。经济全球化带来深度的影响，也可以从两个方面来看：第一，推进了政治的多极化。第二，政治多极化反过来又加深了利益的多样化。政治的多极化和经济的全球化是两个同时并存的国际现象。经济全球化更多的是经济自身发展规律的外现，政治多极化带有很多的主观意志，经济全球化对于很多当事人来讲，不管是国家还是民族，在很大程度上是没有自我决定的权利的。在彼此相互渗透越来越深的情况下，很多人是被裹胁到这种潮流中去，但是也不排除有些人能够洞观全局，可以率先而为，主动地参与到经济全球化当中，这在世界上有两种完全不同的做法。对很多人来讲，经济全球化是一种动力，但对一部分人来讲，经济全球化是一种压力。像浙江的商人、台州的商人，主动走出台州、走出浙江、走出国门，拥抱世界，这就是经济全球化带来的结果。我们是主动去迎接挑战，用自己的劳作，加入到经济全球化步伐当中，用行动推进贡献了经济全球化。更多普通的人，是在经济全球化当中，作为一个所谓的受益者，或者是被裹胁住的盲动者而存在的。这表现在生活中，我们对国家的概念越来越淡化，对于全球相互认知的意识越来越强。从每个人具体的生活来看，我们的服装穿戴，我们的衣食住行，我们所有的用品，不再局限于自己的身边和眼前，甚至不再局限于自己的国家，这些产品来自世界各地，这是经济全球化的一个结果。我们对世界形势的了解，不仅仅局限在自己的脚下和眼前，而可以睁开眼睛看世界，甚至于你在闭着眼睛的时候，世界各种各样的信息都蜂拥而至，逼迫着你不得不睁开眼睛，这就是经济全球化的一种反应。经济全球化让人们更多地了解了我们以前不知道的东西，经济全球化也让我们知道、使用、享受了我们原来非常陌生的人类共同的文明成果，这是非常具有积极意义的事情，这是经济全球化。

政治多极化就不一样了，“极”大家知道，就是端口、端点。多极是什么意思？就像在一个山区里面，全球各个国家和民族都是山区里面的一员，这个山区里面必定会有一座又一座的山头，山头有高低、陡缓、臃简等万千形象，不同的山峰，我们认为就是世界多极的“极”。在国际关系视角下，“极”还有另外一个意思，就是对世界的影响力，不管是军事的投放能力、政治的操控能力，还是经济的渗透能力、文化的导向能力，都属于影响力。哪些国家，哪些国际组织能够强烈、真切地影响社会发展，这些国家或国际组织，我们就把它们称作“极”。就目前来看，最有影响力的这些极，就是美国、欧盟、日本、加拿大等等，也包括许多国际组织，像二十国集团组织、阿拉伯联盟、非洲统一联盟、加勒比组织、拉美统一组织等等，还包括联合国。这些力量作为一个独立的国家，或者是两个以上国家的联合体，它对于世界事务的发言权和操控力在大大地增强。这个“极”是越多越好，还是保持在一定的份额内好，不同人的看法差别是很大的。大家都知道在上世纪 90 年代以前，在 1991 年以前，世界基本上是两极，美、苏两极，以及以美国为代表的北大西洋公约组织和以苏联为代表的华沙条约组织，也叫资本主义世界和社会主义世界，两极对垒。1991 年苏联解体、东欧剧变，那是世界范围内资本主义对社会主义的一场大较量。我们坚定地扛了下来，而苏联、东欧没有扛下去，就出现了解体和垮台的状况。

在那个时候我们就体会到，两极对垒，等到苏联不存在了，就变成了美国独自称霸的单极世界，这个单极世界一直持续到 1998 年，将近十年的历史，现在变成了多极化世界。我们大家再回想一下，在中国的历史上，两千多年中，人类世界是怎么发展的，几乎就是一个多极的世界，而中国在漫长的历史当中，一直扮演着世界多极当中最重要的一极。历史上某一个时段，中国可以说是世界上最强大的国家，像唐代，甚至是宋代，中国是世界上很少有能够与它比肩接踵的巨大国家体。晚清 1894 年甲午战争爆发，那个时候中国经历了几十年的鸦片战争，西方列强蚕食，但是 1894 年那场较量，中国的军事能力、整体的国防能力和经济能力，依旧是靠前的，瘦死的骆驼比马大，那个时候中国还是很了不起的。在这个世界当中，几百年、几千年自从有国家以来，就是一极、两极、多极地存在着，不同的格局反复地变迁发展着。中国人有一个理念——政治多极化，更多的是中国的声音和愿望，中国人更喜欢用政治多极化这种声音来表达自己对世界形势的认识，当然在这个认识当中赋予了中国人的想象、一个美好的愿望——世界极越多，越能给自己提供一个展示自我、走出去的舞台和渠道；世界的极越多，越能够平衡、化解美国的超级力量；在越来越多的极当中，中国更可能成为众多极里面最有发言权的一极，中国人是这样想的。所以中国非常推崇政治多极化，我们国家领导人在出访的时候，在很多场合下都说，世界的发展在多极化当中稳步推进，这是对形势的一种看法，更多的也是中国政府的一种期望，希望用这种方法，能够平衡削弱美国的单极势力。而且，当你说推进世界多极化的时候，意味着给更多的极以平等生存的权利。反过来对美国来讲，就是一种异己的声音。美国不是要搞单极世界吗？我主张多极，你的单极是站在你的立场上，对自己利益的追求；我站在我的立场上主张多极，当我说多极的时候，更多的国家都非常高兴，因为你尊重了它，承认了它，把它看得跟你一样的重要。这也是一个国际谋略，争取朋友、广泛拓展资源的渠道。最近这些年，我们主张政治多极化的意愿越来越强烈，因为在多极化当中，每个人可以有自我的认定，也可以单独去追求自己的利益。单极的时候，你就必须唯马首是瞻。现在来看，多极化也确实是发展的新趋势。我们注意到不管是“金砖四国”也好，二十国集团首脑会议、非政治组织也好，包括中国参与深度最强的上海合作组织也好，它们对世界的影响力在扩大。上海合作组织本来有五个国家，后来变成六个国家，现在像印度、巴基斯坦、阿富汗、澳大利亚也派出了观察员，甚至有些国际舆论推测，上海合作组织将来会不会从一个单纯的区域合作组织发展成一个军事组织。对此，我们的声音很坚定，它就是个区域安全合作组织，从反恐的角度上创立起来的，未来也一直这样发展。当然这是今天的判断，随着这些当事国实力的增强，随着世界各种力量博弈新状态的到来，也许上海合作组织会发生变化，发生什么样的变化，我们只能推测而已。任何一个国际组织的产生都是有自己的特殊要求，像阿拉伯国家联盟，我们最近这一段时间对阿盟很熟悉，因为利比亚、叙利亚出了问题。阿盟要求叙利亚，要求也门，也要求之前的利比亚，能够放弃专制独裁统治，推进民主，但作为阿拉伯世界最高的区域合作组织，它自己内部的声音是分裂的。对我们中国影响最直接的就是东盟，下一步也有可能成为东亚共同体，中国和日本分别提出一个口号要成立东亚共同体。中国说是这样一个声音，日本说也是这样一个声音，名称基本上是一样的，但是谁来讲这个话，意义、结果是完全不一样的。就像我们在实业中讲，人无我有、人有我优、人优我创，总而言之我们一直要朝前发展，这样才能够立于不败之地，而有、优、创，都是占据先机的发言权和一个结果；如果不占据这样的先机，我们的语言就没有影响力。

成立东亚共同体，未来东亚地区发展的区域组织问题，只是一种设想，中日两国都有自己的表现，仅仅是说了一番话，明显已经感受到中日两国在争取对亚洲地区尤其是东亚地区未来的主导权。谁先说、谁的声音更亮更响，那么在亚洲地区的影响力就更大，将来某一天东亚共同体成立以后，地位就与众不同，因为是创始会员国。两个大学生毕业了，一起创业，五年以后这个企业不断地壮大，有五百个职工，这两个人就是元老，所有的声音都是他们两个发出来，因为有创始权。未来有可能成立的东亚共同体，对亚洲地区会产生什么样的影响，尤其对中国和日本的关系会产生什么影响，我觉得它有可能成为新的世界一极。政治方面的变化，未来可能会越来越多，经过时间的流变和新陈代谢，一些国际组织沉沦下去了，不再适应国际形势的发展，一些国际组织由于当事国利益的重新组合，再一次浮上水面，这样的分分合合状态是必然要发生的，但是多极这个趋势也是不可扭转的。我们浙江的商人叫浙商，在晋商、徽商之后，中国商业文明中出现的又一个流派。大家知道，浙商本身内部也分流派，台州的商人，金华的、宁波的，每一个地方的商帮都有自己的需求。在中国古代的十大商帮当中，浙江有两个，宁波帮和龙游帮，这两个商帮都有自己的特征。我想在今天的商业文明当中，台州的商人也会有自己的特征，不管是商业的发展战略，还是产业的自我定位，亦或者是发展的思路以及市场的份额，很多方面都会与众不同。

第二个方面，政治多极化也导致了利益多样化。什么叫利益，现在世界背景下的利益跟以前不一样了，我们传统意义上讲利益，都是当前利益、长远利益、眼前利益、未来利益、经济利益、政治利益、文化利益、军事利益等等，现在还有一个安全利益，以及真利益和伪利益。在中国的南海利益捍卫过程当中，确确实实有些国家，跟南海没有直接的关系，甚至间接的关系都没有，但是它也要参与进来，在南海竞争中要说话要发言，要表现自己的存在，这就是所谓的伪利益。伪利益成为某些国家参与国际政治斗争的一种手段。利益多样化让人目不暇接，让你根本做不出一种真正到位的评判，真真假假、虚虚实实，很容易让人迷惑。我们再说叙利亚的问题，叙利亚国家领导人叫阿萨德，很年轻，40 多岁，做国家领导人好长时间了，像利比亚的卡扎菲一样具有重大影响力，是一位非常强硬的领导者。但是他的做法不符合西方的政治理念，也不符合西方对战略利益的追求，所以被西方人判断他是独裁者，在卡扎菲下台以后，下面一步估计就是拿下阿萨德了。俄罗斯的军舰过去了，美国的航空母舰也过去了，这两天搞得剑拔弩张。中国也很着急，急急忙忙地把自己的侨胞撤回来。我们好像在看一场闹剧，但是这个闹剧里面，从利益的角度来看，其实是很复杂的。中国没有利益吗？有利益，有很多利益。在刚刚闭幕的德班世界气候大会上，加拿大说我退出，不仅退出这次会议，而且不履行 1997 年签订的《京都议定书》规定的义务，发达国家率先违背自己的国际责任，对发达国家和发展中国家都会产生示范效应。加拿大石油储藏量非常丰富，每年石油的开采量巨大，如果把国际义务强加给它的话，它必须要缩减自己的石油开采量，一旦降低下来，打一个极端的比喻，不管是正在运营中的，还是没有运营的，所有的汽车都要报废，所有的汽车都没有使用价值，都要瘫痪。可想而知，对于本国人民的日常生活、正常的经济活动影响有多大，因此加拿大不愿意承担这个国际条约所规定的责任。中国在班德气候大会上也出了一招，令世界意想不到，中国首先答应要承担这份责任，2012 年之前要承担这份责任。此言一出世界哗然！世界认为，中国这个国家是很负责任的，是正在尝试着承担起大国的责任，用这样一种全新的形象，在增加自己的美誉度，但是后面的工作任重道远，因为要靠各个省各个行业各个部门落实。比如碳排放量，每个企业的指标都是不同的，污染较为严重的企业，当所谓的减排任务交给你的时候，你的心理跟普通的企业完全不一样，你可能更多的考虑是自身的利益，而非国家的利益。那么你对我们国家的政策，这种承担国际义务的评价，就完全不一样了，你也许就会持反对的态度。所以在国际政治斗争当中，政治是前台，是舞台，经济是要害，所有的斗争用政治做表现手段。如果在政治这个舞台上，利益不能够得到实现，不能够得到维护，最终军事就出手。社会的不同构成元素，社会的不同构成领域，在国际活动当中，它扮演的角色和价值也不一样，也有前后之分。

面对越来越多的利益我们该怎么办，这对我们国家提出了很高的要求。世界的混乱能不能用下面这几个现象来描述一下。第一，美国的削弱与强大无比，削弱与强大同时并存。2008 年世界金融危机之后，美国的实力受到巨大的削弱，但是这种削弱，并没有撼动它的根基。美国经过了上百年，尤其是第二次世界大战之后六七十年的发展和长期的积累，领先世界几十年，无论在经济实力上还是军事国防能力上等方面，都具备无与伦比的持久力、耐力，也就是实力，无论是巧实力、软实力、硬实力，世界上都没有哪一个国家能够超出其右。一场金融危机极大地削弱了它，但是削弱到什么程度，我们千万不要误判。说一个人生了一场病，病好了，病好前后判若两人，但是能不能就说这个人经过这一场病之后，身体备受折磨，巨大的摧残使其以后很难保持正常的体魄？这个结论不能下得太武断，尤其对一个国家来讲。特别是 2008 年之后世界上有一种舆论，未来的世界应该由“中美国”共管，把中国和美国放在一起叫“中美国”，中国人听到这句话很快乐，把中国人和美国人捆绑在一起，我们两个一起来治理世界！其实这不是对中国的恭维，很大程度上对中国是一种捧杀。美国人自己生活很艰难，很多事情处理起来措手不及，穷于应付，这个时候把中国提拔起来，给你很好的声誉和地位，由此我让你来分担一部分忧愁，替我去承担一些国际职责——美国人是这样想的——中国人看了很高兴：我和美国站在一起了！其实不是这样的。

第二，文化的差异、文化的歧视与政治纷争相互推动。在世界范围内，我们越来越感受到，文化差异给人们带来的巨大动荡。不管是伊拉克、利比亚、也门、埃及，包括现在的巴以地区，战争、动乱总是集中在阿拉伯世界，为什么？因为文明之间的冲突，伊斯兰文化由于其特殊的宗教背景，对人们生活的影响、对政治的冲击，和西方所谓的民主政治、民主观念，有很大的差异，甚至有很多的矛盾。中国的理念叫“和而不同”，西方人不一样，不同就是我优你劣，劣的就要退出历史舞台，我就要打压、挤兑、剥夺你的生存空间，这是一个方面，文化方面的。在经济方面，西方世界在经过那么长时间的发展中，看到了阿拉伯世界所蕴藏的巨大能源，石油、天然气。文化的分歧和经济的竞争交织在一起，最后就变成了政治的纷争。

第三，亚洲尤其是东亚成为聚焦点。亚洲地区越来越成为人们关注的热点，在整个世界的变迁中，尤其在金融危机中欧洲的地位被撼动了，而亚洲异军突起，成为世界新的经济发展动力。在亚洲地区，东亚尤其是中国，发展活力更大，成为世界发展最重要的动力之源，成为世界上最闪亮的一个明星。当我们看到这一句话的时候，我们要有清醒的认识，被聚焦成为明星，是很多人梦寐以求的事情，但是成为明星也会带来很多困扰，许多秘密都藏不住。中国被聚焦的时候，我们要有一个冷静从容的心态，不要盲目地激动，要掂量好自己。

第四，日美关系进一步巩固，经过中日之间的较量，日美同盟关系得到巩固。讲到中、美、日三者关系，非常奇妙，如果其中有两方发生了冲突，第三方就成为紧握主动权者，可以更加灵活地决定与前两方的关系。就是三角博弈关系。

美国对世界的影响力依然不可低估。首先从民族习惯上来讲，二战以后它一直都是世界老大，指手划脚，大家都在看它的脸色行事。掌控世界舆论、左右世界发展，已经变成了美国人自己几十年的行事作风。美国人确实养成了一个习惯，喜欢对任何一个地方表达意见，不管有没有关系，也不管关系有多少，它都要讲话。金融危机过去了，经济危机尚未结束，美国实力被削弱，但是这个习惯已经养成了。人都有自己的习惯，国家民族也有自己的习惯，中国人的习惯是各扫门前雪。邓小平讲要韬光养晦，先把自己的事情做好，做好之后再说别人的事情。从自己做起，从身边做起，随着实力的增强，开始关注身边的人，开始承担起人们对他的一种渴望。比如一个企业一年产值是一个亿，让你承担所谓的社会公益事业的时候，搞一些慈善活动，有一个比例；当你的年产值是五个亿的时候，社会对你的期望就增加了，你慷慨的捐助也要增加。这就是社会跟企业彼此对视的时候，期待都在发生变化。因为你在成长，社会也在发展，成长同时责任也在变化。很多人对美国就是这样的期待，两个国家几个国家发生摩擦，都想找一个人来说理，到哪里去说，到联合国去说？联合国，大家知道那是一个舞台，是乱作一团的，最好找一个人，他能够绕开联合国，而且说了话其他国家都能听，这个人就是美国。长此以往美国人就养成了这样一个习惯。我相信在座的朋友们，可能也会有这种经历，比如说在你的社区里面，在你的单位里面，在你的部门里面，发生各种各样事情的时候，总是喜欢找某一个人说理。比如我们知道在社区里面，往往有一些德高望重的人，他会成为处理各种矛盾的第一责任人。遇到问题首先想到的不是自己的老爸老妈，而想到的是这个有影响的人，这个人可能是家长，也可能是组长，也可能是退休的老教师，退休的老干部，社会闲杂人士，这种人除了发挥自己的权力之外，还发挥了自己的权威人格，靠自己的人格魅力建立起来的社会影响。美国对世界的影响，它既有所谓的魅力问题，也有实力问题，所以目前美国对世界的影响力，还是无与伦比的。中国提出一个“和谐世界，和谐外交”的概念，我们的国家领导人，凡是在国际舞台上都要努力去宣传。美国国务卿希拉里·克林顿，提出一个名词叫“巧实力”，一个语言的发明，影响了全球，这就是实力，世界的话语权。经济实力，中国号称世界第二大经济体，其实第二跟第一之间差别很大，日本是第三，日本和我们并没有太大的差距。

军事投放能力。美国人自己说他们可以同时打赢两场战，一场经济战，一场军事战，军事投放能力可以做到在 24 小时内让军队到达世界的任何一个角落，在世界上任何一个地方打赢一场战争，这时候你就知道它为什么依然对世界有那么大的影响力了。在中国古代史上有两场战争，忽必烈曾经两次攻打日本，1591 年和 1592 年，线路都一样，通过朝鲜半岛的南端对马海峡越过济州岛，结局也都一样，大败而回。第一次去了 11 万人，只有两三万人回来了，第二次投放了 16 万人，只回来了 1 万多人，投放人数越来越多，但是后果越来越惨。为什么？一个马上民族，在整个亚欧大陆纵横驰骋、所向披靡，但是一旦到了海上，竟是那样的笨拙和懦弱！因为他们不习水性，哪有什么战斗力，这就是一种军队投放能力的薄弱。这种能力中国跟美国不在一个层次上。现在中国的海军舰队在亚丁湾护航，美誉度增加了，中国人很牛，开始给自己提供相应的军事保卫，但是我们付出的代价是很大的，从南海出发到印度洋，千里之遥，后方补给怎么办、中途休息怎么办？我们的能源供给、食品供给、军事医疗保护，很多方面是不是能够做到万无一失，是不是可以做到只要有需求就能够被满足？不是，很多情况下我们捉襟见肘，或者说比较被动。最近这两天有一个印度洋国家叫塞舌尔，他们很欢迎中国在他们国家建立一个亚丁湾护航船队的补给基地，也有些国际舆论进一步推测，可能是中国要在这个地方建立一个海外军事基地，果真如此，那就将成为中国的第一个海外军事基地。真假难辨！管它是真的还是假的，这个声音听起来令人振奋，使我们以后的亚丁湾护航，更加有实力，更加有影响力，不仅可以护卫我们自己，也可以给其他国家的来往船只以军事保护。

文化影响力，美国大片占据了世界电影市场的绝对优势，差不多 90% 的电影都来自于美国，这就是影响力。文化的影响力，不管雅文化、俗文化，任何一种文化层面，我们跟美国还有很大的距离。

美国的影响如此这般，它的一举一动必然会影响到中日关系，在中日关系中，美国的背景作用太重要了。中日关系应该从三个层面上来研讨，最高层面是战略上的大三角关系——中、美、日关系，而不是单纯的中日关系；中观层面上是区域性关系，东亚关系；微观层面就是我们彼此之间的双边关系。我觉得以后在看待中日关系的时候，应该有四个高度，即分别站在中日关系、东亚关系、中美日关系和全球格局上，因为高度不同，你所看到的宽度也不同，宽度不同影响到你对事情把握的深度。所以从最简单的层面来，就是我们彼此之间如何对视，日本人的中国观和中国人的日本观。从第二个层面来讲是东亚关系，而在东亚关系中我们注意到，不外乎是中国、俄罗斯、日本、朝鲜、韩国等等这些关系，我们要学会在东亚关系中找准中日关系的位置。

为什么必须把中日关系放在中美日大三角里面来考察呢？因为美国一直到今天都对日本发挥着重要的影响，这种影响现在和未来都会制约中日关系的发展。美国对日本的影响分为几个阶段。冷战时期，美国紧紧抓住日本，把日本变成对垒中国、苏联这些红色国家的桥头堡和急先锋。再往前推，在二战之前，日本跟美国并没有很深的往来，第一次世界大战的时候，日本和英国建立了日英同盟；第二次世界大战时，日本被胜利冲昏了头脑，忘乎所以，跟美国干上了，发动了太平洋战争，最终搬起石头砸自己的脚，在世界反法西斯统一战线的联合打击下惨败，之后又被美国所控制。

古往今来在日本民族的发展史上，有一个非常有趣的现象——日本这个民族善于学习，哪个国家先进它就向哪个国家学习。很久很久以前它学中国，在整个封建文明时代，从中国这里受益甚多，不光是政治制度，文字、语言、建筑、服饰、饮食都是从中国学过去，加以改造变成自己的东西。第一次世界大战的时候学英国，二战的时候学美国，而且每一次学得都挺好，这是一个民族的优势。因为善于学习，就建立了师生关系，师生关系就加强了彼此之间联系和协调的可能性以及成功的程度，二战以后美国就把日本纳入到自己的全球战略体系当中去了，建立起非常稳固的联盟。在冷战后期，美苏争霸，美国觉得很为难，力不从心，1971 年尼克松总统访问中国，接着中国跟日本建交，中日关系有了一个暂时的调整，踏入世界大三角关系调整的特殊氛围中。本来中国与日本自二战结束一直没有国家关系，受美国的控制，中国跟日本彼此都有需求恢复外交关系，实现邦交正常化，但是美国不允许，美国一直要紧紧地拉住日本，来跟中国、苏联抗衡。后来美国发现孤掌难鸣，苏联这个国家很厉害，世界竞争性很强，执行力也很强，没有办法，想起了一直被边缘化的中国，因为当时中国跟苏联发生了分裂，跟美国也没有外交关系，而美国人发现这支力量可以利用，所以 1971 年基辛格和尼克松先后来中国访问，跟中国恢复了较好的关系。中国和美国站在一条战线上，最后跟苏联进行新的军事较量，经过长期的军备竞赛终于把苏联搞垮了。这个时期，适应美国全球利益的挑战，中日关系也实现了邦交正常化，1978 年邓小平副总理访问日本，缔结了《中日友好条约》，这是新的一种状态。再往后中日关系进入了一个良好的发展时期，一直到上个世纪的 90 年代。有些同志还记得，在上个世纪的 80 年代，中日关系出现了一个非常很有趣的现象，如果日本哪一个政客敢于说对中日关系不利的话，批评了中国，讲了靖国神社的谎话，或者是对战争讲了不负责任的话，日本的舆论就群起而攻之，口诛笔伐，逼迫着日本的政治领导人包括一些知名人士，站出来进行道歉、反省，最后下台。上个世纪 80 年代初我刚刚上大学，印象特别深，哪个日本政客敢说这样的话，日本的媒体、民众就会果断地把他赶下台，那是中日友好的象征。好景不长，后来小泉上台了，形势急转直下。

美国之所以要控制日本，就是想把日本变成在亚洲地区各种利益的代言人，因为美国的利益在全球，但它主要精力在欧洲，亚洲地区无暇顾及，就找一个国家替它来处理这些事务，找到了谁？找到了日本，所以二战之后就竭力地去扶持日本，从二战期间全力打压日本、消灭日本，到二战结束以后全力扶持日本，并且通过朝鲜战争把日本一下子扶植上来，上个世纪日本 30 年的经济飞涨，是美国扶持的结果。在很长一段时间日本就成为美国在亚洲地区的代理人、打手和急先锋，所以中美关系很大程度上是由日本来实践的，中日关系在根本意义上是美国背后操控的。美国在上世纪就开始构建遏制中国的第一岛链、第二岛链，每一次都把日本加入进来，日本由此还很高兴，因为可以从美国那里获利很多，比如军事基地建立起来了，国家防卫问题通通由美国人来完成，这笔开支省下来了，然后美日之间的经济往来和文化交流，极大地推动了日本的发展。日本看到这些好处，利多于弊，所以很乐意做这样的事情，两国在这样的互通有无、反复切磋中，增进了彼此配合的力度和灵活性，现在日本做起来得心应手，而美国人又对日本比较放心，我们中国该怎么办？所以，看上去是处理对日关系，实际上是处理对美关系。

我举个例子，关于中日之间的石油资源之争。东海油气资源竞争，是中日之间冲突的重要原因之一。中日之间的矛盾，看上去很复杂，其实比较简单，就两大问题，一个是历史问题，另一个是领土资源问题。历史问题现在退居二线了，大家已经不太说历史问题了，因为历史问题更多的是道义问题、观念问题，历史早过去了，二次世界大战到现在结束 60 多年了，战争过去了，但战争遗留下来的问题还存在，我们把这类问题统称为战争遗留问题，它包括慰安妇问题，如何进行认识、评价、赔偿；南京大屠杀问题，如何进行评判，日本历史学界关于大屠杀有一个流派叫虚构派，他们专门有一本书叫《南京大屠杀虚构论》，他说南京大屠杀是没有的事情，都是中国人自己编造出来的；还有劳工问题，教科书问题等等；另外参拜靖国神社问题，随着自民党的垮台和民主党联合政府的上台，也淡出了人们的视野。第二大争议是领土资源之争，领土就是钓鱼岛之争，石油资源之争主要是东海油气资源。关于东海油气资源，日本人说，中国人在家里面多喘一口气，意思说你在东海里面多开采一滴油，日本人就少一口氧，少一滴油。大家知道油气资源是不可再生的，是一次性的，至少在有限的时间内是一次性的，整个 500 吨你开采 100 吨还剩 400 吨，你开采 300 吨还剩 200 吨，你开采到 400 吨只剩 100 吨了，所以你开采得越多，我家的越少，你只要一直在开采，我拥有的可能性就一直在降低。

在东海油气资源开发问题上，中国占优势，因为中国先下手为强；但同理，在钓鱼岛问题上中国是没有优势的，没有主动权，因为钓鱼岛已经被日本实际上控制了。大家都知道，一个物品的所有权由四项权能组成：占有权、使用权、处置权和收益权。占有的控制度，收益权，你可以把它租出去，你可以把它借给你的朋友，赠给你的朋友增进友谊，所谓处置权，我把它摔碎扔到垃圾堆里面去都可以，这四项权能都具备叫完整的所有权。所以在钓鱼岛问题上，我们没有控制。而日本和韩国之间的独岛之争，日本没有实际控制，韩国实际控制该岛，所以日韩独岛之争，韩国占主导地位。这跟中日之间的钓鱼岛之争完全不是一码事。所以同志们注意了，在钓鱼岛问题上我们中国比较被动，因为你没有实际控制，我们船开过去，飞机飞过去，人家可以说你侵犯了我，你也可以反唇相讥说，我在自由的天地里面合法地飞行、合法地捕捞，但你这个合法性就没有人家那么理直气壮，因为你没有实际占有。中日之间各自的200海里海洋权益线有交叉和重叠，交叉的区域在中国大陆架地区。

中国开发春晓油气田是在交叉区域内中间线的中国一侧。中国的油气田开在两国200海里海洋权益线交叉区域内中间线的中国一侧。其实，中国是不承认中间线的，日本却主张以此中间线划界。我们不承认交叉中间线，但又把油田开在中间线的自己一侧，可能也有这样的考虑——不管有没有争议，我可以肯定地说，我的油田开在我这一方，即使退一步退到你所谓的中间线最后的标准上，我也是在中间线的自己一侧。一些专家探讨说中国为什么要这样做？这是不是未来国际斗争当中妥协的底线，因为现在还没有到那个时候，还不需要妥协，到未来绕不过去的时候，需要重大利益交换的时候，也许这样可以做个筹码。日本人一直要谈判，中国人拒绝谈判，后来在交往中由于利益的博弈，我们同意谈判了，中国人提出来一个口号叫合作开发，合作的方法有很多，第一是大家平均投资，1000万，你拿500万，我拿500万，这是第一种。第二种是我们四六开、三七开、五五开、二八开都可以，关键是开采出来的油气资源怎么进行分配，这是最重要的。日本人说你们不是有前期投资吗？你投资多少我通通给你补出来，但是你开采出来的产品，80%都归我。中国人置之不理，这不是玩笑吗！后来中国人好像提过要合作开发，日本人不愿意，日本人一开始是很牛的，不把中国放在眼中；后来国际形势变化，内政会变成外交，双边关系会因为世界范围内很多偶发因素的爆发胶合在一起，事件会越来越复杂，所以日本人反而软了，表示我们可以合作开发，这时中国人反而有调了，端起了架子。中日关系就是这样斗来斗去。在小泉2005年临下台的时候，中日关系最紧张。他反复参拜靖国神社，中国人很恼火，2005年杭州许多大学生都上街了，北京、上海都这样的，所以小泉最后坐不下去了，在新的政党选举当中落选了。小泉在下台之前，给日本的一个石油开采公司叫帝国石油开采公司签发了开采许可证，日本政府赋予他们开采资格，但是这个帝国石油开采公司一直没有大规模行动，为什么？原因很简单，因为这是一个国家行为，而国家行为不是一个主权国家能够控制得了的，相关的国家有较量有分歧，今天你给我一个开采许可证我进去了，某一天两国又开始新一轮的较量和利益交换的时候，你把我牺牲了那该怎么办呢？因为法律上有不可抗力之说，不可抗力其中一种就是政府行为，政府出于公共利益的考虑，要牺牲你的集团利益和企业利益，你只有接受这种损失。所以帝国石油开采公司没有去，当然也可能跟它的开采技术有关系。总而言之，东海油气资源之争目前就处于这种状态。

去年的撞船事件，大家还有印象，19天，从船长被抓到船长被放回，前前后后19天。这19天的较量，我当时真的是整天提心吊胆，它不是一个人的问题，已经超出了撞船本身，不是船长的事情，已经变成了两个民族之间、两国政府之间的全方位斗争。19天，结果是中国的船长被放回来了，但是双方当初喊出来的口号，很多都没有实现，比方中国说，第一放人，第二修船，第三赔礼道歉、赔偿损失，赔偿损失有没有我们不知道，因为那是小问题，放人也做到了，赔礼道歉有没有做到？没有。两边据理力争，各不相让。在这个事件中中国做了什么？从推迟人大代表和各省代表团的访问，到削减、中止民间的赴日旅游，再到文化交流项目的停止，上海世博会前后的所谓日本青年友好访华团的访问动员，我们的驻日大使和外交部向日本驻华大使提交抗议书，以及外交部的东亚司司长、外交部的副部长部长，一直到我们国家领导人温家宝在美国参加联合国会议发言表态。19天里面，政治的、文化的、经济的方方面面，人力、财力、物力通通加起来，我们用了17招，用了17个动作，19天里甩出了17个动作，其中有一天中国外交部副部长和部长相继约见日本驻华大臣，提出强烈抗议，说你要好好地处理这件事，尽快地处理好。最后温家宝出场了，结果问题解决了，船长放回来了。但是后来我们反思，17招才得到这样一个结果，也可以感觉中国对日本的影响力到底有多大，日本对中国的反抗力到底有多强。温家宝在联合国的大会上公开讲，希望日本政府看清形势，从中日大局出发，尽快、妥善地处理好这件事。这里面有个背景，温家宝在联合国会议期间会见了美国总统，美国也改变了立场，希望日本尽快放人，不要僵持下去了，僵持下去谁都没好处，美国人发话了，再加上中国政府的声明，日本把人放回来了。所以这里面你就可以深刻地感受到，美国对于日本的影响力有多大，因此我们不能盲目自信了。

还有一个背景，就在撞船这件事上，中日两国似乎都把自己逼上了绝路，两个国家都是全力以赴按照自己的意志办事，不达目的、誓不罢休，用另外一个成语叫义无反顾，为了达到自己的目的，其他的什么都不顾及了，那个时候日本是这样，中国也是这样，所有的招数只要能用的都把它用上，一定要把人放回来。当时菅直人执政期间是日本最窝囊的时期，同时跟世界上三个重要的国家发生了外交争议，跟俄罗斯由于北方四岛，日俄冲突加剧；因为普天间机场事件，前任的鸠山由纪夫就已经跟美国闹翻了，菅直人上台也没有搞好这个关系，所以跟美国的关系也很淡；有较长一段时间跟中国也搞差了。也许菅直人会想，我就破罐子破摔好了，所有的朋友都离我而去，中国这个朋友我也不要了，这是我们的推论。回过头来看中国为什么要那样做？我想有这样一个道理，中国想借这种方法敲打日本，也想借这个方法改变自己的对外形象。中国随着经济实力的增强和对外影响力的增加，就想借助这件事情向世界传递一个强烈的信息，在捍卫国家利益上是寸土不让、寸土必争的。从今以后只要涉及我的利益问题，就像这次对待日本一样，丝毫不退步，极有可能中国是想表达这样一个意思。我们做的动作是这样，很坚定，意志坚定、立场坚定，所以前途非常地清晰。

事情过去了，菅直人也下台了，说到菅直人下台我们来看一看，为什么他做了一年都不到就下台了？现在是野田佳彦上台，野田佳彦选举之前我们还到上海开了一次会，上海跟浙江的专家讨论了一下，野田佳彦上台之后未来的政局，大家一致判断野田佳彦的政治生命不会超过一年，也是个短命的首相，我们屈指算一下，2005 年小泉纯一郎下台之后到现在也就 6 年的时间，日本经历了几任首相呢？先是安倍晋三，再是麻生太郎、福田康夫、鸠山由纪夫，接下来是菅直人，现在就是野田佳彦，6 年的时间 6 任首相，说明什么？

进入21世纪，日本政坛不稳，首相更迭频繁。为什么？两大背景，第一，日本这时非常浮躁。全球都在发展，尤其是它的邻国，它一直很不喜欢的近邻中国，在大幅度地发展在崛起，而它自己在跌落，这样一个此消彼长让它很为难，心里不高兴，也不平静，所以整个日本民族处于高度的浮躁状态，它希望能够把浮躁安定下来，怎么安定下来呢？希望找一个卓越的领导人，带领这个国家走出不安，迎来经济快速发展。因为从上世纪六七十年代的经济飞涨之后，从90年代开始到现在差不多20年了，日本经济一直处于停滞状态，不发展甚至零发展、退步，日本民族很恼火，找不到原因，不知道问题在哪里，所以就不停换领导人，总希望有一个强力的领导人能够带领这个国家走出泥沼，结果换来换去换了6次都不满意，哪个人都没有这个能力，都不能实现这个目标。领导人的更换，从国内意义上来讲就是日本民族希望有一个超强的政治领导人，能够力挽狂澜，带领日本走出经济泥潭。外因是什么？就是美国的因素，小泉纯一郎时代中日关系政冷经热，政治非常冷淡，大家几乎互相不理睬，经济尽管很火热，双边贸易在增长，但是彼此之间的敌对情绪非常强烈。我们想想2005年是什么样的情况？那是非常火爆的。这个形势再也不能够继续下去了，所以接下来的安倍晋三以及福田康夫等等，迅速地就扭转了日本的对华政策：我们不能得罪中国，否则很受伤，跟邻国搞不好关系，也会影响到执政党的形象。

其实，这期间还有一个重大的利益问题，即日本竭全要把自己打造成为安理会非常任理事国。日本有一个很大的政治追求，想成为世界政治大国、经济大国，想成为政治大国的一个最好的舞台就是在联合国占据15个席位之一，成为非常任理事国，但是没有中国的点头那是不可以的，中国是五大常任理事国之一，中国不投票，肯定进不去，所以日本人很清楚绕不过中国，回过头来还要跟中国人谈判。出于这样的考虑日本也要改变以前小泉时代强烈的对华政策，再也不能刺激中国了，要把中国变成真正的朋友。所以接下来通过类似破冰之旅、迎春之旅、暖春之旅，经过温家宝、胡锦涛、安倍、麻生和福田康夫五位国家领导人的互访，破除了小泉时代冰冻的两国关系，情况有所缓和，但是并没有完全回归到春天的状态，中日关系就目前，一直在上述背景下发展到了今天。6任首相都想改变小泉时代的政策，处理好对华关系，而要想处理好对华关系，就必须要靠近中国，要靠近中国，一个必然的结果就是它要疏远美国，而这一点美国是不答应的。三方进行博弈，尤其是中美较量的时候，日本在中间就成为博弈的对象，我们的力量大一点就把日本拉过来一点，我们的力量小一点，日本就被美国拉过去一点。

在中日美博弈中，中国怎样对待日本、怎样的做法才叫“力量大一点”呢？比方说给它一些好处，给它一点儿动听的声音。我很清楚地记得，当时众多国家都竭力争取安理会非常任理事国席位的时候，包括德国、印度、日本等，中国表扬了德国，说它在第二次世界大战以后，历史问题处理得比较好，在世界关系中也表现了大国的风度，于是德国人安心了。然后又表示印度作为南亚次大陆国家，人口密度大，经济发展前景很广阔，希望它能在未来的国际舞台上发挥更大的作用。这番话提醒、敲打了日本，中国是绕不开的！在这样的背景下，日本开始慢慢地修复对华关系，一届又一届政府采取了靠拢中国、接近中国的政策。

但是，日本政府接近中国的政策趋向随即导致了美国的猜忌。所以美国一旦看清了哪个日本领导人敢于过火地接近中国，就把他拿下来，一次又一次地拿下来5任日本首相。这种政府首脑的频繁更换，背后的确有一只手，就是美国。因为这些首相，在慢慢地游离出美国的语境。日本想干什么呢？日本想成为一个政治大国，怎样是政治大国？独立判断，独立掌握自己的对外政策！总是说自己是大国，但是不能左右自己的对外政策的话就被别人瞧不起，在国际上是没有立场和地位的，所以日本想竭力地去改变自己的形象，因此在对华关系上就要主张自己的思想。当日本自己独立判断的时候，我们觉得它一定会搞好对华关系，因为中国是它最大的邻国，哪一个人都不会得罪自己的邻居，而这一点恰恰就触到了美国的痛处，所以美国不愿意看到日本成为一个独立的、能够操控自己内政外交的国家，一旦有这个苗头他就打压，而打压最好的手段就是解除首相职位。因此我们说野田佳彦也是一个短命的首相，因为明年2012年他要进行国会选举，选举的时候如果民主党不能成为多数党他就要下台，而且民主党内部还要进行党首选举，他选不上民主党的党首就做不了首相，所以2012年对野田佳彦来讲也是新的问题。

因此，对日关系，我们认为：主权是根本，资源是要害。如何实现这个原则，怎样表现和争取、维护、博弈，政治是前台，历史已经退居二线了。

但是，处理中日关系，还要注意防止三种倾向或认知偏差。其一，防止日本军国主义的复苏。日本军国主义不可能再次撼动中日友好的基石，然而如果说日本军国主义没有影响了，这太简单化了。日本军国主义潜伏暗藏，还有可能沉渣泛起。我自己主要是从这个方面开始研究中日关系的，也有一部书专门讲日本侵华的，叫《日本侵华思想理论探源》。我们注意到日本社会政界、军界、财界、学界等都有一批人对中国并不友好，小泉时代号称有三匹“狼”——小泉纯一郎、东京都知事石原慎太郎和民主党党首小泽一郎，这三个“郎”对中国都不友好，而他们是日本政界最有影响的人物。现在为什么老是有慰安妇等问题呢？老是发生矛盾呢？说明日本民族不愿意反省，不能正确地认识那段历史，而这些人就是军国主义最主要的力量，所以不能轻视日本的右翼分子，他们很可能会甚器尘上，会偶然打断中日关系的良好发展。其二，良好的中日关系对双方都有利，千万不能简单地认为只对中国有利。良好的中日关系对日本也有利，因为我们经济契合程度越深，中国是日本最大的邻国，日本要从中国获利甚多，如果关系不能得到良性的发展，日本自身要受到影响。其三，中日关系的发展会一帆风顺，这种判断很武断很单纯。对于中日关系的未来我们充满了信心，但是不抱绝对的信心。中日关系即使按照目前这种状态发展，应该说已经很不错了，很难再回归到上个世纪80年代那样全面友好的状态。这有几个方面的原因，第一中国发展得很快。中国发展得太快了，太快就会影响中国人自己的心理，中国人如何看待日本人？反过来会影响到日本怎样看待中国，这个叫做“时移世易”，时代不同了，心理会发生变化，彼此对视的角度也会发生变化，所以你想未来的中日关系怎能保持上个世纪80年代的状态，太难了。想一想，当我们面对一个日本人的时候，我们有多少中国人能够保持一种从容恬淡的心理？我们也经常接触日本的学者，有一天我们请到一个日本共产党的党员，来我们学院做报告，讲日本社会主义制度的发展，他们也有社会主义理论。讲完以后我把我的一本书《日本侵华思想理论探源》送给他请他指正。后来我想我犯了忌，我天真地以为世界共产党人都是一家人，我忘了共产党也是有国家之分的，把书给他的时候，情绪顿时就尴尬起来了，就不知道接下来要怎么讲话了。这说明什么？作为最富有理性的知识分子，尚且不能彼此平淡地对视，更何况我们普通的国民呢？所以一旦发生争执，我们的网上语言、舆论迅速地飞涨起来。因而渴望两国关系良性发展、一帆风顺，很难，但也不是说没有一点信心，能够保持今天的状况，我们认为就不错。要慢慢地发展，不能着急，因为毕竟有厚重的历史问题没有解决好，一旦有个风吹草动，历史问题就会浮上水面，再一次把两个国家推到前台去。有专家说下一次中日冲突有可能发生在哪里？纯属推断，有可能就发生在东海的上空，因为我们的军舰在那里游弋，空军在那个地方飞行监控，日本也这样做，一旦哪一天不小心擦枪走火，中日关系就再次面临危险的境地。所以我们觉得未来的中日关系处理起来，需要中国的立场和毅力，原则问题看清楚了，丝毫不动摇。但是处理中美关系就不一样了，需要智慧。美国人很聪明，中国人也很聪明，可在处理重大国际问题上中国人的聪明程度，我们必须承认尚不如美国人。主要是因为中国做大国的时间太短，参与重大国际事务、主导国际事务的经验太少，以前我们独立自主的和平外交政策多半是“各人自扫门前雪，莫管他人瓦上霜”，现在要求你必须承担国际责任，关注国际事态的发展，而我们缺乏这种经历，美国人则很老到。美国人现在是两手都要管，一手是胡萝卜，一手是大棒，世界各地都离不开它，好像真的是哪个地方离开美国，这个地球就转不了，中国不行，中国还没有达到这样的状态。所以在这个问题上，中国应该向美国学习，处理中美关系时我们需要更多的智慧。

梳理一下，面对中日关系、中美关系和复杂的国际形势，我觉得中国应该这样做。第一，处理好我们的经济问题，首先还是回到邓小平的那句话，韬光养晦，中国的传统理念叫和而不同，世界本来就是多姿多彩的，多姿多彩可以依然保持自己的独立性。怎样做到呢？发展自我、强大自我、做好自己的事情，这才是最重要的前提。第二，政治方面，我们要提高自己处理国际事务的艺术。有一个问题关于中国道路，中国最近30年的改革开放带来了巨大的民族进步，世界刮目相看，西方人把它叫做“中国模式”、“中国道路”，中国人自己把它叫做“中国特色社会主义”。我们自称中国特色社会主义，西方人叫中国道路或中国模式，大家也明白这个中国道路和中国模式到底成型没有？是不是跟美国的模式可以完全相提并论的另外一个强大的国富民强模式呢？可能还不是，我们自己讲中国特色社会主义道路还在发展，中国特色社会主义理论也在发展，我们很多问题还没解决好。在这个层次上，中国模式还没有完全定型。没有定型你就要注意了，没有定型、没有成功，人家为什么要说你是中国模式？这里面就有一种很深远的谋略。中国人能不能坚守住这个东西呢？当别人吹捧你的时候你该怎么办？这就体现了你的高度和心境。如何看待中国的政治模式，对中国人是个检验，中国人讲的和谐外交问题也没有被世界完全接受，和谐外交恰恰是我们中国科学发展观里面一个重要的层面，也是中国特色社会主义道路里面一个重要的原理。中国模式的打造，还有很长的路要走。第三，文化领域，这一点我觉得我们中国这两年做得非常好，十七届六中全会确立文化发展战略，强调要建立文化强国。在文化领域中国的影响力在提升，有一点大家注意，看每天晚上的新闻联播，发生在世界各地的重大事件都有中国CCTV的记者在一线进行报道。你注意到这个细节了吗？以前的信息都来自于路透社、共同社、美联社等西方世界，现在世界上发生的任何事件，第一时间都有中国CCTV的记者在现场报道，这就是中国的影响力。世界上的信息传播，不再是西方国家的专权了，中国也参与到世界信息的创造和传递中去了。第一信息的创造权，中国也不落于人后，这是一个了不起的进步。以后的信息从哪里来？不再只看美国的、日本的或者俄罗斯的，中国的也要看。中国的信息发布力，信息控制力，信息影响力在增加。在美国的华尔街，中国新华社树立了自己的巨大广告牌。新闻权利、媒体权利，中国已经抓住了，还有孔子学院这些机构的影响会越来越大。科技领域，这两天我们是倍感欢欣鼓舞的，天宫一号神州八号对接的表彰大会上，被表彰的对象35岁以下的工程师、科技人员占了85%，很了不起！现在中国的年轻人真的很优秀，所以我对中国充满信心，在最高、最顶端的技术领域，我们的年轻人都走到了第一线，承担了最重要的责任。现在，政治、经济、文化、科技诸多领域都要靠外交来完成，我们依然坚持这样的外交布局、外交方针，就是大国是关键，处理好跟美国、欧洲、日本、俄罗斯的关系是我们的关键；周边是首要，首先要处理好与周边国家的关系，因为你自己的家门口都不安宁，其他问题也就难以成型；发展中国家是基础，我们的穷朋友，要维持住关系；多边关系是舞台，不要再像以前一样，只是注意发展和某一个特定国家的关系，凡是世界舞台，世界讲台或者联合国等国际组织，只要你能参与的都要极力地参与进去，利用这种机会展示自己，表达自己，影响别人，争取朋友，创造机会。要讲话、敢于讲话、多讲话，你不说别人不知道，通过表达来展示自己。大家看这个例子，我们所面临的周边环境是世界上任何一个大国都不具备的。你看美国，美国的北面是加拿大、南面是墨西哥，再稍微远一点有个古巴，就这几个邻国。看中国十几个邻国，有伊斯兰世界的，有社会主义国家、资本主义国家，还有非常落后的酋长制国家，文化差异那么大，当然要采取不同的外交措施。就像一个公司里面，跟采购打交道，跟银行打交道，跟建设局打交道，要用不同的策略、谋略、方法，要用不同的资源。所以中国的外交也是这样，处理好周边的关系很艰难，但是又必须处理这些基础性的问题。

最后请同志们记住：第一，中美关系对中日关系的发展有引领作用，中美关系会制约着中日关系的发展，同时，中日关系对中美关系的发展有牵制作用，它不会根本上影响，但会牵制。第二，中美关系是大局，带有全局性，中日关系是中观，带有区域性，所以处理好中美关系，是我们的重中之重。第三，要确立全球意识和国际眼光，现在看问题不能只盯着家门口，要有世界意识，每遇到一个国际问题的时候，要俯瞰整个世界，这样才能一目了然。

第四，中国的核心外交战略要坚持不动摇。中国与人为善的本性不会发生太大的变化，即使在市场经济的时候，在较量越来越紧张的世界舞台上，一个民族的本性还是有长期的稳定性的，所以我们继续坚持和谐外交战略，与人为善，广交朋友，广结善缘，“诸恶莫做，众善奉行”，从佛家的角度来讲这样做事情。最后还要记得，千万要警惕，不要被人捧杀，要有警惕感。

我刚才那一番话，也是提纲挈领的，我推荐同志们看几本书，这是目前世界上关于中日关系最有影响的经典作品。《菊与刀》，这是二战结束的时候，美国组织了一批专家全方地研究日本所形成的报告，鲁思·本尼迪克特是主要撰写人，她把自己承担的部分出版了一本书叫《菊与刀》。菊，菊花，是日本皇室的徽章；刀，是日本的民族性象征。一手举着和平之鸽，一手举着血淋淋的战刀，这是一个复杂的民族。《菊与刀》当中讲了一句话，有一段话讲日本的民族，说这个民族是一个精神分裂的民族：一方面极度地自信，另一方面极度地自卑；一方面极度地推崇团队精神，一方面又极度地表彰个人潜力的挖掘，这个民族是一个很复杂的民族。许介麟是台湾的一个学者，写了一部书叫《谁最了解日本》，他站在中国人的角度看日本。

中日关系，是我们中国所面临的众多双边关系当中的一角，我们必须要处理好，因为处理好对日关系，有助于处理东亚关系，也有助于协调对美关系，但是处理好对日关系有难度。中国政府要高瞻远瞩，能洞悉一切，也需要知识界的学术支撑、理论研究，更需要我们民间的协力配合。这样的话，未来的发展，中国的发展，我们自然充满信心。

好，谢谢大家！

（以上内容根据 2011 年 12 月 17 日的讲座录音整理，略有删改）

孔子的家庭和人生

陈志坚

主讲人简介：陈志坚　浙江大学历史系副教授，北京大学历史系博士毕业。研究方向和专长是隋唐五代史、浙江地方史。论著有《唐代州郡制度研究》《杭州初史论稿》等。

很高兴今天到台州做讲座，我觉得很荣幸。说到孔子，相信大家都很熟悉，孔子的“命运”有一点复杂，在中国历史上，近代以前孔子作为圣人的形象，几乎是完美的，他的缺点也被很多人做了掩盖；五四运动之后，“民主”与“科学”的大旗背后，有一个口号叫“打倒孔家店”，所以孔子一下子又变成中国文化落后的“罪人”，可以说这也是他不应该背负的一个骂名。今天的讲座，我们一起回到孔子的生活时代，春秋时代，不作神化也不批判，我只是想尽量真实地还原历史上作为人的孔子的情况，所以我今天的题目就叫《孔子的家庭和人生》。

讲到孔子的家庭，我们要追根溯源，要从他的祖先开始讲起。孔子自己临终前说过一句话，“丘，殷人也。予畴昔之夜，梦坐于两楹之间。”临终之前，他做了一个梦，梦到自己坐在两楹之间，两楹就是指大堂中间的这两根柱子。这实际上跟古代人的丧礼有关系，古人在死了以后放入棺材里，并不是马上安葬，而是要有一段停灵的时间，我们知道越剧里面，贾宝玉对林黛玉有一个哭灵，把棺材放在某一个地方，亲人和朋友都要在这段时间来表示他们的哀痛，这是一个礼。“殷人”，殷人就是商人，我们现在说安阳殷墟，后来的人也把商朝叫殷，《史记》里有一个《殷本纪》，不叫“商本纪”，就是记载商朝的历史。从这段话可以得知，孔子的祖先是商人的后裔，而且他不是普通的商人，是商王的后裔。商代最后一个君主叫商纣王，周武王灭商之后，封微子启（商纣王的庶兄）于宋（今商丘），让商代的祭祀得以延续，宋人在春秋时期长于货殖，故后来生意人被称为“商人”。据说孔子祖上就是宋国贵族、国君之后（自然也是商王之后裔）。古代君主位置继承的时候有一个基本的原则，就是父死子继，但是由哪个儿子来继承，有一个讲究，由嫡长子来继承。嫡子就是正妻所生的儿子，所以首先选择的是你的身份高贵，然后再在这里面选择年纪最长的一个，这是嫡长子，微之启年龄比商纣王要高一点，但是因为他母亲身份低下，所以他没有获得商王的位置，后来他在商朝灭亡以后，身份依然是尊贵的，而且跟周人关系还不错，因而他被任命为宋国的君主，而孔子实际上就是微之启的后代。我们可以这么说，孔子是商王的后裔，当然跟商纣王没关系，商纣王是他祖先的弟弟，同时他又是宋国国君的后代。应该说孔子的出生或者渊源是比较高贵的。

接下来我们要讲孔子的六世祖孔父嘉，这个人跟孔子有很重要的关系，主要有两件大事。第一，孔子为什么姓孔，这个跟孔父嘉有关系，六世祖是什么辈分，是孔子爷爷的爷爷的爸爸，说起来还是挺久的，孔父嘉是宋国国君家族的人，是宗室。但是在古代，有一个家族制度，过了五代要分家，五代之内是一个家族，出了五代之外就不是一个家族了，古代说灭九族，灭族有一个很明确的界限，关系是非常清晰的。到了五代之后，孔父嘉跟宋国君主的关系就已经不是一个家族了，那怎么办？他要分家，因为是贵族，他就要有一个专门的封地，除了封地以外还要有一个头衔，这个头衔就相当于我们后来所说的分封的齐鲁燕王之类的，这种分头衔，就是后来所谓的氏，用什么字来做氏，这是比较复杂的，其中有一个做法，以你这个人名字里面的一个字来做氏，孔夫嘉是他的名字，孔父是他的字，嘉是他的名。这里讲一下古代取名字的习惯，一般一个人生下来都会取一个名，到了20岁，就是他成人礼完成以后，在成人礼上面，要给他专门取一个字，这个名和字是有一定关系的，为什么要这样做？这是因为人们认为，叫人家名是不太礼貌的行为，当然你是小孩无所谓，如果你是成人，别人就应该用字来称呼你，这是表示尊敬的方式，我们现在可能还有这种习惯，直接称人家名字是不太礼貌的方式，中国这方面的忌讳特别多。因为孔父是他的字，所以他在取自己姓氏的时候，要取一个氏，在取氏的时候，他又取了孔父这两个字里面的“孔”字，所以他的后代就以他的孔为氏，叫孔氏，因而这个家族的人，从此他们名字前面都要加一个孔字，但是由于在古代人们称呼的时候，一般来说都不习惯把你的氏给加进去，而更多的是把你的字和名连起来称呼，所以孔父嘉这个名字，相当于名和字合起来，后面还会讲到这个例子。我们稍微举个三国的例子，三国我们都比较熟悉，比如说赵云，赵子龙，子龙是他的字，云是他的名，如果在先秦春秋孔子这个时代，人们称呼赵子龙就会说子龙云，叫诸葛亮就会叫孔明亮，是这样一种习惯。

第二个事情跟孔父嘉有关系，他们孔氏家族在宋国的政坛上遭到了重大失败，这个失败源头是一个很“八卦”的事情。孔父嘉有一个妻子，非常漂亮，有一次他的妻子在外面被另外一个叫华督的大官看到，这时候孔父嘉自己也是大官，基本上相当于是国防部长这样的高官，位置很高。《左传》里面有一段描写，华督看到了孔父嘉的妻子说她美而艳，眼看着她走过来，走过去，并且回过头目送她远去，一下子被迷住了，华督之后就一心想把美女抢到手，到第二年的时候华督公开抢了这个美女，然后把孔父嘉给杀死了，这简直是一个很夸张的事情，因为孔父嘉是当朝大臣，怎么可能会有这种事情，“公怒”，公就是宋国的国君，华督很害怕，一不做二不休，干脆把国君也给杀了，自己另外立一个国君，这个事情说起来是一个由美色而引发的血案。我个人认为这是华督搞的政治阴谋，孔父嘉妻子不过是一个借口，我是这么看的，但是《左传》里面记载是因为他的美色起了歹意，然后发生了宋国重大的大振荡，自此之后，宋国的国君没有变化，竟然也稳定下来了，这个事情也很奇怪，就没有发生再大的动荡。很显然，宋国的政局没有再发生大的变化，也就是说孔氏家族他们想翻本也做不到，因此在整个宋国，孔氏家族就很难立足，过了一两代之后，孔氏就开始从宋国逃到了鲁国。宋在现在河南的东南部，鲁国在山东，两国还比较近，在鲁国他依然是贵族，但是地位已经下降了。这样的一个变化，虽然是孔子祖上发生的事情，但是对孔子本人来说却有非常大的意义，意义在哪呢？我们可以看《论语》写到，“周监（鉴）于二代，郁郁乎文哉，吾从周”，孔子说周的文化是借鉴了夏朝商朝，所以在文这一方面做到了非常高的程度，最后他有个选择，说我要追随周的文化。这里面我们要讲一下鲁国这个地方，鲁国是周公旦的封地，周祖人姓姬，但是你不能把这个姓用在男人身上，所以像文王昌，武王发，周公旦，这是古人标准的称呼，周公的名字叫旦，他不可以用他的姬姓加在他们身上，后来中国人已经忘掉了这种习惯，就按照他们周人的姓，他们的男人只能用氏，不能用姓，所以后来我们看到有很多错误的说法，叫姬昌、姬发、姬旦，比如姜子牙叫法也是错误的，他的族确实是姓姜的，所以齐国嫁到别的国家去的女的，都叫齐姜，但是不能把这个姜放在姜子牙身上，这个问题我们不多说了。

周公被称为制礼做乐的人，所以整个鲁国保存了周朝最完备的礼乐制度，而且鲁国以此为荣。到了春秋的时候，有一次齐国国君和鲁国国君进行会谈，齐国当时比鲁国要强大得多，结果两个人一见面，齐国国君就跪下来磕头，当时双方都行这个磕头礼，结果鲁国国君在接受了人家的磕头以后他不磕头，为什么？他说按照礼，我们国君只能向天子磕头，不能给诸侯磕头，他坚决不磕，结果齐国大怒，后来终于有一次抓住了机会，干脆把鲁国国君给俘虏，抓去绑架了，逼他向齐国国君磕了头才把他放回来，当时所有的人都嘲笑鲁国，鲁国人觉得他们是文化的守护者，非常有意思的是，作为一个商人后裔的孔子，他到了鲁国以后就顺从于周的文化，以至于他成为所有鲁国人里最讲礼，也最坚守礼的文化人，这点是非常有意义的一个现象。

第二个问题，孔子的父母。孔子的父母年龄差别特别大，孔子的父亲 69 岁时，他的母亲还不到 20 岁，典型的老夫少妻，他的父亲给了他什么？应该说他的父亲给他的基本上都是一些外在的东西，比方说他的血统，贵族士的头衔，还有异于常人的体魄。我们先看一下，他父亲的名字叫叔梁纥，如果我们按照现在的习惯称呼应该叫孔纥，或者叫孔叔梁，但是史书上一般都合起来称呼叫叔梁纥。叔梁纥膀大腰圆，力大无穷，勇敢绝伦，一个典型的武夫。《左传》还特别提到一个战役，这个战役里孔子父亲叔梁纥表现威猛，讲到当时双方打仗，“晋人围偪阳。偪阳人启门，诸侯之士门焉。县（悬）门发，陬人纥抉之以出门者”，我解释一下，双方打仗围住偪阳这个城，这个地方的人开始用一条诱敌深入的计策，把门打开了，让进攻的人从门外冲进来，冲进来以后里面是瓮城的设计，还有一道门，等军队冲进来以后，后面还有一个门叫悬门，在重要的时候可以把它放下来，我们后来有一个比较形象的称呼叫“千金砸”，就是很重的一个门从上面掉下来，这个是古代守城常见的技术。当出现危机情况的时候，这个门就要翻下来，周人叔梁纥一个人把千斤砸给顶起来，让和他一起进攻的这些人能够撤退出来，大家可以想象，叔梁纥他本人的武力和他的胆识都是非常令人惊讶的。大家恐怕没想到孔子的父亲是这么一个人。另外一点，孔子的父亲特别高，10 尺，10 尺放我们现在来算，将近两米，古人一般来说个子比现代人要矮很多，所以两米的高度在古代是非常高了，这一点完全被孔子所继承，孔子的身高是 9 尺 6 寸，在今天来算是 1.92 米，身材也是很高大魁梧的，当时的人称孔子为长人而异之，他的家族基因比较明显，到了孔子的第七代孙子，有个叫孔腾的人，身高也有 9 尺 6 寸，这是司马迁特别记下来了，可见他们这个家族的体魄非常不错。在文革的时候曾经有一些人要批判孔子，有的人就把孔子描写成一个猥琐的小老头，很瘦小，有历史学家说，这个史书上有明确的记载，他是高大威猛的人，你这样描绘很不适合。

顺便我们要讲一下孔子的相貌，这里面有一个“丧家犬”的典故。有一次孔子周游列国的时候，他在郑国这个地方走丢了，结果他的弟子子贡到处找他的师傅，有个人就告诉他说，“东门有人，其颡似尧，其项类皋陶，其肩类子产，然自要以下不及禹三寸。累累若丧家之狗”，尧、皋陶都是古代的圣人，他的长相跟古代的圣人比较像，自腰以下不足以三寸，又有一些跟古代的圣人不一样，他最后描写是说，累累若丧家之狗，孔子对外表完全不在意。

到汉代的时候，就开始逐渐神话孔子，把孔子描绘成十足的异象，这是中国的观念，觉得圣人伟人在相貌上一定要有一些特异的地方，比如中国人在描绘佛祖释迦牟尼的时候，说他有三十六大异处，七十二小异象，比如释迦牟尼的舌头很长，伸出来可以盖住鼻子，如果这个人按照这种描述画出来绝对不是个人，就是个怪物。孔子作为圣人有很多怪的长相，其中《史记》里面描述了他的长相，他的脑袋是生而首上圩顶，圩是田埂，也就是说他的脑袋四周高，中间低，像锅一样，这个怎么可能，一般都是上面高，四周低，每个人摸摸自己脑袋，如果中间凹进去了绝对不是人，这个说法肯定是有问题。

接下来讲讲他的母亲。他在外貌上继承父亲比较多，相比他父亲来说，母亲带给他成长的依靠和强烈的孝敬情结，对孔子的思想有着非常深刻的影响。在讲这个问题之前，我们先要讲一下孔子父亲的婚姻，根据一本书叫《孔子家语》里讲的，叔梁纥曾经先娶了一个鲁国的施氏，生了九个女儿，没有儿子，后来又纳了一个妾，生了一个小儿子，这个儿子名叫孟皮。我们古代的人名字基本上都有一个排行，伯仲叔季，老大名字里面有一个伯，老二叫仲，你看孔子他名字叫仲尼，这个仲就表示他排行第二，也就意味着他肯定有一个哥哥，在《论语》里面也曾经提到，孔子把他哥哥的女儿嫁给他自己的一个徒弟，这个哥哥的名字有一个特别的地方，用孟，没有用伯做排行，古代还有一个习惯，我们前面讲过嫡子的问题，长子如果不是正妻所生的，那他就没有资格用伯这个字，而用孟这个字所替代，孟这个字也是老大的意思，有时候会用在女性的身上。我们举个例子，大家都熟悉的，古代有一个孟姜女，他不姓孟，姓姜，古人的姓放在后面，所以孟姜女的意思是，就是姜家的大姑娘，孟表示是老大，但他不是正妻所生，不是嫡长子。另外，他是病足，他的名字叫皮，皮相当于跛，因为他身有残疾，也不能很好的继承贵族的位置。所以后来叔梁纥就跟一个少女好上了，《史记》里面很明确地说他们是野合而生。

孔子三岁丧父以后，他家的生活就有些困难了，他与母亲相依为命，而且孔子出生在他父亲的封地周这个地方，后来长大在曲阜，我们一般觉得孔子的家就在这，实际上他父亲的家并不在这里，曲阜很有可能是他母亲的家。其实孔子的身世还是蛮悲惨的，我们可以想象，他的父亲死了以后，他的母亲在孔家并没有太好的待遇，所以她带着孔子回到了娘家，然后在曲阜长大。孔子弟子里面，他最喜欢的学生是颜回，我们没有确切的证据，颜回很有可能是孔子姥姥家的人，因为孔子的母亲是姓颜的。在孔子 17 岁之前，他的母亲去世了，所以孔子在将近成人的时候（古代的成人礼是在 20 岁，当然古人一般 16、17 岁就已经开始承担成人的责任），他的母亲去世了，这一点应该是对孔子打击非常大。我们如果翻一下《论语》就可以感觉到，《论语》里面讲到孝思想非常多，而我们要注意的是，他在讲这些话的时候，他的母亲早就不在了，所以这些话实际上都是他追思母亲的体会，他是无法尽到孝道，虽然《论语》里没有这句话，但是《礼记》曾经记载过，孔子讲过这句非常有名，也是中国古代讲到孝这个问题最动情的一句话，现在经常被人引用，叫“树欲静而风不止，子欲养而亲不待”，可以说这句话最贴切地反映了孔子对于母亲的追思。另外，《论语》中还有一句话，子曰：“父母之年，不可不知也，一则以喜，一则以忧”，像这样的话语，绝对是对母亲孝道追思有非常深刻的体会才能讲出来的，父母的年龄我们一定要知道要记住，为什么？我们知道父母的年龄，每增加一年，我们很高兴，但同时又很担心，又很忧伤，因为长一岁，离老去又接近了一步，像这种又喜又忧的体会，绝对是孔子把自己很多心思体会放在怀念母亲的身上，确实有很多时候，自己做不到的才会最觉得无奈，才最觉得痛彻心扉。

不仅如此，我认为孔子整个思想的基础，就建立在“孝”这个字上。应该说孔子的理论非常的复杂，但是我们可以说他有一个最基本的出发点，就是两个字，一个是礼，一个是仁。“礼”就是要守礼，我们日常生活中所有的礼仪，都要遵守，这是孔子一辈子在认真实践，同时也劝人实践的事情。但是礼这个东西，它从周开始建立到孔子这个时代已经过去几百年了，而且整个春秋时代正是礼崩乐坏的时代，孔子作为没有什么身份的人，仅仅是个知识分子，凭什么让别人来相信你的话，所以孔子发明了另外一个词叫“仁”，他用仁来介绍礼，下面我们讲论语里的一段话，这段话最能表达孔子的思想，这段话就是讲到他的一个学生叫宰我，他问："三年之丧，期已久矣。君子三年不为礼，礼必坏；三年不为乐，乐必崩。旧谷既没，新谷既升，钻燧改火，期（一年）可已矣"，父母死了要守三年的孝，宰我觉得这个礼不对，不应该这么长，一年就够了，他的理由很充分，他说三年的话礼乐不去，三年期间你除了很简单的吃喝之外，基本上不能干事情，礼乐都不能做，这么长时间礼乐不熟悉了。但是孔子到了后面说了："子生三年，然后免于父母之怀，夫三年之丧，天下之通丧也"，为什么我们要守三年的孝，对这个礼做了一个解释，他认为每一个小孩生下来，长到三岁之后，父母才不抱他，可以开始独立走路，所以我们的父母死了以后，我们要守三年的孝，这是要回报父母那三年的恩情，这个恩情是发自内心的，因为你有这样一个自然而然的感动，而不是别人外在的强迫你，这首先是孝，这种发自内心的情感，也就是仁，我们现在讲仁者爱人，这个仁就是内心的体会，说的最简单的是这样一个意思。所以孔子讲"己所不欲勿施于人"，你自己不想要的，也不要强加给别人，西方的人现在也认为，这是人类所共通的黄金法则，是人与人相处的最基本的原则，这是从孔子嘴里说出来的。当然孔子说西方人没有这个体会，这句话说得最明白最透彻，孔子的思想里面，这是他最主要的一条，他在解释一个外在的制度礼仪的时候，他的出发点是用内心的情感去解释，而这个解释的路径就是从孝，所以我觉得孔子整个思想的基础，或者源头就建立在孝上，而这一点正是建立在他对他母亲不断追思的经验基础上。孔子的母亲可能不是一个伟人，但是他对孔子整个思想体系的产生有很重要的影响。

接下来讲一下孔子的家庭。《论语》里面从来没有提到孔子的夫人，甚至提到女人的地方也很少，而且都比较负面，其中最有名的，也是现在大家对孔子批评最厉害的一句话："唯女子与小人为难养也，近之则不孙，远之则怨。"第一句话大家都很熟悉，后面这两句话是用来解释女人和小人，就是把女人和小人相提并论，意思是说，这些人不太好相处，为什么？你跟她亲近她就开始不逊，不谦虚，乱来；如果是远，你疏远她，她就开始抱怨埋怨。其实这种现象现在也是一样的，这句话针对谁讲的没有任何背景，但我个人觉得，这说不定就是他跟他妻子吵架以后脱口而出的一句话。《史记》里也没有记载任何孔子夫人的信息，最早出现的是东汉后期，有一块碑，这块碑叫礼器碑，这里面第一次提到孔子家族里面有两个姓氏可以免徭役，一个叫亓官氏，一个是颜氏。颜氏是孔子母亲这一族，因为孔子是圣人，他的家族也连带着得到了优惠政策。另外，亓官氏，人们认为是孔子的妻，就是夫人这一族。据《孔子家语》的说法，孔子 19 岁结婚，第二年就生下了儿子，关于孔子的夫人，我们后面还要提到一个，很可能孔子有休妻之举，后来人不说，但是《礼记》里面曾经记载了这样一个事情，让人有了怀疑的基础。这个故事是这么讲的，伯鱼，就是孔子的长子，他的母亲死了之后，“期而犹哭”，过了一周年还在哭，孔子听到就说不要哭了，太过分了，伯鱼只能把孝服给取掉了，为什么这样？孔子是很讲孝道这个礼的，为什么他不允许他的儿子在一年以后还在哭丧，这很可能是因为孔子的妻子是被休了，根据礼，被休掉的妻子，她死了以后，儿子服丧不能服三年，只能服一年，也就是一整年，所以他过了一年还在哭是不合理的，孔子觉得不满意。而且，孔氏居然三世休妻，也就是说孔子自己休妻了没完，他的儿子伯鱼也休妻，伯鱼的儿子还休妻，这是很奇怪的事情。后来儒家讲，修身齐家治国平天下，你要做一个圣人，“修身齐家”这一条是不可避免要做好的，可孔子休妻，不像圣人之行为，所以后来也不大讲，但是我觉得这个事情还是挺有可能的，这也让我们感觉到，虽然他是一个圣人，是文化伟人，但是他在自己的生活中未必会很完美很和谐。

这里我再讲一个小段子，讲孟子，据说孟子差一点也休妻，这个故事不一定可靠。说孟子有一次回家，回家以后，他没有敲门而是偷偷从门缝里观察他的妻子，他看到他妻子屁股坐在地上，我们现在坐当然用屁股坐，古人日常行为起居里面不是屁股坐地上，就像现在的日本人，屁股要坐在脚后跟上，维持跪着姿态，平时你屁股是落在脚后跟上，如果表现尊敬，你要跪着，腰板要挺直，其实是跪的姿势，这个叫禅坐。古人如果屁股坐地上是非常失礼的，所以孟子很生气就把他的妻子给休了，孟子的母亲是很贤惠的人，她制止了这一行为，他的母亲说，首先你回家不敲门，反而偷偷来看，这本身是你先失礼，因此这个行为要检讨也是你先检讨，你不能因为这个而休妻，所以孟子只好算了。

再接下来我们讲一下孔子的儿子，叫孔鲤，字伯鱼，如果合起来就叫鲤鱼。这并不是说孔子爱吃鲤鱼，伯鱼生下来那时候，鲁国的国君特地给他送了两个鲤鱼作为贺礼，这是一个莫大的荣誉，孔子觉得国君的赏赐是至高无上的，所以他就给儿子起名孔鲤，字伯鱼。孔子的儿子虽然时刻可以接近圣人，但是好像不大出色，《论语》里面有一段话，这段话就讲到，陈亢，是孔子的学生，曾经问过伯鱼，说“子亦有异闻乎”，你有没有听到跟我们不一样的。这可以理解，一般来说，老子传给儿子都有一些武功秘籍之类的，伯鱼说没有，两次大概是有点特别的，这两次分别是“不学诗无以言，不学礼无以立”，这在《论语》其他地方也有提到，不仅仅是这里。不学诗无以言，诗就是《诗经》，不学习《诗经》你就不会说话，实际上因为古人在正式的礼仪场合，外交场合，你作为一个贵族，正式场合都要朗诵诗，古人春秋时代的贵族，要把《诗经》背得滚瓜烂熟，在开言之前引用一段《诗经》，然后再来切入自己要讲的话，所以你要是不会的话，等于是没法交流，这就是所谓的不学诗无以言。不学礼无以立，孔子三十而立，他在外交，或者说他在整个社会里面有他的地位，他是一个礼学家，贵族时代的人，一举一动、一言一行都要符合礼，所以你不知道礼，你动则有错。举个例子，古代的君子贵族，身上都要佩戴玉，所以《礼记》里面有一句话，“君子无故，玉不离身”，除了服丧的时候不能配玉之外，别的时候都要挂玉，而且这个玉不是一块，它是一整套的，挂在身上，玉和玉之间会发生碰撞，声音很好听，所以古代的君子他走路的时候要保持一个节奏，你走起来身上是环配叮当，这个声音是有节奏的，像音乐一样，如果乱走，声音就像噪音。最后陈亢退而喜曰：“问一得三，闻诗，闻礼，又闻君子之远其子也”，君子跟他的儿子比较疏远，这个总结当然是夸奖的话，从我们今天的角度来看，总觉得孔子和孔鲤的感情不太亲热。另外还有一个地方孔子讲到了他的儿子，颜回死了，颜回的父亲叫颜路，要求孔子为颜回买一个椁，椁就是棺材外面的大棺材，古代的贵族就要用到棺和椁，两层棺材。结果孔子没有答应，他说了一段话，“才不才，亦各言其子也”，虽然说有没有才都是我们的儿子，他的儿子比他早死，他说我的儿子死了以后，我也没有给他用椁这个级别，因为椁是贵族用的，他的儿子可能还没有达到这个级别。孔子讲礼，颜回家里特别穷，十有八九也不是贵族，孔子实际上是不愿意让他僭越就找了一个借口。这里我们多少可以看到，他把他的儿子放在不才的评价上，也反映孔子的儿子不太出色。

孔子至少还有一个女儿，这个也是在《论语》里面提到的，子谓公冶长，公冶长是他的一个学生，说：“可妻也。虽在缧绁之中，非其罪也。”女儿儿子都可以叫子，他有一个学生公冶长，缧绁就是监狱，就是说公冶长曾经被关在监狱里，但是孔子说这个不是他的错，他是被冤枉的，所以就把女儿嫁给他。民间有传说，说公冶长会鸟语，能听懂鸟的话，我曾经推测，有可能他是出席外交场合的公务员，大概是这么一个身份。但我觉得这个事情比较奇怪，大家可以把这个事情放在今天想，一个人被冤枉了关进监狱，孔子把女儿嫁给他，这个只能说他没有过错，他受到了冤枉委屈，孔子把女儿嫁给他是一种安慰，可用女儿的幸福来安慰人好像不太厚道，对弟子当然是好意，但是对女儿是不是不太好，这个我们也说不清楚。如果拿普通的人眼光看孔子的家庭，似乎算不上一个成功的家庭，但是他在当时就已经有圣人的地位，非常有名，社会地位、政治地位都很高，可他的家庭好像不是特别的美好，他的儿子不成才，女儿嫁了一个奇怪的人，不过我想所有的成功人士，他有不完美的地方也是很正常的，我想这个可能是更真实的孔子。

接下来讲一下孔子的人生。他自己晚年有过一个总结，这段话非常有名，“子曰，吾十有五而有志于学”，他 15 岁的时候就立下的远大的目标，开始努力发愤图强。“三十而立，四十而不惑，五十而知天命，六十而耳顺，七十而从心所欲不逾矩”，这个主要讲的是他的思想，他自己思想境界在一步一步往前提高，现在的人其实很难理解整句话的涵义。但是最后这句话我觉得比较好解释，七十从心所欲而不逾矩，不逾矩就是不违礼，也就是我无论怎么做，只要是按照自己的意愿，那么做出来都会符合礼仪规矩，这说明孔子到了一定的境界，他对礼的遵循，由外而内，完全内在化了，他达到了自由境界。后来马克思有一个所谓的必然王国到自由王国，我觉得孔子到了自由王国这个境界。

我们这里主要讲一下他的现实人生经历过程。第一，他少年的时期，他成长期代做过一些什么事情？我这里引用《论语》的一段话："太宰知我乎！吾少也贱，故多能鄙事。君子多乎哉？不多也。""多乎哉？不多也"，以前大家从鲁迅的《孔乙己》里看到，他把茴香豆拿给小孩吃，结果小孩吃了之后还要，他就拿手罩住茴香豆说"多乎哉？不多也"，还多吗，不多了。其实多是错误的解释，不是多少的多，多是赞美的意思。这里面讲到孔子多能鄙世，多鄙世，就是为君子不愿意去做的事情，放我们现在来说，君子干的都是白领干的活，那些蓝领干的活他不屑一顾，但是孔子都会，当然这里面我们也不是说孔子干的就是蓝领的活，孔子干的是什么呢？我们后面可以看到《孟子》《史记》都提到过，第一个会计，这个会计跟我们今天的会计差不多，它是一个小小的管账的，后来乘田是什么？它跟田没有关系，田是打猎的意思，乘田是养牲口，当然不是说他自己牵着牛去养，而是一个类似于养猪场场长这样的角色。他年轻的时候，因为他的父亲早死，而他的母亲这一家没有太强的事业，他虽然有一个贵族的身份，但是生活比较艰难，所以他干过很多君子贵族不愿意干的事，他从中也学到了很多技能，应该说孔子是一个小时候备尝艰辛的人，这可能也是他后来能够有出息的重要原因。一个从小就生活无忧无虑的人，恐怕是不太会发愤图强的。

孔子自己说三十而立，这个而立我们前面讲过，孔子教他的孩子是不学礼无以立，所以我们可以把这句话联系起来，孔子到三十岁的时候，他已经是一个知名的礼学专家，一般都认为，这个时候他已经开始收徒弟，史书上有一个明确的记载，提到当时鲁国有一个大臣叫孟僖子，他让自己的两个孩子亲自向孔子去学礼，拜他为师。另外一个具体的证据，他 30 岁那天，齐国的国君景公来国事访问，特地去咨询孔子，这是历史事件。可见这个时候孔子已经非常有名，他首先是一个礼学专家，而在这之上他还是国际知名学者，当时真的是国际，因为有很多国家。

他在社会上有了很大的知名度，用我们现在话来说，他已经有了社会名声和社会地位，这是他外在的立，他可以立足于这个社会，同时我相信这也是他内在的立，因为后面孔子讲了，三十而立，四十不惑，五十知天命，这些都是内心的一个境界，所以这个立是孔子建立信心的开始，是建立自己思想理论的开始。

在孔子的人生中，在他五十岁以前，一直都没能做官，其实孔子一生他最希望的就是当官，当然不是为了升官发财，是要实现自己的政治理想。但是他在五十岁之前一直就没有做官，这在很大程度上跟一个叫阳货的人有关系。我这里虽然有点夸张，说是一生的对头，其实 50 岁以后阳货就逃出去了，但是在 50 岁以前阳货是横亘在孔子面前最大的障碍。在孔子很年轻的时候，阳货就要过他一次，《史记》里有记载，《孔子家语》也有记载，孔子腰叠，就是腰里面藏着一个叠，叠就是麻布，孝服里面白的麻布，这是表示他还在服孝期间，这个时候季氏飨士，季氏是当时鲁国执掌大权的人，比鲁国的国君地位还要大，地位相当于宰相，权力类似于曹操。飨士是什么？飨士就是开一个巨大的晚会，所有的低级贵族，士阶层的贵族都可以参加，孔子去了，去的时候在门口被阳货挡住了，还被他给赶出来了，阳货当时是什么人呢？是季氏的管家，他说你是没有资格的，就把他推出来，这个事情对孔子是一个巨大的打击，因为当时，他刚失去母亲不久，已经完全孤苦伶仃了，没有人可以依赖，而主流社会又不接纳他，可以想象，他有多么彷徨和难过。后来孔子一直跟阳货这个人不对付，除了个人恩怨，这里面我觉得稍微可以提一下的是，《论语》里面可以看到孔子反复的讲，他最不喜欢的一种人是什么？口才很好的人，他曾经说过很多类似的话，叫“巧言令色，鲜矣仁”，就是说这个人口才滔滔不绝，肯定不是什么好人，他说的好人，基本上都有不太爱说话，不太能说话的特点。比如说刚毅木讷，刚毅就是很坚强，这个很好，木讷就是说话说不出来的人，很忠厚很朴实。我认为这很大程度上是因为，阳货就巧言令色口才好，孔子完全是恨屋及乌。应该说孔子不是那么狭隘的人，更因为阳货这个人政治立场跟孔子完全不一样，阳货是季氏的大管家，但是后来这个大管家权势越来越大，以至于出现了“陪臣执国命”的局面。阳货逐渐把他的主人季氏软禁控制起来，然后利用季氏本身的权利掌握了鲁国的大权，这种局面叫陪臣执国命，在国君面前阳货自己自称陪臣，他是季氏这些国家大臣的家臣，是臣子的臣子，而这种情况是孔子最不愿意看到的，孔子的思想是要克己复礼，就是恢复礼的秩序，家臣要像个家臣，你不能僭越，僭越就是违背，所以孔子说“是可忍孰不可忍”，就连不应该他用的礼乐用在季氏家里他都接受不了，更不用说这个时候政治完全颠倒。所以阳货执国政的时候，孔子当然更不愿意跟他合作，阳货知道孔子这个人声望很高，因而后面也出现了一段很好玩的故事，这段故事讲到了，阳货要去见孔子，为什么要见孔子？因为这个时候阳货执掌了鲁国国政后，由于他本身的身份地位并不名正言顺，所以他需要更多的人来支持他，而孔子是非常好的对象，他希望让孔子出来为他站台，就像现在台湾大选一样，来支持他执政，这段话其实是描写阳货希望孔子出来做官支持自己，但是孔子千方百计要躲避他。这段话写得很有意思，阳货想见孔子，孔子不见，归，归就是送，他送给孔子一个豚，豚是小猪，我们古代有句话叫来而不往非礼也，就是说人家送了你一个东西，你要送回去才合理，孔子是最讲礼的人，因此不会不回礼，孔子很狡猾，“时其亡也”，他等阳货出门不在家的时候，给他回礼，这样可以不用见面，这实际上是阳货一个圈套，他知道孔子要来就等在半路上截住了孔子，接下来两个人路上碰到了，这绝对不是偶遇，然后说了一大堆的话，这段话说得非常有说服力，说“怀其宝而迷其邦，可谓仁乎”，你是有很多抱负也有很多才能，但是你不出来做官，这个算不算仁呢，孔子说不是，那么你想做官又失去了机会，这算不算智，他说不是，我想这句话是最打动孔子的，“日月逝也，岁不我与”，这个时候孔子 47 岁，一个人到 47 岁，现在还算年轻，但是在古时候已经是老人了，时不待我，这句话大概非常打动孔子，孔子只好无奈的说：“诺，吾将仕也”，我要出仕。实际上孔子并没有出仕，从这个时候开始，阳货整整掌握鲁国大权三年之久，后来遭到反叛，政治斗争失败才逃亡了，阳货这个人确实很有才能，他到了齐国，又说服了齐国国君，后来又从齐国逃到了晋国，受到了赵大夫的重用，最后成为赵国一个家臣，可见这个人才能是很不错的。有意思的是，正是阳货逃走以后，孔子才开始做官，孔子做官的时候已经整整 50 岁了，也就是他说的五十而知天命的时候，因为一派政治势力失败了，相反的政治势力就可以上了，这是很正常的。

孔子的做官经历《史记》里有一些记载，我们很简单地看一下，第一个是作为中都宰，中都是一个地方，宰就是这个地方的长官，做了一个地方官，做了一年，四方皆则之，就是四方的人都向他学习，中都成了一个模范城市，说明他治理得非常好。从中都宰为司空，司空是掌管工程建设，而且很快地由司空做了大司寇，司寇就是大法官，有关法律方面的事情都是他管，他总共做了三年之久，在许多方面都有贡献。然而他在内政方面功败垂成，他其实最大的目标是要符合礼，要在鲁国重新恢复礼，就是国君像个国君拥有实权，而把现在拥有实权的这些大臣的权利给削弱。但是我们想想，孔子本身不是真正拥有实权的人，他是干不过这些人的，所以他其实是失败的。最后一个，他曾经做过三个月的代理宰相，据说效果非常好，但是我怀疑这是后人美化的，效果有哪些，我们简单讲一下。“粥羔豚则弗饰架”，粥羔豚就是卖小猪卖小羊的这些人，都不会哄抬物价；“男女行者别于涂”，男左女右，古代的习惯，古代的交通不是大家靠右走还是靠左走，而是男女分开走，这个当然没有实际意义，主要是男女授受不亲；“涂不拾遗”，政治很美好，我估计是有点美化。孔子的核心目标是要消除贵族政治，恢复国君大权，这显然是不现实的，所以很快他就被赶走，我们说后来所谓的周游列国，实际上并不是孔子主动的，而是他在整个鲁国遭到了政治失败被驱逐。他出鲁国整整十四年没有回去，一直在各个国家到处周游，虽然很辛苦，但是各个国家对他都是比较礼遇的。比如他到卫国去，卫国的国君卫灵公，问他在鲁国一年俸禄多少，孔子说六万，卫国国君就给了他六万，可见生活还是可以过得下去，但是他的政治理想比较不切实际，所以没有一个国君去实现它。孔子最大的政治资源在于他有很多优秀弟子，他最大的贡献实际上是教育，他培养出了很多学生。孔子有一个学生叫樊迟，这个人曾经想跟孔子学习种菜，孔子不理他，后来他批评樊迟“小人哉”，这个“小人”不是指坏人，是指被统治的普通人，他的意思是说，我要培养的学生绝对不是埋头种地的人，我要培养的是君子，君子除了道德高尚的意思以外，更早的意思是做官的人，贵族，我要培养的是官人，他在几十年培养了非常多的优秀人才，所以他最重要的财富，或者说他拥有的国际政治声誉，在于他有这些弟子，不仅在鲁国，包括卫国很多国家都遍布了他的弟子。

最后讲孔子之死，他周游列国回来之后，继续教学生，然后整理古代文献，我们现在所说的《诗》《书》《礼》《易》《春秋》这些古代经典，都是孔子编订修改，他拿来做什么？做教材，这些教材不仅儒家都要读，而且也成了所有人读书的基本教材，跟我们现在中小学课本一样，每个人要学习文化，都要学习孔子编的这本书，从某种角度上来说，孔子在文化上的地位，这一条就足够奠定他的重要性。孔子的生卒年月，根据我们的推算，出生年月是公元前551年9月28日，这个日子我们现在也不怎么纪念他，但是在中华民国的时候，9月28日就是教师节，现在台湾也一样，以孔子诞辰为教师节。另外，孔子的死是公元前479年3月4日，孔子活了73岁，另外一个圣人孟子活了84岁，后来民间就有一句话，73、84这是普通人的两个坎，如果过了这两个坎就比较长寿，因为圣人都过不去，所以普通人就更过不去了，这是民间传说。以上主要讲孔子的生平。

今天我们简单讲一下孔子的家庭和人生，可能讲得比较通俗一点，希望对大家有帮助，谢谢。

（以上内容根据2012年1月7日的讲座录音整理，略有删改）

乐山悦水　回归自然

——旅游者的最高境界

徐日辉

主讲人简介：徐日辉　浙江工商大学人文学院教授、中国旅游文献研究所所长，硕士生导师。中国秦文研究会特邀研究员，浙江国际良渚文化研究中心特邀研究员，中国《史记》研究会副会长。研究方向有：《史记》、旅游文化、秦早期历史、史前文明以及历史地理等。论著有《史记八书与中国文化研究》《中国旅游文化》《秦早期发展史》等。

首先谢谢大家，尊敬的女士们、先生们，大家晚上好！

今天，我主要是围绕山水以及相关的内容与大家进行交流。讲三个问题：第一，热爱山水来自于孔子的旅游理论；第二，体悟山水；第三，游观山水与现代回归。

我先讲第一个问题，我们在旅游活动中，从文物、遗迹中感受到的是中华民族辉煌的历史文化。比如说天坛，能够代表中华民族唯一的建筑物不是天安门，天安门只是一个门，而且现在的天安门是六十年代末七十年代初重新修建过的，严格的讲，是一个新的天安门。而天坛则代表我们的民族，因为我们是农业文明，天坛的祈年殿是人与上天进行沟通，祈求五谷丰登的一个象征性建筑。在现代都市中，则是另一番景象，现代的文明、快速的生活节奏，还有永远追赶不上的时尚。

在山水之间我们感受到的是大自然的亲近、回归自然与返璞归真的人地和谐，因为它是存在于天地之间的真实物质，是上苍的恩赐与造化。天地间的造化不是我们能够决定或者改变的，我们过去所说的改造自然，实际上现在看来非常的可笑，只能在自然允许的范围内不断地改善我们环境而已。

我们说热爱山水是来自孔子的旅游理论。当前我们都在讲文化，孔子作为文化的鼻祖，他对我们整个民族文化的推进，或者说对我们旅游理论的发展确实有重要的贡献，作为一个哲人，他的影响力非常大。孔子是河南人，生于商丘宋国，孔子在27岁之前，曾经做过吹鼓手，当过管理员，做过官，最大的一次做到相当于现在地市一级的公安局长，后来因政见不合，辞官周游六国。所谓的周游六国，比如说陈蔡、宋郑等国家，按照现在的版图来看，基本上是在河南、山东境内，当时的国家很小，和今天国家的概念完全不一样。说句题外话，韩国的学者一直对中国的领土颇有微词，他们所依据的就是孟子的一句话——“国有万国”。孔子在68岁的时候从魏国回到了鲁国，从事教育事业，直到死去。他一生很坎坷，三岁丧父，十六岁丧母，六十七岁丧妻，七十岁丧子，生前不济，但是身后给我们留下了极其宝贵的财富，除了精神财富以外还留下了著名的旅游胜地，就是“曲阜三孔”，孔府、孔庙和孔林，当然也包括旅游理论。孔子常年在外，他对旅游有着深刻的认识，提出了一个理论，他认为“智者乐水，仁者乐山。智者动，仁者静。智者乐，仁者寿”，人应该生活在自然当中，应该乐山水，从旅游和山水当中去陶冶情操，抒发心灵。他把一般的旅游活动与人的本性结合起来，这是一个重大的发现。

今天看来，我们应该学习孔子，热爱上苍给予我们的山山水水，利用时间去放松自己，回归自然，学会从自然生存当中陶冶自己的情操，达到净化心灵、升华人生的目的。孔子的最高理论是“仁”，仁是对世界、对事物、对人生的一种解释，他把人生的最高境界和旅游联系起来，达到了很高的层次。中国古代最大的优点在于此，最大的缺点也在于此。孔子曾经说：“道不行，乘桴浮于海”，他的观点不被世界所接受的时候，便乘着竹筏到海外去，从另外一个角度来看，那个时代他就知道旅游可以放松心情。

山水是自然的美，是天公所成，不是人类所就。无论是一山一水，一草一木，还是星光月色等等，它蕴含着自然的无限生机，真实完整地体现大道至美。所以世间的万种形态都是宇宙的精华，是生命丰富的转变，人们只是在大道至美的世界中感受自然，进而还原自己。我们坐飞机的时候，能看到空中的浮云，实际上我们也像飘浮在空中的云彩，有时候在这里，有时候在那里，风一吹，云彩散了我们就消失了。而山水却一直在。所以旅游者的最高境界：在海上看日出的时候，你会感悟到生命的开始；夕阳西下的时候，你会感受到人生苦短。人生有多少时间供我们去使用，又有多少时间能够放松自己享受生活呢？沙漠中你看到一些小生命，会燃起奋斗的火花，比如一片树叶，一只小鸟，它们在艰苦的环境中活着，那么我们在生活条件很好的情况下，当然更要奋斗。在不同的旅游环境下，你感受到的完全不一样。

旅游是快乐的，可以增加知识、增长见识。下面给大家展示一组观音像，龙门石窟中的，唐代前期，生活富有，所以人相对比较丰满，当然也有瘦的，贵族比较胖。你看手拿净瓶的官员，这个官员就是非常标准的唐代美女形象，很丰满，婀娜多姿，一点也不臃肿，杜牧有诗说，唐代的菩萨像骄娃，骄娃就是宫廷里的宫女，最高的宫女就是菩萨的模特，这是唐代的造像。宋代以后造像发生了重大的变化，菩萨由过去的男人逐步变成了女人的同时，根据时代不断的变化，造型也变得比较呆板，宋代妇女的造像都比较呆板，因为她们活得很压抑，但是你们可以看到墓室里有一些小的造像很凶恶，因为活着的时候她不能够体现自己，只有到另外一个世界里去张扬，这个存于浙江省博物馆。这是明代的造像，长着胡子，观音最早是长胡子的，而且长的是络腮胡子，是西域传过来的，络腮胡子很凶恶，但是换到中国就不行，为什么呢？如果是十六七岁的小姑娘，闺房里面没见过男人，观世音像是一个大男人，而且那么凶，肯定被吓哭了，所以慢慢变成一个中性的形象，越来越亲民，越来越世俗化。这是我们目前能看到最俏皮的观音造像，她跟大家聊天，说高兴了就把腿翘起来，而且还没有穿鞋，现藏在首都博物馆，属于一级文物，非常可亲。这是最霸道的观音，王者风度，像西王母一样。旅游很快乐，能够增长见识，当你去一地的时候可能感受不到，但是去的地方多了，就能把它归结起来写成一篇文章。

第二，体悟山水。实际上古往今来都有这个认识。我举一个例子，《列子》，大家知道好多著名的民间故事，比方说愚公移山、杞人忧天等等，都出自于他的笔下。他认为："游之乐所玩无故。人之游也，观其所见；我之游也，观之所变。游乎游乎！未有能辨其游者。"列子说，别人旅游，看到的是东西；我旅游，看到的是变化。而他的老师壶丘子更厉害，他说："玩彼物之无故，不知我亦无故。务外游，不知务内观。外游者，求备于物；内观者，取足于身。取足于身，游之至也；求备于物，游之不至也。"外游内观这是他的新理论，你通过外边的旅游，自己的感悟，提升到另外一个境界，这是他的一种观点。其实我们今天来看确实也是这样，不断去发现，通过外部事物，提升自己生活的质量，提升自己对世界对自然的感受。我们为什么说最高境界，你在旅游活动当中怎样去认识它，这是我们需要掌握的一个问题。当我们真正参与到旅游活动当中的时候，体物到乐山乐水的时候它的魅力就凸显出来了，为什么？因为山水文化来自于人与自然的亲密关系，我们说山水，是以大自然的山和水为对象而创造出来的一种文化，对象是山和水，山水文化实际上是人对自然的一种认识，并由这种认识上的差异，形成不同风格，不同层次的文化现象。所以在旅游活动当中，不同审美层次的人看待山水不一样，行话讲"无山不峻，无水不灵"，我们说，山和水与文化是血肉关系，是人赋予了山与水鲜活的生命。你怎样在森林当中去感受，而这方面中国人对山水的认识往往超过了西方，西方人看山就是山，看水就是水。我曾经带外国人去参观山神庙，他说这是什么东西，半天解释不清，解释清了他已经过去了，这不就是山吗，他不明白，他说山就是山。他看到山的外在，我们看到的是山的神气。

土地，如果说我们现在找民族的根，只剩下土地了，土地不大，管着你，土地庙就是我们现在唯一能够集中起来的地方，剩下什么都没有了。这是龙王和大禹，我们要纪念大禹，因为他兴修水利，而龙王呢，我们既要求他管水，又会惩罚他，不知道大家注意没有，好多地方在天旱的时候，如果不下雨会把龙王抬出来，在街上转，转完之后放太阳下晒，还抽他，抽到下雨了，马上把他抬到房子里面穿一个新衣服，中国人对神的敬畏感和势利的实用观紧密结合在一起。看到龙王，大家既崇拜他，也可以惩罚他，这就是中国人的传统。这是水神镇水兽，在每一个江河的拐弯地方都有它，它实际上就是一个坐标。

从海洋文化来讲，水神是必不可少的，海洋民族非常勇敢，因为你进入到大海里就无法控制了。农业民族比较保守，因为有房子，今天下雨可以不去耕作，明天天气晴再上地。但是海洋渔业一旦出了海之后，你的命就交在海神手里，大家看一下在梅州祭祀妈祖的场面，真的是极其壮观，这是一种民族的象征。

山，是自然的产物，蕴含着雄、奇、险、峻、秀、奥、旷等等特点，因此在中国人的眼里是神圣不可侵犯的，为什么呢？因为最早我们这个民族是从山上走下来，依靠山生活，所谓靠山吃山，靠水吃水。现在可以看到，包括浙江，在七八千年以前，人们生活的环境都是在山上，因为下面有水，山上高一点，因此山就成了我们生活的栖居地，同时有山之后就有动物，有水就有鱼，它给予我们很大的物质资源，因而我们把山水作为我们生存的根本。在中国的文化里，山水都是有灵性的，祭祀山水是中国的传统文化，不是一种迷信。由于山水与人们的依赖关系，转换成人与自然的亲和力，产生出以山水为对象的审美意识，这是我们今天所说的山水文化。

下面具体举几个案例大家看一下。迎客松，这是95年我带本科生去考察的时候拍的照片，当时我用的是传统相机，很幸运，那天拍到了云海，去年我带研究生又去，结果拍一张照十块钱。黄山迎客松自然天成，却包含了人类旅游实践与创造成果这两方面的因素。为什么？树长在那里，你发现它是迎客松，而且大家承认了它就是迎客松，如果你发现它是探海松，也许它就叫探海松。黄山的松树很多，不仅仅有迎客松，还有好多没有名字的，你不断地观察它，给它下定义，或者给它取名字，一旦你的思路被大家认可，它也就成为一种文化了，其实就这么简单。迎客松原来也不叫这个名字，后来承认它是迎客松，它就是迎客松。像这些山，你可以这样叫，他可以那样叫，但是只要大家认同它就成为一种定式，这个定式就是文化的过程。在山水文化当中，你看到的是人们对山水人文化，关键是你怎样去认识它，而这种认识就是你对山水文化的感悟，感悟到了，它也就有了。我也要奉劝大家，在旅游活动当中一定要和动物和睦相处。无限风光在险峰，大家到黄山去，会看到天柱峰和莲花峰，这两个现在交替开放。黄山是自然赋予的，2010 年收入是 202.14 亿元，就这一座山确实创造了无限的效应。为什么我举黄山为例，黄山确实值得一看，每次看都有新的体会。世界遗产委员对黄山的评价是："黄山，在中国历史上文学艺术的鼎盛时期（公元 16 世纪中叶的"山水"风格）曾受到广泛的赞誉，以"震旦国中第一奇山"而闻名，今天，黄山以其壮丽的景色——生长在花岗岩石上的奇松和浮现在云海中的怪石而著称。对于从四面八方来到这个风景胜地的游客、诗人、画家和摄影家而言，黄山具有永恒的魅力。"这个评价很准确。

三清山，有学生问我，三清山好还是黄山好，我说各有特色，论环境、气势当然是黄山出色，三清山的环境比较小，但是三清山的气候变化无常，一天之内你可以感受到几个季节，一会下雨一会天晴，这一点黄山没有，所以各有特色。三清山总体来讲，以不断变化的气候和各类型的岩石为主要特点，世界遗产委员会对它的评价是："较小的区域内展示了独特的花岗岩石柱与山峰，丰富的花岗岩造型石与多种植被、远近变化的景观及震撼人心的气候相结合，创造了世界上独一无二的景观美学效果，呈现了引人入胜的自然美。"

武夷山，武夷山在中国山水旅游里有很成功的卖点，不光自然风光美，还有名人遗迹、茶文化等。自然风光有天游峰、九曲溪等，中国历史上伟大的哲学家朱熹曾在武夷山讲学，可以说他提高了武夷山的文化层次。山要有人，水要有灵气，除了自然美之外一定要有文化，而这个文化是长期的历史积淀。另外武夷山最著名的当属大红袍，山中好多石刻、碑刻，也与茶文化相辅相成，武夷山一直是茶马古道。世界遗产委员会对它的评价："武夷山位于福建的西北部，自然风光独树一帜，尤其以“丹霞地貌”著称于世，九曲溪沿岸的奇峰和峭壁，映衬着清澈的河水，构成一幅美妙的杰出景观。”

嵩山秋天的景色很美，现在它也是世界文化遗产了，秋天嵩山的红叶漫山遍野，非常漂亮，比北京香山的红叶更壮观。当然到嵩山少不了看少林寺，少林寺把旅游也做到了极致，首先，少林寺的功夫出名，大家知道目前招生最火的，就业最好的不是北大，是登封县的武校，这个塔沟武校三万多人。另外，少林寺十景，每年大概有200多场音乐大典，现在不演了，冬天整修一下，第二年再演。一等票最前面的座位880块钱，还可能买不到。

山也好，水也好，我们能够感受到它的生命，因为它与我们人类息息相关，所以在古代，人们对山水极其敬畏，干旱的时候，当地的官员就要赤裸着上身，跪在阳谷，受曝晒，恳求上苍来惩罚。如果发生大的自然灾害，国家会采取措施比如减刑、大赦、免税，达到人和自然之间的一种和谐，这在古代是很常态的行为，我们今天没有这样。

水为万物之源，老子说过，“上善若水，以水为道”，体现人与自然，人与社会的关系，将水与我们的生命、社会、哲学等联系起来，这是人类比较高层次的追求。如果大家有机会去壶口瀑布，感受到的不仅仅是瀑布，而是上升到对国家对民族的热爱之情。“壶口瀑布”不是瀑布，而是潮，每年三四月份，桃花开的时候，潮水流下来形成瀑布，到了水旺的时候，灌满水就不存在瀑布了，它和黄河不一样，所以枯水季节能够看到瀑布，丰水季节看不到。这是一个潮，现在每年以0.74米到1米的速度上移，一千年以后大概可以上移到今天的宁夏回族自治区了，到时候我们再也看不到了。漓江，三十年内接待中外游客1.8亿人，外国元首是150多位，漓江像一幅水墨画，非常的安静，如果住一晚可以看到日出和日落。大运河，它是人类历史上一个发明，中西方都有，西方比较早一点。京杭大运河现在整体在计划申遗。

最后一个命题，游观山水与现代回归。我们体悟到乐山乐水，要回归自然，使得城市与旅游的矛盾凸现出来了。城市是现代人类政治、经济、文化等的中心区域，在城市里休闲，中国的园林和传统的民居成为大家目前最向往的地方。

中国著名园林，颐和园、圆明园、苏州园林等等，它们的建筑都达到了人与自然的高度和谐，在世界园林史上具有非常重要的地位。比如苏州园林，它是私家园林，是在咫尺之间再造天地，和西方的建筑完全不一样，在世界上独树一帜，真正达到了天人合一的境界。当然在我看来，扬州的个园和何园比苏州的还有看头，首先它建造的时间比较晚，其次，更有张力，苏州园林给人一种老态龙钟的感觉，大家有兴趣可以比较一下。我建议学生，多看一些扬州的园林，它有一些苏州园林没有突破的地方，比如一年四季都有其鲜明的特点，这种造园技术真是叹为观止。当然还有丽江古城等，今天都成了非常热门的旅游景点。

今天，我们如何去享受自然，解脱城市的枷锁，丰富生活的内容，提升生命的价值，确实是我们的一种奢望。我们生活在江南，生活在浙江的确很幸福，“重湖叠巘清嘉，有三秋桂子，十里荷花。”天下西湖三十六，杭州西湖是其中之一，其中安徽阜阳的西湖面积比杭州还大，西湖天下很多，只要在西面都叫西湖，为什么杭州的西湖好，关键是有文化积淀，现在杭州西湖的面积是历史以来最小的，最大的在唐代（10.08 平方公里），接下去是宋元（9.3 平方公里），清代（7.5 平方公里），现在是 6.36 平方公里。苏东坡在杭州改造西湖，又在陕西的枫桥修了一个东湖，但是东湖不如西湖有名，因为西湖还有岳飞、于谦等其他历史文化名人，因此它的知名度和层次就更高了。

我们台州也是历史悠久人文荟萃，7000 年前就已经相当兴盛了，天台山是著名的佛教旅游胜地，中国至少有六处有名的“天台山”，但是我们台州的天台应该是最具特色的。国清寺，在苏州寒山寺里有一幅对联，叫“江枫渔火，胜地重来，与国清寺并起宗风，依旧钟声闻夜半；木屐桦冠，仰天狂笑，有寒山集独参妙谛，长留诗句在吴中”，在寒山寺也能看到国清寺，影响可见一斑。从古至今，天台吸引了大量文人墨客的到来，徐霞客在其游记第一章开篇就写到天台。另外，作为浙东唐诗之路的终点，为什么唐代那么多诗人都要到这儿来，而且来了以后名声大噪，这简直是一个谜，但是它的确是中国文化非常有影响的一条道路。李太白曾经说过，“龙楼凤阙不肯住，飞腾直欲天台去”，可谓是千古绝唱。

人们在山水之间，在旅游当中，提升自己的品位，同时建立人与自然的感应关系，通过山水和天人合一的自然观推到一个新的高度。我们在享受自然，解脱城市的烦扰，希望提升生命价值的时候，借用恩格斯的一段话：“当我们深思熟虑地考察自然界或人类历史或我们的精神活动的时候，首先展现在我们眼前的，是一幅由种种联系和相互作用无穷无尽地交织起来的画面，其中没有任何东西是不动的和不变的，而且一切都在运动、变化、产生和消失。”游观山水，放归自然，本是人性情所在，数千年的旅游山水文化，在历史前进的脚步下，将不断推陈出新，生生不息。谢谢大家！

（以上内容根据2012年1月17日的讲座录音整理，略有删改）

你还为写作困惑吗?

俞　磊

主讲人简介：俞磊　毕业于华东师范大学中文系。现为温州大学人文学院“写作与中学语文教学法”教研室写作教师、温州大学教育科学研究中心兼职研究员。主讲写作和作文教学研究。

还在过年当中，大家拿出这么宝贵的时间来听讲座，我很感动！也希望我能尽量讲得好，使大家有收获！

今天这个讲座没有按照我自己的预设来进行，换句话讲，我没有事先准备讲稿，完全由各位在座的家长孩子出题，你们在写作过程当中碰到什么样的问题，然后把它写到纸条上，我结合诸位的问题，来和在座的家长孩子共同探讨关于写作方面的一些做法，或者说“捷径”。现在就开始，给在座的家长朋友们两到三分钟时间，你有什么样的困惑和问题，可以把它传上来。

问题要具体一点，不要太笼统，笼统的问题是没有用的，比如，怎么写作，我怎么辅导孩子写作，这些问题太大了，要具体一点，越小越好。好，有了，这个家长讲得很好，他说，“请问，能开一张适宜小学生（高年级）的阅读书目吗？”我觉得这样的问题就很好，很有针对性。

好，让我们开始。

第一张条子实际上是一个大问题，我想先说明的是，其实很多的问题都是互相联系、互相牵扯的，为了讲清这个问题，我们需要从另一些问题上着手。我觉得这个家长问得非常专业，非常有针对性，这个问题也是我在面对学生的时候首先要解决的。作文教学，其实在座的家长也是老师，你们是最重要的老师，帮助孩子在家里进行辅导，所以你们是否懂得方法非常地重要。我在温州民间教一些孩子写作，就发现了这么一个特点，我的学生当中，比如说 100 个学生，我发现教师的子弟学习普遍好，我指的是学习，先不说其他能力。第二个档次是医生的子弟，第三个档次是公务员的子弟。第四个档次就要说说在温州和台州可能都很普遍的企业老板的子弟，老板的子弟分两种：一种是男的开拓市场，女的做财务，都很忙，两口子一块打拼做企业，他们的孩子学习就很糟糕，或者说大部分都很糟糕；另一种是如果男的全力以赴地做企业，女的在家里做全职太太相夫教子，他们的孩子也是很出色的。所以得出一个结论，没有谁的孩子比谁差，比谁潜力少，只有得法不得法的问题，只有家长有没有投入精力的问题。教师的孩子为什么成绩普遍好，就是因为教师他懂得一些规律性的东西，所以他去做的时候，可能他做1个小时做好了，你可能要花 3 个小时，他事半功倍，而你事倍功半。

写作教学就是“两条腿走路”，我一直在讲“两条腿走路”，有一条腿瘸了，孩子的写作就做不起来。这两条腿是哪两条？一条就是“读”，另外一条就是“讲”。作为家长，孩子回到家写作文，他写不出来的时候会问你，他苦恼的时候你看到了，那么这个时候你要帮他，怎么帮，这就是作文教学的一个关键的地方。可能有些家长会问了，这个不是我的事情，这是老师的事情，怎么会弄到我头上来呢？那么还是一句老话，我们中国的写作教学现在出现的最大的一个问题，一条腿一直是瘸着的，严重不足，我们经常指责孩子不会写，实际上不是孩子的问题，问题出在老师那里。那么问题是不是出在老师那里呢？如果你再上溯原因的话也不是，其实问题出在课程设置上，比如说我在温州教这些小朋友写作，一般要花 4 个小时，我说的 4 个小时指的是最后一个学生离开我这个班级，当然写得快的，3 个小时也能完成。换句话说，每一次的作文课要三到四个小时，那么我是怎么做的呢？作为教师，我至少要用一个半到两个小时告诉孩子，一个题目怎么写，有哪几种写法。我尽量给学生打开思路，俗话说条条大路通罗马，我觉得三、四个小时还不够，为什么呢？因为讲的内容还不足，我就这个题目，可能想讲 20 种思路，但是由于时间的问题，只能讲 7 种、8 种，那么 20 种就是这个作文的写法了吗？可能还有 50 种，但是没有时间讲。当然了，讲透几种之后，就可以举一反三了，孩子又不傻，孩子很聪明，他可以举一反三。所以我刚才讲的一个问题就是，你得告诉他怎么写，你不告诉他怎么写，他当然不会写，我们指责他是不对的。

告诉的层次当然也是不一样的，越小的孩子告诉得就应该越充分。写作这个能力不像其他能力，是一种非常复杂和综合的能力，你指望一个很小的小朋友写出一篇综合性很强的文章是很困难的，但是现在的情况是老师讲的很少。老师对学生重视不重视？非常重视，经常布置题目，但是仅仅是布置题目有什么用，在座的每一位家长都会布置题目，老师关键要做什么呢？他应该讲这个文章怎么写，怎么写得深、写得新、写得巧，不但要讲，而且班里有 30 个孩子，你最好能够讲出二三十种写法，但实际上我们没有，大多数情况就是布置一个题目。刚才讲，写作教学的两条腿，第一条腿是“讲”，这个任务应该由老师和在座的家长来完成，家长也是老师，换句话讲，你也应该承担这方面的责任，尤其现在课堂作文“讲”这一环节做得严重不足的情况下，那么家长更要承担这个任务。现在的温州孩子怎么办呢？大量的孩子进入到社会各种写作培训班，其实就是补充学校的不足。我这个话讲了可能会得罪一些老师，但是如果你反过来再想一下会发现，为什么最后的责任不要老师来负呢？因为老师想讲，但他没有时间，一周五天，每天一节语文课，连讲课文都讲不完，他怎么可能有时间讲写作？刚才讲了，在每一节写作课上，我要讲一个半小时，一个半小时折算成课的话是三节语文课，两节课还不写，全部讲，写还是另外的时间，你说现在怎么可能有这么多的时间呢，我们的语文课本的阅读理解都讲不完。还有很多的老师把本来两周一次的大作文的两节课放在一块都拿来讲阅读了，因为阅读讲不完，所以最后写作就变成了所有人的困惑。其实写作不是多么难的一件事情，之所以现在变成大人头疼、孩子困惑的事情，就是因为作为教学，如果写作也可以叫做写作教学的话，它实际上是大部分的，或者甚至在某些老师那里，全部的有名无实，换句话说，讲写作教学，没有教哪里来的学？这就是现状。

当然现在我们国家有些学校也在改革，它的改革幅度怎么样呢？我在网上看到，就是把写作课从语文课当中分出来，把语文课一分为二，一部分由语文老师专门教阅读，由写作老师专门教写作，这样的话教写作就不可能没时间了。我记得我小的时候，老师上写作课的时候两节课，很多的时候都是怎么做的，今天要写作文了，题目写在黑板上，然后他对我们讲写吧，当堂交，或者讲10分钟、20分钟。我在温州做过一个调查，面对60个小学的小朋友做过一个调查，只有8位小朋友告诉我，他的语文老师在他们写作文的时候有讲，只有8位。而且这8位其中有一半告诉我，讲一节课，另外一半告诉我讲20分钟，而这20分钟实际上就是讲讲题目要求。所以如果把写作课给写作老师，写作老师可就不能这样做了，两节课放在一起的，你们写啊，我去喝茶了，那可能不行，校长也会不高兴，所以就逼着他去教，这样的话写作教学才会成为教学。还有一些原因也导致我们的语文老师不愿意搞写作教学，花了大量的时间，进展很慢，老师喜欢做什么呢？喜欢默写，喜欢搞一些字词，为什么，因为考试的时候，字词和默写容易保住分数，而作文上一个档次，难得很。字词正确就能保住一分，还不如把基本功练好，所以很多老师把精力花在这上面，从应试的角度也导致我们的写作教学没有人做，或者说做得远远不够。

那么如果再次细化，可能有些家长会问了，怎么讲？孩子拿一个题目回到家，你就要告诉他这个题目应该怎么写，其实在座有很多家长也是搞文字工作的，你自己想想，有的时候写一篇文章没有思路很痛苦，有的时候也需要跟朋友们坐下来聊聊天，这个材料怎么写，这个报告怎么写，这篇文章怎么写，集思广益，你自己尚且如此。孩子呢，他比你小得多，所以他更需要帮助，尤其在拿到题目的时候，你要告诉他，这个题目应该怎么写，如果是妈妈的话应该怎么写，如果是爸爸的应该怎么写。那告诉到什么程度？越小的孩子告诉得越具体，一定要从小就打破他对写作的恐惧，打个比方，你看今天老师布置写一篇《我的奶奶》，那么你看奶奶是什么样的，奶奶上次做的某件事情爸爸也看到了，爸爸觉得很感动，爸爸给你口述一下，前因后果你看是不是这样子……你要告诉到这个程度。我们有一个观点实际上是错误的，认为我们的孩子小，没有生活，错的，生活是什么东西？生活就是生活本身，柴米油盐酱醋茶是生活，他每天的读书也是生活，他说话、吃喝拉撒、跟人家吵架就是生活，他就生活在生活当中。那么他为什么常常咬着笔杆写不出来呢？是因为他不知道写什么，所以你要告诉他，而且你要很明白很具体地告诉他。你的孩子可能一二年级的时候告诉他非常地具体，然后到了三四年级的时候，好了，他需要你帮助就会少了，到了五六年级需要你帮助就更少了，到了初中以后可能你点一点就行了，到高中的时候他可能跟你聊一聊就可以，所以这个进步跟他的成长是呈正比的。那么有些家长可能讲了，老师你是做这一行的，我们又不做这行，有些家长很谦虚，说自己没有文化，不要这么谦虚，小学生一二三年级你搞不定吗。这是我们所说的第一条腿，往往这一条腿的残缺导致了我们孩子面对作文的恐惧。

第二个问题，这个家长问到，学生该读的书目。这个我想作为一个很重点的问题来讲，我们所有家长都知道，读书是写作的源头活水，没有读，肚子里没有货，想要写好是不行的，但是家长们对读书怎么读，可能不清楚，这个家长问得很好。我经常碰到一些家长对我讲，他说我孩子很喜欢读书，但是文章就是写不好，这个时候要问他一句，读什么书？一问才发现，其实是所读非读，读的跟我们写作没有关系，读得再多的书对写作也没有帮助。科学分两种，一种叫自然科学，一种叫人文科学，今天我们的讲座是叫“人文台州大讲堂”，为什么叫人文？实际上就是关于人文科学，人文科学有哪些呢？语文、社会、历史这样的一些东西。写作属于哪一个行当？属于语文，属于人文科学，换句话讲如果一个孩子读了大量的自然科学的东西，他对写作是没有直接帮助，或者帮助甚微，所以他读的书再多可能都没有用。有的时候我经常说，尤其有些语文老师，他如果在阅读上不加指引的话，很可能会出现一个问题，为人做嫁，什么意思呢？就是你作为语文老师，没有把他的语文能力、人文能力确立起来，实际上你在帮助的是自然科学方面的东西。

当然对你的孩子来讲，自然科学的东西也是很重要的，但是问题是你作为语文老师，首先应该搞定的是语文。所以我们先要认识的一个问题是，你给你的孩子读的书是自然科学类的还是人文科学类的，一定要有非常明确的目标，我现在给孩子读自然科学的东西，我是培养他自然科学方面的素养，我现在要给他读人文科学的东西了，我准备培养他人文科学方面的素养，你要很清楚才行。不能随意地给他读书，尤其是你作为家长，应该有计划，有布置，心里应该清楚，孩子看上去好像在随意地读，但实际上你是在后面不断地推动。有些家长告诉我说，我的孩子看《恐龙世界》，看《十万个为什么》，这些就是自然科学了，尤其是男孩，他对自然科学方面非常感兴趣，这是好事情，但是我们现在要谈的是写作，所以我们把它当成“对立面”了，当然实际上这也是个好事情。第二类家长告诉我，我的孩子倒不是像你所说的这样，他也看小说的，那我就问他看什么小说，小学生的时候他看《马小跳》之类的，这些书对写作帮助也不大，比自然科学要好一点，但是它的作用也不是很大，它是用来休闲的，我们大人回到家工作了一天，需要看看报纸、看看杂书休闲一下，孩子也需要。还有些家长说了，我的孩子不像你刚才讲的这样子，我孩子很成熟，要读四大名著，四大名著都读过了。其实，四大名著对我们现在的白话写作也没有太直接的关系，是比较间接的。《笑猫日记》是间接，《十万个为什么》也是间接的，《红楼梦》《三国演义》依旧是间接，当然间接的程度不一样。从语言角度来讲，古典名著都是半文夹白的语言，和我们现在通常的白话文语言很不一样，于是对孩子的白话写作语感和语言能力的培养就会欠缺一些。这些经典著作的阅读主要是一种情感的帮助和作为一种底蕴的养成，或者我们所说的人文素养。待会儿我给大家列一个图表，大家可以看出来，我绝不是要否定它，不读它，我只是希望家长和孩子们从以前的一些传统认识当中换一个方法，你可能会发现一个新的天空。现如今，我们的孩子很忙，没有时间看大部头的名著，所以我就主张，看由名著绘成的小人书，我的意思是，关于名著，孩子们了解一下人物形象、故事情节、典故就可以了，什么时候开始读名著呢？可以迟一些，比如高中的时候，比如在成人的时候。我家女儿，我买了一些小人书给她，比如说《红岩》，我觉得有必要让女儿知道一下谁是江姐，谁是许云峰，我就买了一套六本的《红岩》小人书，她看了以后大感兴趣，自己去借《红岩》来看，后来又买了《三国演义》《水浒传》的小人书。对孩子来讲，他如果知道《三英战吕布》，知道《黛玉葬花》，知道《鲁智深倒拔垂杨柳》，其实暂时就够了。

好，现在我在这个白板上，画一个我所说的阅读路线图。刚才那位家长问书目，没有具体书目，只有一个原则。我画了一个环形的阅读路线图，图中这个核心的三角形是阅读的目标，所有的阅读都围绕着写作。阅读有很多目的，有些阅读是为了陶冶性情，有些为了打发时间，有些为了休闲，有些为了专业，阅读的目的很多，我今天讲到的阅读的目标是为了写作，其他的目标都不谈。核心的目标是什么呢？写作的三个要素，写作能力培养、写作意识培养与写作技术培养，这个三角形就代表这三个要素。这三个要素不是对等的，不是平行的，写作技术最简单、最容易学，写作意识第二，写作能力最难。首先是写作技术，写作技术是什么？怎么开头、怎么结尾、怎么过渡、怎么分段，这些是写作技术。有人问我的文章总是写不长怎么办，文章总是像流水帐怎么办，那都是写作技术出了问题。经常容易出问题的一个技术环节，叫描写，描写缺失了之后，文章就特别容易变成流水帐，尤其是记叙文，非常容易出现重点不突出的毛病。所以很多孩子缺少描写这种能力，这就涉及到一个意识问题。

那什么叫意识？我举一个例子，我是在上海读大学的，那个时候上海还没有地铁，全部是公交车，上海的公交车密度非常大，三分钟一辆，但是上海的人太多了，所以公交车上仍然是挤得满满的，满到什么程度，如立锥之地。我记得很清楚，有一次我坐在公交车上，好不容易有一个位置，有一个女同胞一下子就挤在我前面来，再挤就坐在我的膝盖上，然后她看着我就很不好意思，我说你坐吧你坐吧。发车站专门有几个退休老工人在那里，人多到门关不上的时候，他们用力地把人往里推。上海的公交车都是两节的，挤到当中的时候就有一个问题了，怎么出去？所以我在上海就养成了一个乘车的意识，离我的目的地还有三四站路，我已经开始往门口挤了，问前面的人你下不下车，你不下车我挤出去，一个一个很艰难地往外挤，挤到门口的时候差不多两三站正好到，你可以下车，如果等到站了你再往外挤，挤到门口的时候，早开过站了。但是温州不是这样，温州的人少，公交车多，所以温州的车很空，我还保留以前的习惯，如果下面一站我要下车，我就提前在门口等，但是温州人不喜欢这样做，他们坐着不动，车停下来，司机一看没人，然后一按门又关上了，正准备起步，有个人说我要下车。有一次我乘车，就看到三个人这样做，一站公交车司机门都打开了车都停下了，没人下车，门关上起步了他站起来，我想在座的人都应该意识到，第二站、第三站居然还有人这样做，这说明意识没有养成。写作也有很多意识，都是你要追求的，只有把这些意识通通追求到位了，你的写作才会入门，写作才会变得精彩，这个就是我们说的写作意识。如果描写不到位，必然会导致很多很多的问题，比如说我们的中学语文老师经常讲，你的文章不生动、不形象、不具体，就是没有描写。再举个更简单的例子，写人的作文，不进行外貌描写，这样的人想立在我们面前是很困难的。我们经常讲，如见其人、如临其境，这是一定要用描写的，你看前面一个小朋友坐在这里，如果今天要写一篇作文，那就要进行描写，她盘腿坐在我的前面，上身穿着橘红色的羽绒服，领子开着，下身穿一条灰色的牛仔裤，头发梳成马尾，斜马尾垂在脑后挂在肩上，头发上有一个发箍，褐色的发箍，彩色蝴蝶结，像一只美丽的蝴蝶停在她的头发上，我还可以描写她的眼睛、皮肤等。有些孩子很苦恼，我的作文写不长，那是你没有描写，文章既不长又容易流水帐，而且还不生动、没形象、没有画面，描写就是用文字把画面还原给读者，这是写记叙文最重要的一点。今天讲座的听众主要是小学生和初中生，这个年龄段写思辨性的文章比较少，主要写记叙文，所以描写不到位不行。

当然，描写不是只有一种。从理论这个角度来讲描写非常多，大家记住两大类、五小类描写。两大类，一类是写人的，一类是写景的；五小类描写，写人的有四类，刚才我们提到了外貌描写，或者叫神态描写，还有三类，语言描写、动作描写和心理描写。对小学生来说，最重要的描写是语言描写，你尽量地把那些话用语言对话的方式写出来，你就会发现画面感非常强，比如妈妈今天笑着对我说，你晚上去听讲座吗？我赌气，我不去，我就坐在地上，我不去了。你马上会发现它有个画面会出来，但是不要用叙述性的语言，叙述性的语言、陈述性的语言就会弱化这种生动性。写人的有四小类，还有一类是写氛围，大的叫写景，小的叫氛围，比如说今天济济一堂，这就是一个氛围，那么你要对这个氛围进行描写，每次在描写的时候，不要忘记了出现氛围，那么这样的话就能够给读者产生一个立体的画面。我刚刚说到这里，风吹了来，风轻轻地飘过来，此时老师的话让我觉得很在理，我频频点头，风吹来，把我身边的叶子吹下来，叶子晃晃悠悠飘到了地上。如果一个对话描写再加上这样一个氛围描写，那么整个的画面感就非常强了。

好，我们先来看第一环。第一环有个特点，这个环很小，但是它离核心的目标很近，所以它的特点是什么呢？这种阅读是离写作最直接的，但是它有一个缺点，它的环的力度太小。换句话讲，它的可持续发展能力太差。所以你看，这三个环应该是这样设计的，最里面的环离写作的目标最近，但是环小；外面的环比较间接，但是它的环很大、力量很大。第一环是什么呢？我们主张孩子们看同龄人的文章，什么是同龄人的文章，讲得再具体一点就是作文选，但是第一环有很多的弊端，它很难让孩子爱上，但是它有很多的优点，同龄人的东西最贴近孩子的心灵，他们写的问题，他们抒发的情感，也是孩子想的问题、孩子抒发的情感，所以看同龄人的文章，特别容易引起孩子的共鸣。但是作文选里面的东西，毕竟缺乏故事、缺乏情节、缺乏人物形象，所以读起来味道差一点，这类的文章要怎么读呢？需要强制读，在孩子看小说的时候强制他看一些同龄人的作文。当然读所谓的同龄人的作文也是很有讲究的，首先要看比自己孩子年龄高的同龄人的作文，比如说如果你的孩子是三年级，你得让他看五六年级的东西，如果是五六年级，应该让他看初中生的东西，总而言之往上走，高中生当然可以看一些名家的东西，往上走。阅读要超前，我们有一句俗话是这样说的“眼高手低”，原来是贬义词，实际上在写作当中“眼高手低”是写作和阅读过程的一个必经之路，学生最早是眼低手低，然后是眼高手低，再然后是眼高手也高，换句话讲眼高手低是走向眼高手也高的必经之路，所以你必须要让他向上走，这是第一点。

第二点，作文选怎么挑，其实作文选非常有讲究，不是所有的作文选都能够承担起指导写作的重任，我们主张的作文选是语言已经改造成功的作文选。写作有一个很有意思的分水岭，我这么多年做写作实践发现，小学六年级是一个非常重要的写作分水岭，在温州现在有一种趋势叫“5+4”，你们小学读几年？6年，温州现在流行读5年，这个最早从上海传过来的，上海最早开始“5+4”，国家规定的九年义务制教育不变，从“6+3”变成“5+4”。那么为什么它要变呢？我的理解是上海人发现我们的孩子比十年前更成熟了，早了差不多一年时间，所以根据孩子的成长决定到底是进入初中还是放在小学，童年还是少年。进入初中以后，孩子开始出现一些问题，可以叫做青春期逆反，其实是孩子思维和情感的觉醒，那么对写作来说，孩子思维和情感的觉醒就成为了一个分水岭，我发现在六年级的时候，孩子会有一个非常关键的转型，转向青少年、成人，而在五年级之下，他就是少年，就是这一年时间，忽如一夜春风来，千树万树梨花开。孩子在青春期有一个逆反状态，进入青春期以后的语言也发生大幅的长进。

所以这个问题要套另外一个问题，就是写作，我们到底要培养孩子什么，其实这两个问题是相辅相成。写作能力是一个笼统的讲法，写作能力由很多细小的能力构成，最重要的能力，我认为是语言能力，换句话讲如果一个人的语言能力打造成功，他的写作就成功。我们经常评价一个人会写文章，某人文笔很好，这说的就是语言好。还有就是思考能力，语言和思考能力是两个最重要的东西。当然还有其他能力，比如说情感能力、逻辑能力、视野能力，还有一些具体的技术性的东西，比如细节描写能力、嵌入能力等，你会发现其实写作能力是由很多小的下位能力构成的，小的下位能力确定了以后，写作的综合能力才会提升。而且这些能力不是同时发育的，比如说情感能力发育很早，小孩子很小的时候就会抒情了，啊，今天阳光真好，啊，我今天很高兴。抒情能力很早就发育了，但是有一些能力发育得很迟，比如说逻辑能力，归纳、演绎、综合、推导，这种能力写什么用得着呢？写议论文用得着。这里再讲一个题外话，我们小学生有没有写过读后感？读后感是什么文章？是读后的感受，就是议论文，小学生写读后感在我看来是不可想象的，所以必然会出问题，花 90% 来复述那个内容，花 10% 说我看了很感动，我看了收获很大。其实写读后感是不需要复述原书情节的，如果一定要复述，那都是少而又少的篇幅，但是小学生大幅度用来复述情节，就是因为他的能力达不到。写议论性、思辨性的文章，实际上要在孩子更高阶一点的时候来完成。当然小学老师有的时候让孩子写读后感，可能也是退而求其次，要求稍微低一点，实际上已经不是系统的感想了，就是简单的抒情。

我们来看最重要的语言能力，我们在看同龄人文章的时候，必须要完成的一种能力培养，换句话讲，我为什么让孩子们看同龄人的文章，就是培养他的语感，从最接近的人、最亲近的人那里培养他的语感。有些家长可能问了，那么为什么不看文学大师的作品，大师的语感更好，如果仔细研究你会发现，孩子的年龄太小，大师的语言背后的深意，孩子没有办法领会，史铁生、周作人、汪曾祺，语言非常好，这些人都是我们本科生写论文的时候最喜欢研究的人，但是这些人的作品，初中和小学的孩子去模仿非常困难。所以最好的是同龄人，但是这里面有一个问题，大量的同龄人的文章语言没有被改造成功，换句话讲如果语言没有建立或者没有被改造成功的同龄人的作文不要读。我们经常说语言要优美、漂亮，我觉得用法太笼统，应该追求什么样的语言呢？我给大家提供了四个名词，家长们听听看，分别是有张力、有质地、优质性、有滋味。有张力，就是说语言的表面意思之外还有其他意思，或者还有其他味道，鲁迅先生《野草》当中一篇著名的文章叫《秋夜》，《秋夜》的第一句话很有意思，是这样说的："后园有两棵树，一棵是枣树，另一棵也是枣树"，很多人都说，后院有两棵树，都是枣树不就行了吗？但是后院有两棵树，都是枣树，这个语言就没有意思了，背后的韵味，可以体味的东西就没有了。孩子在青春期之后的语言可以达到这个高度，这就是我们所说的有张力的语言，孩子的写作语言和词汇量，不具有最大关系，我经常讲到孩子语言不行的时候，总是讲孩子没有词汇量，其实是不对的，孩子说话说得那么流畅，表达那么细微，和家长能够非常到位、非常细微地交流，他的词汇量应该是没有问题的，不要老是说他没有词汇量。那有什么问题呢，是语感有问题，语感不是词汇的量的多少，你掌握了100个词汇，他掌握了120个词汇，他的文章比你写得好，错了，语感是词汇与词汇的搭配问题，很普通的词汇，搭配在一起的时候，就会产生很不普通的感觉，这就是语感。所以如果你的孩子在这方面入门的话，那他的语言没有问题。

但是语言的打造，通过阅读小说很难完成，小说都是叙述性的语言，它的文采有限。传说元朝的时候，王实甫写《西厢记》，写到很著名的一段曲子的时候，“碧云天，黄叶地，西风紧，北雁南飞，晓来谁染霜林醉？总是离人泪”，想得太多了，希望写得好，写完以后一口血就喷出去了。小说如果这样写的话，人血不吐光掉了？只有诗歌可以这样写，散文可以这样写，就像跑步，只有100米、50米的跑步可以冲刺跑。所以小说的语言比较平淡，它以叙述为主，但是诗歌、散文的语言远比小说的语言好，所以如果从打造孩子语言这个角度来讲，还是应该多看诗歌、散文。我知道在座的家长或者孩子，无非两重目的，一重是把自己的写作能力提高，第二重目的是把自己的写作成绩提高，大家有没有发现，现在的中考和高考作文，如果从功利的角度来讲，写的是什么文章？其实写的就是散文，记叙文、议论文就是记事散文、记人散文、议论散文。在中高考的写作中，我们发现，诗歌、小说、戏剧都是很难写的，而且老师也很难评分，所以基本上都是写散文，但是我们孩子看散文看得少，孩子喜欢看小说，小说当然很精彩，小说有故事、有情节、有人物性格、有矛盾冲突，散文没有，所以孩子不喜欢看散文，但实际上散文，成人的散文和高年级的作文，对孩子的语文是最有帮助的。

到了六年级的时候，我要求我的孩子开始看一本书，叫《新概念作文》，全称是《全国新概念作文大奖赛获奖作品选》，这部作文选的产生是几所大学包括北大、清华、北师大、南京大学中文系的老师发现大学生写出的都是中学生的文字，不是我想要的，那些文字嚼之无味、八股十足，我要有灵气的文字，所以几所全国一流的综合性大学和一家叫《萌芽》的杂志社联合主办了新概念作文大奖赛，它的目的只有一个，它想告诉广大的中小学老师，我们大学想要什么样子的写作人才。它打破了很多中学写作的窠臼，结果新概念作文评比出来以后，所有的家长、老师们大吃一惊，原来我们的学生如此有才。后来他们得出一个结论，很多的学生原来有两套话语体系，一套写给自己看，写到抽屉里，写给朋友看，一套给老师看，写八股文给老师看，新概念作文等于恢复了他的灵气。我试过，两本看下去，学生的语言就开始变得不一样，四本看下去，学生的语言就开始有滋味，有的时候，我们学生看了很多书，实际上那些书培养的语感是很有限的，但是看新概念作文有讲究，第一届、第二届最好，难易适中，而后面的就太个性化、太文学化、太深奥，学生们模仿起来很难。

中环是杂书，中环阅读的目的是什么？目的是为了扩充他的视野，书到用时方恨少，写作需要各种各样的知识、各种各样的信息，所以要读非常广泛的杂书。这里也向在座的家长推荐，除了中学老师非常喜欢给学生推荐的《读者》《青年文摘》之类的杂志外，有两种书我建议家长们以后给予关注，一本叫《中国国家地理》，一本是传记类的叫《名人传记》。《中国国家地理》有个“缺点”，它太专业了，但是好在据说还有一个少年版。《中国国家地理》是这样一本杂志，它以地理为纵线，就像今天我讲座一样，以某一个问题为线，把所有的问题拉过来，它是以地理为纵线，然后把文学、民俗、自然、天文、历史等全部连在一块，所以它是一个包罗万象的百科全书式的杂志。而且让孩子们看《中国国家地理》，我觉得还有一个好处，在座的各位可能很喜欢旅行，《中国国家地理》讲的那些地方，很多都是我们一般人无法到达的，比如珠穆朗玛峰、雅鲁藏布江大峡谷、撒哈拉大沙漠，有些地方可能我们终生无法去，而这样一本书让我们的孩子心存梦想，一个心存梦想的孩子，他的人格是健全的。所以这样一本杂志不仅仅是为了帮助你扩充视野，可能还可以帮助你拥有一个善良的、充满梦想的、想行走世界的心。我还要求孩子们每天看报纸，不用多，一天一篇，边看边做记号，写点简单的眉批，一两句话、一两个字的眉批，我检查，我知道你看了就行，每天一篇，语感会大幅增强。

好，最后是外环。外环读些什么？它就是我们经常所说的文学名著。文学名著它的作用是什么呢？它培养了孩子的人文底蕴，所以，阅读文学名著绝不是可有可无的，千万不要以为我今天好像在鼓吹不读文学名著，不是的，我只是从写作的紧迫程度来分析应该怎么在写作能力养成这个背景下进行读书。文学名著当然会有用，孩子博大的心灵，孩子深厚的人文底蕴，完全是靠文学名著来打造的。但是刚才我已经讲到了，我们现在的孩子根本没有时间看书，尤其是大部头的书，所以这是很可惜的，也是非常让人遗憾的。可能在座的很多孩子现在还没有养成读书的习惯，我给大家一个建议，给在座的家长们一个建议，现在的阅读氛围很差，现在的孩子不像我们小的时候，我们小的时候有一本书看，那是高兴得不得了，没有电脑、没有电视，只能看书。现在的孩子非常幸福，但是幸福过头了，精神享受基本都停留在电脑和电视上，有电脑他绝对不看电视，有电视他绝对不看书，所以要让他看书，方法很简单，把电脑、电视撤掉。有些家长说了，这个太不现实了，家长们，你们今天带着孩子冒着严寒在春节期间坐在这里，就是一种奉献，奉献还是为了孩子自己可以不用电脑、电视。孩子受家长的影响非常大，有次我一个学生写作文，就把他爸爸扑克牌游戏里面的台词写到文章里面去了。我的意思是，在最关键的时候让孩子爱上看书，只要他养成看书的习惯之后，你就可以做你爱做的事。我举我自己的例子，我家女儿，她在进入一年级以后，我们夫妻俩就不看电视，也尽量不玩电脑，那时候我家电脑还不能上网，也没啥好玩，我妻子这点做得很好，她不看电视，其实她真不看吗？她看，孩子一年级、二年级的时候有个特点，很早就睡觉了，睡觉了以后她偷偷看。先把环境营造好，然后就是买书，我给她订《少年文艺》《儿童时代》《中国国家地理》，她不看，不看我也订，然后全部堆到她的房间里去。人是一种高级动物，人是要有精神享受的，吃饱了喝足了她要找点精神的满足，电视没有、电脑没有，她发现这里有书，最后她把书拿过来看。三年级的时候，有一天她把书架上的《少年文艺》一本本地搬到枕头边，我看在眼里很高兴，慢慢地她把去年的也拿过来看、前年的也拿过来看，好了，看书的习惯就养成了。看书的习惯养成了她就跑到我们书房里来，看自己的满足不了，要看我的一些书，这个时候你的电脑、电视管制可以放松了，她养成了这个习惯。告诉在座家长，据心理学家研究，孩子阅读养成的最佳年龄是 9–12 岁，如果养成，这个习惯会伴随孩子终身，相反如果 9–12 岁不喜欢看书，不喜欢看书的习惯也会伴随终身。所以是很急迫的一件事，不要以为我的孩子还很小，长大了他会喜欢看，那基本是不可能的。

其实还有一环，这一环要求更高，你要达到更高的级别，给高中生有用，那就是哲学书。写作写到一定的份上，需要哲学来支撑，否则无法深入，有江郎才尽的感觉了。所以，要读一些理论书，一些哲学书。

我们剩下的时间看看还有没有其他问题。

这个问题说，“我的孩子是小学三年级，老师布置作文题目后，我要求他讲一些相关题目的优秀作文，然后结合自己的实际去完成，这样好吗？”这样很好，他自己能讲出来就很好，他如果自己讲不出来，你来讲。我是写作老师，我有一个本领，叫口头作文能力，刚才我描写他的外貌就是口头作文的能力，你们也要有这个能力，就是要马上用口头来给他做作文，然后打开他的思路，建立他的体系。这个问题我刚讲过了，“平铺直叙，没有深意，错别字太多，如何改变这种现状？”错别字其实不该是写作老师的任务，所以顺便讲一句，我是写作老师，在改学生作文的时候我从不把改错别字作为修改的重要内容，因为我的核心任务是提高孩子的语言、思考、逻辑这些写作能力，错别字是谁的任务，错别字是语文基本功的问题，更多是语文阅读老师的任务。那么平铺直叙呢，平铺直叙刚才已经讲了，很多的平铺直叙是因为没有描写、没有细节，举一个例子，今天在座的低年级的小学生很多，我给大家写记叙文时一个建议，比如写奶奶，要举例，而且举至少两个例子，这样的话文章的层次就有了，两个例子可能就是两个层次，举例的过程中，一定要描写，这样就可以了。其实平铺直叙就是没有举例、没有描写，比如说奶奶很慈祥，你举个例子，去台州图书馆听讲座，我跟奶奶来的，外面寒风呼啸，里面虽然有空调，也很冷，我没有位置居然坐在地上，奶奶看在心里，她跟我讲，乖孙子，赶快站起来，赶快站起来，我想我不站起来，我还要听讲座呢，站起来先嘛，后来我只好站起来，起来以后没想到奶奶一屁股坐下去，奶奶说坐我身上。你看这样的例子就能说明你奶奶多么慈祥，这个奶奶的人物形象不是很生动吗？所以要举例，当然这只是针对三四年级的。再看这个家长的问题，“让孩子们看作文选，不是在误导孩子和家长们吗？试问，你的孩子是看什么的？难道家里全是作文选吗？你的孩子作文水平如何呢？”这个家长似乎课只听了一半，我没说只看作文选啊，我的意思是说，不同的写作能力应该由不同的阅读书籍来养成，写作的“下位能力”很多，所以针对这些不同的下位能力应该阅读不同的人文书籍。我们再看下一个问题，这个问题很小，“八年级的学生，老师要求阅读《傅雷家书》，孩子不爱读，读不下来，请问有什么建议？”这个我很难有什么建议，因为这是老师布置的强制性任务，如果我是老师，我可能不这样布置，我可能会布置类似于《傅雷家书》的一批书，然后让孩子选择自己喜欢的，不要指定某一本。

好，再接下来这个问题我觉得很有代表性，我们说一说，有家长问：“现在的作文虚假做作很多，怎么看？”这个问题我也不否认，韩寒曾经讲了一句话，他说“人生撒谎写作始”，中国人撒谎从写作开始，这个问题要一分为二来说。初中作文，命题写作，一定要结合自己的经历吗？为了得高分，完全虚构好不好？学生自己的经历和认识，与老师要求的思想高度不一致怎么办？这里谈到了一个虚构问题，这个问题现在在中小学作文教学界，有不同的认知，写作如果分类的话，狭义的写作分两大类，一大类叫实用写作，一大类叫文学写作，实用写作又分两大类，一类叫职业实用文写作，还有一类叫日常应用文写作，那么文学写作就是小说、诗歌、散文和戏剧，家长们你们说一说，我们的孩子写作文属于哪一类写作，是属于实用文写作还是属于文学写作？是文学写作，既然是文学写作或者准文学写作，所以应该允许一定的虚构。但是有时候虚构会出现两种情况，一种是合理的文学虚构，另外一种虚构是为了迎合主流意识形态做的马屁文章，这个实际上也没有办法完全避免，为什么呢？我们大人都知道，我们生活在一个社会，必须要遵守这个社会的主流价值规范，孩子其实也是一样的，有时候老师在灌输一些主流价值规范的时候，可能有点僵化，造成孩子的写作，我们看起来有点虚假。这其实也是很无奈的事情，从某种意义上说也是让孩子适应这个社会。其实，只要应试教育存在一天，只要我们这个社会泛意识形态化仍广泛存在，“人生撒谎写作始”的情况就没有办法彻底消灭。当然我们要告诉孩子真诚地面对自己的生活面对自己的写作，我现在在课上就经常告诉孩子，尽量要写真实的东西。

今天很多东西我们没时间讨论开，正因为如此可能导致在座的一些家长对我的一些讲法也许会觉得偏激，其实如果把很多问题都讲完整以后，你会发现其实所有的问题都是有支撑点的，但因为无法细致展开，一些问题就显得苍白或者无力。比如说真情实感，我们现在的很多老师经常让孩子写文章要有真情实感，但实际上你到初中就会发现，最大的两种真情实感的文章我们是不允许孩子写的，一个是对社会的负面现象进行批判，还有一个是孩子青春期成熟了以后对异性的憧憬，但是我们又说你要真情实感，那就是典型的叶公好龙了。我要对家长们表示歉意，一个是有很多东西我没有讲透，另外一个，也因为时间的问题，很多支撑的问题都没有讲，也许给一些家长造成了新的困惑。我上面已经讲了，像这样的一些东西，我面对我的学生要讲一年，给家长们就两个小时，所以一些东西可能会有漏洞，请大家包涵。

时间差不多了，非常感谢在座的家长，谢谢！

（以上内容根据 2012 年 2 月 2 日的讲座录音整理，略有删改）

科举制度漫谈

吴铮强

主讲人简介：吴铮强　浙江大学历史学博士、历史系副教授。浙江大学地方历史文书编纂与研究中心副主任，浙江省中国社会史研究会理事。2008年之前主要从事宋代社会史研究，关注的核心问题是宋代以来社会结构的变化与科举制度理学化之间的关系。2008年以来，因工作需要，研究领域拓展至地方历史文书与法律社会史方面，目前主要致力于龙泉司法档案的整理编纂工作，研究方面则以晚清民国司法文书的演化及其政治、法律体系变迁之前的关系，以及浙南基层司法实践与地方社会秩序等问题为主。论著有《宋朝简史》《科举理学化：均田制崩溃以来的君民整合》《北宋：帝国书生意气》《国史通识讲义》等。

各位台州的朋友，大家好，很高兴有这样的机会来台州市图书馆跟大家聊一聊中国古代的科举制度，今天是一个漫谈。我不想讲得太深奥，其实大家都对科举非常地熟悉，昨天跟两位图书馆的朋友聊天的时候，他们就聊到了科举制度跟现在的高考制度以及公务员考试制度的比较，他们的认识和理解，非常地深刻，对我也很有指导意义。因为如果我们去做一个比较，会对很多问题有更加深入的认识，我觉得这个问题其实大家也有很多自己的看法，我们一起来探讨、交流。

一

我今天要讲的课题，大家都比较熟悉，科举制度从唐朝开始（当然也有学者认为是从隋朝开始）一直到清末被废除，在中国延续了1300年左右，对中国的社会生活产生了非常大的影响。直到现在，我们去访问一些古村落，你会发现这个地方关于古代最主要的历史记忆，仍然是说他们这个地方曾经产生过多少个进士，这个地方保留下来的最好的古代遗迹，也可能是进士家的宅府或者牌坊。因为对于一个小地方来说，出了一个进士，是一件了不起的大事情。

为什么大家都会觉得考上科举很厉害呢？进士在大家心目中是一个什么样的人呢？其实大家对中国古代，对中国古代皇帝的认识，受电视连续剧的影响很大，《还珠格格》里面有一个乾隆皇帝，张铁林演的，跟小燕子他们彼此之间嘻嘻哈哈打闹，很多人可能觉得皇帝的形象大概就是这么亲切可爱的。其实在中国古代老百姓的心目中，皇帝的形象非常威严，甚至他不是人，而是神。我们知道皇帝是天子，是天的儿子，他是作为一个神出现的，老百姓平时是见不到的。

考上科举的人可以见到皇帝，所以了不起。你去参加科举，考上了进士，被皇帝接见，回到家乡以后大家就会认为你非常厉害，因为你是见过神的。科举考试的最后一关叫做殿试，殿试是皇帝亲自主持的，当然皇帝不一定会来监考，但是最后一场是以皇帝的名义来组织的，这个我们后面还会讲到。考完之后是放榜，放榜后考中的皇帝要接见，可能大家看过一些电视，太监在里面喊考中的人的名字，然后一层一层地传到外面，进士就屁颠屁颠地跑进去面见皇帝，这是一个很隆重的仪式，叫做“传胪”。见过皇帝的新科进士回到家乡，就光宗耀祖了。

考上科举以后是一个非常得意的事情，所以新科进士们要狂欢。在唐朝的时候有很多狂欢的节目。唐代有一首诗写“春风得意马蹄疾，一日看尽长安花”，就是形容新科进士的得意之情和他们的狂欢活动，所谓“一日看尽长安花”，是指其中“杏园探花”这个活动。这个活动中，新科进士们选出两名少年俊秀者作为探花使，然后全体出动，跟随着探花使，驱马竞奔，遍游长安名园，所到之处，折得名贵花卉，最终返回杏园，检点所折花卉，若有比“探花使”早折回者，“探花使”即受罚，同时开宴狂欢，不醉无归。

科举制度在宋代后对社会生活的影响格外大，可以说从那时起，中国几乎所的聪明人都被吸纳到科举中去了。我国现在开发旅游资源，争抢名人的现象很厉害。西施是哪里人，两个地方在争。刘伯温是哪里人，两个地方在争。有些地方实在找不出历史名人，就找小说人物，武松是哪里人，西门庆是哪里人，孙悟空是哪里人，猪八戒是哪里人，都在争。然后我们去看那些历史名人，十有八九都是考取进士的。比如说台州有一个很有名的历史人物，叫做陈耆卿，是台州临海人。他生活在宋代，写过一部《赤城志》，是一部非常经典的台州地方志。我们去看他的生平介绍，就会发现一个有趣的现象，现在的资料中有关陈耆卿的生卒年代是不清楚的，只是说约宋理宗前后，非常模糊的一个概念，说他受学于叶适，为适所倾服（温州永嘉地区有位著名的学者叫叶适，他拜师叶适，向他学习）。下面一句，嘉定七年，也就是公元1214年，陈耆卿登进士第。所以我们看这个人的生平里面，有关他的第一个有确切年代的记载，就是说他什么时候考上进士。因而说考上进士与否，对于个人的命运有着绝对重要的意义，这一点大家应该是非常容易理解的。

我们看剩下的百分之一二十的历史文化边缘人物，是没有考上科举的。请注意，是没有考上科举，不是没有参加过科举的。剩下的还有一些人考过很多次科举，就是没有考上，而且这个事情对他来说比考上科举可能还重要。《西游记》原著的作者其实以前我们是不太清楚的，是后来像鲁迅这样一些文学家考订出来，认为《西游记》的作者应该是吴承恩。为什么如此著名的一部小说他的作者并不明确呢，因为吴承恩没有考上科举，因此他在历史上是籍籍无名的。吴承恩为什么要写《西游记》呢，因为他考了很多次科举没有考上，又无意于官宦的道路，所以回家去写作。再说一个，大家很熟悉的，也是明代的一个才子叫唐伯虎，他在地方上科举考了第一名，然后去中央考试，卷入了一场科举的舞弊案，被迫弃考，回到家里吟诗作画。还有一个明代的大家叫徐渭，大画家，他的写意花鸟画，相当于现在的印象派、抽象派。他画的葡萄，应该不比梵高的向日葵差。这个人考了 8 次都没有考上，回家后成了个画家。所以我们看这些人，虽然他们没有考上科举，但是科举的经历对于他们命运的走向有着绝对重要的意义。所以在中国古代，特别是宋代以后，当时的社会精英是以科举来划分的，分为考上科举和没有考上科举的两类人。

二

科举制度的影响如此之大，那它到底是培养了人才还是扼杀了人才？许多人认为科举好，因为社会精英都是从科举中选拔出来的。但是我们又会有一种印象，就是科举扼杀了人才，为什么会形成这种观点呢？因为我们要反传统，因为在近代我们被列强所欺侮，被人欺负之后会产生两种感情，一种是仇恨，还有一种相反的感情就是崇拜，你被欺负了，会觉得欺负你的人更强大，更先进，相比之下自己则特别弱小与落后。

反传统反什么？传统社会里面对我们影响最大的东西，我们就要去反抗它、推翻它，那么在传统社会什么对我们影响最大？影响最大的还不是科举，是孔夫子。科举影响了我们 1300 多年，孔子影响了我们 2000 多年，所以一反传统，首先反孔子。因而新文化运动里面要打倒孔家店，说儒学是吃人的礼教（鲁迅先生的《狂人日记》说“吃人的礼教”），这个罪名很大。当然科举制度的罪名也不小，我们是怎样给科举加上罪名的呢？科举只考四书五经，只考八股文，禁锢了人的思想，扼杀了人才，结果导致了中国的衰落，西方列强一来，我们就打败仗。所以这个责任，近代以来我们被欺负的责任，首先要孔子去扛，然后科举去扛。

这样的观念正确吗？我们很难说它是错误的，因为的确所有的社会精英都去参加科举，学的都是四书五经，四书五经能用来打仗吗？能发展经济、发展科技吗？不能，所以说科举制度不适应社会的发展。但是这样说公平吗？不太公平，科举不只考四书五经，这个我后面还会讲。科举是皇帝选拔官员的制度，他是按照自己统治的需要来考试的，我们不能说皇帝只靠四书五经来选拔人才，在不同的阶段有不同的情况。

比如说秦朝，包括大一统前的秦国，它是怎样来选拔官员的呢？他是看你在战场上奋勇杀敌的情况，看你立的军功。当时有个规定，就是看你在战场上砍了几颗人头，砍一颗人头就给你一个爵位。我们知道在西周封建贵族社会中，贵族是有爵位的，爵位分公侯伯子男五等。但是到春秋战国的时候我们把这套贵族制度给打破了，打破之后秦朝又发明了另外一套爵位，就是平民爵制度，所有的人都可以得到爵位，你以什么来得到爵位呢？为国家立了功就可以得到爵位。在统一战争过程当中，立功主要是立军功，所以这个平民爵又成为军功爵制度。砍一个人头就给你最低一等爵位，砍两个人头，两等爵位，三个三等，四个四等，再往上还要参考你的组织领导能力。因为这个军功爵的制度，当时秦国的军队里经常发生打仗时抢人头的事情，产生了很多的纠纷。有了爵位之后，就有资格去当官了。所以说皇帝是根据不同的需要来确定选拔官员的标准，并不一定是用科举，科举只是选拔官员的一种方式。但即便是科举，所谓通过考试来选拔官员，考试的内容也是很灵活的。

你说科举不考数理化外语吗？其实不是。以前皇帝觉得他需要的官员就应该掌握四书五经，到了近代，皇帝发现他需要的不是精通四书五经的人，而是经济方面的人才，以及科技、外交方面的人才，那就把科举制度改一改。1895 年甲午战争战败之后，清朝政府就把科举考试的内容改了，开始考政治、外交、经济等等。可是没有人懂这些啊，所以考的效果很差。但是尽管如此，那不是考试的问题，而是教育的问题。没想到后来干脆就把科举给废除了，这下产生了很严重的后果，这个问题我们待会再讲。所以，评判科举是培养人才还是扼杀人才，关键在于出发的角度与标准。如果以近代对人才的要求来衡量古代的科举制度的话，说它扼杀人才、禁锢思想，没有问题；但是如果以当时的标准来看，这样评价是不公平的。

三

参加科举考试需要提交哪些材料。在古代参加科举考试，同现在参加公务员考试或者其他考试都是一样的，要报名，那么现在我们去参加一个报名，一般是填个表，然后身份证复印件，然后照片，然后是学校或者单位出具的介绍信、推荐信这样一些。科举其实也差不多，这里我们要理解一下什么是科举，科举是指自由报名参加，通过考试来选拔官员的制度。这里要注意的是，有一个定义是自由报名参加，光是通过考试来选拔人才的制度，那还不叫科举，因为在科举考试实行之前，我们有很多其他的官员选拔制度。比如刚才讲到的秦朝的制度，砍人头，砍人头他获得爵位了，平民有资格去当官了，就直接去当官了吗？不会当官怎么办呢？他要培训，培训什么？培训法律，我们知道秦朝的法令是特别发达的，我们讲现在中国好像不太讲法律，这是汉代以后的传统，秦朝特别重视法律。我们知道商鞅变法，商鞅是法家，特别讲究法律，有大量的法律让你去学习，学完之后考试，考试通过了就去当官，所以在这个过程当中也是要考试的。到了汉朝以后中国的选官制度主要是荐举制度，荐举制度是官员推荐一些人去当官，推荐完之后也是要考试的，考试合格才可以去当官。只不过你参加考试的资格是要推荐的，不是每一个人都可以去报名参加的，这个范围很小，一个地方官把本地的孝子和清廉的人推举上去，这些人才有机会参加考试。

那么什么是科举考试呢？你可以自由报名，符合条件的都可以报名。自由报名的过程要做“投牒自荐”，“牒”就是文牒的意思，“投牒”就是把自己材料交到官府去，“自荐”就是推荐自己。哪些具体的材料呢？第一个叫做家状，其实就是一个表格，上面要填报考人的基本信息、姓名、籍贯、年龄等等，除了这些之外还要填写祖父三代的姓名和职业，因为他很重视你的家庭出身，为什么很重视你的家庭出身呢？不是所有的人都可以去参加的，中国古代社会主要是士农工商，但有些人是不能参加科举的，比如说女人不能参加，宗教人士也就是僧人、道士不能参加，胥吏（在官府里面打杂的人）也不能参加科举，工商杂类，商人和工匠不能参加，还有就是娼优之家（演艺界的人士）也是不能参加科举的。所以士农工商里面，真正可以参加科举的只有两类，士和农。第二个材料叫做保辨，其实就是个推荐书，或者说是一个证明材料。因为你要证明你的身份，没有身份证，需要基层的官员或者是学校出具一个证明材料，这个叫做保辩。上面写些什么呢？一是要证明你的户口在当地是有登记的，还有一个就是要写一下你的思想品德方面的情况，比如你在家里很孝顺，跟邻里之间关系很和睦之类的，因为中国古代以孝治天下，所以强调这些方面。另外一个材料是识牒，相当于现在的照片，古代没有照片，怎么办？你不能画个像，画像很麻烦的。就用文字来描述你的体型，当然写得很简单，比如像我这样的会写适中的个子，皮肤是黄黄的，小平头，就这样简单。所以有一个识牒就是写“中型、黄白色、少有髭”，就中等的身材，皮肤是黄白色的，胡子比较少，就拿这个来辨识你的外形，是防止冒名顶替的一个材料。

四

科举制度只考四书五经吗？答案很明确，不是的，应该说明清的时候主要考四书五经，但是不是只考四书五经。在唐代和宋代，根本不可能考四书，因为“四书”这个东西是宋代以后才出现的，到元明清统治者接受了这个东西，所以才以这个为科举考试的标准。所以至少在唐宋两朝是不可能考四书的，只考五经，那么我们现在来讲一下各个朝代主要是考些什么东西。

唐朝的时候科举考试有两个科目，一个叫明经，一个叫进士。明经的意思就是你精通儒家的经典，那么考什么呢？开始的时候考经义策，经义策就是考五经的论述题。五经，《诗经》《尚书》《礼记》《易经》和《春秋》，为什么这是五经呢？孔子教学时候有教科书，这五本书就是他的教科书，孔子是儒家的开创者，所以这五经就成了儒家的经典。从这五本书里面找出一些内容来，然后让你来写一篇文章，来阐发它的含义，就是做一个论述题，这个叫做经义策。后来还加了一些内容，有解答题和填空题，解答题就叫做墨义，填空题叫做贴经，填空题就是从经里面抽出几段话抠出几个字来让你填进去。这个是考明经，主要是考五经，不考四书。明经考试，侧重死记硬背，能考上的人很多。比较难的是进士科，后来我们考中科举，又叫考中进士。进士考什么呢？进士考时务策，什么是时务策，就是当前的政治局势，告诉你当前我们政治当中出现了什么问题，包括内政外交等有什么问题，然后让你写对策。就是给你一个很现实的政治问题让你回答，考过公务员的朋友应该知道，公务员考试也有类似的。那这不是政治考试吗，也不难啊，问题在于考官在评定时务策的时候，主要不是看内容的，看内容看不出来水平来，他主要是看你写的这篇文章的辞章是否优美，是否工整，所以他是看形式的，不是看内容的。后来又觉得这个不过瘾，加试杂文，杂文就是说有很多的文体，后来杂文集中到两种文体，就是诗和赋，专门看你的文字是不是优美。所以唐诗特别发达，很重要的原因就是科举考诗赋。我们可以看到，唐朝的科举考试，你说它考四书五经吗？只考五经，其实五经也不重要，主要是看诗赋。明经的录取率很高，10%、20% 这样，进士的入选率很低，1%、2% 这样，所以有一个说法叫做“三十老明经，五十少进士”，三十岁考上了明经太老了，二十岁的人都考上了；五十少进士，你要是五十岁就考上进士那了不得。这是唐朝的情况。

到了宋朝，情况发生了一些改变，我们知道宋朝有个王安石变法。我们一般讲王安石变法，都是讲那些财政上的政策，其实他对科举考试也进行了改革。首先他取消了诗赋，王安石是个政治家，他对唐朝的科举考试很不满意，他觉得诗赋对治理国家没有什么用。又取消了贴经和墨义，五经的填空题和解答题也被他取消了，死记硬背，太低级了。考什么呢？考经义和策略，就是前面讲的，经义策和时务策，五经里的论述集和对当前政治情况的一些对策。这个时候主要看你思想的阐发，你提出来的对策是不是合理有效等等。王安石变法后来失败了，诗赋考试又重新恢复。

到了元明清，开始考四书。什么是四书呢？大家都知道《大学》《中庸》《论语》《孟子》。《论语》和《孟子》以前的地位不高，相对于五经来说它的地位不高。中国古代的儒家经典有五经，后来发展为十三经，儒家主要经典都在里面。这其中五经的地位最高，称为大经，像《论语》《孟子》这些都是小经。五经的地位最高，我前面讲过了，孔子把它当教科书的。那么《论语》是什么呢？《论语》是孔子死了之后，孔子的学生对孔子的言行的追述，这些话有的时候是上课的时候说的，有的时候是平时私下里说的，他的学生给他记下来然后出成了这么一本书，其实就是一本“孔子语录”。这本书当然有其重要的地位，但它首先不是孔子亲自写的，其次也不是孔子亲自审批过的，当然要比孔子拿来当教科书的五经的地位要低。《孟子》在孔子之后，地位相对更低。四书的另外两部，《大学》和《中庸》，这两部都不是著作，而是两篇文章，是《礼记》里面抽出来的两篇，《礼记》是五经之一。所以我们看四书是一个很奇怪的组合，为什么会有这个组合呢？说起来就比较复杂了。为什么到了宋代要突然地提高这四本书的地位呢？因为到宋代，儒学有了一个新的发展，开始强调心性之学，也就是强调内心的修养、道德的修养，我们后来对儒学的印象就是这样的，专讲仁义道德，这其实是在宋代以后儒学变成了理学之后出现的一个情况。那么为什么会出现这个情况呢？很大程度上是受到了佛教的影响，特别是受到了禅宗的刺激。宋儒的心性之学是受佛宗的刺激发展而来的，但是那些理学家不能说我们这个儒学是受佛教的影响，因为佛教是外来的。我们中国传统文化就没有这样的思想吗？所以他们就去去找，找来找去先找到了《论语》和《孟子》，《论语》和《孟子》里面有一些相关的文字，比如说《孟子》讲恻隐之心，《论语》讲仁爱、中庸这些。但更直接的，就在《礼记》中找到了《大学》和《中庸》这两篇文章，《大学》的内容，大家比较熟悉的是修身、齐家、治国、平天下，前面还有四条叫做格物、致知、诚意、正心。格物就是去观察事务；致知就是你观察事务之后就得到了知识，认识了事物内在的发展规律；然后就可以按照事物发展的规律保持自己的正确心态，这就是诚意；正心，你认识了事物，端正了态度，你就有能力把握自己的内心，可以去排出那些邪恶的思想，保持正确纯洁的思想。所以格物、致知、诚意、正心，这几句话很符合宋儒发展心性之学的需要。《中庸》讲什么呢？我们现在的印象当中，中国人特别地中庸，好像中国人做人要低调，不愿意出头，不能仗义执言，不能坚持原则。其实《中庸》讲的根本不是这个意思。《中庸》里面最关键的一句话，叫做“天命之谓性，率性之谓道，修道之谓教”。“天命之谓性”是说上天赋予每一个人人性，我们要按照人性的本质去行动，中间关键的一句是“率性之谓道”，中庸是讲率性的，不是讲低调的，不是讲掩盖自己的本性的，而是讲要根据自己的本性去做事情，所以这个也是心性之学。当然《中庸》在讲“天命之谓性，率性之谓道”，并不是主张发挥人的个性，儒家讲“率性”，对人性是有具体规定的，儒家认为人性就是天性，天性就是“仁义礼智信”这些道德的要求，认为“七情六欲”是反人性的，这个跟我们现在所理解的“人性”很不一样。所以到了宋代的时候，儒学家开始强调心性之学，但又不好意思承认自己是受佛教的影响，因而从原来的儒家经典里面找出了这四个东西，《大学》《中庸》《论语》《孟子》，到了南宋有个大思想家朱熹，给这四本书做了一个注释，到了元明清的时候，统治者就接受了这些东西，把朱熹注释过的四书和五经作为科举考试的一个标准，这样四书五经才成为科举考试的最主要的内容。

即使到了明清的时候也不只是考四书五经，一般来说科举考试分三场，第一场考四书，第二场考五经，第三场考策论。但是为什么我们讲只考四书五经，因为明清的时候是考三场，而不是考三门学科。现在我们高考考很多门，考语数外和文综理综，四门功课加一起排个名次。科举不是这么考的，科举是搞淘汰赛的，第一场考四书，先淘汰一批人，四书没考好就没得考了。第二场考五经，再淘汰一批人，到第三场也就是最后一场进决赛了，进入决赛就是个名次的问题，你排最后一名也可以把你捧成明星了。所以它虽然考三场，但主要的淘汰都在前面两场，所以大家重视的就是四书五经。因此说明清科举只考四书五经，大体上也是准确的。

四书五经很难考，因为它考八股文，不是考填空题和解答题，也不是考论述，而是要看你的文辞，这个文辞不是自由发挥的，而是有固定的格式的，开始怎么写、中间怎么写、结尾怎么写，都有具体的要求，每一句话都有严格的规定，而且都是要对仗的。八股文除了形式上有严格的规定之外，它还有个特点，不是让你阐发自己的观点，是代圣贤立言，就是你写的这篇文章，不是以自己的口气来回答，是以孔子的口气、圣贤的口气来回答的，这个很难考。

这是明清大概的情况。我们讲科举是不是只考四书五经的问题，还可以加个尾巴，前面我们已经讲到过，到了晚清的时候，到了1895年，甲午战败之后，清朝进行了科举的改革，又增设了经济科目，考试内容有内政、外交、理财、精武、格物、考工。内政外交容易理解，理财就是考财政，精武就是考军事，选举军事人才，格物就是考自然科学，考工就是考工程技术。所以科举考什么，是根据当时统治者对人才的需求来确定的，不是固定的，但是甲午战败，晚清改了之后效果很差，因为大家都没学过，都是临时地拿着很粗浅的教科书死记硬背去考试，考出来的水平都很糟糕，效果很差，过了十年，就干脆把科举废除掉了。

五

下面一个问题是，科举是不是一考定终身的。一考定终身是什么意思呢？就是说科举的录取是不是以考试成绩为唯一标准，现在我们的高考制度当中，也碰到这个问题，我们也在讨论高考是不是一考定终身，是不是合理。现在有一个制度叫校长推荐制度，有些学生平时表现很好，但是高考可能发挥得不太好，所以校长有一个特权，他可以推举一个人，这就是要打破一考定终身的做法。当然这个做法的争议很大，首先你很难确保这个校长是不是徇私舞弊，其次就是推荐的这个人，到了大学里面还是要考试的，那么这有什么意义呢？都要考试，还不如去参加高考。恰巧在唐朝的科举考试当中也出现了类似的现象，开元二十九年，也就是公元 741 年的时候，当时有个主考官，礼部侍郎，他权力很大，自己做主，要求那些考生把平时写的诗赋的代表作品一并拿过来看看，让考官对考生的实际水平有一个全面的了解，然后再结合科举的考试来决定录取的名额。这个做法普遍地受到了称赞。从此以后唐朝科举里面就出现了这样的现象，考生一到京城，就把平时做的诗文交到尚书省的礼部去，这就叫做“省卷”。但是要把自己的诗文送到礼部去，也是要有门路的。如果礼部没有直接的门路怎么办呢？那就要走间接一点的门路，有些达官贵人就对礼部说，我知道有个考生很不错，给你推荐一下，我把他的文章给你拿过来，有些人不是考生直接拿到礼部去，而是达官贵人帮助考生送过去，这个叫做“行卷”。这样一来考官们就在考试之前对考生们有一个很充分的了解，根据考试前看到的文章就有个排行榜，所以还没考试已经先出了一个拟录取的名单，这个叫做“通榜”。

这样唐代的科举就把一考定终身打破了。到了宋朝皇帝实在受不了了，科举考试皇帝选官，皇帝选拔干部好像跟他没什么关系，考生们天天围绕着主考官转。这些考生，一考上之后，就跑到考官家里面去认这个考官做老师，自称是学生，这些人以后都要当官，官场上都是老师跟学生，皇帝没办法控制了。那怎么办呢？到了宋朝就把这些“省卷”、“行卷”、“通榜”全部禁止了，禁止了还不够，考生考完之后还是认这个考官为老师，自称为门生，这个宋朝的皇帝也受不了。那怎么办？那就皇帝自己来当考官。所以唐朝的时候科举是考两次，一次是地方上考，然后到中央去考，考两次。宋太祖说再考一场吧，由他来当主考官，这样考下来，考生就都成了天子门生，大家都很光荣。但是这个制度有一个问题，皇帝当主考官的考试就是殿试，让考生有点崩溃，平白无故多考一次？后来事情有了一个折中的方案，殿试是要考的，但是殿试不再淘汰任何人，只是名次会重新排列，等于说让皇帝亲自来定考生的名次。所以考生们还是很开心地去做一下皇帝的门生。所以“一考定终身”这个问题，在唐朝是被打破了，宋朝又恢复过来，单纯地以考试的成绩为标准来录取。

六

下面一个问题是，考中进士要参加多少次考试？这个问题，各个朝代情况不一样，唐朝是地方上先考一次，当时的地方就是州和府，先在州和府考，这次考试的意义不是考秀才，而是考一个名额，考一个参加中央礼部考试的名额，因为他把考试的名额分配到各个州府的，几个地方有几个名额，通过了这个考试，你可以到中央去考。州府的考试是在秋天举行的，通过州府考试的考生，10月到尚书省去报道。金秋十月是一个收获的季节，农作物都成熟了，各地的税赋都交到中央去了，交税赋的时候就把这些参加中央考的考生一起送到中央，所以这些人叫做贡士，就是地方上进贡给皇帝的人才，跟土特产等一起送上去。冬天贡士们到了京城，去礼部报到，第二年春天参加礼部的考试。这段时间考生在京城是很忙的，要到处找人送文章。到了春天考完试，成绩出来了，录取名单也出来了，贴在城门外，这就是入榜，因为是在春天，这个榜单又叫春榜。

前面我们讲到了唐朝考上之后大家要狂欢，狂欢有三个项目，我们说了“杏园探花”。还有两个节目，一个叫做“曲江宴会”，新科进士们在曲江，西安城边上一条江上的楼上大摆宴席，他们还有个特权，可以请宫中的教坊派乐队，也就是请皇家乐队来助兴。他们办宴席的楼阁很高，长安城中老老少少都争相观看，皇帝有的时候也会去看，这是唐代科举一大景观。还有一个项目叫做“雁塔题名”，在大雁塔下刻下自己的名字。比如说27岁的白居易考上进士的时候，很得意地在大雁塔上留下了这样一句诗，“慈恩塔下题名处，十七人中最少年”，白居易27岁就考上进士，当然是非常得意的事情，他也是当年新科进士中最年轻的一位。

唐朝的科举考试，只要考两次。宋朝跟唐朝的情况不同，增加了殿试，所以要考三次，这个我已经讲过了。还有一个变化，唐朝的科举考试基本上是每年都举行的，每年参加的人数很少，有时候也会隔几年。到了宋朝逐渐变成了三年一考，元明清一直延续了下来。

明清的时候科举考试考几次，这个问题要说简单也很简单，跟宋朝是一样的，就是乡试、会试和殿试，中央那个考试不叫省试，改称会试，严格讲起来就这三次。但是这三次考试当中，我们知道明清的时候，大家印象很深的就是考秀才，考秀才是不包括在这三次考试当中的，考秀才不是乡试、会试、殿试，乡试考上之后就是举人了。那考秀才是什么考试呢？是童试。童试是什么，是考学校。明清的时候科举制度有一个很大的变化，你要参加科举考试，首先要去考学校，考上了学校才有资格参加科举，而且童试很麻烦，要考四次，比考进士还要麻烦。考学校就要考四次，叫做县试、府试、岁试和院试，很复杂的一个过程，这个我不详细讲了。童试、乡试、会试、殿试，都考上了你已经是进士了，后面其实还会有一个考试，考什么呢？我们知道，进士的前三名是状元、榜眼和探花，称为三鼎甲，一甲就是这三个人，这三个人是赐进士及第，第二甲赐进士出身，第三甲赐同进士出身。这三鼎甲就马上进入了翰林院学习。那些不是状元、榜眼、探花的新科进士，如果你想参加皇帝的秘书班子，那要再考一次，这个考试叫做“馆选”，考上了就成为

“庶吉士”也可以进入翰林院学习。考这个庶吉士有什么意义呢？明清两朝，如果你想当到宰相级的大官，就得通过这个考试，明清时代的宰相、副宰相，90% 以上都是从这个班子里面出来的。所以明清时期的科举生涯中，每个人要经过很多次考试。

七

我们来讲一下从唐宋到明清科举考试发生了哪些变化。我刚才已经讲了很多，下面再讲几点。一个是“糊名”跟“誊录”（这也是宋太祖时候发明的）。唐代科举批试卷，考生的名字写在上面，如果考官跟这个考生有关系的话一眼就看出来了，徇私舞弊很容易。宋太祖为了防止作弊，就要求“糊名”，这跟现在我们高考批卷子的时候看不到考生名字是一样的，这个制度宋代就有。当时是先把你的试卷编号，然后把你的名字裁下来，批完试卷再把试卷和名字用编号对起来，这就是糊名制度。但是“糊名”还是可能存在漏洞，如果一定要作弊，考官可以辨认考生的笔迹，还可以在试卷上作记号。为了解决这个问题，宋朝还发明了“誊录”，所有的考卷都由专门的工作人员重新抄一遍，然后再由考官来批，这是一个非常严密的防止作弊的办法。

宋代科举还有一个全新的制度就是“特奏名”。我们知道科举考试是以考生成绩为标准招募官员，那很多人考了一辈子都没考上，很可怜。考不上会产生严重的问题，因为参加科举考试的那些读书人，基本上都很聪明，至少有相当一部分的聪明人在里面，考不上他会对朝廷产生很深的怨恨，大家都看过一个张艺谋的电影叫做《满城尽带黄金甲》，“满城尽带黄金甲”是唐朝一个叫黄巢的人写的一句诗，黄巢后来闹起义，为什么？科举没考上，怒了，写了这首诗。所以科举考不上是很危险的事情，我们知道清朝还有一个人叫做洪秀全，也造反了，他也考了 4 次科举没考上，结果精神出了问题。因为他第三次考试的时候，有人送他一本书，是宣扬基督教的，他当时粗粗看了一下没在意。但第三次没考上后，他就开始做恶梦，梦见自己是上帝的儿子。等他第四次没考上，他就正式确定自己是上帝的儿子了，然后就开始造反。所以科举考不上，有些人去画画，成了大画家，有些人心怀怨恨，就去造反。

这是个很严重的问题，宋朝的统治者已经深刻地认识到这个问题，所以就想了个办法来安慰他们，宋朝第二个皇帝宋太宗的时候，开始大规模地增加科举录取的名额，从原来一次录取十几个人变到一次录取几百个人，然后又发生了特奏名制度。特奏名制度规定，如果你不停地参加科举考试，考了五次还没考上，而且你年纪已经达到60岁了，仍然没有放弃，那么OK，全部录取。所以从此之后，你只要去考，而且坚持不懈地考，总是能考上的。有这个制度，参加科举就成了一个很保险的出路，宋真宗有一年，正常录取的人数和特奏名录取的人数加起来有一千多人。

唐宋之间还有一些变化，一个变化是唐朝科举考试哪怕你是考中了进士，也是不能直接当官的，你只是获得了当官的资格，有一点像现在的司法考试，你有资格去从事司法工作，但是你具体到哪个部门去工作，还是要参加其他招考的。唐朝的科举也是这样子的，你考上之后，有资格了，你就回家去待着吧，下次人事部门招考的时候你再来考，通常是这样子的。宋朝的时候不一样了，考上马上给你官当，这也是一个很大的变化。

从唐宋到明清，还有几个很大的变化，一个是我们刚才已经讲到过的，考秀才制度，唐宋的时候是没有的，是不需要考学校的。唐宋也没有功名制度，因为后来很重要的就是考秀才、考举人，那时候是没有考秀才和考举人的。明清时考上学校你就是秀才，秀才的身份就不一样了，家里就免税了，见到官老爷，身份就不一样了，人就更不一般了，可以当官，特别是学校里的官员，这是没有问题的。但是唐宋的时候你在地方上考试，你考试通过了，唯一意义是你有资格去参加中央的考试，中央考试考不上，你下次还要回到地方上再去考一次，不是说你考上了秀才之后，秀才是你终身的一个功名，你身份就变了。唐宋的时候地方上的考试考完之后，你考不上中央的考试，身份没变的，你还是一个平民。这个功名的制度也是明清之后才有的，秀才考上了之后给你很多的特权，这个非常重要。为什么非常地重要呢？因为大家都知道，考科举这个事情，可以跟现在高考或者考公务员联系起来考虑。有些人高考，是为了毕业之后能找到一个好工作；考公务员是为了找到一个好的饭碗。但有些人不是为了这个目的，有些人家里有钱，他要一个学历，要一个公务员的身份，他的社会地位就提高了，人际交往就不一样了，对他来说是这个意义。古代也是一样的，有些人很有理想，为国家效力；有些人家里有钱，不想当官，当官要离开家乡，太远了受不了，谁愿意离开家。所以宋朝有些人很痛苦，家里面希望他去考，考上之后他当官，但当官不是他的谋生手段，是为了提高他的社会地位。他们对科举考试有很多意见，要改变这个东西，到了明清的时候，发明了考秀才的制度，考举人的制度，就把这个问题给解决了，考上秀才，不用去当官，你身份也不一样了，对于很多地主家庭和有钱人来说，他要的就是这个东西。所以这个制度是明清时候稳定社会的一个非常重要的手段，是统治集团跟地方上的精英阶层，形成政治上同盟的一个非常关键的因素。这个制度从宋朝的时候开始就有人提出来，比如朱熹这些理学家已经在说了，但是他们的方案比较激进，他们希望这个事情最好学校来管，政府不要管，学校里面毕业出来的人，就应该有身份、有地位，这个皇帝受不了。后来到了明代，朱元璋很聪明，他觉得这个办法很好，但是这个事情政府是一定要管起来，皇帝一定要管起来，所以他大兴官立学校，然后规定要考科举先考学校，考上学校就给你身份，给你地位，给你特权，这就是功名制度。

八

下面我们要着重讨论的一个问题，就是清朝废除了科举制度之后，产生的后果。去年是辛亥革命一百周年，辛亥革命把清朝给推翻了，推翻清朝政府的有三种人，哪三种人呢？一种叫做立宪派，一种叫做革命党，还有一种叫做新军。虽然我们说是孙中山领导的辛亥革命，孙中山是革命党。但是我们知道辛亥革命爆发的时候孙中山不在场，是武汉的新军闹起来的，孙中山在国外听到消息才回来，跟黄兴等人领导辛亥革命。但是辛亥革命靠新军打下来的地盘很小，而且各地原来就有一帮立宪派，他们看革命党起来闹革命，他们对清朝也不抱希望了，就跟着革命党推翻清王朝。立宪派为什么要把清朝给抛弃掉呢？他们一直主张君主立宪，即皇帝保留着，但是各省要开议会，国家要开议会，他们这帮立宪派就可以去当议员了，这样他们就有身份地位，有正式权力了，但是清政府一直不答应，不愿意开议会，所以辛亥革命一闹起来，他们也不跟着清政府干了，倒向了革命。因此真正推翻清朝的人有这样三股势力，立宪派、革命党和新军。这帮人哪里来的？科举废除之后，原来准备考科举的人分化出来的，大家读书就是想去当官的，现在科举没了，那怎么办？这些人都是社会的精英，科举没了，整个社会精英阶层没活干了。这些人当中原来在地方上混的人，就成了立宪派。还有一帮人，出身官宦家庭，书香门第，科举废除，旧式教育落伍，新式教育流行，他们家里有钱，就出国留学，跑到日本、欧洲、美国接受新式教育去了。一跑到国外接受新式教育，就了解了日本明治维新、法国大革命和美国独立革命，很快就变成了革命党。还有一些人是没有钱去出国留学的，因为原来我们科举制度教育的成本是很低的，现在科举没了，也没有钱出国留学，这些人想找一个出路，怎么办呢？清末有一个出路，很适合他们，就是去参加新军。我们知道袁世凯在小站练兵，新军成了晚清政治舞台上的一个非常重要的力量。所以我们看，推翻清朝的三股力量，辛亥革命的核心力量，都是从科举制度废除之后，从原来考科举的人群中分化出来的。从这种意义上，我们可以去反过来理解明清时候的科举制度，它对于稳定整个社会有多么重要的意义，考秀才是非常重要的一个制度，很多人不是为了当官的，而是需要一个地位、身份。

九

最后一个问题，其实就是要拿科举跟高考还有公务员考试做一个比较。大家知道科举是选拔官员的制度，那高考呢？高考现在绝对不是一个选拔官员的制度，但是它曾经是，在很长的一段时间里面，考上大学，你的身份就变了，变成干部的身份。我想在座的很多比我年长的朋友，应该很了解。其实在我们那个年代，90 年代就已经不是这样了，我们知道曾经所有的公办企业，不只是政府和事业单位，公办企业都是国家控制的，然后要工作分配。我们 90 年代上大学的时候，还有一个概念就是留城的指标，现在都已经没有了。所以我们早期的高考，其实跟科举制度是很像的，它将学校制度与选拔干部紧密结合在了一起。但是现在我们的高考跟科举已经完全没有关系了，它不再是选拔官员的途径，它只不过是教育系统当中选拔人才的一个阶段，是选拔一定的人才，进一步完成学历，是这样一个制度。

那么科举制度是不是就是我们现在的公务员制度呢？它们很像，都是选拔制度。问题是公务员跟官员是不是一回事情呢？我们又要看我们的公务员制度跟国外的公务员制度有什么区别，我们考出来的公务员，就是领导干部吗？我们知道科举考试考出来，那都是领导干部，不是下面干杂事的人，一考上就可以去当县长，可以去当副市长，可以去当市长的秘书。宋朝的时候考得好的，一考出来就可以去做这样的官，都是领导干部。现在考公务员考上了就是一个小科员，你要混到处长，慢慢熬吧。国外也不是这样子的，国外的文官制度，公务员考试，考出来的都是打杂的，领导干部不是从公务员制度里面，不是从官员里面选拔出来的，不是说你一级一级爬上去，爬到最后变成总统了，这个事情是不会出现的。他们的领导干部是选举出来的，然后经常变换，你选上了就当，选不上就不当。但是文官，就是公务员队伍是稳定的，就是考，一级一级升上去。所以它的公务员和官员是两个队伍，事务官和政务官是两个队伍，彼此的界限是很明显的，是靠两套完全不同的机制在运作的。我们现在的公务员制度就比较地特别，这些问题我想讲得已经差不多了。

我就讲到这里，谢谢大家！

（以上内容根据 2012 年 2 月 18 日的讲座录音整理，略有删改）

台州沿革史上的一些问题

徐三见

主讲人简介：徐三见　浙江台州人，斋号默墨斋。1973年毕业于浙江美术学院，现为临海市博物馆研究员、馆长，临海市美术家协会主席、台州市美术家协会顾问，临海市文联、社联兼职副主席，中国书法家协会会员、浙江美术家协会会员，中国博物馆学会会员。20多年的时间，先后发表学术论文近100万字。画作《独醉》发表于中国画研究季刊《朵云》，《小荷才露尖尖角》入选首届中国画水墨小品精品展；书法作品入选《中国当代书法艺术大成》、全国第四届中青年书展等。出版论文集《默墨斋集》、大型个人书画专集《默墨斋丹翰》、台州地方文史菁华《默墨斋续集》等。

各位读者大家好，今天主要讲的是台州沿革史上的一些问题，在说这个问题之前，我先简单地讲一下概况。台州最早的行政机构叫回浦县，这个可能很多人都知道，它设置的时间是在公元前65年，西汉宣帝元康元年；那么在这之前我们属于宁县，就是现在的宁波；到了东汉的时候，回浦县改成章安县，这个时间有两种说法，一个是东汉光武帝的时候，另一种是汉章帝，现在很多人认同后者，为什么，汉章帝的“章”和章安的“章”联系的起来；接下去，到了三国的时候，设置临海郡，就是台州的前身，设立于三国孙吴太平二年；隋朝的时候，开皇九年（589），临海郡撤销，变成临海县；唐武德四年（621），出现台州，唐后期又一度改为德化军；元代的时候叫台州路；明代的时候叫台州府。这里要注意一点，行政长官和机构的名称，是不能颠倒用的，比如叫临海郡的时候，我们叫临海郡太守，简称郡守；唐代叫台州的时候，行政长官叫刺史；宋代的时候，名字很拗口，称知台州军州事；明代叫知府。这些名称要和朝代对起来，不要混淆。这是大概的一个情况。

今天讲的第一个问题是，回浦县的县治在哪里。现在至少有四种讲法，第一种观点在章安，第二种在临海，第三种在黄岩，第四种在宁海。说黄岩的，是黄岩人写的文章，说宁海的，是宁海人写的文章，他们的依据是什么，他们当地有一些小地名叫回浦里，这样的讲法是不好作为依据的，因为当时回浦县比较大比较有名，那么很多小地名都会用这个名字，就好像现在杭州有延安路，上海有南京路，所以这两个观点，我们基本上不予采纳。古人有两种观点，说在临海的，依据也不是很充分，说在章安的依据比较充分，一个是文献的记载，过去有本书叫《临海记》，是南朝时候写的，其中有一段记载，“郡北四十步有湖山”，一步是六尺，所以很近，章安有湖，历史上叫章安湖，五六十年代挖出过一条大船。回浦县是以自然地名命名的，改成章安则是取其吉祥之意。我们现在到章安是看不出来的，章安有条回浦，这回浦是直的，从北到南一条直线。但历史上的回浦不是这样的，那哪里可以看到呢，章安有部宗谱，叫《叶氏宗谱》，其中有一幅章安全图，弯弯曲曲，这图上画的和现在完全不一样。以前我们经常去那儿调查，那条河那个浦，原址下面有很多砖瓦、瓷器，我一个章安的朋友，对这些很有兴趣，前两年章安造新房，挖地基，挖出来很多这种东西，他去捡，砖头上面有字，有年号。你去章安实地考察，能找到很多那时候的东西。

说是在临海的呢，是明代的一个学者，叫谢铎，他编过一本台州府志，叫《赤城新志》，里面写道：“滨海薄山，鱼龙所腥，豺虎所穴”，他说章安这么偏僻，是猛兽出没、鱼龙混杂的地方，绝对不可能作为县治的，他说只有临海。这种说法属于想当然，因为他没有去章安实地考察过，这个结论是不正确的。后来有一个人批判过他，清代一位学者，黄岩的王棻，他在《赤城新志》里面讲：“章安本名回浦。是故近海之处，即今章安城是也……谢氏之说非也。”所以说回浦县县治在章安，这点没有问题。

第二，临海郡的郡治在哪里。一般有三四种说法，一种是在章安，二是在临海，第三种说法曾设置过赤城郡，郡治在天台，第四种是“初治临海，寻徙章安”。赤城郡的说法不成立，《赤城志》说是梁代设置的，但《梁书》里没有赤城郡的说法，都称临海郡，所以不存在赤城郡的说法。说是在临海的，是清代学者洪颐煊，根据他的研究，他说编地理志，有个规矩，是编订《后汉书》的时候定下来的规矩，“凡县名先书者郡所治也”，郡下面哪个县先写的，就是郡治所在。按这个规矩，去查各种史书，发现第一个都是章安县，不是临海县，所以临海郡的郡治在章安。那我的观点呢，我主张第四种说法，“初治临海，寻徙章安”，初治临海时间很短，可能二三十年。章安县历史悠久，是台州最早的一个县，是回浦县沿属过来的，它的地理条件、基础都比临海县好，临海县出现比较迟，是三国孙权的时候出现的。可是郡治设在章安的话，那为什么要叫临海郡啊？三国时期，孙权一个儿子封到章安，章安侯，要叛变，后来孙皓派人镇压了，郡治就设在临海，原因可能是临海的地理条件比较利于防御。过了没多久，发现临海县的条件太差了，交通不便，过去陆路条件差，全靠水路，经济交通都不如章安，所以很快搬到章安。临海郡从 257 年开始，一直到 591 年，除掉中间的二三十年，三百年左右基本在章安。所以我的观点是“初治临海，寻徙章安”。

第三个问题，临海郡管辖的范围有多大。现在，大家都知道台州九个县市区，但是过去的临海郡范围是非常大的，也就是说过去章安县、回浦县的范围也都是很大的。旧的方志里说，临海郡管辖范围是台、温、处，台州、温州、处州（丽水）三个地区。当然按现在来讲，说这三地也不是很确切，比如宁海历史上是台州的，象山一部分也是台州的，所以确切讲还有宁波一部分。当代有些研究称临海郡的范围还要大，大到福建的闽江以北，提出这个说法的是张政烺教授，他在《临海水土异物志》里写过一个序言，说要到闽江以北，依据是什么呢，《宋书》里面提到过“罗江男相”，罗江县现在没有了，现在福建有两个县，罗源县和连江县，宋书里的罗江县相当于罗源和连江。这两个县过去是属于临海郡的，所以可知临海郡的范围到达闽江以北。

也有不同观点，前几年有位学者蒋荣写过一篇文章，叫《六朝临海郡地域新考》，说临海郡不会到那边去，这篇文章发表在《台州人文研究选集》上，他的理由看上去还是有一些道理的，他认为：你们说罗江县是现在的罗源连江，但是我查遍了福建所有的地方志记载，没有罗江县，历史上有过罗江县在四川，所以这个县不在福建，那么就无从谈起。但仔细去分析，理由还是不够充分，方志上对于地理记载的缺失是存在的，不能说福建的方志里没有罗江县就代表罗江县不存在，除了刚才《宋书》里讲的罗江，其他地方也有记载，《临海水土异物志》里的“安家之民”，这是三国以前的一个部落，安阳、罗江都是“安家之民”的后代，安阳就是今天温州的南部，瑞安、平阳一带，安阳罗江都是连在一起的，所以罗江绝不是四川那个。古人写历史，写错一个字是有可能，但造出一个地名是不可能的，罗江县确确实实存在。我觉得张政烺教授的观点还是成立的，临海郡的范围从宁波的象山、宁海、温州、台州、丽水，一直到福建的闽江以北。

第四个问题，台湾有没有属过临海郡。这个问题争论就更多了，昨天刚成立了“孙权远征台湾研究会”，我参加了，这个研究会会长是西北大学一个教授，是椒江人，昨天有北京大学好几个教授，还有一个张崇根教授，他专门研究这个问题，还有台湾两位嘉宾，他们都来了。现在我们要搞清什么呢，三国的时候，公元 230 年，孙权派卫温带一支部队进驻夷洲、台州，夷洲就是现在的台湾，花了一年多时间，从那儿回来，这是大陆第一次对台湾行使权力。昨天有一个将军发言，他讲我们中国是“皇恩浩荡”，其中的讲法也夹杂着台湾属于临海郡这个意思，这个讲法就不妥当了，与它发生联系是一回事，属不属于临海郡是另一回事。我认为台湾不属于临海郡的理由是什么呢，第一，我们临海郡的南面有建安郡，福建的，如果台湾要属的话，应该属于建安郡；第二，从行政机构上说，我们大陆最早设立的是澎湖巡检司，时间在南宋，台湾最早设置的机构是台湾府，是清代光绪年间开始的，我们现在普遍的观点，台湾直接属于中国大陆管辖是在康熙的时候。我们搞历史，不是把一个事件讲得越早越好，像秦汉的时候，越南是属于我们的，有一个郡叫交趾郡，就是管广东、越南那边的，后来越南分开了不属于我们了；元代一直打到波斯。关于台湾何时属于中原朝政，1995年有位王文楚先生在《文史知识》发过一篇《谭其骧与中国历史地图集》的文章，文中对大陆与台湾的关系有一个很好的定义："图集内部本的定稿正值文革动乱时期，受到左的严重影响，存在着完全违背历史事实的内容，尤其突出的是内部本自三国以来，历朝都把台湾、澎湖作为中原王朝领土处理。"谭其骧根据历史记载，认为三国孙吴征伐夷洲但未取得，宋以前台湾、澎湖不属于中原王朝版图，南宋元明仅将澎湖收入了版图，但并未管辖台湾，明末荷兰人侵占台湾，清初郑成功驱逐了荷兰侵略者，在台湾建立了奉明朝正朔的政权，直到清康熙二十二年，也就是1683年平定郑氏政权，台湾才成为中原疆域的一部分，他反复说明台湾自古以来是中国的一部分，这是正确的，是因为台湾的土著民族——高山族是中华民族的组成部分，是中国的一个少数民族，中国历史上发展的结果到了清朝，成为清王朝疆域的组成部分，但不能曲解为台湾自古以来是中原王朝的一部分，这是违反历史事实的。

第五个，永宁的问题。台州过去有个县叫永宁县，就是黄岩，是唐高宗上元二年开始的。历史上温州也叫永宁县，是东汉汉顺帝永和三年开始的。黄岩部分学者认为温州前身的永宁县实际上是我们黄岩的，不是温州的，汉代的永宁县一直是我们黄岩的，中间某段时间取消掉了，后来又重新设立了。其实永宁这个问题，大家去看历史书，记载是非常清楚的，我举几个简单的理由，第一，温州的永宁，也就是汉顺帝时期设立的永宁，它见于《后汉书》里的记载，当时的永宁县是从临海县下面的东瓯乡分出来一个县，那么这个东瓯在哪里，许多人讲台州是东瓯，但是我认为东瓯的主体肯定是温州，温州的瓯江流域；第二，过去的史书里，记载以峤岭为界，峤岭就是现在温岭山，旧称温峤岭。以峤南东瓯乡设立的永宁县，其地域还是很清楚的。《陈书》里有个故事，齐代的时候，一个姓范的永宁令，为官清廉，行政水平很高，永嘉郡的太守在自己郡衙门口挂了一个牌子，说永宁的范县令处理政事水平太强了，你们其他几个县有什么难事都可以直接找永宁令解决。由此可以看出永宁县是属于永嘉郡的。过去温州有永宁江永宁山，黄岩也有，但是温州记载的时间要比黄岩早得多，黄岩的记载不会早于唐代以前。所以我觉得搞历史不是单单争地名，搞虚的，要实事求是。我是临海人，就说章安不存在，不是古县治、古郡治，县治、郡治都是在临海，这是不行的。

下面讲第六个问题，临海县的县治问题，不单单是临海，还牵涉到其他地方。现在我们说临海县，大家都知道就是在临海，没有异议，历史以来临海县的县治在我们的观念中，肯定在临海。现在至少有两种说法，第一，说临海县县治在临海城南的一个小村子叫姜家岙，他们的理由是，过去在田里发现不少瓦片、瓷片。我觉得很难成立，过去发现瓦片瓷片的地方很多，不能说有这些东西就是县治的所在，如果挖出像临海县知县、县令的铜印等，那还可以说得过去。我们最近在台州府的城墙进行考古，城墙里面有许多从晋代开始的瓷片啊砖瓦啊，一直到唐代都有，所以我觉得这个观点不成立。第二个观点，是椒江方志办的叶长春先生，他提出一个很新的观点，临海县在隋代以前，不在临海，整个临海是章安县，临海是现在的温岭黄岩，叶先生这篇文章发表在《台州学院学报》上，这篇文章是我审稿的，我觉得这个观点很新，所以我同意他发表，发了以后许多人意见比较大，难以征信的地方也比较多，把这个问题搞清楚需要做大量的工作。比如临海县从温岭黄岩搬到临海去，这是一个大事，方志里一定会有记载的，可方志里没有类似的记载。叶先生引了一个论据，地域范围不平衡，如果说现在的临海县在临海，章安往三门方向去再管到黄岩温岭，他说临海太小了，临海北边有天台，南边又有章安，临海的范围太小了，那如果反过来章安又太小了，所以两个不平衡。我觉得解决平衡问题是另外一回事，按照传统的观点，我估计临海有仙居的一部分，仙居一部分属于天台，一部分属于临海。地域大小这个问题上，章安县最大，新分出来的县不会比章安大。另外，引了《嘉定赤城志》一段话，说临海有个盖竹洞，道教里叫七十二福地，小洞天里第十九洞天，盖竹山在现在章安县的西南，所以说盖竹山就是章安的，临海就是章安的。我觉得古人写文章，如果没到过这里，往往许多概念是不清楚的，他可能对章安的印象比较深，就说章安的西南面，不一定说在临海的西南面。他还引了资料，说盖竹洞在黄岩县的西面，如果这样讲，盖竹洞就变成黄岩县的了。我觉得这不能作为依据，可能他对黄岩比较熟悉，那就把盖竹洞划到黄岩。所以说两个人立场不一样，了解的程度不一样，往往出现不同的结论，光凭这一点是不好作为依据的。过去我们章安的历史上，争论很大的一个人叫杨蟠，他是宋代有名的诗人，很多人争他是章安人或台州人，我觉得实际不是台州的，杨蟠的墓志上就说他是丽水人，那为什么他的诗集叫《章安集》，丽水过去叫处州，处州在三国至南朝是属于临海郡的，临海郡郡治在章安，所以他可以用旧称来命名他的集子。台州过去有许多别称、旧称，路桥的陶宗仪就说自己是天台人，宁海的吴三省也说自己是天台人，这就是用了别称，别称不能证明一个人的籍贯。所以我觉得叶先生要考证这个东西，今后还有很多路要走。临海有位学者写了一篇文章刚好是针对叶先生的，他没有发表，我曾拜读过，他列举了十八个论据证明其不对。

下面来说第七个问题，隋代我们台州的行政机构没有行政长官，《赤城新志》就是明代的台州府志，清代的康熙《台州府志》、光绪《台州府志》，一直到民国的《台州府志》都没有记载过一个临海郡行政长官，也没有出现过一个临海县的行政长官，这是什么原因呢？首先讲，隋代的行政改革与以前不一样的，隋代的时候临海郡撤销掉了，开皇九年隋文帝把我们江南的陈国打下来以后，就按照他的制度，临海郡变成了临海县。所以《嘉定赤城志》里出现过一个临海郡的郡守，后来编的方志肯定说这是错的，因为没有了临海郡哪儿来的郡守呢？事实是，临海郡虽然变成了临海县，但管辖范围还是临海郡，那这个相等于原来郡级的临海县的县令还是有的，只是过去没有一个人注意到这个问题。在开皇十一年的时候，曾经出现过一个临海镇，它是一个军事机构，和我们现在的城镇不一样。方志里它是这样说的，“开皇十一年，治临海镇大固山，移其县于镇”，这段话告诉我们，临海县与临海镇是合署办公的，故而这个临海镇的镇将，实际上就是临海县的县令。这可以找到两个实证材料，这个材料在一般志书上是看不到的，而是从宗教的书里找到的。国清寺里有个很有名的天台五祖，灌顶大师，在他所纂的《国清百录》卷四收有一篇《智者遗书与临海镇将解拔国述放生池》，文中说道：“但明府总此邦之务，执一镇之兵机，有教必行，如风靡草。愿以贫道此书，宣示百姓，训诲军民。使遵九言之教，无为始祸。改十恶之心，永符元吉。”这里交代得很清楚，时任临海镇将的解拔国既“总此邦之务”，又“执一镇之兵机”，实集行政、军事于一身。又《国清百录》卷一《敬礼法第二》有云：“为州牧使君、六曹参佐、此县镇将、五乡士女，愿风祥雨顺，阖境丰宁，敬礼常住诸佛。”文中的“此县镇将”，从语法上说，似乎有些矛盾，因为既云“此县”，则当作“县令”，若谓“镇将”，则应作“此镇”。然据卷三《僧使对问答第八十六》云：“当起寺时，既是春初，竹木并非时节，至今已有穿漏，亦得临海镇官人恒检校修理。”此之“当起寺时”，即指国清寺之前身天台寺，通常而言，天台寺的寺宇穿漏等杂事，不属于军事部门管理，而临海镇既然兼及上述杂事，可见其是兼管行政事务的。此外，唐道宣《续高僧传·智越传》称智越与“括州刺史郑系伯、临海镇将杨神贵师友义重”，智越是国清寺第一任方丈，则杨神贵和可能是继解拔国之后的临海军事、行政长官。由此可见，隋代实施的是军政一体的政治制度，且武重于文。

第八个问题，台州历史上有没有叫海州。在现在可以看到的方志里面，基本上都记载有一个海州，但记载的时间不完全一样。关于这个问题，我们临海有一位老先生，叫丁伋，他写过一篇文章，收集在《〈台州地区志〉志余辑要》里面，根据考证，海州在台州历史上是不存在的。首先，叫海州的有三种说法，第一种说隋炀帝大业四年，第二种说隋恭帝义宁二年，第三种说唐高宗武德四年。第一种基本上不成立的，刚才讲了隋代没有临海郡，只有临海县，整个隋代都很明确，所以不可能叫海州；第二种说是沈法兴所致，根据考证，沈法兴这个人根本没有到过台州，他自己设立过一个州一个县，一个是常州，还一个是自己的家乡，在武康，反正也是在隋代，与第一种一样不攻自破；第三种是最流行的说法，见于《旧唐书》，改名者为李子通。其实李和沈一样，都是地方割据势力，李是现在江苏连云港那一带人，他的势力也没有到过台州，为什么会说李改称海州呢，这是因为李的家乡那时候叫东海郡，郡内也有一个临海县和一个临海镇，所以后人看到这个就把李当成是我们这里人，而东海郡在唐代刚好改名海州，于是张冠李戴。大家要知道，州郡一级机构的命名，中央肯定掌握的，县一级可能稍宽一些，两个地方都叫海州那是不可能的，所以丁伋先生考证之后，认为海州是不存在的。过去一直说唐武德四年设立海州，第二年改名台州，这是错误的，我们现在说唐武德四年设立的就是台州，不是说先设海州后改台州。

以上八个问题基本上是我今天要讲的，最后谢谢大家！

（以上内容根据 2012 年 2 月 25 日的讲座录音整理，略有删改）

古典名著改编的思考

——以《西游记》的影视改编为中心

张天星

主讲人简介：张天星　文学博士，台州学院中文系副教授。主要从事元明清近代文学的教学与研究。代表性学术成果有：《金圣叹腰斩水浒传与西厢记新探》《晚清军机处发起大规模查禁书刊的时间辨证》《晚清报载小说广告与小说界革命的兴起和发展》《明清小说研究》等。参与的课题有：教育部人文社会科学重点研究基地重大研究项目“中国近代文化转型与文学现代化”，教育部人文社会科学研究青年基金项目“清末民初的时调研究”等。

各位读者上午好，很荣幸来到台州市最现代化的图书馆和大家一起交流。今天和大家交流的题目是《古典名著改编的思考》，主要是以《西游记》的影视改编为中心。众所周知，明清两代是中国古代小说发展的顶峰时期，晚明时期有一位著名的文人冯梦龙，他提出了一个“四大奇书”的说法，“四大奇书”就是《三国演义》《水浒传》《西游记》《金瓶梅》。现代文史学者通常所称的“四大名著”，也就是把明代的《金瓶梅》拿掉补上清代的《红楼梦》。无论是四大奇书，还是四大名著，《西游记》都以其丰富的思想内涵、超越前人的艺术创造力和审美价值名列其中。如果我们回答这样一个问题，在中国老百姓心中，哪一部古典名著妇孺皆知，传播最广，我们可以肯定地说是《西游记》。如果我们问中国老百姓的思想观念中，富丽堂皇的天宫，遍地珠宝的龙宫，金碧辉煌的西天，阴森可怖的地府，是哪一部作品给中国老百姓留下了这些印象？换言之，天宫、地府、西天、龙宫这些印象的产生，最得益于哪一部作品？也是《西游记》。《西游记》深受老百姓的喜爱，所以自影视出现以来，它就是改编的宠儿。

近几年影视圈议论最多、莫衷一是的问题就是古典名著的改编问题，请大家看屏幕，2010 年号称是中国古典名著的影视改编年，四大名著在 2010 年先后开始在各电视台上进行播放，《西游记》是这年的压轴戏。截至目前《西游记》是古典名著中改编次数最多的作品，据统计，《西游记》的影视改编已经达到了八次。特别是张纪中版《西游记》在 2012 年 1 月推出之后，又一次把古典名著改编的问题推到了风头浪尖，引起了一阵又一阵的争议。我们去看一下网络，网友对它的非议有很多。下面请大家看一个视频。我们看这个恶搞短片，在网上的点击率非常高，说明它受到多人的热捧，包括电视台的编辑也把它作为电视节目的素材采用。这里我们思考这样一个问题，古典名著的影视改编是否有必要？四大名著中《三国》是 94 年拍的，六小龄童版的《西游记》我们通常称为是 86 版，《红楼梦》称为 87 版，《水浒传》是 1996 年拍完的。在 2008 年新一轮的古典名著翻拍的时候，人民网曾经做了一个调查，这个调查有这样几个数据引起我们的思考，50.9% 的网友认为改编是胡编演绎，表示反对；9.1% 的人认为改编是没有创新的；支持的只是 4.4%。今天在这里我们不想对古典名著的影视改编做一个裁判，我们不能说哪一个改得好，哪一个改得不好，可能这中间，包括我们在座的各位，有的认为这个版本好，有的认为那个版本好，所以我们不做裁判。

今天上午我这一讲，只想给大家提供一个视角，就是古典名著的改编，它应该遵循什么样的原则？所以我在这里提出五个问题：古典名著改编的益处；古典名著改编的难度；古典名著影视改编的忧虑；古典名著改编的原则；我们阅读，包括在座的小朋友对《西游记》也很感兴趣，我们是阅读原著好还是看影视作品好，其利弊得失有哪些。我今天就围绕这几个问题来谈一下。

首先看第一个问题，古典名著影视改编的益处。我首先提出了这样三个改编的好处：第一，名著需要不同时代的解读；第二，名著与商业可以进行置换；第三，名著的改编有助于经典的普及。名著需要不同时代的解读，我们经常说“今人不见古时月，今月曾经照古人”，古典名著产生于几百年前的社会，社会的背景、社会的文化和我们今天有很大的差异。人类社会向前发展，人的审美心理也发生了很大的变化，所以在这个程度上，一个作品往往受到时代文化和审美心理的影响。我举一个很简单的例子，在我们的初中教材中，有一篇著名的文章是朱自清先生的散文《背影》，写父爱以及他对父亲的愧疚等一些内容。像我这一代人接受的时候都没有问题，但是现在的教科书上，老师要提醒学生注意，这里有这样一个细节，就是父亲爬过月台为儿子买橘子，现在参考书提醒老师讲课的时候要说：同学们，这个父亲是违反了交通规则的。只是近几年才出现这样的状况，是因为社会的文化，包括背景都发生了很大的变化，我们要加强学生的安全教育，与当今社会交通事故的频发也有关系。初中教材里还有一篇经典的文章，叫《鲁提辖拳打镇关西》，这几年在地方教材的改革中，有的教育研究者建议要把这篇文章删掉，为什么？因为这篇文章太暴力，显然在以前没有遭遇这样的问题。说明社会文化变化了，时代背景不同了，不同的读者在阅读同样的一部文学作品的时候，往往会产生差异。

古典名著包括《西游记》这样的作品，它产生于几百年前，我们今天去接受的时候，不同时代，也有这样的烙印。在这里我举两个例子，我们请大家看第一个图片，我们知道《西游记》里面孙悟空一路降妖除魔，历经九九八十一难才到了西天，这中间他不知道要和多少妖魔鬼怪做斗争，但是《西游记》一般有一个模式，就是孙悟空把一个大妖怪除掉后，再把那些小妖怪赶尽杀绝，在妖洞里放一把火等等，所以按照这样一种模式来拍，《西游记》里就会有很多的凶杀暴力的场面。在《西游记》的第三十一回写到的是黄袍怪，前几回孙悟空三打白骨精，唐僧把孙悟空赶回了花果山，不要这个徒弟了，写了“休书”。黄袍怪是天上的奎木狼星，百花羞公主是宝象国的公主，天上的玉女，他们两个产生了感情，但是天上的天条非常严格，不允许他们在天上有男欢女爱之类感情的发生，所以他们就下到人间来结为夫妻，最后一起在洞窟里面生活了13年，并有两个孩子。在《西游记》的原著中，八戒和沙僧斗不过黄袍怪，猪八戒只好到花果山请孙悟空来帮忙，孙悟空最后被猪八戒用激将法请来了。孙悟空来的时候，黄袍怪已经把唐僧变成了一只老虎，自己又变成一个很俊美的男子，宝象国国王一看自己的女婿这么好，就让他住在自己的宫中。孙悟空是怎样来引黄袍怪和自己决斗的呢，他把黄袍怪的两个儿子从空中扔下去摔成肉饼，这样黄袍怪心中大怒，所以回来和孙悟空决斗，原著中是这样写的，但是张纪中版的《西游记》中，孙悟空拔两根猴毛变成两个孩子由猪八戒和沙僧拧着去挑战，而黄袍怪真正的两个孩子也没有被摔死，而是被接回宝象国，和家人团聚。我们看这明显就是一个时代背景、一个社会文化的变化，张纪中版的《西游记》在这个地方做了一个比较好的改编。我们知道文化的发展，特别是对儿童，要有人文关怀，如果像原著那样，肯定有很多读者，很多观众觉得这样做不好，为什么呢？因为孩子是无辜的。我举这个例子是说明，同一部作品，社会文化变了，我们在接受的时候，往往会有不同的感受。再举一个例子，高老庄是猪八戒人生最美好的一段时光。在前几年，有一个网站做了这样一个调查，在唐僧师徒四人中间调查哪一个最适合做丈夫，这个调查的结果非常的好笑，也值得我们思考。调查显示，猪八戒是首选，在座的小朋友说猪八戒长得这么丑怎么能是首选呢？但是你要从性格上来看，他更加生活化，有人情味。孙悟空天性烂漫，云游四方，是不顾家的，唐僧比较迂腐，充满着腐儒的气息，沙僧又呆板。猪八戒有很多的长处，比如他在高老庄的表现就很好，他非常顾家。他被看破了猪的面容后，虽然听说高老庄里要请一些法师来整治他，但是他每天晚上还回来，干活也从来没有偷懒。他虽然贪色，但是他在高老庄那段时间从来没有沾花惹草。他具有勤劳、忠厚、顾家的优点，所以他更适合于现实生活。这是网上的调查，引起了我们这样一个思考。怎样来解读高老庄猪八戒这一段美妙时光，原著里有一首诗，写的是猪八戒在高老庄把高翠兰幽禁在后屋里，猪八戒每天晚上还回来，她的生活幸福吗？不幸福。高翠兰被猪八戒幽禁之后，她头发零乱，脸上也没有梳洗，非常的害怕，愁眉不展。从原著的诗里我们可以看出，作者对猪八戒和高翠兰的婚姻是否定的，猪八戒毕竟是一个妖，高翠兰对自己的婚姻也是不满意的。但是我们来看，新版《西游记》，明显就进行了一些改写，就是高翠兰最后爱上了猪八戒，猪八戒离开高老庄的时候，高翠兰不但送了金银，还送了很多馒头，就如网络上的调查显示，猪八戒这样的人更符合生活情味。

这种现象在名著的解读中有很多，比如我拿中国古典小说最高成就的作品《红楼梦》为例来看，时代不同，读者对一个作品接受程度有很大的差异，比如王熙凤这个人物，作者曹雪芹是否定王熙凤的，虽然王熙凤聪明伶俐，但聪明反被聪明误，作者在王熙凤的判词中是这样说的“机关算尽太聪明，反误了卿卿性命”。今天的读者认为王熙凤是一个能人，是一个有主见、有决断能力的聪明女子，因为时代不同，今天的女性更多的走向了社会，承担了社会里重要的角色，所以像王熙凤这样的人，更能够为大家所接受。再比如黛玉和宝钗，作者认为这两个人是伯仲之间，没有优劣之分，曹雪芹给她们的判词是“可叹停机德，堪怜咏絮才”。“停机德”这里用的是典故，孟子年轻的时候不好好学习，他回来的时候母亲正在织布，母亲就把织布机停下来，然后把布剪断教导他，如果你年轻的时候不好好学习，就像我织布一样，剪断了就是半途而废，将来一事无成，用的是孟母的典故。“咏絮才”也是典故，东晋时期谢氏家族出了一个才女，这个才女叫谢道韫，诗写得非常好，有一次在诗歌比赛中夺得了第一。这句判词的意思是，宝钗具有的是一种德，也就是道德这方面，而林黛玉的诗歌才华更加出众，也就是我们通常说才艺这方面，两人不分上下。《红楼梦》出现之后，清代的读者也认为这两个人不相上下，当时是开口不谈红楼梦，读尽诗书也枉然，当时的文人在一起相互谈谈《红楼梦》，谈的结果是你说黛玉好，我说宝钗好，最后他们这几个朋友几乎是要用武力来解决的，这些学者认为他们也是各有所长。现在的读者接受这两个人物的时候，我在班级教学里曾经做过调查，大多数的同学倾向于宝钗，为什么？我们看也是时代背景不同的原因，时代发生变化，像宝钗这样的人更能够融入社会。再来看宝黛的爱情，在古代社会封建礼教压抑下的青年男女是没有自由恋爱的权利，所以在清代和五四时期，很多的青年男女为了争取自己的婚姻自由以宝玉和黛玉自居。但是我们当代青年一般认为，如果宝玉和黛玉两个人结合，最后组成了家庭他们两个人是不会幸福的。

我们刚才举的这些例子都在说明一个问题，就是名著需要不同时代的解读，时代背景和社会文化发生了变化，审美心理也发生了变化，所以从这个方面来说，我们可以赞同名著改编。

第二，名著放在那里，如果不去阅读它，如果不去传播它，它就是不会说话的纸张。之所以大家看上这个名著，把它改编成影视作品，实际看中了商机，就是可以赚钱，改编名著不用广告宣传，你不去请媒体，媒体自己来报道，而且会在各大电视台进行播放。拍新版《三国》的时候，当时欠款上千万，导演怎么办？导演把自己的私人存款取出来救急。新版的《三国》投资 1 亿，早就已经盈利了，每一集要卖 160 万，后边网络上的这些就不一一说了。新版《西游记》，就是张纪中版的《西游记》，影视公司投资 1.3 亿，在 2011 年 1 月份，它的首轮卖给四家电视台，每一集是 80 至 90 万，接下来就是第二轮推销，还有海外推销。截止 2011 年 12 月，张纪中在一次采访中说，新版《西游记》已经赚了 1.6 亿，前两天的报道新《西游记》盈利，包括国内外的盈利已经达到了 3 亿。像这样的经济回报，不仅仅是影视上的，它还带动了一系列的文化产业发展。去年连云港市准备投资 40 亿来打造一个《西游记》主题公园，张纪中也准备在江西的共青城建一个《西游记》主题公园，合肥、洛阳、乌鲁木齐等地都有这个意向。这就是文化产业的带动，它将来也可能成为一个文化的旅游景点。不仅仅如此，一些商品也是看中了这一点，比如某运动品牌趁着《西游记》的推销热潮推出的一些印有图案的鞋。古典名著的翻拍从商业上来看，会得到很多的回报，能够推动文化产业的发展，这是它有益的另外一个因素。

第三，古典名著的改编有利于经典的普及。现代社会生活节奏加快了，特别是网络媒介占据了我们大多数的时间。现在的年轻人很少有时间能够静下心来，拿着一本书静静地阅读一两个小时。这里有一份调查，是凤凰卫视上报道的，调查显示自上世纪 90 年代以来，中国人每年的人均阅读量不到五册，我们在座的读者星期天都来到这个图书馆，说明我们都是非常爱好读书的，可能我们在座的各位每年的阅读量不止五册。这个数字显示中国国民的阅读率是年年下降，每年有超过一半的成年人一本书都没有买过，2009 年中国人均阅读时间每天 14.7 分钟，而每天花费在网上的时间有 34 分钟。在阅读纸制文本时间减少的今天，怎么才能让这些古典名著传承下去？影视改编可以起到一定的作用，每一次古典名著的影视改编之后都推动了当年名著的再版，很多读者看过影视作品后，再去购买原著。

以上三点是名著改编有益的方面。当然，古典名著的改编是有很多难处的，下面进入第二个问题，来看名著影视改编的难处，我们要客观公正地来看待它。

首先，名著在历史上进行了多次改编，像《西游记》，早在 20 世纪 30 年代，中国电影业刚起步的时候，就被搬上了银幕，像《三打白骨精》等等。现在做的影视改编，就难免受到以前影视作品的影响。这里我提出了一个概念叫品牌认知，比如我们在买手机的时候，选诺基亚还是苹果，这就是品牌认知。我们在阅读书籍和观看影视的时候，我们也会产生这样的心理，如果我认可这个演员，这个演员他的气质、容貌非常适合这个角色，他演得好，其他演员再演的时候我就不看了，这就叫做品牌认知心理。老版本的古典名著有很多为人津津乐道的角色塑造，比如陈晓旭版的林黛玉，陈晓旭忧郁的神情和清秀的容貌非常适合于林黛玉这个形象，所以有人又把 87 版的《红楼梦》又叫做陈晓旭版《红楼梦》。老版《三国演义》里有的角色，也受到了观众的热捧和认可，比如唐国强演的诸葛亮，还有鲍国安演的曹操等。当然像六小龄童演的孙悟空也深入人心，六小龄童家族好多代都在演猴戏里猴子形象，所以他深得家学真传，我们经常把 86 版的《西游记》叫做六小龄童版的《西游记》。后来进行影视改编能不能超越前者，我们的观众接受不接受，它们就是我们心中的坐标，这就是现在的名著影视改编所遇到的第一个难处。

第二个难处，怀旧心理。怀旧心理是我们每一个人常见的心理现象。比如我们经常回忆过去的美好时光，回忆自己孩童时代的生活，这都是怀旧心理。随着年龄的增长，怀旧心理要更加的强烈一些。70后、80后、90后，他们是看着《西游记》长大的，当时每一年暑假都会放，六小龄童版的《西游记》人物形象深入人心。鲁迅的《故乡》中说孩提时代偷的蚕豆吃起来都香，人家给的就是不香，这就跟怀旧心理有关系。现在我们觉得我们小时候看的好看，现在看的不好看，这是影视改编的第二个难处。

第三个难处，批判心理，也就是期待视野。今天我们已经进入了商业化很浓的时代，也是个媒体很发达的时代，每一个影视改编之前都要进行包装，都要进行广告宣传，这样让我们大家对这部作品有一种期待的心理。期待心理是读者在阅读一部作品时对这部作品的期待，觉得它应该像我想象的那个方向发展，符合我的阅读口味。我们在买书的时候，通常觉得这本书合我的口味，我在读的时候一定能够获益很多，这就是一种期待心理。有了这样一个期待心理，我们在接受一部作品的时候，接受一部影视的时候就会有一种批判，看它与我想象的是不是一样，它与我想象的差距有多远。所以将新的改编影视作品推向我们的时候，在我们接受上就有一面墙，这就是批判心理。

第四个难度，既有蓝本下，艺术复制的审美接受规律。像《西游记》这样的作品，中国妇孺皆知，人人都知道里面的人物和情节。在这种情况下再来看影视改编，由于大家都耳熟能详，想要创新，想要够吸引人的眼球很不容易。比如唐僧的人物形象，原著中是这样说的，唐僧这个人长得很高大、英俊，无论内在修养还是外在气质、容貌，都是数一数二的帅哥。我们有了一个既定的版本在心中，我们就会用来对这些人物形象进行印证。我们就会想哪个好，哪一个和我读的原著中相似或者相同。再举一个例子，红孩儿，屏幕中是张纪中版的红孩儿，也就是牛魔王和铁扇公主的儿子。《西游记》的原著是这样写红孩儿的，这个小孩很有灵气，长得白里透红，很有富贵气，最后观音给他收做善财童子。我们再把这个印象和张纪中版《西游记》进行比较，这个红孩儿还长了两个角，《西游记》原著是不是这样的？《西游记》的原著中说红孩儿放三昧真火，是用拳头给自己的鼻子上锤三下，口腔鼻腔里就喷出了三昧真火，新版《西游记》不是这样的，是红孩儿在这里发功，浑身通红就开始吐火了，就像屏幕中这样浑身红彤彤的，这就是红孩儿吗？我们也会进行比对。这是我们对新版改编的电视剧难以接受的地方，也就是它难以突破，观众难以接受的重要原因之一。

第五个难处，取长补短，继往开来的问题。因为前面有这么多人改编过，我们今天再来改编，人家成功的经验我要不要吸取，人家失败的教训我要不要规避，都有这样的问题。老版名著的缺点主要是视觉效果欠佳，我们现在看 86 版的《西游记》，觉得武打场面就像戏台上演戏。86 版的《西游记》是中国第一个采用特技拍的电视剧，由于技术还不是很发达，细心的观众在看 86 版《西游记》的时候会发现孙悟空身上的钢丝没有被完全抹掉。尽管如此，86 版也有自己的长处，它的长处在于人物刻画，请的都是一些知名的演员。87 版《红楼梦》的演员都在无锡培训了几个月，让红学家们给他们讲解，怎样体会人物形象等等。旧版的长处就是演员的演技要比新生代的演员要好一些。

这是浙江版的《西游记》的剧照，大家看这个场景，影视合成技术非常逼真。这是张纪中版《西游记》的剧照，我们看在 20 年前要把天兵天将做到这样有层次感还是很困难的，但是在今天电脑合成技术已经很发达，完全能做到。新改编的著作怎么继往开来，以前有了那么多成功的案例，今天怎么做得更好。这里就以三版《西游记》的蜘蛛精为例，86 版的蜘蛛精走的是清纯一派，女子相貌非常清秀；2010 年浙江版的《西游记》，每个人都顶了一个蜘蛛一样的发型；张纪中版的《西游记》蜘蛛精头发是五颜六色的。在讲座开始的时候我就说了，我不准备做裁判，哪一个好，哪一个不好，这个由观众来进行评判，用时间来检验，改编的电视剧它的生命到底有多长久。在这里我亮出自己的观点，我认为在这个方面，仅蜘蛛精外貌来看，容易接受的，比较符合我的审美观点的是 86 版的，为什么呢？浙江版难以接受的是在哪里？这个蜘蛛精头上都顶着蜘蛛，你生怕人家说你不是妖精啊？你还骗唐僧到你洞里来，这让人家一看就是妖精，太低估唐僧、孙悟空、猪八戒的智力了。

张纪中版的，张纪中之所以要把这些人物更加的现代化，像我们现在的时尚女郎一样把头发弄成各种颜色，他的初衷是拉近时代的镜头，他的《西游记》主要是拍给 90 后、00 后这些人看，但是我觉得这些奇形怪状，唐僧能接受吗？唐僧能看不出这是妖精吗？他会跟着她们进到洞窟里去化斋吗？我觉得既然是妖精化作人形，还是走清纯这条路线，就像《聊斋》里的女妖一样，之所以能够接近书生，是因为那妖精变成的女子非常的美丽，所以我认为从这个例子来看，成功的例子我们要继承，把他们成功的经验吸收过来，把那些场景不宏阔，武打小儿科等问题可以改变一下。

第六个难处。媒介发展带来的挑战。二十多年来《西游记》等一批名著改编的电视剧在各个电视台播放，它们陪伴着一代代中国青少年的成长，也塑造了一批很成功的演员，这里我刚才举了一些例子，比如说陈晓旭版的林黛玉，六小龄童版的孙悟空，李雪健演的宋江，唐国强演的诸葛亮，都能够成为人们心目中不可磨灭的形象。这些角色成功的塑造有一个重要的原因，上世纪八九十年代，中国的媒体、电视竞争还不激烈，电视业没有现在发达，我当时在看央视放的 86 版《西游记》，因为我生活在农村，一个村里面只有一台电视，当时放《西游记》的时候，是在我们村里一个比较富有的万元户家看，屋里人太多怎么办，就把电视搬在院子里面，大家像看露天的电影一样在那里看。当时的明星，比如刘晓庆、毛阿敏等，她们的穿戴因为春节联欢晚会就能风行一时，为什么？因为当时的媒介不发达，电视竞争不激烈，偶然出现的视觉冲击会对观众产生了很深刻的影响。现在能够这样吗，已经做不到了，现在媒介太发达了，银幕荧屏到处充斥着色彩斑斓，十年二十年前看春晚，就像北方人正月初一必须吃饺子一样，那是一年一度的必备节目。把话题拉回来，名著改编还能够达到二十年前那样传播的神话吗？已经不可能了。

古典名著改编有六难，品牌认知、怀旧心理、批判心理、既有蓝本下，艺术复制的审美接受规律、如何继往开来与取长补短以及媒介发展带来的挑战。这六个问题说明我们现在想要改编一部古典名剧是非常困难，非常不容易的。

下面看第三大问题：古典名著影视改编的忧虑。刚才我们在第一节看了古典名著改编有益的一方面，是正面的影响。古典名著改编就像一把双刃剑，它有有利的一面，也有不利的一面，在这里我举这样四点供大家参考。第一，任意篡改，自由演绎；第二，片面创新，超出认知；第三，娱乐至上，流于感性；第四，唯钱是从，消融经典。

首先看第一个方面，任意篡改，自由演绎。原著只是我们的一个引子，好像给我们提供了一个舞台，改编的人，包括导演在这个舞台上自由的发挥。在这里我举出三版《西游记》里的“三打白骨精”的例子，是原著的第十七回至十八回，是《西游记》里最精彩的篇章之一。86 版《西游记》里的“三打白骨精”比较忠于原著，但是也做了一些改写，比如在白骨精洞里面加入了几个妖怪，在《西游记》原著里没有这样写，甚至没有提。在 86 版《西游记》的开头也加入了一个场景，就是一个父亲、母亲、青年女子三个人物，他们非常辛苦勤劳的在山里面生活，白骨精把周围方圆几百里的人都吃完了，最后把这个母亲父亲和女儿三个人也抓进了自己洞里面吃掉了，这是这一集的开头，是告诉我们白骨精是一个十恶不赦的恶人，专门伤害无辜。浙江版的《西游记》进行了一个大的改写，这个白骨精有名字，它的名字叫白翩翩，她和孙悟空是结拜姐弟，她是孙悟空的义姐，孙悟空大闹天宫的时候，白骨精帮过他，她认为孙悟空西天取经是错误的，她要来救孙悟空，把他从团队里拉出来，过自由自在的生活，另外她抢了国王的儿子放在自己的洞中。她有一个缺点，没有修炼到很高的境界，身上经常会露出一些骨头来，为此她要吃唐僧，要把唐僧抓来，首先第一步是要救孙悟空，其次是抓唐僧，用唐僧的肉来修炼自己的肉体。这个改写与原著差距非常大，原著是白骨精三次化做人，唐僧肉眼凡胎，他认为孙悟空打死的就是一个无辜的人，所以就把孙悟空赶走了，原著是这样的。到了张纪中版又进行了一次大的改写，这个白骨精是一个无辜少女，被强盗逼着跳下了山崖自尽身亡，她的鬼魂不能够离散而要报仇，她必须在太阳下山的时候找一个人，把自己的灵魂托付在这个人身上，这样鬼魂才能够继续下去，要不然鬼魂就会化为乌有，而唐僧明明知道孙悟空打死的就是一个妖精，但是却说即便是一个妖精它也是一个生灵也不能把她打死，所以把孙悟空给赶走了。经过这样进行比较，大家看一下，特别是浙江版的和张纪中版的都和原著相差很远，是自由演绎，任意改编原著。

在近几年的名著改编中有很多的例子，比如说《赤壁》，赤壁之战是中国古代经典的以少胜多的战例，也是《三国演义》里最精彩章节之一，而《赤壁》这部电影里的自由演绎就太大了。比如，曹操将要出军，小乔只身一人来到曹营，在帐里面当卧底，曹操马上要发起进攻了，路过小乔的帐篷，小乔请他喝茶，喝茶之后由于耽误了发兵的时间，军队都在外面等着他发号施令，哪知道曹操在里面因为喝茶耽误了时间，风向变了，起了东南风，本来曹操一举就可以歼灭孙刘联军，但就因为在里面喝了一碗茶，延误了发动主攻的时间，就这样被火烧了。我们看这种演绎，改变太大了。后来问导演为什么把小乔加到里面去，在历史上没有小乔这个人物，导演说是向好莱坞的电影学习，只有加入这样的女子才能起决定性的作用，这个电影将来在海外才能够更容易推广。

第二，片面创新、超出认知。我们经常说创新是学术的生命，实际上创新也是商业的生命。创新意味着我们不再按照前人的模式走，张纪中本人也这样说，中国再也找不到第二个六小龄童，我们再走他那条路是死路一条，所以要有创新。但是片面的创新给我们带来的影响，往往会超越了我们的审美。中国人有传统的中和之美的审美倾向，这种传统已经深入到我们的骨髓里。我们看到有些创新，大家可能就有些非议。比如说树精的形象受到了《魔戒》的影响。当然猪八戒的创新，开始的时候也引起了大家的争议，为什么呢？猪八戒虽然是猪，但是我们知道所有的妖怪，在艺术审美上，从文学作品深层解读都要进行拟人化，应该有人的性格，人的才智，外形也接近了人形。像 86 版的《西游记》，猪八戒的皮肤、眼睛，都抓住了拟人化的特征。87 版的《红楼梦》中规中矩，走的是清纯那条路线，大家看这是宝钗，符合中国传统女性那种审美，传统女性就是这样很秀气，很清纯。这是王熙凤，这是宝钗和黛玉，他们两人卸妆之后的照片，这很符合中国人传统的审美观念，给人一种和谐的美感。我们看新版的是非常夸张的，女子满头都是铜钱，就是这样的，这是黛玉，这是新版的宝钗，不错，这是创新，但是推出来之后，有很多人不能接受，为什么？就是创新得有点过度了，跟大家的审美价值有点差距了。还有《水浒传》，我们看新版的《水浒传》，当时设计服装定型的时候，每一个好汉都有一条围巾，这是燕青的造型，头发是金黄色的，有一个很时尚的围巾，我们说这是创新，当时就有人问导演为什么这样，每一个好汉都要系一条时尚的围巾，导演说这是拉近时代的距离，让他看起来更有现代感。这也是在原著的基础上有点片面的创新，这是给我们带来的隐忧，我们接受了这个电视剧之后，我们认为古代人就是这样，甚至古代人比我们今天更加时尚，更加时髦，就会产生这样的印象。

第三，娱乐至上，流于感性。这是当前名著改编给我们带来的又一忧虑，当今社会娱乐至上，拜金主义风行。作为提供主要媒介的电视、影视，为了吸引观众，向娱乐低头，向娱乐屈服。我们的名著改编都没有走出这个怪圈。娱乐对名著改编的影响，比如名著改编里加入更多的两性话题，像浙江版的《西游记》，要加入几个女妖和孙悟空一起大闹天空，这就是加入两性，加入一些暴力的噱头。在张纪中版的《西游记》里，女妖吃唐僧肉和原著不再那么接近了，这些女妖都是为了爱情，迫不得已才来吃唐僧肉，这就是娱乐化的结果，因为娱乐化的重要特点之一就是要加入两性话题，就是要引入暴力。比如像《红楼梦》里出现了贾宝玉他们在床上戏耍的镜头，把一些很性感的大腿都露在外面，这也是娱乐化的结果。在新版的《西游记》里，有大量的女妖亲近唐僧的镜头场面这也是娱乐的结果，我们这样来看，古典名著向娱乐化改编，娱乐至上，必定会损害原本古典名著产生社会背景的经典意义，这是值得我们忧虑的。

第四，商业主导，消融经典。现在基本都是一些富豪富商投资古典名著的拍摄，投资要有回报，如果没有回报他怎么会投资？就是要用市场行为来决定他这部作品的运作，所以这样就要求这个电视剧好看，能够吸引人的眼球，这样才能拉动更多的广告，增加更多的效益。在这种情况下就出现了一些金钱至上的商业交易，比如像浙江版的《西游记》里面，孙悟空和哪吒之间，是彼此非常欣赏，哪吒和孙悟空之间非常暧昧的语言设计到里面去，像蜘蛛精和沙僧，他们举行了婚礼，唐僧和女儿国的国王也是很缠绵，为什么这样？就是因为好看，就是商业在里面起的作用。商业是一把双刃剑，商业可以推动艺术的发展，但是商业是急功近利的，而艺术是审美的，这两个有矛盾，如果艺术向商业屈服，艺术就会失去它的品格，所以在这些方面就出现了一系列问题，这是我们的担忧。在2009年，有两市一县在争西门庆故里，这是好现象吗？这里面的本质是什么？本质就是商业在里面起决定作用。大家都知道西门庆是《金瓶梅》的男主角，他是一个反面人物，但是商业运作就会混淆我们的视线，这两市一县都打造"金瓶梅公园"，都说西门庆是他们那里的人，他本来是一个反面人物，怎么能够这样进行炒作呢？当然大家都是看到了里面蕴藏的商机，并且西门庆是小说中的人物，不是现实中的真人，怎么能这样去打造以他为主题的旅游性的公园和产业呢？主要还是商业在运作。这会让我们的青少年，对这部作品了解不深刻的人，认为西门庆是一个正面人物值得我们学习，这就和我们传统文化遗传下来的价值观念产生很大的冲突，这就是文学经典被商业消融了。

我们总结了上面几个方面，名著改编有好处，有益处，名著改编有难度，名著改编也值得我们去深思，引起我们的忧虑。总而言之，古典名著值得反复解读，但是改编还是要非常慎重。正是基于这个考虑，2011年4月2日国家广电总局叫停四大名著的改编，在未来几年不再批准把四大名著搬上荧幕，也是让我们思考一下，怎样去改编，怎样把古典名著传播得更好，代代的传播下去，这就是我们刚才这些忧虑的一个小的总结。

第四大问题，古典名著的影视改编原则。第一个原则，忠于原著。为什么要忠于原著呢，有两个方面：有一批观众是读了原著的，他们就会用既定的理念来看你这个名著改编，和他的审美追求是不是一致的，从这个层面上来看，名著改编要忠于原著；二是很多读者是通过影视来了解这部名著，对这批读者而言忠于原著更加重要，他们会以为影视上所看到的古典名著就是货真价实的，就是原封不动的，就是它的本色，对这些读者而言，改编更应该忠于原著。在座的读者都知道，中国古代小说、戏曲都不能登大雅之堂，君子不为，文坛的正宗是诗文，因此中国古代的小说真正能够拿上台面的，被大家称为经典的不多。四大名著、《金瓶梅》、“三言二拍”、《聊斋》《儒林外史》等，屈指可数。

第二，我们要尊重历史。古典名著产生在一个特殊的时代背景下，距离今天有几百年了，我们在改编的时候，不要一下子把它与现实拉近距离，用现在的价值观念进行改写这是错误的。我认为应该要挖掘古典名著和我们现在相通的内容，并且传承下去。古人虽然和我们今人有很大的不同，生活环境都发生了变化，但是人性和人生追求等方面还有很多共通的东西，比如像《西游记》,《西游记》主题是对人性的赞美，对人格的赞颂，对自由的向往，对人性缺点的讽刺，这些都是和今天相通的，我们可以在这方面进行挖掘。我们看很多的名著改编都像穿越剧一样，把现代的人物对话都纳进去了，把现代人的一些价值观念强加在这些古代人物身上。新版《红楼梦》, 黛玉之死，黛玉死的时候这个场景，原著是这样说的，黛玉死了之后，李纨这些人要来给她重新穿衣服，李纨说赶快给姑娘穿衣服吧。而新版的《红楼梦》在说这句话的时候，林黛玉是裸死的，没有穿衣服，这就说明没有读懂原著，不了解当时的文化背景，也不合乎一个大家闺秀形象，怎么能没穿衣服就死掉了，这就是不懂得尊重历史。还有不尊重历史的，这些让在座的小朋友来改病句都能够改出，在新版《三国》里有很多让大家啼笑皆非的词语，人物的对话大量引用诗词，这些诗词都是唐宋诗词，包括清代人的诗词，这都是没有尊重历史。比如公孙赞说“天下谁人不识君”，在座的小同学都知道，“莫愁前路无知已，天下谁人不识君”是唐代的诗句；“天下兴亡匹夫有责”是顾炎武说的，把这些弄上去都感到很粗糙，不尊重历史。还有一些，我们要尊重历史特定的背景。比如说前几年有的小学语文教育研究者建议，我们小学里有一个经典课文《武松打虎》，老师在讲这篇课文的时候，一定要提保护动物，不能打死老虎，现在打死一只老虎可能要被枪毙的。如果影视改编不尊重历史就会产生这个印象，老虎怎么能打死呢？但是你要知道景阳冈的老虎吃了很多人，危害一方，过路的行人、商人都不敢自由的行走，它是一个反面的形象，武松是为民除害，这样的英雄形象才能高大、光辉起来，所以必须对应。还有武松和潘金莲的关系，我在上《水浒传》这堂课的时候，在同学们中间做了一个调查，90% 的同学在我发的调查表上填的是同情潘金莲的遭遇，现代社会很多人对潘金莲抱有同情的心理，但是如果武松杀死了可怜的人，武松的形象还能高大吗？还能光辉吗？所以要尊重当时的历史。在当时社会里，潘金莲是一个恶人，杀死了自己的丈夫，违背了当时社会伦理道德的底线。武松到官府告状又遇到西门庆贿赂官员，他状告无门，在这种情况下他一气之下才杀死了潘金莲，这样来看尊重了这个历史，武松的形象才能高大起来，要不然武松杀死了我们同情的人，这还得了。我们在改编古典名著的时候，包括老师在上古典名著的时候，一定要尊重历史，了解历史。

怎样进行改编？原封不动肯定不行，要尊重历史，在这个基础上进行一个合理的延伸，《西游记》原著第五十四回，唐僧面对温柔多情的女儿国国王，没有为其所动，他和孙悟空定下了这样的计策，我假装答应了她的要求，等她们把这个通关文牒给了我之后，用定身法把这些君臣都给定住，我们就溜之大吉，原著中唐僧多了一分狡诈。86 版《西游记》在处理这块的时候，立足于原著，作了合理延伸，毕竟人非草木，孰能无情，面对着柔情似水女儿国国王的攻势，唐僧的心田发生了剧烈的震颤，他有了一份好感，甚至有了一份动摇，但是为了取经的理想，他最后义无反顾的克服了这些障碍和困难，然后骑着马带着自己的使命离开了。我们这样来看，这一段就是一个合理的延伸。我们再来看张纪中版的《西游记》里面，又多了很多的眉目传情，这个要有一个度，这个度是什么，就是立足文本，如果过了那个度我们就很难接受。当时我在看到这段电视剧的时候，能感受到那种正气，人性是这么的美，女儿国的国王是这么的美丽，她通情达理，唐僧的意志是这么的坚定，也反映出人性的美，这就是一种合理的延伸。

进入最后一个话题，观看影视与阅读原著之间的得失。我们都知道阅读与电视各有所长，阅读书面材料是一个人获得信息的过程，阅读是我们丰富知识的主要途径，阅读是一个人了解世界和自我深思的重要过程，一个人通过阅读，他既认识了世界，也反省了自我，提升了自我，这是阅读的长处。影视的长处主要是通过视觉、听觉，它特别强调的是视觉，它要靠一系列扣人心弦的影像来吸引我们的注意力，让我们有身临其境的感觉。阅读相对于电视，休闲性、娱乐性差一些。但是看电视有不好的一点，电视不允许观众去思考、去等待，那些画面一闪即逝，只能不停地去看，你很少像看书那样能够静下来进行思考。这样两者一比，阅读单调、间接，电视直观、娱乐，但是阅读比电视而言有更多自我思考、反省的余地。通过阅读我们可以培养我们创造力、审美力，为什么？比如《西游记》，不论电视技术多么高超，不能够表现出孙悟空一个筋斗云就十万八千里这个镜头，但是我在阅读中可以想象到十万八千里一个筋斗云是什么概念。龙宫地府不论怎么用电视来展现，我都感觉不到想象的张力。在这里我用个例子来说明阅读和影视观感。曾国藩曾经有一句名言“凡菜茹手植而手撷者，其味弥甘”，大致意思是，只有自己种植的蔬菜自己吃起来才甜，味才甜美，这就是我们经常说的“授之以鱼不如授之以渔”这个道理。阅读是我们重新构建一个作品的过程，就好像我们吸收里面的营养的东西，是我们亲自捕获的，而电视是通过视觉图像，听觉图像这种方式，你只能在那个时间享受，阅读能够培养我们更多的创造力。特别是在今天，我们很少有时间读经典名著，有阅读时间会更好。在2010年8月5日《长江日报》上刊载了一篇调查文章，题目是“中国青少年想象力世界倒数第一”。这个也引起了我们一些思考，比如中国为什么出不了像比尔盖茨、乔布斯这样的人？可能与我们接受教育的培养方式有些关系，与社会文化也有关系。但是要想通过古典名著来培养人的审美力，培养人的创造力，阅读是最恰当的，比看电视更恰当一些。

今天上午的讲座就讲这样五方面：益处、难度、忧虑、原则与得失。最后，我和在座的各位一样十分喜爱读书，让我们珍惜古典名著，走进古典名著，传承古典名著。谢谢大家！

（以上内容根据2012年3月10日的讲座录音整理，略有删改）

云水长和活力台州

——档案中的台州漫谈

吴志刚

主讲人简介：吴志刚　台州市档案局局长。

大家上午好，今天我想借这个平台为大家讲述一些馆藏档案中台州发展的历史。去年，台州市档案馆晋升为国家二级档案馆，现在我们要争创国家一级档案馆，这也是全国地级市评选文明城市的一个重要指标。我们周边的城市像宁波，几度被评为全国文明城市，它的档案馆是国家一级档案馆，温州去年也被评上了。我们台州档案馆申报国家二级档案馆已经有三四年了，去年在市委领导的重视之下，经过全局上下的努力，评上了二级档案馆。我们想在 2013 年之前，评上国家一级档案馆。还有一个附加条件，椒黄路三区每一家都要达到国家二级档案馆标准。我们全台州市本级档案馆设施硬件一流，软件也不错，走在全省前列，其中最好的是天台档案馆。国家标准档案馆的面积要达到 3000 平方米，浙江省作为全国发达地区要达到 5000 平方米。档案馆是收集历史的，以后找人也好，找事也好，三十年五十年后，我们只能去档案里面找。我们三个区的现状是：椒江只有三四百平方米，黄岩没有档案馆，路桥也没有独立的馆，办公在大楼里，馆藏在会展中心。我去年到路桥，发现找档案很费劲，可见便民这一方面做的还不够。

现在档案馆都要求有一个综合展厅，用馆藏的东西反应一个地区的历史全貌。比如绍兴，引以为豪的书法文化、黄酒文化、越剧文化都在当地的档案馆里，用现代科技的手段展现给大家，绍兴的经验很值得我们学习。台州也应当有自己的特色，特别是改革开放以来，台州已经成为沿海发达地区，去年 GDP 达到两千七百多亿，财政收入超过三百多亿。我们想通过这个综合展厅为大家展现台州全景式的发展历程，今天就来为大家介绍一下。

档案，大到国家小到个人，它是历史的记录。美国的档案工作做得非常细致，比如 1985 年河北某县书记到美国考察养猪情况，这样的事件都有记录。比如梁思成、林徽因二人 1924 年到美国康奈尔大学留学，他们那时候的档案现在也都保存得很好。像我这个年龄的，中学的毕业证可能都找不到了，更不要说小学了，我们一般的观念是只要有大学毕业证书就行了，中学小学都可以不要，实际上这些毕业证书就是一种历史记录，记录我们的成长过程。当然现在我们的档案意识也在逐步增强，比如医院的出生证明精确到几点几分等，像我这个年纪的，50 来岁，想要知道自己具体什么时候生的，只能去问自己的母亲。所以说做档案工作，不光是政府国家的事情，人人都有责任。

今天讲座分六个部分来讲，第一部分“台州政区的沿革”，第二部分“历史长河”，第三部分“革命烽火”，第四部分“曲折前进”，第五部分“腾飞之路”，第六部分“幸福台州”。

一、台州政区的沿革

台州有九个县市区，公元前 221 年秦始皇统一中国，这里属于闽中郡。秦末汉初，属于东越王管辖范围内，东越王支持刘邦起义，汉初封摇为东海王，都城在东瓯，管辖今天的台州、温州以及丽水一带。台州正式设县是公元前 85 年，西汉始元二年，设回浦县，县治回浦在今天椒江区的章安，属会稽郡，隶扬州，辖境大致相当于后世台、温、处三府。真正出现台州这个名称要到唐代，唐武德五年，公元 622 年，改名为台州，因天台山而得名。到了 624 年，宁海并入章安县。早在公元 675 年，黄岩叫永宁县，因境内有永宁江得名。到了公元 690 年，天朔元年，永宁县改为黄岩县。成化五年（1469），黄岩一部分分出去成为温岭。玉环，时间更晚，从温岭分出去，真正叫玉环这个名字是在辛亥革命以后。大体上是这样。

建国以后，1954 年 5 月，撤销台州专区，临海、天台、三门三县划属宁波专区，黄岩、温岭、仙居三县及海门直属区划属温州专区。1957 年以后，复置台州专区，58 年以后再次分开，直到 1962 年 4 月，又复置台州专区，并复置三门县、玉环县。辖临海、黄岩、温岭、天台、仙居、三门、玉环七县。所以现在我们要查很多档案都要去宁波、温州。

二、历史长河

下面，从几个方面讲一讲古老的台州。

第一，文明曙光。台州历史悠久，从西汉始元二年置回浦县到 1911 年清朝结束，有两千年的历史，钟灵毓秀、人杰地灵，先民在这片土地上生息繁衍，创造了灿烂的文明，南北朝时期开创了佛教天台宗，唐代郑虔讲学开教育之先河，北宋时创立道教的南宗祖庭。

70 年代在临海的东部桃渚考古发现江南的翼龙，天台山也是早期恐龙活跃的地方，地下恐龙蛋资源非常丰富。古代文化遗址如新石器时代的下汤遗址、铜器时期的三合潭遗址，战国时期大溪东瓯王国的遗址等，丰富的遗址也说明五六千年前已经有先民在这里生息繁衍了。文物也比较丰富，如黄岩博物馆拥有国家一级文物二十多件。

以前有许多文物保护工作做的不够到位，比如黄岩的一些老街曾铣巷、司厅巷等，都是很有文化底蕴的，但是在拆迁过程中基本上已经面目全非了。临海古长城，真正有一千多年历史的那一段是台州医院西门到江下街那一边，为什么能够保存下来，因为当时有防洪的需要，否则也被拆了。

第二，经济览要。农业方面，三国时期吴国沈莹著的《临海水土异物志》里提到台州有双季稻，在一千七百多年前就很了不起。海洋渔业，海产品有大黄鱼小黄鱼石斑鱼等。三国时期，黄岩橘子就很有名了。唐代的时候，政府在临海设立了新亭盐监，成为江南十大盐监之一，古代比较高的税一个是盐税，一个是铁税，《史记》里有《盐铁论》，这两者是政府收入的重要来源。五代以后到晋天福八年，先民开始围土开垦。北宋时期浙东提刑罗适，三门人，水利专家，当时在黄岩疏导了官河，建了许多水闸。清至民国，三门县围成了沿赤、六敖、泗淋，现在这些地方都变成乡镇了。玉环的文旦，历史不长，有一百多年时间，楚门的文旦是从福建的漳州引种过来的。

航海业方面，公元 230 年孙权派卫温带领一万多人到台湾。卫温从台州出发，但是他在哪里上岸呢，都没有记载。当时的目的一是宣示主权，二是想转移人口到台州。到了台湾以后，由于水土不服等一系列原因，回来的时候只有几千人了，这次访问也宣告失败。

第三，政治风云。我们现在都讲台州人有股硬气，在古代也是这样，“不平则鸣，不平则反”，有过很多农民起义，比如唐代袁晁在台州起义，建“宝胜”政权，宋代仙居吕师囊配合方腊起义，元末黄岩方国珍起义，称雄浙东，揭开了元末农民大起义的序幕等。

北宋末年，金兵入侵，宋高宗赵构南逃，曾经到过章安，历史记载“康王南渡，自海路南逃，暂住章安，建业四年，宋高宗赵构舟入椒江”，椒江现在还有金鳌山宋高宗驻跸遗迹，有些地方还留有一些风俗，比如黄岩正月十四元宵节放桔灯。我们台州出了很多有名的政治人物，特别是宋室南渡以后，比如当时的右丞相，黄岩人杜范，他是黄岩哪里人呢？黄岩北城有两座山，一座叫翠屏山，一座叫云霄山，朱熹当年在台州讲学的时候曾说“黄岩的秀气在江北，江北的秀气在翠屏”，现在翠屏山上还有很多摩崖石刻，这里的风水是非常好的，那里有个杜家村，杜范就是杜家村人。我曾去那里考察过，村里面大多数都姓黄，姓杜的都没有了，为什么？元军入侵后，杜家村杜姓之人有些被杀，有些逃到临海杜桥、小芝那边，所以现在的杜氏宗祠在临海小芝。南宋末民族英雄文天祥，他有一个随员叫杜浒，是杜范的侄子。临安危急，杜浒纠合台州子弟四千人前往救援，得文天祥赏识，后又随文天祥入元营。文天祥被扣留以后，其他随员大多走散，而杜浒一直追随身边，并与文天祥一起脱逃，一路历险，都得杜浒之力，文天祥誉之为“真异姓兄弟也”。抗元英雄还有方国珍，一度控制宁波、温州一带。

第四，抗倭靖海。戚继光，中国古代历史上著名的军事家，明朝中后期倭寇猖獗，他荡平了福建、浙江一带的倭寇，受到后人的敬仰。他在台州九战九捷，到义乌、诸暨招募了很多矿兵，训练成戚家军。我到义乌档案馆里也看到了类似的展览。台州现在有三个全国重点文物保护单位，临海长城、国清寺，还有一个就是桃渚古城。当时，东南沿海不得安宁，有钱的人都躲到卫所里去了，明代东南一带有三四十个卫所，现今只剩桃渚城一座，有相当高的文物价值。

太平军侍王李世贤曾攻占台州，留下的遗址是临海的太平天国台门。晚清金满起义，我小时候也是听他的故事长大的，“王金满打铜坑”，1879年前后，他劫富济贫、聚众起义，最后被清朝的兵部尚书彭玉麟劝降。

第五，佛宗道源。讲到台州古代的文化，不能不说我们的佛宗道源。智者大师，来到台州开创了天台宗。灌顶大师追随在智者大师身边，把他生前的主张、弘法记录下来，整理了天台宗，天台宗为汉传佛教八宗之首。有许多佛教圣地，五台山、峨眉山、普陀山等，但真正以山命名的宗教没有，只有天台宗。台州的佛教名人还有济公、和合二仙、寒山拾得等。台州也是道教南宗的祖庭，全真道祖师张伯端写了《悟真篇》，在临海留下紫阳街。睿宗下诏在天台山建桐柏宫等等。

第六，唐诗之路。我们浙东山水神奇，引得文人墨客竞折腰。孙绰写的《天台山赋》。骆宾王，曾任临海县丞，武则天当皇帝的时候，徐敬业起兵，他写了《讨武氏檄》“请看今日之域中，竟是谁家之天下！”将武则天骂得痛快淋漓。李白也写了许多关于台州的诗，如《天台晓望》等。刘义庆的《世说新语·幽明录》写到了刘晨阮肇天台山遇仙。杜甫也写到“台州地阔海冥冥，云水长和岛屿青”。徐霞客三游天台，《徐霞客游记》中两篇写到天台，游记开篇就是游天台。古代的文人墨客的确伟大，他们靠步行，把游记、风土人情留下来，变成我们的历史文化遗产。

第七，东南邹鲁。台州也是一个文风鼎盛的地方，特别是宋室南渡以后，台州成为辅郡，经济文化得到长足发展，尤其是淳熙年间著名理学家朱熹来到台州讲学，在仙居桐江书院留下“桐江书院”、“鼎山堂”二匾。台州历史上共出了文进士 914 名，武进士 184 名，共 1098 人。徐中行，临海人，朱熹评价他“道学传千古，东瓯说二徐。门清一壶水，家富五车水”。郑虔，唐玄宗评价他是诗书画三绝。黄绾，老家在黄岩新宅村，曾经当过礼部侍郎，也是哲学家。

第八，书生硬气。这是鲁迅对我们台州人的评价。在《为了忘却的纪念》里，讲到左联烈士柔石，评价他台州式的硬气。到底是怎样一种硬气呢，有点耿直，又有点迂。外地人很喜欢和台州人打交道，因为台州人爽直。陈公辅，临海人，当时北宋晚期，金兵南侵，朝廷有主战派和主和派，陈不畏强权，弹劾李邦彦，这个时候大奸臣蔡京都已经下台了，但他还在继续弹劾蔡京，蔡京充军死在路上。明代大臣方孝孺，宁海人，燕王朱棣发动争夺皇位的战争，惠帝廷议讨伐，诏檄就出于方孝孺之手。朱棣夺得皇位后要他投降并命他起草诏书，他却写了“燕贼篡位”四字，朱棣要灭其九族，方孝孺说灭十族又何妨，朱棣就把方孝孺的老师一家也算上，为师族，全部处死。

第九，艺文简志。台州最早的方志是《嘉定赤城志》，我们档案馆有翻印本。赵师渊，黄岩人，历史学家，和朱熹合编了《资治通鉴纲目》。陈骙，临海人，撰成了中国最早的修辞学专著《文则》。陶宗仪，黄岩人，中国历史上著名的史学家、文学家，著作有《辍耕录》。贾似道，天台人，著有《促织经》，世界上第一部研究昆虫学的专著，这人欺上瞒下，政绩名声不好，但是在学术方面很有造诣。王士性，临海人，地理学家，著有《广游志》。齐召南，天台人，雍正时期的进士，著有《水道提纲》。

第十，近代实业。鸦片战争以后，为了对外交易，台州在 1877 年设立了海关，当时隶属温州，到了 1897 年，海门有了到宁波、上海的轮船。我记得 70 年代的时候，还有到上海的轮船。1916 年，孙中山到象山、石浦一带考察，写了《建国方略》，提出建设东方大港的设想。孙中山这个人非常了不起，选上临时大总统，但他为了国家，放弃了这一职务，而去当铁路方面的总监，为国家造码头造铁路。我们现在这条沿海高铁，早在《建国方略》里就能看到雏形，从乐清到温岭再到黄岩再到宁海，标的清清楚楚。

三、革命烽火

2011年是辛亥革命一百周年，台州人在当时革命的浪潮中也曾叱咤风云。台州作为江浙的先发地区之一，始终站在斗争的前列，许多志士仁人在孙中山先生的三民主义旗帜下，加入光复会、同盟会，发动和联络当时的老百姓，寻求富民强国的道路。光复会时期，辛亥名人有王文庆、屈映光、杨哲商、杨镇毅等，杨镇毅开办了耀梓体育学堂，当时在浙江安徽一带许多地方都是以学堂作为革命的大本营，如秋瑾在绍兴办了大通学堂，徐锡麟在安徽办了巡警学堂等，台州耀梓体育学堂也与这些革命大本营相互呼应。

建党之初和大革命时期。1919年以后，我们台州的进步人士也把马克思主义与台州的实际情况相结合。五四运动当天，北大学生在街头演讲，其中有我们黄岩人周炳琳，后来当过国民党教育部的常务部长。我在《读书》杂志上看到过，当时浙大选校长的时候，他是候选人之一，但是蒋介石认为他党派色彩比较浓，比较激进，最后还是选了竺可桢。项士元，浙江省立第六中学（台州中学的前身，台州在民国时期、新中国成立初期都是浙江省第六专区）教员，"五四"运动时期任台州救国会会长，力促运动发展。

进步思想传播，中共党组织建立。台州第一个党支部1924年在葭芷建立，当时是社会主义青年团，也就是现在的共青团。林迪生，三门人，曾任陕北公学教务长、兰州大学校长。朱虚之，临海人，大革命时期曾在台州搞活动，1955年被授予少将军衔。

土地革命时期。大革命失败以后，中共中央重建浙江省委，台州党组织很快得到蓬勃发展，1927年八七会议确定了武装反抗国民党反动派的总方针。1928年5月，亭旁起义建立了浙江第一个苏维埃政权，起义的总指挥是烈士包定。此后各地农民武装暴动此起彼伏，中国工农红军第十三军第二团在台州建立，红军挺进师在台州活动，这些都沉重地打击了国民党反动统治。九一八事变以后，台州人民积极响应党的号召，抗日救亡运动同时展开。1930年天台桐柏暴动，主力转至北山，在华顶成立苏维埃政权——天台革命委员会。红十三军，是编入中央红军序列的，它与我们台州渊源很深，第二团是以温岭坞根游击大队为基础建立起来的。

抗日战争时期。卢沟桥事变以后，全面抗战爆发，第二次国共合作形成，中共台州党组织恢复，并相继建立了中共台州临时工委，开展抗日救亡工作。

解放战争。台州的解放日是 5 月 29 日，三门是 2 月 17 日，浙江省 90 个县市区，三门是第一个被解放的。当时台州也是有地下组织在活动，一个是浙东根据地，一个是浙南根据地，1948 年 4 月份，圣堂会师，圣堂在现在黄岩的上镇乡，浙东游击队的“铁流”部队和括苍支队在黄岩西部会师。

一江三岛战役。这是解放军海陆空三军协同作战的第一仗，一江三岛解放的时间是 1955 年 1 月 18 日，解放以后，国民党恼羞成怒，轰炸福州，将大陈岛一万五千多人转移到台湾。这场战役在军事史上地位很高。

四、曲折前进

新中国成立初期，土匪猖獗，剿匪运动迫在眉睫，为巩固新生的民主政权，1949 年 6 月到 1951 年 10 月台州一共歼灭土匪 1.2 万人。1950 年，仙居县东岙村村民生擒军统特务苍北总队副司令朱继翰。台州各界支持抗美援朝，据统计捐出的钱可以买 8 架飞机。杨阿如，黄岩人，抗美援朝时，他是 215 号坦克的车长，他与战友一起共击毁敌人重型坦克 5 辆，迫击炮 9 门，汽车 1 辆，215 坦克现被收藏在中国军事博物馆。

完成一五计划时期。台州在这个时期，比较有名的如台州绣衣厂，就是现在的台绣集团，它的一些在国际上获得金奖的作品，就存放在我们档案局里。1954 年建成的黄岩澄江大桥，是全省首座自行设计的公路大桥。

一化三改造时期。到 1956 年，全区 60 万户农民、14 万户的手工业者参加了合作社。开发大陈岛。当时大陈岛上满目疮痍，为响应团中央号召，一支两百多人的温州志愿者队伍踏上大陈岛，风餐露宿，历时四年半，让大荒岛变了模样。垦荒队员办起了养兔场，1985 年 12 月 29 日，时任中共中央总书记的胡耀邦，在王芳的陪同下到大陈岛看望参加建设三十余年的老垦荒队员。

这段时期，台州也像全国其他城市一样在曲折中前进。我们国家建立了比较完整的国民经济体系，在各级党委的领导下，台州市也在建设自己的家园。1967 年，全区陆续建立大中型水库，如黄岩的长潭水库，当时是浙江省的第二大水库，蓄水量是 7.3 亿立方米。以前以灌溉为主，现在是我们生活用水的“大水缸”。椒黄路三区，以及温岭、玉环的饮用水都来自长潭水库。

五、腾飞之路

台州发展到今天，历届的党委如何抓住时代赋予的主题，率领人民一心一意谋发展，这一块也是重点。我想从三个方面去讲：伟大转折、台州崛起、开创新局。

第一，伟大转折。党的十一届三中全会以后，台州进入了大发展时期。“两水一加”农村产业结构形成，“两水”指的是水果、水产，“一加”指的是加工业，《人民日报》曾头版头条报道台州地委提出的这项政策，其标题为“兴山海之利，抓‘两水一加’，走种植、养殖、加工一条龙道路的经验值得提倡”。这一阶段的成果比如三门水产养殖，大陈渔场，仙居平溪林场，温岭的水产加工等。

乡镇企业方面。1984 年 8 月，台州市委提出“台州经济翻两番，乡镇企业挑重担”，区乡党委书记不断到外面考察学习。著名的企业比如黄岩利民皮鞋厂，当时号称江南三雄贴牌皮鞋。全国经营规模最大的乡镇企业，吉利摩托集团。其他如伟星集团，玉环家用电器集团，九洲药业等。

第二，台州崛起。台州经济最大特点就是以股份合作和个体私营经济为主要形式的民营经济，它是中国当今最具生命力的经济形态之一。原来讲到经济发展模式的时候，比如苏南模式、珠三角模式、温州模式，后来又有了温台模式，继而又有台州现象。《人民日报》头版刊登“以市场为龙头，带动种植、养殖、加工，台州农村市场相互促进”，较著名的市场比如路桥日用品市场、黄岩柑橘市场、杜桥眼镜市场等。

股份合作企业。比如书生中学等。玉环县到 1993 年，全岛股份化，股份制占全县 80% 以上。我们台州经济主要是外向型经济，1988 年 3 月国务院批准椒黄临设为沿海经济开发区，1986 年欧共体与大陈岛签订能源合作计划，

1985年5月，台州第一家中外合资企业临海华侨宾馆成立，后来慢慢发展成台州第一家三星级宾馆。股份制合作企业通过改制向现代企业转变，比如浙江节日灯总厂、三变集团等。1992年，邓小平南巡之后，一系列政策又给我们个体经济发展带来新动力，台州发展进入新阶段，如双鸽集团、浙江模具等企业。

第三，开创新局。撤地建市以来，台州召开了多次党代会，每一次市委都提出新的奋斗目标。1995年台州第一次党代会，提出“把台州建设成为浙江中部沿海科工贸发达的现代化港口城市”；1997年，提出“实施三大工程，加快三大战略转变”；2000年台州市二大，提出“发展大工业，开发大港口，构造大交通，建设大城市”；2005年台州市三大，提出“打造三大名片——把台州建设成为长三角地区先进的制造业基地，东南沿海现代化港口大城市，中国民营经济的创新示范区”；2011年三届七次大会，提出“四大战略——沿海开放，自主创新，城市群构建，民生优先”；今年2月份台州市四大，提出“建设山海秀丽、富裕和谐的新台州”。

改革开放以后，特别是撤地建市以后，台州的发展进入了一个新的时期。

农业方面，建成花卉生产基地、温室大棚育秧、现代化规模的养鸡场。全国有名的如蜜橘之乡、文旦之乡、枇杷之乡，羊岩山茶叶、仙居三黄鸡、上盘西兰花、温岭高峰牛等。新农村建设方面，小康示范村如椒江群辉村，黄岩塔水桥村，路桥方林村、山前村、三门新场村等。

工业方面，台州经济结构不断优化，工业体系基本建立，汽摩配件、医药化工、缝纫设备、塑料模具、服装机械、家用电器、造船等不断发展。如吉利集团、九州药厂、海正制药、华海集团、飞跃集团、联化科技。这几年造船业也成了我们台州新的产业，如枫叶造船厂。

城市建设方面，城乡面貌发生很大变化，1996年省政府确认台州为“浙江省沿海中部科工贸发达的现代化港口城市”，1999年确定为“浙江省城市化格局中的大城市和社会经济区中心”。基础设施，路桥污水处理工程，台州水厂供水二期，浙江省最长的排涝隧洞——江厦排涝隧洞。港口交通，大麦屿港、健跳港。另外还建成台州机场、台金高速公路、沿海高速铁路等。

能源建设，三门核电站、台州火电厂华能电厂、括苍山风能、江厦潮汐能。

金融业，民营银行如台州银行、泰隆银行、浙江民泰银行，在国际上都有一定的影响力。2007 年我在美国加州州立大学培训的时候，讲课时专门讲到台州的例子。

科教文卫方面，教育，台州学院，临海校区占地 500 亩土地，过去台州师专连 100 亩土地都不到，椒江校区计划是几千亩土地。科技，浙江大学研究生院台州分院，中科院一些机构也和我们有合作。体育，省十三届运动会在我们台州举办。文化，如反映台州地区改革开放以来发展的电视剧《海之门》等，台州有许多非物质文化遗产，黄岩的翻簧竹雕、临海的黄沙狮子、台州道情等。

六、幸福台州

最后，我们讲下“幸福台州”。

第一，民主和谐。党代会的常任制，中组部、省委在台州试点，全国当时有 13 个点，1988 年开始的，浙江两个点，绍兴是地级市试点，我们是县级市试点，椒江坚持了 20 多年，最后写入了十七大报告，现在县市区都是推行常任制。工资协商机制，老板和打工者的工资，我们要坐下来民主恳谈。

第二，旅游风光。如天台、神仙居、桃渚古城、大鹿岛等。中国美院的洪世清教授曾在大鹿岛上打岩雕，前后工作十四年，创作了数十件岩雕作品。

第三，所获荣誉。台州这几年获得许多荣誉称号，如全国林业生态建设先进城市、全国双拥模范市、全国十佳宜居城市、全国优秀旅游城市、中国最具幸福感城市等。并且一共出了 20 个院士，如柯召、朱洗、冯德培、罗宗洛、徐世浙、柯伟、金庆焕等。

第四，美好未来。2010 年市三届七次党代会上提出，实施沿海开放战略，全面迈向滨海时代，实施城市构建战，建设生态宜居家园，实施自主创新战略，增强区域核心竞争力，实施民生优先战，促进社会和谐发展，打造山海秀丽、和谐富裕的台州。在市委市政府的领导下，经过六百万台州人民的共同努力，台州的明天一定会更美好。台州为了加快沿海开发，专门成立了一个机构，台州湾循环经济开发区。台州有港口，有土地，有山，有台州人的硬气和不畏艰险的精神，台州的未来必将更加美好。

谢谢大家。

（以上内容根据2012年3月25日的讲座录音整理，略有删改）

近代国门是如何被打开的

——从藩属体制到条约体制的确立

徐立望

主讲人简介：徐立望　北京大学历史系博士毕业，浙江大学历史系副教授。论著有《辛亥革命史研究述评》《中国历史学年鉴 1997》《中国近代民族主义之史的考察——从民族意识到民族主义》等。

很高兴跟大家分享一下我学习的心得。今天讲的题目是《近代国门是如何被打开的——从藩属体制到条约体制的确立》，许多人都会这样认为，清政府是昏庸、无能、腐朽不堪的，西方列强用它的洋枪洋炮，打开了中国的国门，使中国一步步沦为半殖民地半封建的社会。这个认识从一般意义上也是对的，但是事实上真正的历史发展绝对不是如此的简单，我们讲清政府昏庸无能，讲他们对西方的认识落后于时代的潮流，但在历史的发展过程中，我们发现所谓清政府的闭关锁国它只是延续了中国几千年对外关系的处理方法。它是守成者，不是开拓者，不能片面地说清政府的昏庸，它只是没有做得更好。如果是讲中国对外关系的态度问题的话，我们要注意到一点，事实上我们现在所认识到的民主国家的概念都是从西方过来的，我们对国与国之间的态度问题，我们对国与国之间的处理办法问题，都是来自于现代西方的一个话语体系。所以我们可以很清楚看到，比如现代的公共图书馆、博物馆，中国以前都是没有的，中国第一家公共图书馆是于 1891 年在绍兴建立的。包括我们国与国之间的处理办法，我们认为国与国之间，应该设立一个使节，各个国家有一个大使馆，有一个国家的外交的体制，有一个秩序问题，这样的秩序问题事实上中国近现代是没有的。

现在中国的对外体系完全是受西方影响的结果，之前在中国延续几千年的对外关系是什么一个体制呢？是一个藩属体制。在1840年以后，随着西方列强的侵入，西风压倒东风，中国的藩属体制逐渐被瓦解。现在我们所知道的国与国之间的关系，是平等的、民主的，但是历史上的中国并不是这样认为的。大家一定要清楚，我们现在受到西方很大的影响，我们总是觉得以前中国藩属体制好像是不对的，其实不能这么评价，几千年来大家都这样生活。所以对价值的判断大家要谨慎。

事实上，讲中国的开放或者闭关锁国，跟原有的体制有密不可分的关系。在近代之前，中国人没有意识到也不知道世界上还有其他比中国更加文明的国家。两百年前的中国人看不起外国人，觉得他们的外表跟我们不一样，蓝眼睛、高鼻梁等等，我们当时认为中国是世界上最先进最文明的社会，唯一的文明社会就是中国。

这跟地理也有关系，中国东面靠海，北面是戈壁滩，西部是一个高原，在一块相对比较封闭的框架体制里面，中国又是一个比较早熟的文明，我们很自然就形成一个概念，中国处在世界中心的位置。宋初三先生之一的石介，他当时写了一篇文章，叫《中国论》，中国是什么样子？中国是在天地的中间，边上是四夷，夷就是没有开化的人，类似于动物的存在，如果他学习中国文化，他就变成了人，否则他就不是人。这位石介，是很有学问的人，他的看法，代表了当时普遍的一个态度，这都是眼界受到限制的原因。另外一个原因是中国的文明比较成熟，周边地区都比不上，很自然地我们就认为中国是世界上唯一的文明社会，大家注意到我这里提到的是“社会”，不是“国家”的问题，中国是一个文明社会，以前中国没有国家的概念，国家是西方的产物，还有比如民族主义这个概念也是近代产生的，民主主义也是西方发展过程中利用的工具。

从中我们也看到，一个方面是中国的眼界受到科技水平的影响，另一方面中国的文明发展比较，没有一个可以匹敌的对手。在这样的情况下，当时的中国觉得自己有义务有责任来帮助其他未开化的蛮夷们，让他们来学习中国的文化。

现在大家都知道国与国之间的关系问题、贸易问题，都觉得是司空见惯的，我们是要开放的，不过在当时，中国觉得是一个恩赐，我们没必要跟西方建立外交的关系，我们极其反感人家把使团使馆驻扎在北京城。这样就导致把与外国的经济贸易变成一个恩赐，清政府觉得没必要跟他们进行贸易，只是说给他们一个机会，让他们享受到天朝的恩惠。在这样的一个背景之下，我们可以让早期的荷兰人、葡萄牙人、西班牙人过来，他们接受到当时中国的训令，实际上形成了一个朝贡的体制，我们建立一个藩属的体制，在中国的周边地区，像朝鲜、越南、泰国都是中国的藩属国，当然和殖民地不一样，中国对他们本国的国主是承认的，不会干涉内政，中国是把他们作为自己本土的周边地区加以保护起来，一个是文化的教化，另外一个方面是政治的需要。

我们再看一下藩属的体系是怎么样的。第一个是对属国属地的称呼，另外一个，前面讲过世界上分为文明的和非文明的，中国是天朝，我记得我高中的时候还考过，四境分别是东夷、西戎、南蛮、北狄，中国和它们是宗主国与属国的关系，跟中国关系最密切的是哪里呢？是朝鲜，一年上贡四次。我们现在感觉上贡是很耻辱的、很掉价的一个事情，但在当时，大家对上贡还是很热心的。缅甸、泰国，他们当时觉得上贡的机会太少了，一年一次，这种关系比较疏远，或者是两年一次，三年一次。从现代的国家角度来看，这是国与国之间不平等，但是在当时，他们一个方面是对天朝文化的仰慕，他们根深蒂固地觉得中国就是一个文明的社会，我们要不停地向中国学习；另一方面是一个经济利益的问题，他们每一次到中国来上贡是来赚钱的，因为我们中国是讲体面的，他如果说向中国上贡，我们举一个例子，他如果给中国 5 万两白银，折价之后我们会给他 20 万，几倍的优惠，我们叫恩赐。另外我们会给他一个机会，他借着上贡的名义来做生意，所以清政府不胜其扰，说算了算了，不要了，你这个太客气了，一年就一次可以了，这个跟殖民主义是不一样的。我们当时确实是震之以威，驱之以利的，就是有利益关系。实际上世界上有两大秩序，一个是中国的朝文体系、藩属体系；还有一个是由西方所主导的，一直影响到我们现代国家的秩序。由于现在价值的主导，我们就会觉得以往的秩序是不对的，实际上并没有，只是两大体系而已，这个体系被另外一个体系慢慢的击溃、瓦解了。今天主要是讲这样一个过程。

藩属国对中国有这样的义务和权利，清政府只是延续了以往的做法，但是清政府当时有一点变化，其实就是明代的一种做法，明代有时候是开放的，就是可以一起在西方做生意，但有时候它会禁海，不允许做生意，到清代为止刚开始也是开放的，但是在早期出现了问题，就是郑成功的问题。郑成功当时占据台湾以后，对清政府的威胁很大，他一直打到了南京这一块，清政府为了防止郑成功的军事进攻，在康熙一登基的时候，就制定了一个法律规定，当时所有的沿海的居民迁海，迁到内陆去，所以对浙江一块区域影响很大，渔民不能打鱼，防止渔民接济郑成功的士兵们。从山东开始一直到广东这一带区域，迁海，30 公里到 50 公里海岸线一直往内地去迁，包括浙江的舟山地区全部迁走。舟山地区，这样的限定就影响了后来的发展。台湾被清朝收复以后，清政府取消了海禁。清政府取消海禁以后，在 1685 年，也就是康熙的时候，在四个地方允许做生意，一个是在广州，一个是福建的漳州地区，一个是浙江的宁波，还有一个是江苏连云港。

从这个意义上讲，虽然说中国闭关锁国，实际上它并非不开放，所以我这个题目，国门怎么被打开的，其实并不严谨，因为国门它还是开放的，只是有限的开放，“闭关锁国”也是清政府昏庸腐朽的“罪证”之一。但是广州这个地区当时是变成四口贸易，江苏、福建、广东这些区域，西方人做生意比较多一点。西方人最需要什么呢？茶叶。中国在英国对欧洲国家的输入物品里面，90% 到 95% 是茶叶，他们最需要的就是茶叶，因为外国人吃肉比较多，吃肉食的话往往需要茶叶来解腥，绿茶、红茶有助于肠胃通畅。很晚的时候西方人才认识到茶叶，一认识到茶叶的妙处以后，他们拼命向中国来进口，以前茶叶是上层社会要用的东西，发现以后大量向中国进口，所以茶叶是当时中国出口的一个最大宗的商品。然而中国是不需要向西方进口的，我们这么大一个地方，而且国内的市场已经足够满足了，所以这个导致了什么结果呢？西方的银两大量的流入到中国的市场，贸易顺差很厉害。

四口通商刚开始的时候，大家觉得在广州这个地方做生意蛮好的，后来发现宁波这个地方更好，为什么？茶叶、丝绸这些东西他们需要的，基本上都在长江下游这一块，如果是在广州进口的话，需要经过江西，翻过广东的大庾岭，沿珠江再到广州，这样的成本就很高了。这些西方人开始觉得没必要在广州做生意，我要到宁波去，所以很快宁波就成为当时中国最繁荣的港口。1754 年，英国有 27 艘很大的船到广州去，然而仅仅三年以后，就只有 7 艘船到广州去了，那个时候的两广总督就很紧张，因为西方人到中国做生意，当地人能赚很多钱，对地方的经济帮助是很大的。所以他很不喜欢英国人到宁波去，特地向乾隆帝上了一个奏折，说我这个地方需要稳定，英国人到南边去以后，很容易引起骚乱。因为浙江、江苏这一块是传统的反对清政府的大本营，特别是浙江，所以乾隆对于浙江是很提防的，而现在英国又到那儿做生意，如果英国人和汉人勾结起来的话，对清政府统治是不利的。对传统社会来说，它不要经济效益，它所需要的是社会稳定，所以它很讨厌商人，因为商人不容易受到束缚，统治者不喜欢商人，英国人到宁波去以后，对乾隆来说是一个冲击，他觉得威胁到他了，所以希望开始逐渐地把宁波这个贸易口岸关掉。所以皇帝说好，先进行一个百分之百的关税，但征收百分之百的关税，大家还是愿意到宁波去，因为宁波的成本还是更低。另外广州这批人对英国人很坏，他们勒索，国家是征收 10% 的税，他们会征 20%、50% 的税，而且各个部门向他们要钱，他们觉得浙江还是不错，还是愿意到浙江去。后来就导致了一个事情的发生，我们等一会儿会讲，这个事情发生以后，乾隆帝决定把其他的三个地方，尤其是宁波这个港口关闭掉，只能在广州这个地方设立贸易口岸，其他地方都不行，这个也是在 1757 年才确立的政策。

第二，对外贸易形成行商制度。天朝是看不起外国人的，天朝是唯一的文明社会，自然而然的，我们官员是不能和外国人接触的。现在老外过来的话，地方政府的领导都要接见他们，因为他们可以带来投资，但是当时我们是不允许接见的，你如果接见的话，要被免职的，为什么呢？这是天朝的体面问题，他们只能跟我们的商人见面。所以西方人过来以后，当时的对外贸易的机构是十三洋行，这个商行是一个垄断性的组织，外资一定要由他们来决定的；但另一方面国与国之间的外交关系，比如说大使没有，如果说国与国之间要组织的话，也是由这些商行人代为的，然后再由商人交给清廷，它是一个中介的媒体。外国人到中国来贸易，广东海关是不收税的，而由商人代为收税。所以一切的秘密文书都是由行商来中转的，而且有一点要清楚，我们现在的洋人、洋商、洋行，都是外国人，但实际上中国以往讲到的，所谓的洋商、洋人都是中国人，西方人不能叫洋的，叫什么呢？叫夷。这有一个概念的问题，如果我们在看清代中期的时候，讲洋商的话，肯定是中国人。

还有一个对外国商人的防范问题。我前面讲过，当时一直不允许中国人和外国人打交道，外国商人只能在澳门这个地方活动，不能够到广州城区里，如果你要到广州城区一定要写个帖子，像我们现在的签证一样。如果在广东省的话，一定要住在一个限定的区域，不能够到其他地方去。中国人是不能够受雇于外国人的，举个例子，当时有一个外国人想学中文，我们现在觉得外国人学中文对我们来说是一个很荣耀的事情，比如孔子学院，教外国人学中国文化。外国人当时希望和中国人打交道，他要学中文，怎么办呢？只能偷偷雇中国人，但是清政府禁止西方人学中文，当时有一个读书人，他看西方人出的钱比较多，动心了，就教外国人中文，但是中国的禁令很严格，所以他会有一个准备，一手拿着草鞋，一手拿着毒药，如果碰到中国的士兵盘查，他会把草鞋拿出来，说自己是卖鞋的；假如中国士兵不相信他，被识破以后，他就喝毒药自尽。可见当时西方人学中文是多么的难。这是一个情况，还有是对进出口货物限制的问题，商人不允许他们坐轿子，不允许他们散步，当时有一个规定是说他们有时候暂时住在广州商馆里面的，每个月的初八、十八、二十八三天才允许他们在附近散步，其他的时间不允许。另外，女人不能到广州来，特别是外国女子不能到中国来，不允许坐轿子，这个是限制，然后对进出口货物的限制也很严格，甚至严格到为了防止把东西卖给外国人，中国的商场有一个规定，每只船只能带铁锅一口，每个人只能带铁斧一顶，就这样防止你把铁器卖给外国人。但是在海上很难有一个确定的时间说你什么时候能够回来，这个事情对中国商船出海是一个很大的限制，但是我们的出发点并不是为了钱，我们只是为了我们的藩属体制，我们跟外国人打交道，我们并不是为了利润，我们只是给他们一个恩赐。

当时的海关，关税虽然远远低于世界的标准，但是有一个问题让外国人觉得很痛苦，就是税制太乱，附加税很多。当时外国人抱怨说，他一直搞不清楚，中国的关税究竟是多少？不能确定关税税则，实在是广州贸易制度里面最显著的弊病，其实是故意不让他们搞清楚，这样的话官僚们就能中饱私囊了。后来西方用洋枪洋炮打开中国国门以后，很明确地说，我其他不想要，但是要把关税确定下来，究竟要交多少税。以现在的眼光看，这种税制是不合理的，但在当时却有它的历史合理性，一方面是延续了几千年的东西，它的框架是稳定的，没有必要来改变，而且农业经济占主导地位，商品经济没有必要这么发达；另外很关键的一点，清政府是满洲人所建立的政权，他对汉人很提防，他很怕汉人跟西方人进行勾结而推翻他的政权，在之前对郑成功势力就有“片帆不准入口”的规定，任何一艘帆船都不能够进行贸易，这是从政治、军事方面考虑，也是清政府的特征之一。

经过 18 世纪的工业革命以后，英国成为当时最强大的资本主义国家，尤其是进入 19 世纪以后，它的工业蒸蒸日上。资本家们知道，中国的茶叶、丝绸是他必需的东西，他们又需要开辟庞大的市场，当商品大量的出现，卖不出去怎么办呢？他看到了东方，尤其当英国失去了北美 13 洲这么大一个市场以后，他把注意力慢慢转向中国。两大帝国开始碰撞，一个是原有的藩属体制，一个是以英国为主导的现代民主国家体制。英国人开始的愿望是什么呢？他们希望有一个稳定的原料产地和稳定的商品销售市场，而当时中国这种限制的手段对他们是一个很大的挫伤，英国人希望全面开放，但中国人不给他们这个机会。有一句话说，在鸦片战争之前，中国人不给西方人平等的机会，鸦片战争之后，西方人不给中国人平等的机会。当时，英国人为了减少摩擦，提出几个要求，比如希望和中央政府进行直接的接触，把大使馆驻扎在北京城，现在大家觉得是理所当然的事，但在当时是很难做到的。

1759 年，英国人洪仁辉，本名是 James Flint，他很早的时候就学习中文，可以说他是第一个翻译中文的英国人，当然翻译的不是北京的官话，他能说一口流利的广东话。大家要知道比如有些传教士到宁波去，他就讲宁波话，到福建去就讲福建话，后来到北京，官话谁都不懂，又要重新学习普通话。两年前，因为两广总督的反对，乾隆把广州定为中国唯一的贸易口岸，所以洪仁辉决定要控诉，但是中国官员是不能和外国人接触的，那怎么控诉呢？他用钱收买了一个官员，然后把“诉状”呈给皇帝，他想到宁波去，结果宁波被限制以后，他一气之下跑到天津去了，天津当时知府把他控诉的东西接过来，交给军机处，乾隆知道了这个事情很生气。原因一个是洪仁辉控诉海关关长贪赃枉法、中饱私囊，贪污 20 万，乾隆觉得很没面子，被外国人控诉了；另外一个是洪仁辉是外国人，是不能够和中国官府打交道的，居然有人帮他写中文的东西，而且还把他送到了天津这个地方。乾隆把洪仁辉抓起来，中国没有地方可以关他，就把他关到澳门去，我们知道澳门是长期被葡萄牙人占据的，但是他还是受中国的管辖，就把他圈禁起来，关了三年，再把他赶回英国。我们现在看，洪仁辉其实没有错，他只是受到冤枉以后决定到北京去告状，结果就被关起来，关了三年。最后海关关长也被免职掉，更糟糕的是帮他写诉状的人被斩首示众。

洪仁辉这一系列的事情带来一个更恶劣的影响是什么呢？之前清政府只是说除广州外其他的三个口岸还可以去，只是加以限制，但后来乾隆提高了警惕，他觉得西方人和中国人居然勾结在一起违抗皇帝的旨意，所以干脆规定只能够在广州这个地方进行通商，禁止在宁波、漳州和连云港跟西方人接触。这引起了西方人的怨恨，特别是英国人，但是又没办法，所以英国人采取了另一种方式，派使团过去。洪仁辉之前的行为是没有得到英国政府许可的，是他个人的行为，英国在乾隆五十二年的时候，决定正式派使团到中国去，要建立外交，以求中国能够给他一个平等的关系，希望不要把我看成是你的朝贡国、藩属国，我跟你是平等的。1787 年英国派凯斯卡特为使臣到中国进行贸易，凯斯卡特是英国国会的议员，他曾担任英国殖民地孟加拉国军区的司令，他的任务是改善英国与中国的贸易关系，取消目前的限制，打消中国人认为英国有侵略领土企图的疑虑，这个使团向中国政府保证，英国的目的只是进行经商而已。另外一方面英国希望中国能够留一个小岛给他们，就像澳门一样有一个放货物的地方，他们看中了舟山。英国人对舟山是很感兴趣的，后来第一次鸦片战争的时候，他们首先占领了舟山，这是一个很重要的岛屿，他们一直想要。当然凯斯卡特他没有提出这样的要求，为什么呢？因为在去中国的路上就死了，1787 年刚启程就得了肺结核，不治身亡。

1787 年以后，英国人觉得时不我待，要尽快跟中国建立外交关系，所以又派了一个使团。这个使团很大，他派了一个叫马戛尔尼的人，这个人做过公使，爱尔兰的大臣，加勒比海的总督，来头不小。这个马戛尔尼在担任加勒比海总督的时候，被法国海军俘虏了，交换还给了英国。这个事情对中国人来说，被俘虏了是很耻辱的事情，但是在西方来看，觉得这不是他能力所控制的，所以还是对他委以重任，后来就任命他为公使到中国来。另外一个副手叫乔治·斯当东，是个牛津大学的博士，还有一个叫托马斯·斯当东，是乔治·斯当东的儿子，当时出去的时候是 11 岁，这个人我们以后还会讲到。在 1792 年也就是乾隆五十七年的时候马戛尔尼出发了，英政府给他这样的一个训令，就是要迁就中国的礼俗，但是一定要让中国政府承认，中国和英国是平等的，而且希望中国政府答应英国派全权的大臣长期驻扎在北京城，如果中国愿派大臣到英国去的话，英国也很高兴接待中国的大使。人家费了大把劲跑到中国来，坐了九个月的船，花了这么多钱，就是希望你给他这样一个东西。英国有意识地改变原来这些藩属体制下的做法，英国人一开始说，我们送给中国人的是礼物，中国文字很微妙，怎么可以写礼物呢？中国认为你们英国是一个朝贡国，你只能写贡物。其实英国人知道这个事情的，但是他没办法，一到中国来以后他就没办法，被中国牵着鼻子走。还有一个他们写的东西里面，说自己有一个头衔叫钦差，中国人说不行，你没资格叫自己钦差，你只能讲自己是贡使。为什么？世界上只有一个文明的社会，是中国，如果说钦差的话，就把英国的皇帝变成了和中国的同等的地位。所以只能够是叫做贡使，当时皇帝专门为此写了一个谕旨，“此不过该通事仿效天朝称呼，自尊其使之词，无论该国正副使臣总称为贡使，以符体制”。结果出现更大的问题，直接导致了这个使团的失败，就是叩头的问题。当时直隶总督梁肯堂给乾隆上了一个奏折说，这个贡使要免冠叩首，这些人是第一次过来的，但要符合体制，一定要他们叩头，三跪九叩，然后一道一道地下谕旨。和绅当时说西方人国俗是不知道叩头的，但梁肯堂里面的奏折没有讲明，所以只能叩首，亦未可定。和绅就发话了，发话以后叫另外一个人徵瑞，这个人是一直陪同使团的，一直训练他们，徵瑞就说了，外国人一直很惭愧自己不懂得磕头，我看这个使臣慢慢的有点学会的样子。但是徵瑞又替自己埋下伏笔，说这些人很笨不会磕头，这个是徵瑞写给皇帝的一个奏折，也是一个缓兵之计。和绅说，我知道这个事情了，该贡使到热河一定要学习礼仪的事情，倘若有不合礼仪的事情的时候，要慢慢的逐渐的指示他们，让他们熟练了以后才能够和皇帝见面。这个是一个磕头礼之争。

马戛尔尼自己其实很清楚，他的目的就是要和中国建立一个平等的外交关系，平等不用磕头。乾隆的一个谕旨里说，“向闻西洋人用布扎腿，跪拜不便，是其国俗……遵天朝法度，虽尔国俗俱用布扎缚，不能拜跪，但尔叩见时何妨暂时松解，俟行礼后再行扎缚，亦属甚便”，如果说真正不能够跪的话，暂时把这个绑腿松一松，等跪了以后再把这个绑腿给扎起来。结果这个使臣还是坚决不同意跪，乾隆生气了，说这些人太骄傲了，我很不高兴。马戛尔尼刚来的时候，皇帝是很高兴的，因为一个新奇的国家不远万里来朝贡，为乾隆祝 80 大寿，可是他们居然不下跪，“似此妄自骄矜，朕意甚为不惬，已全减其供给。所有格外赏赐，此间不复颁给……外夷入觐，如果诚心恭顺，必加以恩待，用示怀柔。若稍涉骄矜，则是伊无福承受恩典，亦即减其接待之礼，以示体制，此驾御外藩之道宜然”，如果你们不听话，就无福消受了。这是体制的问题，也是马戛尔尼和乾隆之间一个无法调和的矛盾。后来马戛尔尼想，要不中国方面挂一个英国国王的画像，中国方面派一个和我同等地位的人，我跪乾隆你跪我国王，那个人就是和绅。乾隆皇帝觉得这个好像也不太妥当，所以不行。要么我单膝下跪，吻皇帝的手，这个对西方人来说是最高的一个礼节了。乾隆当然不干了，凭什么你吻我的手，这个是坚决不允许的。这样的话就两方面又争起来了，结果到底怎么样，到现在为止也不知道，最后皇帝还是接见了他，但是后来的说法是，英国人回去说我没有跪，中国的官方说他们跪了。

这个图片是皇帝接见使臣的一个地方，高中课本上有一个图画就是讲这个使团觐见乾隆这样一个场景，但是我告诉大家这个插图是假的，因为画家本人是在北京城，而画中的场景应该是在热河。图中的场面也不合常理，哪有两个人站在皇帝的背后的道理，这个是西方宫廷的做法，吵吵嚷嚷的，一群人围着国王边上。所以很多早期的西洋画都是想象或者是人家描述的结果，画中许多地方是不符合中国的规矩的。

马戛尔尼使团向清政府提出要求：允许英国商船做生意，允许设立一个洋行，允许有一个小岛，在广州允许英国人自由来往，不要额外加征税款。乾隆说，你们这么远过来“恭顺”，但是你们这个要求跟天朝的体制不合，“断不可行”，你们到中国来以后，“遵用天朝服色，安置堂内，永远不准复回本国”，要用中国的衣服，安置堂内办公永远不能够回到你这个国家去，你能不能做到？这个是给他的一个规定，是天朝的定制。还有一个你们要求居住在京城，那么我反问你，我派使臣驻扎在你们国家，你们受得了吗？你们的西方国家很多，如果说每一个国家都像你这样要驻扎在我的京城里，我怎么受得了，“岂能因尔国王一人之请，以至更张天朝百余年法度”。最后乾隆又讲了“外国又何必派人留京……欲其观习教化，则天朝自有天朝礼法，与尔国各不相同。尔国所留之人即能习学，尔国自有风俗制度，亦断不能效法中国，即学会亦属无用……其实天朝德威远被，万国来王，种种贵重之物，梯航毕集，无所不有……是尔国王所请派人留京一事，于天朝体制既属不合，而于尔国亦殊觉无益”，我们天朝什么东西都有，你们派人留在北京城这个事情跟天朝的体制不符，对你们来说也没有什么好处，你们就不要过来了。

当时七百多人的船队到中国来，离开北京的时候，马戛尔尼递交给皇帝一封信，大致是恭维乾隆皇帝的恩典，我们国王万万年听教训，这实在是大皇帝的恩典，也是我国的教化，都是很口语化的。这封信是多马斯·斯当东[①]写的，署名比如“多”、“马”、“斯”这几个字都有一个“口”字旁，为什么呢？清政府的规定，一般西方人的译名里面，都要加“口”字旁，表示他们是可以吃的东西，他们是动物，这是一种侮辱。比如有些字加一个“草”字头或者加一个三点水，孙中山叫孙汶，都是侮辱的意思。在清代的时候壮族叫“獞人”，有贱称的意思。

前面还提到过“夷”这个称呼，比如称外国的商船为“夷船”，以至于英国把中国击败后，签订丧权辱国的条约的时候，还专门提出要求，求你们不要称我们为“夷”了。第二次鸦片战争后，中国政府没办法，各式公文内述大英国官员都不得提出“夷”字。这也从细节看出我们的藩属体制是怎么一步一步崩溃的。

马戛尔尼使团悻悻而归，过了二十几年以后，英国国力更加强盛，所以他决定再派一个使团过去，阿美士德使团过来了，他有两个副手，一个叫做埃利斯，还有一个是小斯当东，就是前面提到过的，这个时候他已经35岁了，坐了他老爸的位置。这个时候的皇帝嘉庆帝，他很紧张，觉得自己没有老爸乾隆厉害，搞不定特别是磕头礼这件事。当嘉庆要求使团磕头的时候，埃利斯就这个问题和小斯当东有分歧，最后阿美士德还是决定不磕头，然后告诉中国人说他愿意单膝下跪，低头三次，中国人说不行，低头的话脑袋没有碰地，不行的，一定要脑袋碰地。最后嘉庆问大臣，说行不行，大臣免为其难说行吧，他们已经学会了，但是他们很容易忘记，清政府就想了一个办法，半夜的时候，趁着他们昏昏欲睡，拉到颐和园去，让他们学叩首。连夜从通州赶到了北京城，然后又从北京城赶到了颐和园去，使臣们疲惫不堪，中国官员以为他们服软

---

① 即“托马斯·斯当东”。

了，但是他们这些人坚决不磕头。嘉庆很生气，说："中国为天下共主，岂有如此侮慢倨傲，甘心忍受之理。是以降旨逐其使臣回国，不治重罪"，又把英国人赶回去了，所以阿美士德没有见到嘉庆。

后来嘉庆给英国写信，说："嗣后毋庸遣使远来，徒烦跋涉，但能倾心效顺，不必岁时来朝，如称问化也。俾尔永遵，故兹敕谕"，意思是以后你们就不要过来了，你既然是倾心效顺，路太远了，你们来回也不方便，我心领了就行了，人就不要过来了。后来阿美士德见到了拿破仑，拿破仑就说，你既然到这个国家以后，你就要遵守他们的国俗，磕头好了，也不算丢脸的事情，因为其他人也磕头，为什么你英国人不磕头呢。

最后我们来看小斯当东这个人，他 11 岁的时候初次到中国，35 岁的时候再访，39 岁的时候他做了议会的议员，此时的英国有一个讨论，要不要对中国发动战争。曾经向中国要求过平等，现在机会已经没了，几次的外交努力他们都不理我们，怎么办呢？要么听中国人的话，要么就反对他们。这时候鸦片的问题是一个"契机"，小斯当东说，我们在中国不受人尊敬，那么在印度我们也会很快不受人尊敬，并且渐渐的在全世界都会如此，正在准备中的战争是一场世界性的战争，尽管令人遗憾，但我还是认为这场战争是正义的，而且是必要的。事实上我们可以看到，中国人跟英国人之间的战争是不可避免的，不是鸦片，或许是茶叶，或许是丝绸，因为这个是两个体制的碰撞问题没有办法避免。但是我们回过头来看看，因为不同的国家的统治方式不一样，你不能从现代的角度看，认为以前的就完全是不对的。历史存在的体制还是有合理性，因为它有几千年的秩序问题，只是我们现在已经完全西化了，完全现代化了。

如果问乾隆为什么看不到现代化的发展？这些都是我们从现代人的角度来分析的，但是站在乾隆的角度上，他为什么要向西方开放呢？没必要啊，这是他统治的一个基础问题。

今天的讲座就到这里，谢谢大家。

（以上内容根据 2012 年 4 月 14 日的讲座录音整理，略有删改）

中国茶文化概览和茶的抗衰老与美容功效

俞益武

主讲人简介：俞益武　中国国际茶文化研究会副秘书长，浙江林学院城市规划与设计、生态学硕士生导师，中国国际茶文化研究会与浙江林学院联合设立的茶文化学院院长。先后从事森林经理、森林生态教学研究。主持《浙江省森林旅游区质量等级标准》《浙江省林业观光园标准》的制订。2004 年获浙江省优秀科技工作者称号。

今天这个主题是从我们大家所关心的抗衰老，尤其是女性朋友所关心的美容这个角度来谈茶和茶文化。从茶文化本身，以及茶的物质功效这个角度来讲，我们国内专家很多，但是从整体健康角度去看待茶，以及看待茶衍生出来的文化，我相信可能我自己这几年还是有一些特别的体会。对茶的了解和理解是因为 2005 年，中国国际茶文化年会和浙江林学院，合作成立了目前中国唯一的本科茶文化学院，我担任了首届院长。

茶文化学院组建、招生，包括学科建设过程当中，陆陆续续接触了一些茶的文化。今天我们还是要从健康入手，长寿跟茶有什么关系，长寿与茶，把这两个要素关联起来的一个专门的名词，叫茶寿。茶寿的概念是什么？要说到茶寿，就要从天年开始说起。我们知道一个甲子是 60 年，一个天年是两个甲子 120 岁，茶寿就是天年的十分之九，如果一个人活到茶寿就是 108 岁。当代茶界有名的像吴觉龙先生，张天福先生都是高寿之人。

《黄帝内经·素问》开篇《上古天真论》中就有一段话，黄帝问岐伯："乃问于天师曰：‘余闻上古之人，春秋皆度百岁，而动作不衰；今时之人，年半百而动作皆衰者。时世异耶？人将失之耶？’岐伯对曰：‘上古之人？其知道者，法于阴阳，和于术数，饮食有节，起居有常，不妄作劳，故能形与神俱，而尽终其天年，度百岁乃去。’”

这段话，不仅说到了长寿是多少岁的问题，更重要的是它说到了生命质量跟长寿的关系问题。这里的核心是点出了“上古之人，春秋皆度百岁，动作不衰。今时之人，年半百而动作皆衰者”，当今我们虽然有很多长寿的老人，但是还远远没有达到自然长寿的年龄，如果按自然寿命来推算，最低是100岁，最高是175岁，我们取一个中间值，就是天年120岁。当今全世界到了100岁动作还非常灵敏的人，极少。

我们再来看《黄帝内经·灵枢》里《天年》篇中一段话：“五脏兼顾，血脉和调，肌肉解利，皮肤致密，营卫之行，不失其常，呼吸徐微，气以度行，六腑化谷，津液布扬，各如其常，故能长久。”这段话，我们放一下，下面再解释。

接下去说衰老的问题。衰老跟我们现在慢性疾病有关系，影响我们生命质量和长寿的慢性病到底是怎样引起的呢？从古至今的研究都表明，罪魁祸首是精神压力和不健康的生活方式。世界卫生组织认为在支撑健康的基础当中，60%取决于我们自己，我们的生活方式，我们的精神状态；环境占了17%，包括自然环境、人际环境、家庭和社会环境；我们的先天遗传因素，只占了15%。有人认为疾病都是医院的事情，但是在这个比例里，医疗的贡献只有8%。可能很多人总是寄希望于医学的奇迹，医疗只是一个辅助的作用，大部分时候，健康取决于你自己。

这些问题跟我们的茶和茶文化有什么关联呢？下面我们简单的来回顾一下茶、茶文化与健康的关系。

中国的茶有四五千年的历史，大家最熟悉的陆羽《茶经》里面说到“发乎神农，完于鲁周公”，所以这样算下来至少有四五千年的历史。茶树起源于中国的原始森林，当然关于这一点有争论，有人说茶树起源于印度，我想印度跟我们西南地区，整个环境演化角度来讲有共同之处，也可能是共同起源的。根据现在的考古，茶树是起源于新生代第三代早期，按照中国人自己的结论是云南、贵州、四川这些地方。云南的大茶树，采下的茶叶不管做黑茶还是红茶，曾经炒到六百块钱一斤。我想从珍惜角度来讲，它应该值这么多钱。因为大茶树本来就非常少，也很难采，而且也是毁灭性的采。很难采，就枝条一砍，第二年就没了。

四川的蒙顶山，这个茶园被认为是西南地区原始状态的茶园。通过四川蒙顶以后，往长三角，华南地区，延续过来的。形成现在广大的以长三角为中心的中国的茶产区。茶一开始的传播，首先被认定是一种药用的植物。《茶经》里面讲“神农尝百草，日遇七十二毒，得茶而解”。事实上茶叶确实含有450种以上的有机成分，近30种的矿物元素，这些物质对人体具有较全面的营养保健功能和药效功能。清朝以前，记载有关茶叶大约有五百种的历史古籍，其中有九十种书籍从不同的层面，描绘了茶叶的保健功能和药用功能。现在大家知道，有六大类茶叶，但是在明代以前，茶最主要是蒸青、炒青，大约在明朝的时候出现了黄茶、黑茶。有说白茶产生于宋朝，实际上也是产生于明朝。乌龙茶是明末清初的时候，在福建武夷山这一带开始出现。红茶产生得更晚了，它是在乌龙茶的基础上逐步演变过来的。六大类的茶基本上是从明朝到清朝这时候产生的。

六大类茶是由于不同加工的方法而成型的，最主要的是在加工过程当中茶多酚的氧化程度，发酵形成不同茶类的品质。举个例子来说，原来唐朝的时候最著名的贡茶是长兴紫笋，所以在陆羽的《茶经》里面，品质属于上上层。工艺有采茶、洗茶、蒸茶、倒茶、拍平、穿茶、焙茶、封装一系列的过程，日本保留了这样一个工艺。中国目前这样的工艺基本上已经不存在了。

绿茶，中国的产量最大，浙江是主要的绿茶产区。代表的品种有西湖龙井、碧螺春、黄山毛峰等。我们台州地区比较有名的是天台云雾、羊岩勾青，台州地区茶的品种相对还是比较少的。绿茶按照干燥的方式有晒青的绿茶，炒青的绿茶、烘青的绿茶。日本的茶主要是以蒸青为代表。

白茶，大家有一个误解，认为安吉白茶就是白茶的一种，其实安吉的白茶是绿茶的一种。真正的白茶是从福州、福鼎那边过来的，它的加工方法很简单，摘下来之后让它自然晾干。代表的品种有银针。

黄茶，采下来以后，闷一下，闷黄，其它的工艺基本跟绿茶是一致的。最著名的是四川蒙顶山的黄茶。

乌龙茶，代表的品种有铁观音、大红袍，冻顶乌龙。福建的乌龙茶分成两大系，第一个是乌龙茶铁观音系列，另一个是闽北以大红袍为代表的岩茶系列，岩茶的发酵程度大概有 70% 左右。岩茶有一百多个品种，大红袍是其中的一种，当然大红袍的知名度非常之高。

红茶，有祁红、滇红等，现在正山小种炒的价位比较高。

前几年炒到最热的就是黑茶了，黑茶的代表性品种有普洱、藏茶。它是后发酵，一边成熟，一边发酵。主要的品种有四川的边茶，有康砖、金砖、福砖。云南的黑茶主要是以普洱为主。湖南的砖茶最主要的原来是用向内蒙跟新疆的，尤其主要供内蒙地区。湖北的黑茶，和湖南的黑茶基本上差不多。还有一类我们现在可能接触的比较少，广西的绿宝，这些都是大同小异的。功能性角度来讲的话，普洱也好，四川的壮茶福砖也好，从生理功能角度来讲应该都是差不多的。但是从品质、稀有程度来讲，差得非常大了。

茶对人体的健康作用。从上古一直到唐朝初期，人们认为茶的主要作用是解毒、清火、提神、消食等。从唐朝开始，一直到解放初主要是从中医的角度总结出茶有二十种保健功能。消食、驱风、解表、安神、醒酒、健齿、明目、驱蚊蝇、清头目、下气、止咳、生津、利水、清热、通便、消暑、治痢、延年益寿、解毒、祛痰。

现代科学认为茶具有这些物质的功能，有这样的一些机理。抗氧化、抗衰老、抗癌、增强免疫力。防止心脑血管疾病、美容，其实所有的功能里面它的核心就是抗氧化。人体衰老，包括我们人体的体表，美的功能，形体的功能，其中一个核心的机理，我们人要活着，任何生命要活着都要产生氧化反应。我们吃下去的食物，跟吸进去的新鲜空气进行结合，产生氧化反应，产生能量。就像我们的发动机，汽油跟空气混合燃烧，在气缸里燃烧产生能量。但是无论技术怎样先进，燃烧一定会产生污垢。我们人体也一样，这些就是氧化过程中产生的代谢的废物。大部分代谢的废物会通过我们的排泄系统排掉，但是有一部分是不可能清除的。衰老的过程也就是氧化的过程，癌症跟氧化过程是有关系，当然不是唯一的对应关系。免疫功能也一样，心脑血管疾病也是一样。就像我们气缸里面燃烧的污垢，沉积在输油管道里面。这就相当于我们得了心脑血管疾病，道理是一样的。美容的功能，从生化反应角度来讲，也是氧化还原反应。把它还原出来，就起到美容美体的作用了。氧化了就是往下坡路方向去了，就是这个道理。

茶为什么可以起到这样的综合性作用呢？我们知道，对茶的功能性的评判有一句话叫“诸药为各病之药，茶是万病之药”。很多文章说这句话出自于唐朝的陈藏器。宁波茶文化研究会的一位秘书长终于查到这句话的出处，原来都是假造出来的。这句话第一次出现在日本人容西的《吃茶养生记》，日本茶道始自鉴真，是他从天台山引进过去的。真正茶道的成型来源是杭州余杭的径山寺，径山寺当初有一个叫茶堂清规，茶堂清规被日本人模仿过去以后，再创造，出现了日本的茶道。日本茶推广过程当中，最主要的卖点就是养生、健康的概念。

我们现在来考虑这样一个问题，仅仅从茶的物质的角度能说明茶是“万病之药”吗？我们要理性地认识这个问题。茶多酚的作用就相当于维生素的作用，现在至少没有人说维生素是万病之药。仅仅是从物质角度来讲，还是不能说明问题的。虽然我们中国传统的茶养生理论也强调精神作用，但是到目前为止可能更重视物质的作用。

如果茶把物质和精神结合起来，它的作用就不一样了。茶是一个非常好的减压工具。最近台湾茶道研究会对茶道进行了重新定义，叫做“以茶入道”，才称为茶道。其中有这样一段话：“品茶时茶气在身体内运行，身体放轻松。毛细血管张开，心里平静，不用头脑，人我两望。是可以借助宇宙能量来听到天籁，进入宇宙深沉的境界的。”因此接通宇宙能量才是茶道，否则我们现在玩的都是茶艺、茶理、茶水，只是生活的艺术和生活的美学。品茶不仅满足口福，而且洗涤人心。我们负面的意念减少，正面的能量增加。

经过一段时间的品茶，身心都会起变化，神清气爽，眼睛发亮，宁静和善，振动频率变得细微，灵敏度提高。我们现代的人挺可怜的，大部分的感知能力越来越淡化。上古有真人，所谓真人的感知能力与天地可以接通，接通以后，动作就不会衰退。正是《黄帝内经》那句话“动作不衰”。去年年底，杭州市评选了一个“十大健康达人”的活动，其中有一个老先生令我十分感叹，74岁，还能做高难度的动作，我想他是不是体操运动员，后来这老先生说自己58岁就开始练了。“筋柔”，柔性是非常重要的一个健康的指标，筋骨有柔性，气血才能畅通。

茶也要有一定的品质，什么叫好茶。好茶首先要干净，不能添加太多的东西。第二，一定要有茶气。茶是要品的，“品”有三口，即使一小杯也是要分成三口，不能是流饮，那是喝水。品的过程当中，静心，甚至是闭目，茶跟心通在一起，进入内在的世界，本质上喝茶是喝它的茶气。有人喜欢斗茶，斗到后来就是吵架，甚至打架。斗茶是对茶的物质和精神世界能否融合的一种探索，当然并不一定要斗得你死我活。茶最可贵的是香气，香气可以通过呼吸系统直接进入血液循环系统。茶汤也是从消化系统直接进入血液循环系统。茶气是顺着人体经络系统行走的，上至头部，下到四肢，它们能够稳定、平衡，进入人体的神经传导系统。

所谓免疫力绝对不只是西医白细胞的指标。它是神经传导系统的灵敏性，哪个地方被细菌侵害了，免疫系统就能够送过去。但是身体“堵”住了，白细胞再多也没有用，一下子送不过去。喝了好茶，能量充足，抵抗力就能够得到提升。我记得小时候有什么感冒、发烧，基本是不用吃药打针的，只要不产生严重的感染并发症，感冒自然就能好。其实那些西药最多是扩张了一下血管，让你感觉舒服而已，并不能治感冒。喝茶可以治感冒，尤其是老茶，以后大家可以去试一试。家里放点老茶，跟其它东西煮配一下，比如说胃比较急的话，加点决明子。再让它强化一点，和老姜一起煮。如果不是小孩，加西洋参一起煮。不仅仅是治感冒，我今年试了一个对付食物过敏的方法，五味，基本上都是食品，我自己熬的，喝下去，四到五分钟，全身的痒全部消退，第二天，再喝一些，身上通通退光，就一剂药。

喝茶不仅仅是调动五官，真正到一定的境界，能够调动魂与魄。这不是迷信，中国道家文化当中有三魂七魄。其中三魂当中，爽灵就是天与地沟通的本领，反应的机敏的程度，这个小孩有没有灵气，就是双灵强不强。七魄中跟茶有关的叫除秽，清除代谢废物叫除秽功能，调节呼吸的作用叫臭肺功能，都跟我们的茶道有关系。

今天这个讲座，希望大家对茶的认识不仅仅停留在物质上，物质是有限的，我觉得浙江绿茶的发展或多或少进入了一定的误区。片面的物质论，比如说追求芽头，开化龙顶 10 万一个芽头等等这样的一些现象。我们爱茶、饮茶、用茶，关键是要有爱心，要有宁静的心态，是和平之事。我强调茶的精神的作用，为什么爱茶的人都比较长寿，因为他精神比较平和，有爱心，到了一定阶段就是大爱，博爱精神。这是调节精神的最高阶段。

具体到某些病种来讲，脂肪肝，茶是可以发挥它的排毒作用的，心脑血管疾病，茶也可以起到一个非常好的调节的作用。但单单靠茶是不够的，如果跟其它东西组合起来，形成一种茶疗，效果就会非常之明显。癌症，茶，尤其是清茶起到一个心理减压的作用，如果跟还原离子这种疗法合在一起来做，效果会非常的好。但是任何事物都具有两面性，茶也不例外，使用不当会引起负面的作用，比如说胃寒的人不能喝绿茶。还有我觉得现在的茶文化，包括茶开发的过程当中，存在不恰当的地方。有些茶叶名气和实际根本是不匹配的，不符合健康的原则。

茶对健康有这么大的好处。健康到底是什么一种状态呢？健康的人能长时间保持头脑清醒、精力旺盛、心态和平、思维敏锐，并且有一种维持身体健康的愿望。三年前我的体检报告显示，血压到了临界线，有脂肪肝，指标不正常。可能我自己也是从事这方面工作的原因，我逐步把自己调整过来了，血压慢慢平稳了，经常去爬山，一天之内连讲五个小时可以不喝水，这些也是健康的指标，我自己有一种维持身体健康的愿望。

第二，健康的人有一种对旺盛生命力的喜悦，能够体验世界上许许多多的乐趣。少一点痛苦，少一点紧张，多一点乐趣。健康的人有一种清醒的意识，知道什么适合于自己的身体，什么会增进健康，提升疾病的预防能力。现在这个社会中，老年病是越来越多了，男性得中风、心脏病概率很高，女性得阿尔茨海默病（即通常所说的老年痴呆症）比例也很高。健康不是一种静止的状态，而是一个无穷的里程，在不断的变化中我们要了解自己、感悟自己的身体，倾听自己的生命。

再回到茶这个话题。茶是大自然带给人类的精灵，我们中国人选择了这样一种物质作为连接人与自然的一个代表。我们要珍惜它，不仅仅把它当成一种工具。茶树的每一个部位都有自己的性与品，陆羽的《茶经》只有七千字，其中提到水应如何讲究，茶芽每一个时刻都是不同的等等。当然商业化就是要求标准化，分得太细不符合商业化的标准。我们中国的茶文化历史悠久，所以个性化太强，标准化比较弱，这是一个两面性的问题，我们要平衡地去把握。真正的茶道是没有维度的，那是一种时空凝固的临界状态，深深地进入宁静。只要你能够全神贯注，那么茶里面的物质，茶多酚、茶多糖等，都能在你身上发挥作用。如果心性太躁，那么茶在你身上也会付诸东流。

最后祝大家永远健康美丽，谢谢大家。

（以上内容根据 2012 年 4 月 27 日的讲座录音整理，略有删改）

中国多极化战略分析

周　勇

主讲人简介：周勇　武汉大学国际关系专业博士毕业，浙江理工大学讲师。主持和参与多项省、市级研究课题，发表学术论文多篇。

在讲述这个问题之前，我做一个声明，我在这里面所讲述的东西，无论是 PPT 上所展示的东西，还是我本人解释的东西，仅仅只代表我个人的看法和观点。如果能激发大家对问题的关注和思考，我觉得可能就达到了我今天讲座的目的了。我把题目定为中国的多极化战略分析，它有三个层次，第一个层次就是中国多极化战略的内容，可行性和困难挑战是什么，这个主要属于政策层面；第二个，中国为什么要实行多极化战略，这跟当前的国际政治格局发展的态势是有关联的；第三个，也是最深的一个层次，我们从学理上来讲，国际上的格局指什么，我们了解了什么是国际政治格局，当前的国际政治格局是什么态势，中国是为了适应这个态势，并且在这个态势面前，实现自身的利益，而提出来的多极化战略。这是属于三个层次的，那么从我们学理上“知其然，要知其所以然”的角度来讲，这三个层次是并重的，都很重要。因此今天的重点是国际中的格局是什么，当前的国际政治格局态势是什么，然后在此基础上就可以推出，中国为什么要实行多极化战略，以及实行怎样的多极化战略。

何为国际政治格局，从它的定义来讲，非常简单——在一定历史时期内，在国际舞台上的主要政治力量，相互联系，相互作用而形成的一种结构状态。

换言之，国际政治格局就是国际舞台上的政治力量的对比状态，我们应该注意到，在这个概念里，至少包括四个方面的内容。第一，国际政治格局，它考察的并不是泛泛的国际关系里面所有的现象和所有的行为主体，它只考察一类行为主体，就是主要力量，它主要指的是什么，简单地来讲，就是大国或者是大国集团，我们当今世界上的主要大国有，美国，俄罗斯，中国，日本等，它们具有全局性的影响。大国集团，比如欧盟，有人说像北约比它更大，那么它是不是我们国际政治格局考察的主要政治力量呢？在冷战时期，它是，但在今天却不是，为什么不是呢，因为成员国之间的分歧，相对于成员国的主要战略意图、目的来讲，成员国之间的分歧要远远大于成员国之间的共同点，因为它是一个重要的力量，但它却不成为今天考察国际政治格局当中的这个主要的力量。联合国更大，它是不是我们考察的主要政治力量呢？也不是，因为联合国它没有普通的民族国家所具有的独特的国家利益诉求。目前政治组织里边，我们只考察一个，就是欧盟，这跟欧洲一体化发展到今天比较高的程度是有很密切关联的。从这一点，我们大家可以看得出来，国际政治格局考察的对象，并不是普通的国际政治行为体，考察的是大国，或者是大国所构成的、具有全局性影响的国际政治组织。这点明确了国际政治格局的概念，反映了当今国际政治在于大国政治的这样一种本质，也是一种现实，这是我们大家，在考察国际政治格局时，应该注意到的第一个方面。

第二，概念里提到“考察主要行为力量”，这又是什么意思。“行为力量”就是“力量对比”，现在很多人在考察国际问题、国家间关系的时候，很喜欢把它们提到“格局”的角度上考察，实际上绝大多数的事件它对“格局”有影响，但是很难上升到“格局”的层面。有一些事件影响很大，比如朝鲜战争，对地区的局势、对整个世界影响都非常大，对于新中国来讲，意义就更大了，我们经常说新中国在国际上站起来，就是 1953 年《关于朝鲜军事停战的协定》签订。这样如此重要的一场战争，它是不是改变或者形成某一种格局的战争？不是，道理非常简单，在打这场战争之前，也就是 1950 年之前，以美苏为主导的两极格局已经形成，而在这场战争结束以后，1953 年以美苏为主导的两极格局仍然存在，这场战争没有形成如同两极格局这样一种基本的国家政治格局面貌，因此它不是一个改变格局的事件。之后的另一场战争，越南战争，美国人直接承认自己失败了，对美国的内政和外交，乃至于对国际局势产生的影响更大。它仍然不是一个改变格局的事件，理由同之前的一样，战争之后，尽管美苏的攻守态势有所变化，但两极格局还是维持了下来，因此越南战争仍然不是改变格局或者是形成某种格局的事件。

2007 年美国爆发金融次贷危机，2008 年扩展为全球范围内的金融危机，危机的后续影响今天还存在，爆发这场危机的时候，好多人都说美国衰弱了，甚至有人直接宣判多极时代已经来临，时至今日基本上可以断定这场危机的主要破坏力量的释放过程已经完成，当然它的后续影响还在。从今天来看，没有人说美国不是超级大国了，也没有人讲在美国之外崛起的另一个超级大国，好多人说中国在这场危机当中地位得到了相对提升，提升得还很明显，但是从目前来讲，几乎没有学者来作出判断，中国成为另一个超级大国了。因此在这场危机之前，和这场危机之后，大国的力量对比状态仍然呈现出一超多强的态势，尽管这种危机的影响很大，今天影响还在，但是它仍然不是一个改变格局的事件，那么从这个意义上来讲，国际政治格局其实反映的是国际政治领域里面相当深层次的一个概念。

那么我们来看哪些事情是属于改变格局的事件。苏联解体，苏联解体直接导致两极格局类型转变成今天的大国关系这样一种对比状态。所以这是我们大家在考察国际政治格局的时候，应该注意到的第二个方面，无论何时，我们在考察国际政治格局的时候，始终要牢牢地抓住它的这一个最核心的内容，一个是主要政治力量，另外一个是这些政治力量之间对比关系。很多国家外交行为上并不得分，搞得灰头土脸，很狼狈，但实际上这些行为并不一定会影响了这个国家的实力状况，小布什到中东去访问，结果被人家扔鞋子，我们好多人说美国外交失败，扔鞋子的确表明一些问题，但是扔鞋子并不直接导致美国实力的下降，同样某些国家的领导人在国外，到国外去访问，受到了很高调的赞扬甚至是吹捧，这种东西反映了一些问题，但并不能直接促成国力的上升，更不能够改变国家之间力量对比状态，所以这是我们大家应该注意到的，这个概念的第二个方面。

第三，国际政治格局的形成维护。它具有稳定性，我们并不是从时间上考察，如果考察近一两百年的国际政治格局，我们会发现有的国际政治格局维持时间很长，有的维持时间很短。比如 1815 年拿破仑战争结束到第一次世界大战之前，将近一百来年的时间里，世界是一种格局形态，我们称之为“维也纳格局”，它是一种多极格局，这种多极格局维持了将近一个世纪的时间。从第一次世界大战到第二次世界大战短短二十来年的时间，世界上出现了两个不同格局，第一个是在纳粹集团形成之前的一个多极格局，纳粹集团形成之后形成了纳粹集团和反纳粹的国际统一战线，这个两极格局存在时间很短。1945 年二战结束以后，迅速地被以美苏为首的两极格局所替代，两极格局维持了半个世纪的时间，到苏联的解体，一直到今天这样的一种大国之间的力量对比状态。有的格局存在的时间是一个世纪左右，有的格局存在的时间就十来年，格局的稳定性不是从它所存在的时间长短来定义的，而是从形成和改变格局的难度上来讲的，自从人类进入近现代社会以来，一直到今天，形成或者是改变一种格局非常之难，除了冷战的结束以外，其他都是通过大规模的战争来实现的。而且从趋势上来讲，这些战争的规模一次比一次大。苏联解体是格局转换极其特殊的例子，当然导致苏联解体除了有苏联内政方面的原因，有国际政治格局方面的原因，也是长达半个世纪的高压积累的结果。它的特征对我们今天思考中国多极化战略是非常重要的，我们不要指望多极化战略会在比较短的时间内奏效，因为国际政治格局这个概念所反映的内容本身就决定了它很难“一蹴而就”，这是第三个方面。

第四，国际政治格局应该注意到什么，毫不夸张的讲，一种类型的国际政治格局或者是某种国际政治格局，基本上就代表着一个时代，以不同的国际政治格局为背景的国家关系、政治关系、经济关系、文化关系及人员往来关系，都表现出极大的不同。最近二十年来，全球化取得了如此迅猛的发展，这跟两极格局的崩溃有着极其密切的关系。另外对于我们人员往来来讲，格局也会发生着重要的作用，比如很多人出国，特别是到西方发达国家去，出国办签证，签证要审查你一系列的东西，现在出国越来越难。另外出国签证向两个方面进行倾斜，一个是技术，一个就是投资（技术签证，资本签证），三四十年前的话，投资和技术签证有，但是这个比例较低。当然还有另外一种类型的签证，叫政治签证。这些都是因为格局形态的不同，所以说，一种国际政治格局基本上就代表着一个时代。

影响国际政治格局的因素非常多，我提出三种被认为是比较大的影响因素，这些影响因素也是我们以后分析国际政治格局和看待今天国际政治格局时重要的参考。其一是国家的类型，主要是大国，其二是大国之间的关系，其三是大国的数量。先说大国的类型，国家在国际体系当中，追求国家利益这个原则没有发生变化，但是不同的国家，它认识国家利益的方式、内容是不同的，在实现国家利益的手段上，也呈现出明显的差异。清朝顺治时期，西方国家就想打开我们中国市场，他们派了一些使节过来，觐见皇帝的时候，就发生了礼节之争，几乎所有国家的使节对晋见中国皇帝苛刻的礼仪都难以接受。但是有一个国家的代表团没有任何异义就表示接受，这个国家是荷兰。当时荷兰的使节在他的日记本里面写下了这样的一段话，现在仍存放在荷兰国家博物馆，大意是“与打开天朝的国门所可能带来的商业利润相比，行一个三叩九拜的大礼又有何妨”。而与此同时，另一个国家的使节代表团对这一套礼节极其反感，其中是最强烈的，就是沙俄。当时荷兰被称为“海上马车夫”，是最强大的海上霸主，沙俄还是一个封建专制国家，国家的性质不同，会导致国家看待利益的方式、内容，以至于实现利益的手段都是不同的。另外，在对殖民国家的态度上，美国也和别的国家不一样。八国联军侵华的时候，按照雨果的说法是“八个强盗”，美国也是强盗之一，但是我们要知道，美国的一部分赔款是用于中国的医疗和教育事业，清华和北大的前身，特别是清华的前身。苏维埃建立不久之后，就向周围的一系列国家发出了《告各国劳动人民书》，里面所讲的大致内容，第一苏联不会欺压周边的这些邻国和相邻民族，同时也不承认任何国家有欺负别的国家的权力，因此沙俄时期通过不平等的条约来获得的一系列的不平等的权力和领土，苏联是不承认的。在《告各国劳动人民书》里，苏联表示愿意和周边的一系列受过不平等条约伤害的民族和国家谈判，主要内容有两点，一点是取消这些不平等的条约所带来的政治特权，另外一点就是侵占的领土要归还。这些发生在苏联建国的初期，今天来看，这是不可想象的，在国际关系史上几乎也是绝无仅有的，后来苏联忙于内战和对外战争，这个时间放了下来，所以斯大林全面接管苏联的内外事物。斯大林除是一个社会主义者之外，还是一个民族主义者，因此这个问题就放下，就没谈了。但是苏联在早期所表现出来的这种特殊的性质仍然非常重要，也是非常值得我们去研究的，我举的这些例子是告诉大家，国家的性质不同，它会导致看待国家利益的方式不同，因此看待利益的内容也不同。

其二，大国之间的关系也会影响到格局。有两个方面，第一个，大国之间会进行关系的分化组合，不同的分化组合会形成不同的格局；另外一个方面，大国之间关系的不同性质，它对国际政治格局也会具有不同的影响。国家之间没有永恒的朋友，也没有永恒的敌人，唯一永久的是不变的利益，英国和美国之间的关系，现在有一个概念说明它，我们叫英美特殊关系。另外一个学术化的语言来讲就是部分霸权，美国这种部分霸权从谁的手里面获得的，从英国手里面获得的，那么英国为何把手中的霸权转移到美国人的手上去，有人说是被二战的形势逼迫的，这话有一定道理，被迫是必要条件，没有被迫，英国不可能把霸权转移到美国人的手上去。如果我们大家以后对国际政治持续了解，特别是学习国际政治经济学的话，我们发现霸权所带来的利益实在是太丰厚了，我本人并不是一个霸权论者，但是我们应该看到霸权几乎影响到整个区域，所有的资源为霸权国所享，因此被迫只是霸权转移的必要条件，并不构成霸权转移的充分条件。在此之前，有不少国家都被迫过，西班牙和葡萄牙曾经被荷兰被迫过，都是通过战争手段获得的，后来荷兰被英格兰打得不行了，霸权就被英格兰抢去了。为什么英美会出现出这样的一种和平移交，从典型的利益还不充分解释这样的一个问题，我们必须要引入另外两个东西，一个是文化，一个是血统。美国是移民国家，但它有其主体民族，那就是盎格鲁撒克逊，从哪儿来的，英格兰来的。而它的文化，我们大家知道，美国是一个大熔炉，是一个多文化的国家，并不是说它没有主体文化，这个文化传统也是从英格兰来的。因此我们在解释英美特殊关系时，要引入这两个东西，这两个东西导致英美关系与别的国家之间的关系呈现出极大的不同。我们比较一下，英国和美国之间的关系和法国与美国之间的关系，这种差异表现得非常突出，国家间的关系性质有很大不同。

另外还有一个，在地区格局上，还有一个关系是非常特殊的，是美国和以色列的关系。说美国支持以色列，是为了什么，控制中东国家？控制中东国家这个论点在冷战时期是站得住脚的，在冷战结束以后，随着美国对中东国家逐个整合，那么美国还花如此之大的力气支持以色列，说符合于美国控制整个中东这种战略需求，这种讲法恐怕就不一定站得住脚了。我们一般把中东国家分为三派，第一个是反美，第二个是中立，第三个就是亲美的，反美的国家目前屈指可数，按照现在的这种态势进一步发展下去的话，很快整个中东就会落入到美国的股掌之中了，它所带来的后果是非常严重的。但是在这种情况之下，美国对以色列的支持没有减少，很多学者都认为对于美国控制中东的大战略来讲，它是有损害的，但是美国还在支持，因此从利益论的角度来讲，很难去理解它。但实际上来讲，美以关系也是一种非常特殊的关系，跟两个东西也有关，第一个就是宗教，宗教圣地，另外一个就是犹太人在美国社会特殊的地位和影响作用。因此我们大家要注意到，在考察格局的时候，面对大国之间关系的性质千万不要掉以轻心，我们很多人认为，所有国家之间的关系是一样的，一定不是这样的。

其三，大国的数量。讲这方面之前，我在这里提醒大家两点，每一种影响格局的要素都可以成为划分不同格局类型的标准，也就是说我们是以什么样的标准去划分不同的国际政治格局？因为划分的标准对于明确和确定我们自己的战略目标，设计战略是非常有用处的。那么今天我们应该从哪种角度去区分不同的国际政治的类型、国家的性质，尽管有美英特殊关系，美以特殊关系，但是就目前几个大国的总体的关系状态来讲，是以利益论为主的。因此从类型、关系以及其他的标准来区分不同的国际政治格局，在今天来讲，它的效用度都不太大，但是以另一种标准，来划分国际政治格局，在今天来讲效用度是突出的，就是数量，就是看大国的数量有几个，以这个来划分国际政治格局能比较突出地反映今天国际政治格局发展的主要特征。并不是其他的不存在，其他的也存在，只是说没有它这么突出，这是我们大家要注意的，大家以数量为标准来区分不同的国际政治格局，背后也反映了国家性质和国家间关系的性质，它趋同的这样的一种现实，那么以数量来区分不同的国际政治格局，简单地来讲，有三种或者是四种，就是说在一个国际政治格局当中，如果大国只有一个，其他的国家明显和这个国家构成实力上的差距，这种国际政治格局是单极格局，单极霸权，典型意义上或者绝对意义上的单极霸权，历史上还没有出现，但是在不同的时期不同的领域它是出现过的；如果在一个国际政治格局当中，两个大国，或者是形成了两个国家集团，那我们说是两极格局，一战期间是一个，二战期间是一个，二战之后的冷战，又是一个两极格局；如果是三个，三个大国，三极格局，三个以上，我们把它称之为多极格局。那么有人要问，这不就是大国的数量吗，大国的数量不同会导致格局的类型不同，这好像只有数学上的意义，那么它的政治学和对于国家的战略学上究竟有什么意义？

冷战时期美国对外战争的目标非常简单，想方设法地遏制甚至是消灭苏联。为了遏制苏联，美国提出来一系列的目标，80 年代之前一系列的不断加强的遏制战略，到老布什时期提出来超越遏制战略，它比遏制战略还要厉害、目标更高，超越遏制战略是什么意思，遏制战略是把苏联的影响力压缩到苏联的边界以内，只能影响自己，不能影响外界。超越遏制战略的目标更厉害，美国的影响力不能够止于苏联的边界，美国的影响力要伸入到苏联的边界以内，要影响苏联，那么实际上来讲，我们考虑到苏联的和平演变，美国部分做到了，彻底把苏联给消灭了。但是苏联消灭以后，美国联合其他的西方国家开始援助俄罗斯，这很奇怪，美国为什么要援助俄罗斯？现在我们看到的资料是，美国援助俄罗斯是假的，因为美国人开出一个很大的单子，最后真正到了俄罗斯手上的援助额度很小。这话有一定道理，有学者专门统计过，根据美国在不同场合下所开出的单子，除去重合性的部分，把它累加起来，发现美国开的单子挺大，一万多亿美金，而实际到了有多少，根据俄罗斯方面所公布的档案，实际到的额度3000多亿美金。但是要考虑到另外一个现实，在国际关系史上，3000亿美金这样的国家间援助，仍然是十分罕见的，那么从这个意义上来讲，美国人援助也不是假的，是真的援助。美国援助俄罗斯有两种方式，一是全面支持俄罗斯继承苏联的国际地位，包括联合国安理会的常任理事国的席位；另外一种就是资金援助。苏联崩溃以后，形成了一系列的共和国，俄罗斯仍然是一个联邦，当时面临着进一步分裂的可能，在其单极霸权尚未建立的情况下，如果俄罗斯联邦进一步崩溃，变成又小又弱的一系列国家，美国认为，它还没有建立单极霸权，它获得不了好处，而获得好处的是另外的两个政治实体，一个是欧盟，一个是中国，这和格局的判断是有关系的。这两个政治实体力量加强，对于美国的独霸战略来讲是一种损害，美国要改变联盟战略的支撑，而联盟战略当中最重要的就是大西洋联盟，就是美国和欧洲的联盟。冷战结束以后，欧美的分歧在90年代，曾经有过扩大的趋势，但是并没有脱离联盟，欧洲为什么会留在大西洋联盟里，为什么要充当美国的战略小伙伴，美国的判断非常简单，有一个最为基本，也是最为重要的原因，就是俄罗斯的存在。从历史上来讲，能够威胁到欧洲的稳定和发展，就是俄罗斯，而现实来讲，俄罗斯在发展过程中，就经济发展来讲，和欧盟肯定不在一个层次上，政治影响力比较大，但是和欧盟比也有差距。但是俄罗斯是一个军事强国，因此只要有一个对西欧军事威胁的存在，欧盟就不会脱离大西洋联盟，就会一直被美国捆绑在争霸的战车之上。俄罗斯联邦留下来，对于美国的独霸战略是有极大益处的，如果俄罗斯崩溃，大西洋联盟很可能不存在，欧盟有可能要寻求独立发展，另外如果俄罗斯进一步碎片化崩溃，美国人认为对中国有好处。90年代初美国智库里多个报告里面提到，中国未来的发展，将有两大瓶颈，第一大瓶颈是对外的海上战略通道，这个瓶颈在20年后的今天已经表现得非常突出了。第二个是资源的匮乏，今天也表现得非常突出。如果俄罗斯联邦崩溃，美国认为中国会向西北部扩展，假如中国的势力伸到西北部的话，那么对于中国会有两个好处，首先中国会获得极大的战略纵深，其次中国的资源困境会得到有效缓解，这是美国不愿意看到的，从这个意义上来讲俄罗斯联邦不能崩溃，这就是多极格局里面的规则在起作用。所以我这样一解释，大家就明白了，为什么美国去援助俄罗斯，在不同类型的国际政治格局下，国家活动的原则，国家处理彼此之间关系的规则，都是不同的，因此从这个角度来讲，对于政治格局的判断是不能够发生错误的，如果对国际政治格局的判断发生错误的话，整个国家的战略完成有可能是建立在错误基础上，其后果是非常严重的。

另外一点，大国的数量不同，导致大国之间博弈的方式会呈现出很大的差异。如果冷战结束以后美国能够单极独霸的话，那个时候俄罗斯即使崩溃了，中国和欧盟也得不到好处，而美国却能从中获益，这就说明国际政治格局不同，国家的活动规则也不同，这是我们分析国际政治格局的意义所在。当前的国际政治格局是一超多强，相当多的人，业界甚至有一部分专家学者都是这样认为，今天的国际政治格局就是一超多强。一超多强有两种说法，一种是"一超四强"说，"一超"就是唯一的超级大国美国，"四强"指欧盟、俄罗斯、日本、中国；另外还有一种是"一超七强"说，在"四强"的基础上加上另外的"三强"：巴西、印度、南非。无论是"四强"说，还是"七强"说，简单地把它概括为"一超多强"。当前的国际政治格局是不是一超多强，有的人说是，如果一超多强是国际政治格局，那么要问，一超多强是属于单极格局，两极格局，还是三极格局，抑或者多极格局？发现都对不上号，它是从数量的角度来划分国际政治格局，但是它对不上去，这是我们碰到的一个逻辑难题，这个逻辑难题里面就蕴含了对这个问题的回答。这是我个人判断，我认为一超多强根本就不是一种国际政治格局，为什么？因为它并不是一种稳定的力量、对比的结构状态，国际政治格局除了大国之间有力量对比之外，它要形成稳定的力量对比的结构状态，没有形成这种结构状态，它不算是国际政治格局。因此当前的一超多强，我们只能讲它是大国之间的力量对比状态，但是只有稳定的力量对比状态并且形成了结构，它才算是国际政治格局。它没有形成这种格局，没有形成一种稳定的力量结构，因此它不算，所以我们仅仅把它描述为当前的大国的力量对比状态，它是协调未来格局的基础，如果我们把过去的格局，未来的格局看成是一个连续体，那么我们就把一超多强看作为两极格局崩溃以后到未来某一个格局，最终形成之间的过渡状态，它本身不是一种格局。我们大家注意两个内容，第一个就是极有可能跟一超多强相关的，其他典型格局里面的处理国家间关系的原则，在一超多强的一种过渡状态当中，都要部分的发挥作用，单极格局里面的某些规则在一超多强的这种过渡状态当中是要发挥作用的。有人说美国不是独霸，但是我们发现这个世界上有很多问题，没有美国的存在是解决不了的，而且美国人的确用单边的做法解决了一些问题，小布什时代就是这样的。但是小布什单边主义的实施，导致美国在单极独霸的这条路上走得更远了，这说明美国还不具备单极独霸的能力。另外，一超多强究竟走向何方，理论上来讲，一超多强具有走向各种不同类型格局的可能，但从今天各个大国发展的态势以及他们之间相互的关系而言，最有可能的是两个结果，一个是单极格局，另外一个是多极格局。单极格局，唯一的超级大国美国和另外的“多强”，中间的实力差距不断拉大，最终走向单极格局，这个过程我们称之为格局的单极化；多极格局，“一超”和“多强”，或者是“多强”当中的几强实力差距不断缩小，最终形成多极格局，这个过程称之为格局的多极化。总体态势只会有一个，但是我们可以这样讲，推动这个世界朝单极方向发展的力量，它指的绝对力量在增大，同时推动这个世界走向。如果说多极格局的力量也在增大，这个话是讲不过去的，因为它是指绝对力量双方都在加强，这是可以的，但是单极化和多极化，它是对总体趋势的判断，不可能存在两个，只可能存在一个。

现在媒体总是渲染世界朝着多极化方向发展，但是我想给大家提一个醒，世界仍然有走向单极格局的可能。我们首先从国力的对比看，美国是唯一的超级大国，综合实力不仅远高于另外的几强，欧盟、俄罗斯、中国和日本，而且中间的差距不在一个数量级上。别看美国被金融危机搞得这么狼狈，即使按照经济水平来衡量，它的国家经济增长预期今年是1.9%，这比很多国家增长5%、6%的增长额度其实要大。综合实力除了量的标准外还有结构，有的国家综合实力不均衡，像俄罗斯军事实力很强，它是军事超级大国，但是在政治上和经济上没办法称为超级大国，有一些国家经济上很强，但是它军事上很弱，像日本。因此从结构上来讲的话，一种简单的分析方法，我引用约瑟夫·奈的话，他说这个世界军事上是一个两极结构，美俄互相都具有摧毁地球的能力；政治上原先是三极，现在是四极结构，美国、欧盟、俄罗斯、中国；那么在经济上，是四极结构，美国、欧盟、中国、日本，这样的一个世界结构。只有唯一的一个国家，在军事，政治和经济三个方面都出现了，就是美国，这说明美国的国力不仅数量大，而且结构是均衡的，是合理的。都说美国的军事开支很大，甚至在金融危机发生时军事开支还这么大，如果我们看一下比较有名的研究机构斯德哥尔摩和平问题研究所，它发表的各国军费开支的报告，美国的军费开支占GDP的比值，美国人均负担军费开支，美国军费开支占人均财富拥有量的比例，这三个比例在大国当中，美国是中等偏下的。很多人讲，美国是一个穷兵黩武的国家，其实不然，所谓穷兵黩武，就是破坏了可持续发展而发展军事，而美国不是这样。说到军费开支，根据公布出来的各国军费开支来进行衡量，有一部分国家军费开支不太透明，那就很难估算了，从冷战结束到现在20多年，美国一家的军费开支占整个世界军费开支的43—48%之间，就是说20多年来，美国的军费开支几乎占到世界军费开支的一半，这个太可怕了。大家注意两个横向量，一个是美国资金的使用效率，如果你发现美国的资金使用效率还不算太低，就会知道这20年积累下来的后果是什么；另外，美国之前的一个霸权国家就是英国，英国称霸世界的时候，维持的是海军的两强标准，各国海军按照吨位、排水量来进行衡量，要排出一二三来，英国的海军舰队的总吨位应该是世界的NO.1，并且其总吨位的数额还相当于排名第二和第三的总和，这叫两强标准，英国最强的时候也不过如此。再来看一下美国今天的局面，我们经常说这个世界从国力角度来讲的确是具有走向单极的可能，我们官方文件里面是这样说的，要警惕走向单极独霸的风险。其实它的意思，我们大家都知道。那么这是从简单静态的国力对比，我们可以看到这种风险或者这种可能，从动态上来讲，好多人觉得美国会衰弱，美国衰弱论，其实这点最先不是其他国家人提的，是美国人自己提出来的，美国这个国家是一个很具有忧患意识的国家，可能会衰弱，而不同的学者有不同的看法，我也有我的看法，不一定正确，所以我在讲座之前，就跟大家声明，我讲的东西不一定正确，你不同意很正常。

个人认为，如果要回答是否衰弱了，其实还要回答另外三个问题：第一，曾经导致美国崛起的东西是什么；第二，这些导致美国崛起的东西在今天是否还能发挥作用；第三，这些东西在今天的美国社会当中存在与否，如果说不发挥作用了，或者是消失了，那么我们说美国衰弱可能是对的，如果曾经导致美国崛起的东西，今天还是国家继续前进的动力，并且它在美国社会还存在。那我告诉你，美国不会衰弱，美国只是暂时的调整。曾经导致美国崛起的东西是什么，这是非常值得我们大家去深思的。从国际政治、国际关系的战略角度上讲，我个人认为，导致美国崛起的东西很简单，就隐藏在美国的独立宣言里面，保障人的平等，保障人自由的竞争，这个东西非常重要，奥巴马上台再一次表明，这种平等和公平竞争的环境仍然存在，美国梦仍然是美国吸引全世界青年才俊的秘诀所在。所以这么简单的判断不需要经过很深的论证，我认为美国不会衰弱，目前存在的问题是暂时性的调整，从这个意义上来讲我们必须时刻警惕这个世界有走向单极的可能或者是危险。为什么说走向单极世界是一种危险，这跟我们国家战略有关。无论未来的多极格局，是以一超四强为版本发展而来还是一超多强为版本发展而来，考虑到我们中国目前自身的发展状况，未来的多极世界，无论如何是有我们这一极的，因此走向多极世界，对于我们这个民族未来的发展空间和条件是非常好的，所以在有可能出现多极的情况下，我们必须推动这个世界走向多极格局，这可以说是历史留给我们的，一个非常难得的机遇。那么在这种情况下，我们必须坚持推进这种可能，把可能变成现实，所以我们中国制定多极化战略的政策目标，政策手段，我们在网上可以搜索关于和平发展，和谐世界，和平共处五项原则等等，包括最近慢慢开始调整的，在局部领域局部地区开始有所作为，多次在做这方面的转变，或者在做多极化战略的积极部署等。

在这里面，我还是跟大家强调一下，多极化战略，并不是我们这个国家孤立地在推动，多强在不同的场合都表示了这样的一种愿望，欧盟、俄罗斯，包括印度、巴西、南非，还有日本羞羞答答地也表示过想推动这个世界朝多极化方向发展。但问题在于两点：第一，他们如何处理与美国单极独霸战略之间的关系，这个问题是非常麻烦的；第二，有可能成为极的这些国家，在争取多极化格局到来的时候，他们各自的多极化战略，又有很大的差异，中国的多极化战略，和日本、俄罗斯、欧盟相比有很大的差异，那么这些差异导致了他们的多极化战略至今还没有形成实质性的政治合理，这也妨碍了多极化格局的早日到来。关于后面的中国坚持多极化战略的一些内容，今天我就不细讲了，我们大家可以在下面去查阅有关的书籍资料。因此今天的重点，我是把它放在国际政治格局，以及当前国际政治格局的发展态势这两方面，从这里可以推导出，中国坚持多极化战略格局的依据和意义。好，我就讲这么多，谢谢大家。

（以上内容根据2012年6月2日的讲座录音整理，略有删改）

在思考的荒原上独立行走

——如何构建自己的阅读坐标和观察社会

陆春祥

主讲人简介： 陆春祥　笔名陆布衣、陆天、步六孤等。中国作协会员，国家一级作家，浙江省作协主席团委员，《杭州日报》编委，浙江传媒学院、浙江理工大学等客座教授。已出杂文随笔集《新世说》《新子不语》等著作十余种。作品曾获第五届鲁迅文学奖、浙江省优秀文学作品奖、上海市优秀文学作品奖等。

各位台州的朋友，非常高兴和大家见面，让我们有一个交流关于阅读的机会。在讲座前，我想用一个引题，《论语》当中的两个小故事，就是子贡问孔子如何去治理国家，孔子说有三件事情就可以了，“足食、足兵、民信之矣”，有足够的粮食可以吃，有足够的兵力可以保卫国家的国防，另外民众有自己的信仰，这样三样事情做好，一个国家就治理好了。子贡又问如果我们把三样事情去掉一件，哪一个可以去掉，孔子说只能去掉国防；两件事情如果再去掉一件，那只能去掉食，把我们吃的给戒掉，人不吃饭不就死了吗，但是没有信仰，比死了还不如。信仰是于关于精神层面的，《论语》中提到颜回的时候，孔子赞扬他有一句话叫做“贤哉，回也”。颜回应该是非常贤明的人，看他的生活态度，“一箪食，一瓢饮，在陋巷，人不堪其忧，回也不改其乐”，现在大家都追求住高楼大厦、住别墅，但是颜回住在这么简陋的房子里还很高兴，不改其乐，我想他应该是乐于学，是一种良好的生活态度。我就用这两个小故事来作为开场。

在物质文明比较富裕的今天，大家都在讲究一种精神，有的人说自己精神空虚，那么如何来充实我们自己的内心，每个人都有不同的方式和方法，我觉得通过阅读是一种比较好的方式。我们国家最大的图书馆中国国家图书馆里面有 2700 万册藏书，是世界第三大图书馆，在座有些读者可能去过，那个场面非常的壮观很震撼，里面有很多的宝贝，比如说《永乐大典》《四库全书》，都是独一无二的。当然我们台州图书馆新建不久，发展也很快。英国作家王尔德说过这样一句话："书一半是作者写的，一半是读者读的"，很多的书作者写完了还不算，还要有一半是读者读的，所以今天我们为了一个共同的读书目的而走到一起，来交流一下关于读书的一些方式和方法。

关于思考。古印度有人说人应该把中年以后的岁月全部用来自觉和思索，为什么呢，以便用来寻找自我生存的方向，所以他们非常注重"内观禅修"。有一期《三联生活周刊》作了关于精神方面的专题，介绍印度的"内观禅修"，如何来观察自己，内观，就是观察我们自身的一种方式，通过观察自身来净化自己身心的这样一个过程。它要求在内观期间"五戒"，不杀害任何生命、不偷盗、不邪淫、不妄语、不服用所有的烟酒毒品，一天二十个小时不可以说话，身体、言语、意念都要求静默。那么为什么他们会做这些呢？我们身边可能有一些亲朋好友信仰宗教，现在社会虽不提倡但是不会去排斥，宗教是实现内心平静的一种途径，是所谓的一种精神避难所，虽然它的一些想法和我们现实生活有区别，但是它仍然有积极的地方。我不知道在座各位有谁到过印度，印度贫富差距非常大，但是印度人有一种信念，他们做事不急不躁，内心有一种向往，他们内心有一种"线"，我们叫做"圣线"，那里很多人都是信佛的，他们把自己的希望寄托在来生来世，自己这一生是有罪恶的，需要修尽完毕达到下一辈子，对我们来说好像不可理解。大家如果到过西藏、四川，川北那边，会看见一种场景很震撼，藏民走五步路，把一个垫子铺到地上就这么去朝圣，他们要从西藏的各个地方走向布达拉宫，有的时候要走十几年，他就是这么一步一步，三步五步这么跪拜过去的，我们常人很难理解。所以刚才我说，宗教它有好的地方、积极的地方，它也是帮助我们实现内心平静安宁的一种途径。

我不信佛，但我比较尊重宗教，我也在看一些佛书，前一段时间我在看《心经》和《禅经》，看的时候就把这些书当成哲学书来读，它里面讲的一些哲学意义还是非常深的。前两天我看了一个数字说中国人的阅读最新的数字是每人每年读书大概在 4.5 本，我相信在座的读者肯定不止，这是中国人的平均数，最多的是以色列，每人每年会达到四十本。毛泽东他一生读书超过十万卷，卷跟本概念不同，著名的学者钱钟书他的著作叫《管锥编》,《管锥编》索引的著作超过一万种以上，那他至少读书在一万种以上。老子曾经说过“夫唯不争，故天下莫能与之争”，老子的无为哲学，不要与人去争天下就不能与你争。实际上对这句话的理解，不是很简单的不要与人去争，那你就具备很强的实力，天下人就不能与你争，其实也不是这样，按我的理解它至少有三层意思，“不要与人争”告诉我们要主动的谦让；第二就是要积极的充实自己，你不争不是说消极面世，而是要积极的充实自己，如果有了前面这两点，主动的谦让和积极充实自己，那你可以战胜对手而不见争斗。不读书整天打麻将、打牌的那些人，他们每天也很快乐，但是我们读书读的多了，有的时候会发现越读越不懂，我们不懂的东西太多了很惶恐，这里也不懂那里也不懂，这非常正常，就像你划圈一样的，你越懂得多，外面这个圈所代表的无知的东西越多。所以我们经常会想到西方存在主义哲学共同的一种疑惑，和我们宗教里的疑惑差不多，有三个问题我们经常会问，你是谁，从哪里来，要到哪里去，所有这些问题都不会有一个很满意的答复，是存在主义共同的一种疑惑，说不清楚你是谁，你以为就是简简单单的一个名字和你的人生吗，其实不是这样，如何来理解这些都是我们可以通过读书而得到解释的。

法国著名作家雨果曾经说未来属于两种人，哪两种人，一种是思想的人，一种是劳动的人。一百多年以后，我们想想这两句话，好像还是比较正确的，未来确实是属于两种人，思想的人和劳动的人，不过这个思想的人可以再挖掘，比如有思想的人，它其实分很多很多类型，我们把思想家称为刺猬，把学者称为狐狸，很多人都会这样说，其实这个概念是非常大的，我甚至可以这样说，其实思想的人和劳动的人说的其实都是一种人，都是劳动的人，思想也是劳动。每个人思考的精神领域其实都是荒原，只有思考读书阅读才会充实。今天我讲座的内容大致上有这么几点，一个是对阅读的基本理解，还有阅读的基本体会，阅读如何与我们的现实相结合。

什么叫阅读，阅读一定是多层次的，比如《清明上河图》，这幅图里有很多的人物和场景，但是你如果用一种阅读的方式去仔细的看，会发现很多有意思的事情，看画也是一种阅读。《清明上河图》里面画了一千六百多个人，各式各样的场景，其中有一个场景是官家的轿子出来，前边有人举着“肃静、回避”，一个小孩在路中间玩，他妈妈怕他被马踩到，惊慌地把他抱起，像这种场面你只有非常认真的去看去理解，你才会感觉到，这个作者观察生活太深刻了。还有一个画面，有一个大官进城，前面有开道车后面有随户，城门口还有一群叫花子其中有一个没有腿，做官的人回头看了他一眼，很多类似的细节。所以我说阅读应该是多层次的，天文学家他会阅读，他在阅读一张不复存在的星图，建筑师看土地招拍挂拿来的图纸，他也在阅读，他在思考这张图纸上面这块地上面，我如何去把它建成我理想中的家园。

可以类推我们每个人都在阅读我们自身的周边世界，所以阅读无处不在，没有什么神秘，阅读是我们人类的基本功能，我们每天在阅读。但是我们仍然有侧重，我们今天讲的实际上是狭义上的阅读，是纸质书，而现在纸质书也进入到一个瓶颈时代，大家知道每个人手上都有手机、Ipad 这些电子阅读器，其实会影响我们的纸质阅读，但是我仍然是看好我们以后的阅读，可能纸质阅读会越来越小众化。互联网时代它对纸质阅读有冲击，但是纸质阅读不会死亡，我们每个人的阅读习惯不一样，有一些快餐式的阅读在手机等电子产品上可以实现，但是你真正要进入一种安静的阅读，我觉得一定是纸质阅读。关于阅读，每个人都有自己的经验和体会，有一句话叫做“弱水三千，我只取一瓢饮”，原来是形容爱情的，我把它引用到阅读上面，我觉得这句话应该是比较符合目前的阅读。这句话里面有三层意思：要有选择，要有兴趣，要读经典。每年我们国家所出版的图书大约有 30 万种，大家经常到新华书店去看，眼花缭乱，要在这么多的书里边怎么去选择，确实是一个很有技巧的事情，我们扳起指头算一算，你一天读一本书，从一出生就开始读，你活一百年，有多少书读？三万六千多本书。李白有一句诗，“三万六千日，夜夜当秉烛”，古人即使这样书仍然读不完，如果要读到万卷的话你每年必须读一百五十本以上，这个概念是两天一本书，两天一本书我估计在座的有，但是大部分人是做不到的。有的时候你床头的一本书，也许就是去年放在那里，翻了几页，今年还在，说不定明年还在。那么怎样去选择，我觉得要根据自己的兴趣，既然我们时间有限不可能读很多书，那么我们只能选择我们自己感兴趣的，而我们每个人的兴趣不一样，在座两百位都会不一样，我曾经说过在某种程度上，我们读书要想出结果可能是兴趣越偏越好。如果市面上流行的于丹的《论语》、易中天的《品三国》，大家都去买这个书，读完之后其实基本上跟没有读差不多，市面上有很多的励志书，还配上视频，那些演说家在演说，你看看听听非常有道理，最后你看了之后什么用处也没有。这种阅读都是因为没有找到自己的方向，比如说你是一个军事爱好者，看过很多相关书籍，最近南海局势很紧张的时候，我们大家都要听你的，你很有发言权，很多问题都已经研究过了。读过研究生或者读过博士的人都知道，读的书越来越专，会集中在一个很小的概念上面，比如研究唐代妇女的习俗，我就研究这个问题，我会把图书馆所有的关于唐代妇女习俗的书找来看。一看一找最多只有一百本，这一百本书读读还不很简单，读完之后你自己就有研究结果了。读书只是你的业余爱好，你不要带一种功利性的目的去读书，一定说今年我读书要有结果之类的。上语文课的时候，老师上到某一课会去找它时代的背景，那是马上就要用的，我们读书大部分不是这样，只是在充实自己，这样的话你的兴趣就会逐渐培养起来，我们说要坚持，但是有时你发现放在床头的书，看了几页实在看不下去，我建议你丢掉，放到书架上去，找找喜欢看的书，这本书找来你感觉有意思，一个晚上就把它看完的书肯定是你自己喜欢的书。

要读经典，经典作品至少有两个条件，它具有良好的品质和良好的声誉。买书的时候，看看这个书的书名、目录、序言、出版社、版权页等。为什么说一定要不遗余力地读经典，因为他们经过时间的积淀，微言大义，而且经典作品有现实意义。人生太短，好书太多，我们应该要去读一些经典。有一个著名作家马原，有一次记者采访他的时候问他的阅读习惯，他说自己只读“死人”的书，“活人”的书是不读的，我看到他这句话的时候也回想了一下，我发现自己在读的书大约也有百分之七八十是“死人”的书，这里面其实是讲了一个道理，经典的重要性。

我们所说的通常意义上的经典有哪些呢，一般都是指文史哲，还有一些艺术作品，人文学科里边的一些内容。但现实是我们正在远离经典，复旦大学做过一个调查，据说目前的大学生阅读本专业的经典著作大约只有百分之十五，而美国的大学生平均每周阅读量会超过五百页。现在大部分人都选择热门的行业，经济、金融、IT，而大学就业作为唯一的指标为社会培养人才，这种人才观其实不完全正确，但是没办法，被逼的。还有一个比较有趣的现象，现在比较富裕的家庭，他们的孩子在选择专业的时候往往会选一些文史哲，他不愁吃不愁穿，那就读读文史哲吧。读文史哲，并不见得以后就没有用，哈佛大学 2009 年的时候推出了一个通史教育方案，上个月我到浙江大学做了一个讲演，他们的对象是一二年级理工科的学生以及今年新保送的两百多个全国的学生，我也讲了通史的概念。浙大很早就实行通史教育，一二年级是不分的，三四年级开始根据自己的兴趣去选择专业。哈佛大学推出了最新的通史教育方案，这个方案被认为是适应新世纪的一个崭新的培养方案，这个方案分成八大类：第一类是美学与常识性理解，所有的人都要学美学与常识性理解；第二类是文化与信仰，我们今天就属于这种文化信仰的大课；第三类是经验与数学推理，那就比较专了；第四类是伦理推理，伦理推理也可以专；第五是生命系统的科学，那是很专业的；第六物质宇宙的科学，也是很专业的；第七类是国际社会，我们现在大学里国际社会的这种课基本上是不会有的，都靠我们自身去了解现实社会，它专门有课，通史教育一定要了解国际社会；最后有一类是世界中的美国。这个八大类明确提出了人文教育并不是和我们现实生活脱节的，而是通向现实生活的一座桥梁，也就是学文史哲到底有什么用，并不见得有用但是你成功必须要有。我想它重提这个口号，可以这样理解，就是这个世界不是一成不变的，但是学习一种应对，学习一种变化，学习一种思维能力，这是永远的。

现在确实很可怕，我们中国人，很多孩子英语很好，考雅思考托福考得非常好，但对中国人自身的历史却学得比较差。我自己的孩子也在美国留学，平时我还是比较有意识的注重这些人文学科的理解，但是我觉得离我的要求还是有一些差距。很多人外语写得很遛，中文字却写不出来，前段时间上海举行一个画展，其中有两个中学生在毛泽东的画像前面，说这个人怎么这么像唐国强，笑了之后我们就会感觉到很悲哀，很多人连毛泽东也不知道。美国人非常强调自己的历史，虽只有短短的几百年，这是值得我们反思的。所以说读经典有助于弥补我们自身的不足，既然我们这个社会力量有限，我们可以通过个人的努力，如果每个人都达到一种比较好的境界，那么我们这个社会就会整体进步。要选择、要经典、要有兴趣，如果再深入一下我们经常会说兴趣是最好的老师，特别是一些经典，你听了我的话之后马上去找经典，结果经典读了两页之后你就读不下去了，这是很正常的，这基于你以前的学术你以往的一些知识积累。我们读《老子》《淮南子》《东坡志》，我感觉很有意思，你读了之后未必有意思，可能要等我给你讲了以后才发现很有趣。所以一定要有选择。

兴趣这东西很难说，前段时间我看过一个日本作家叫妹尾河童，有一本书叫做《窥视厕所》，起初是在《朝日新闻》上连载，他访问了日本的一些名家，作家、艺术家、电影明星，到他们家里去看他们家的厕所，他大概是学建筑设计出身的，图纸画得非常的精准，把厕所的位置图全部画好，各种装置，里面都是千奇百怪，最后他得出一个观点，生活的中心是什么，生活的中心就是厕所。这本书很有趣，里面写了很多很古怪的一些习惯，有的人他只能上自己家厕所只认这个类型马桶，其它的马桶就不行，有一次有一个作家一次买二十个马桶盖，他必须坐在这个马桶盖上才能成功，因为这个马桶盖过几年就不生产了；还有一个女作家就说只有在她自己家的厕所才能够拉得出来，但是她要经常出差怎么办呢，她的助手就给她模拟一种环境，就跟她自己家里差不多的类型。这本书很有趣，你可以从这里面了解到各式各样的人。一般人觉得，这么隐私不上台面的东西，为什么写得这么有趣这么好，这都是因为他的兴趣。西班牙有一个作家叫塞万提斯，他的兴趣是什么呢，他连街道上的碎纸片他都捡来读，我是做记者出身要求的就是观察非常仔细，在场的哪些人，我一看你们的穿着打扮，就能够估计一个大概，因为做惯了记者可能会观察人，找细节这是最基本的。塞万提斯连街道上的碎纸片都捡来读，他是作家，他在通过各种各样的方式来积累生活。前段时间我看了许广平的《鲁迅回忆录》，当中有一节讲鲁迅在北京时期的生活和阅读，1913 年鲁迅所看的书相当广泛，如诗话、杂著、画谱、杂集、从书、尺牍、史书、汇刊、汉书补、墓志、碑帖，大约是博览的性质，因为他要做校订，1914 年的前 4 个多月他读诗稿、作家文集、丛书、佛书、小学辨证论、居士传、碑帖，到下面八个月就转向佛学，他看的佛书有《三教平心论》《释迦如来应化事迹》《华严经决疑论》《唐高僧传》《阿育王经》等等，鲁迅有一段时间百无聊赖，就抄书，以前的人经常会抄书抄碑帖，我们从他一年的一段时间的读书中就可以看出这个伟人、这个著名的作家他是怎么练成的。

西方有个作家卡夫卡，他的读书很有趣，前面讲了我们读书要选择自己觉得有意思的，卡夫卡的读书观是这样的，我们只该读会咬痛心灵的书，书如果不能让人有如棒喝般的震撼，何必浪费时间去读呢，没有书我们也能同样快乐，真正需要的书是读后令人有如遭晴天霹雳般的打击，像失去至亲至爱或让人有被放逐到荒郊森林，面对不见人烟的孤寂，就像自杀身亡。卡夫卡的读书要求非常高，每个人从事的行业不一样，每个人的阅读体验也不一样。中国古代的皇帝读书，比如康熙，他认为记载书籍的文字乃是天下的宝贝，“朕自幼读书，间有一字未明，必加寻绎，方是得读书真味”，一定要把每一个字都搞清楚，我也基本上养成了这个习惯，我有各种各样的笔记本，碰到不认识的字词就把它们记下来。这是基本功，读多了就是积累，做学问也应该这样。

再来看胡适，1915年2月18日胡适在日记里给自己规定："任重而道远，不可不早为之计，第一，须有健全之身体；第二，须有不挠不屈之精神；第三，需有博大高深之学问"，然后他反省了近段时间读书懈怠，就提出三点改进，其中第三点就是读书，"勤学，每日至少读六时之书"，要读六个小时，"读书以哲学为中坚，以政治、宗教、文学、科学为辅，主客既明，轻重自别"，不要反客为主。胡适是哲学家、思想家、文学家，他需要读这么多书，我们每个人也应该建立一套自己的读书方法。

每个人都有自己的阅读习惯，我自己平时工作比较忙，怎么来处理阅读，我基本上每天必须保证两个小时的阅读时间，这两个小时在哪里，挤出来。一般早上六点半醒，到八点前还有一个小时左右可以读；晚上，处理事情完毕一般是9点半，到11点睡觉，一个半小时左右，这样的话每天可以保证两个小时的阅读时间。因为我的双休日基本上是用来写东西的，所以阅读只有挤时间。且阅读也有侧重，早上脑子比较清醒，就读一些经典，今年开始我在西湖杂志上写一个专栏叫《都是经典》，选了十一本二类经典，我们称之为《论语》《孟子》以外的二类经典，就是《淮南子》《列子》《东坡志林》《郁离子》《容斋随笔》《仿洪小品》《颜氏家训》《贞观政要》等，我从文化随笔的角度去写的，今年写完明年我就出一本书，这一类都是用业余时间完成的。我读的时候也不去看人家的注解也不去看人家的评论，按照我现在的读书方法，读完之后我的体会是什么那就可以了。晚上读书就可以很轻松了，读一些杂志、闲书之类的。像我这样的阅读速度基本保持每年一百本左右，买的书可能会多一些，可能会在两百本以上，为什么有些书放着不看呢，其实买的时候我都已经"看过"了，买的时候看一下标题、书名、前言、后记等，大概半个小时我就可以知道这本书有没有用，如果有用的我没有时间我就放在那里，等到我用到的时候再去找。

我自己比较喜欢历史和哲学类的书籍，去年杭州第五届西湖读书节上我向读者推荐了两本书，一本是台湾的著名作家柏杨先生的《中国人史纲》，《中国人史纲》有很多的版本，上下册八十多万字，我认为是目前最好读的中国通史。白寿彝的中国通史我也有，很早就买了，共22卷，它是研究性的成果，如果要想查史料，可以读，但是不太读的下去。柏杨先生是杂文家、文学家，而且这本书是在监狱里面写成的，他花了八年时间在没有任何参考资料的情况之下，凭记忆写成，很通俗很形象，我建议大家可以去看一看。还有一本哲学入门书我觉得也很有意思，冯友兰先生的《中国哲学简史》，我认为是比较好的通俗读物，是冯先生在英国留学期间用英文写成，然后翻译过来，介绍我们中国的哲学，从老庄开始慢慢讲下来。我们很多人可能也比较喜欢哲学，像罗素、叔本华等，哲学不能让我们发财，但是能告诉我们发财的角度，告诉我们分析事物的一些方式方法。冯友兰就说了，一个木匠制作一张桌子，从树木来看是把一棵树破坏做成一张桌子，从其它角度来看它就是建设，所以哲学的意义是非常大的，帮助你建立多角度的思维。一个重大事件的发生，如果需要有100个动因的话，当99个因素都具备的时候这个事件还不会发生，只有第100个具备，这件事才能发生。很多重大事故发生的时候都是这样，然后你带着这种角度去思考，什么是关键性因素，哪个是第100个因素，也许第100个因素是一个很无关紧要的事件。现在我们网络上不知道哪天会出现一个公众事件，太多了，对于这么多的事件发生，我想就要有我们自己的判断。

我下一个话题就是说，如何来通过阅读观察我们的社会。美国斯坦福研究中心有一个研究成果，说一个人的成功12.5%是靠知识，87.5%是靠关系、靠人脉。不仅是中国人，外国人也会找关系，我们中国人找关系，找的其实就是体制的漏洞和缺陷。现代社会有几大关系是很铁的，同学关系，大学同学、高中同学等，中国长江商学院，有一个EMBA，中国最典型的“同学圈”，EMBA现在学费已经涨到55万，谁读得起，只有一些老板读得起，他们去读书其实是次要的，主要是去找关系、找人脉，本来大家都不认识，读完书大家都认识了，然后可以利用彼此的关系了。当然还有战友关系、亲戚关系等等。

再说几个段子。两种人无法出人头地，不会按上级指示办事的人和只会按上级指示办事的人，职场的经验就是这样，这就是中国的现实。中国的现实还有很多，我梦想有一天所有的中国人都遵守小学生守则，这是某个大学教授在新生入学后的第一节课上发出的感叹，这个段子上个月我在浙大的讲座上也讲了，他们哄堂大笑，我说你们想一想是不是这样，我们总结人的一生其实是这样的，前面我们开始努力的学习规则，后面我们则努力的学习潜规则，等到潜规则全部学完了人差不多也退休了。从幼儿班开始，老师就告诉他，这个不能做，这个不能吃，要尊重同学，不要说谎话。长大了，开始学习潜规则，人人都在说谎话，我的课明明讲得不好，你说讲得很好。这是中国目前的现状。

我可以把目前中国社会的现状归纳成几种：教育问题、就业问题、生态能源问题、三农问题、社会保障问题、安全问题、科学发展观和谐社会问题等。比如出现一个突发事件，媒体社会舆论有各种各样的评论和导向，根据我的常识判断一般可以从这几个角度去看待问题：

第一，必须要实事求是，前面我讲了，如果将这个事件的诱因分为一百个因素的话，你必须分门别类。所以很多问题都要实事求是去琢磨它，现在我也在单位做领导，下面的人向我汇报问题的时候，我绝对不会去听一面之词，我会找其他人，从侧面来印证这个问题，然后得出自己的判断。

第二，摆脱个人狭隘的情绪、经验与偏爱。如果有偏爱，看待问题就无法公正客观，为什么我们需要裁判、评委，找第三方就是这个原因，第三方不带任何情绪。

第三，我们可以适度听从陌生人的观点。

第四，要避免地方性的观念。如果把世界作为一个整体，环境也是一个整体，前两天杭州市雾霾天气非常的严重，杭州的雾霾是江苏过来的，江苏内地很多农民在烧麦秸秆之类的，造成空气污染。前两天日本大地震福岛核辐射，我们这里沿海的居民都很紧张，发生抢盐的风潮。我们这个“地球村”

里有很富裕的人有很贫穷的人，很富裕的人不遵守规则经常要去欺负那些穷人，穷人有的时候没办法只好几个人联合起来，比如东亚联盟，联合起来对付美国。美国处处欺负人，看谁好起来它就感觉不满意，指手划脚。是一个整体的话就会有一个互相相连相应的效果，如果这样考虑，也会更加客观。

第五，任何事务或现象都有一个量变到质变的过程。

并不一定说每分析一个问题都需要这五个方面，只是说如果这五个角度你都可以大致具备，一个事件突然发生的话，评价起来可能会比较公允。去年9月份在北京，我和凤凰卫视的评论员何亮亮做一个对谈的节目，我们也谈到了很多的问题，我发现凤凰卫视评论员的思路、角度比一般媒体更宽泛。他们从港台的角度来看我们大陆看得很透彻，他们站在第三者的角度去看。我谈到分析社会问题的时候经常提到胡适，胡适先生在晚年有一个很有名的观点，就是“容忍比自由更重要”，他所说的容忍其实是对当权者说的。我们说什么东西最重要，自由最重要，但是比自由更重要的还有容忍，就是当权者的角度。胡适先生有一个分析社会的方法叫“病理分析法”，我觉得这非常形象，很适合研究社会问题，可以用治病的方式来分析，要知道病在什么地方。知道病在哪里，那就要开方子，如何开方子？我们人人都在开方子，但是这个方子怎么开，我们现在很多的领导人都把这个问题看简单了，按照自己的主观意识行事。

这是如何来看待这些社会问题，有的时候我们要表达出来，如何表达你的观点。温州著名的作家林斤澜在谈写作的时候，说了三句话：第一，说中国话，现在很多文学作品为了追求西方的感觉，比如去模仿卡夫卡，写了一个跟卡夫卡差不多的东西，结果被编辑部退回来了，为什么呢，你说的是外国话，我们要的是中国话。我们有的时候用一个成语就能够简明扼要地概括一件事，而像其他语言比如英语就要用很长的语言去描述，这就是区别；第二，说好中国话，比如电视剧编剧，写剧本不能关起门来瞎写；第三，说好你的中国话，就是要形成自己独特的风格，比如我们在阅读名家作品时，能够发觉鲁迅的语言叙述跟朱自清、茅盾都是不一样的，李白的诗和杜甫的诗也有很大的差别等等。

我也不是专业作家，我的写作都是业余的，我到现在写了十几本书，用的都是业余时间。以现在的速度，我基本每年可以写一本，人家说你哪来的时间，你是不是不务正业，我说你算一下，每年52周有104个双休日，还有这么多的假期，这么多时间你们都拿去干什么了，想一想好像是有很多时间，我就把这些业余时间攒起来写东西。我的写作观念是三点：第一，好看的文字。前两年有一个新疆的作家，叫李娟，大概已经出过三四本杂文集了。她高中毕业后就在新疆的一个很偏僻的县里做零工，做裁缝，上海市作协去年曾经开过一个她的作品研讨会，著名的作家陈村说看了李娟的文字让我们很多作家都感到绝望。她的文字就是细细地讲一件事，她会讲她们家里养的一只宠物兔怎么会走失，会讲在新疆凌晨乘公交车情况，那些细节的描述近乎于法国作家左拉说的自然主义的表现。但是这种文字确实是很天然，她没有用很多形容词，初看的时候是很粗糙，仔细看过才会发觉它的珍贵。所以我觉得好看的文字很重要。第二，还需要有精致的结构。任何作品，电视剧或者长篇小说，开头和结尾，中间用什么线穿起来，都是很讲究的。有一次我跟浙江比较有名的长城影视公司的老总赵锐勇交谈的时候，他说刚杀青了一个一百集的电视剧《隋唐英雄史》，赵锐勇雇了十个编剧，签约是每人五十万块钱年薪，十个人就这么一稿一稿改下来。它除了追求情节之外，结构是很讲究的，要吸引人。第三，相同中求不同。在写文章的时候我们经常会说，把理磨碎了讲，说的很简单，其实很难。今年浙江省的高考作文《坐在路边鼓掌的人》，有的人拿到这个题目的时候可能会说坐在路边鼓掌是不提倡的，但从另外一个角度去说我们可能还要对坐在路边鼓掌的人持赞扬的态度。我觉得这个作文还是有一定的开放性程度的，我曾经出过一个作文题目，就是网络的"网"，更加开放，现实来说有互联网，从生活上说，中国人就生活在各种各样的关系网中等等。我曾经写过一篇论文，把理磨碎了讲，如果是我们高考的时候写作文，有时写议论文，会举两到三个例子，如果这两到三个例子都是平行角度的，说三件同样的事情，这篇作文得不了很高的分数。如果有三个例子，那一定是三层，层层推进。生活中有很多素材，但文章的高下取决于我们讲道理的方式，要从多个角度分析问题，这些都是把文章写深写透的一些方法。

最后我有几个词送给大家，有一次我写过一篇文章，叫做《功不唐捐》。“功”是功夫，“唐”是徒然、空的意思，“捐”是舍弃，出自《法华经》，佛家语世界上所有的功德与努力都不会白白付出，必然有回报，简单说来，就是功夫不会白费。胡适先生演讲的时候经常会讲到“功不唐捐”，我们从这个词中可以得出两个概念，一个是坚持，当你认为你需要坚持的时候你必须要坚持；第二个就是积累，所有的坚持都是积累。我们经常说一辈子能不能找准一件事情去做，做到极致就是成功了，所有人在某种程度上都能成功，关键看你怎么去坚持，当然坚持也有方法，对读书来说重要的就是坚持和积累。

我这里还有一个对联，郑板桥的“曾三颜四，禹寸陶分”，这八个字有四个典故。“曾”即孔子弟子曾参，他说过：“吾日三省吾身，为人谋而不忠乎？与朋友交而不信乎？传不习乎？”意思是每日反省自己的忠心、守信、复习三个方面，此为“曾三”；“颜”为孔子弟子颜回，他有四勿，即“非礼勿视，非礼勿听，非礼勿言，非礼勿动”。故称颜四；禹寸陶分，禹寸是《淮南子》里面的，圣人语就是把一寸光阴看的比直径一尺的璧还贵重；陶分是西晋大将军陶侃，他也勉励我们要珍惜时间，强调时间的宝贵。

我个人很喜欢读一些明清史的东西，还有一些是外国人写中国的书，比如很多十八、十九世纪传教士到中国来写的书，他们眼里的中国是什么样的，往往是很真实的。我也在看别人的讲演录等等。前年和去年我出过两本书，一个是《病了的字母》，还有一个是《新子不语》，大家有兴趣也可以找来看看。我很喜欢跟大家交流，如果有机会我们可以多交流。谢谢大家！

（以上内容根据2012年6月16日的讲座录音整理，略有删改）